本著作由上海市律师协会资助出版

倪正茂全集

语言逻辑卷

13

倪正茂 著

学苑出版社

图书在版编目（CIP）数据

倪正茂全集. 语言逻辑卷 / 倪正茂著. -- 北京：学苑出版社, 2024.7. -- ISBN 978-7-5077-6987-6

Ⅰ.C52; H0-05

中国国家版本馆CIP数据核字第20247N0Y74号

出 版 人：洪文雄
责任编辑：孟　玮
出版发行：学苑出版社
社　　址：北京市丰台区南方庄2号院1号楼
邮政编码：100079
网　　址：www.book001.com
电子信箱：xueyuanpress@163.com
联系电话：010-67601101（营销部）、010-67603091（总编室）
印 刷 厂：北京建宏印刷有限公司
开本尺寸：787mm×1092mm　1/16
印　　张：29.75　　彩插2
字　　数：636千字
版　　次：2024年7月第1版
印　　次：2024年7月第1次印刷
定　　价：400.00元

作者简介

倪正茂，1940年出生于浙江省苍南县金乡镇，先后就读于金乡小学、平阳二中、平阳一中、瑞安中学。1957年考入复旦大学法律系，1961年毕业于上海社会科学院政法系。先后从教于上海南洋模范中学、淮海中学、零陵中学等。1979年进入上海社会科学院法学研究所工作，1997年赴上海大学法学院工作，1988年获"上海市有突出贡献的中青年专家"称号。2006年获上海市首届"五一劳动奖章"。2008年获聘为上海政法学院终身教授。已发表文章500多篇，出版《隋律研究》《科技法学导论》《法哲学经纬》《生命法学探析》《比较法学探析》《激励法学探析》《苏联国家与法的历史》《中华法苑四千年》等专著、合著、译著44部。

总　序

今天是我的78岁生日。剩下的时间不会很多了，于是动了凡心，将前此发表的文字汇编成集一并出版。

我大致是从1980年前后（也就是40岁前后）开始发表文字的。此前，自觉在大学期间所学无几，故而花了近20年的时间自学法学、哲学、文学、史学和外语。讵料1981年发表第一篇法学论文《论法律的起源》，即引起法学界的热议，竟至法学院校、研究机构多有分成了臧、否两派，纷争热烈。原因是传统的观点认为法律起源于奴隶社会，而我认为法律起源于从原始社会向奴隶社会的过渡时期。尽管否我者认为我的观点"离经叛道"，在后来的"精神污染"运动中我甚至被领导点了名，但我的观点最终却成了法史学家的共识。受此事件的鼓舞，后来的学术研究中，我坚持了这样两点：第一，言（文）须有新意；第二，坚持追求真理，对权威的观点不随意苟同。

因为有这样的自我要求，所以，我获得了写出新中国第一部法哲学著作《法哲学经纬》，第一部全面考证、研究隋律的专著《隋律研究》及后来的《隋代法制考》，第一部全面论证法的激励功能的专著《激励法学探析》，主编、主撰了第一部论述法律战基本理论的《法律战导论》，第一批科技法学专著《科技法学导论》《科技法学原理》，第一批生命法学著作《生命法学引论》《生命法学探析》，第一部批判欧美中心主义的比较法学专著《比较法学探析》等法学成果。所有这些成果都获得了国家级或上海市级的优秀著作奖。

除著作外，我还发表了500多篇文章。这些文章，除极少几篇是"合作"的之外，都是"单干"的产物；而且，除语言逻辑方面的文章外，几篇"合作"的作品，也多是本人起草、执笔的。在此前以及本文集中，凡是有合作者的，无论是著作或文章，我都注明了合作者的姓名。

500多篇文章中，有不少是耦合时事、随性涂写的长文短论，所以，本文集盖以"随笔"概括之。其中有一些属于"游记"，但据说与绝大多数游记不同，是什么"政治性游记"。上海社会科学院文学研究所潘颂德研究员竟极力翊赞为"开创了政治游记"的"游记新品种"。但纵览中国文学史不难发现，古往今来的中国文学史家也写了许多带政治内容的，只不过不像我写得那么直白罢了。而这"直白"，也许不过是思想浅薄罢了。

  本文集中，还有一些非法学类的作品，涉及语言逻辑、教育、社会、心理等，大多是随意而发的东西，算不上学术著作，只是一些普及读物罢了。之所以收入文集之中，不过是为了让读者了解我之为文的大概。此外，在搁笔之际，忽然念及一生竟然历经了肺病、肝炎、肾炎、心脏病、胃病、肠炎、盲肠炎、大面积脑梗死、脑萎缩、"典型的帕金森症"等"吓死人的病"，只是除了脾脏、胰脏没有患过病，却还活到如今并顶着一个"终身教授"的金色大盖帽，仍如四五十岁时那样，既无寒暑假及其他节假日休息，白天夜晚也忙碌得不亦乐乎，从而觉得我的生命历程中，也许这一"战胜"疾病的经验，比那些所谓的学术文章更有趣，也更有益于读者，甚至还值得医学家们略事研究，于是做了一番整理，写成了"养生感悟"，用以"断后"。读者自可断言我的"养生"不过只是一个"蠢"字罢了，但是或许有一些东西还有研究的价值，不是"呸"地一哂，即可弃如敝屣、扬长而去的。毕竟，一则活到了这把年纪而仍精力充沛，二则几乎所有我的同龄人无不啧啧称奇并真切艳羡我"比同龄人要年轻得多"！

倪正茂
2018年5月14日

本 卷 说 明

一、本卷收入了倪正茂教授在语言逻辑领域所撰写的专著四部。

二、收入的著作按出版时间排序，著作版本信息如下：

  1.《逻辑与写作》（修订本），广东人民出版社，1983年11月。

  2.《逻辑和语病》，福建人民出版社，1985年12月。

  3.《逻辑辨谬集锦》，延边大学出版社，1988年6月。

  4.《逻辑基础与文章修改》，光明日报出版社，1989年6月。

三、本卷在编校时主要遵从下列原则：

  1. 文章名称、排序，以及反映写作时代的特定表述，尊重原书，不做改动。

  2. 为方便读者阅读，原书注释按本书体例略做改动，统一调整为文中括注，并对相应注释加以补充和完善。

  3. 原书中的引文多来源于版本较早的图书，存在与现行标准和体例不符的字词、标点，在不影响读者理解的前提下，本书在编辑时保留引文版本，不做改动。

  4. 原书中的明显错讹、缺漏，编者在征询作者同意后予以修订。

四、本书篇幅庞大，所涉繁杂，虽经校对，疏漏或错误在所难免，敬希广大读者批评指正。

本 卷 题 记

　　1957年，我考入了复旦大学法律系。至今，人们仍有以为我是复旦毕业的。其实，根本不能算，因为入的虽是复旦，但只待了一年，而且其中第一个半年主要是参加整风、反右运动，第二个半年是下乡到浙江海宁与贫下中农"同吃同住同劳动"。这一年中，上过的课只有四门：逻辑学、俄语、苏联国家与法的历史、苏联国家与法的理论。上课的老师都很认真，但因为开会太多，上课打瞌睡，我的学习效果很差，考核时大多只得一个"中"。一年后随院校调整，变成了"上海社会科学院政法系"学生，又三天劳动三天学习地度过了大学生活的另外一年半。此时，课虽是开的，但只有几百个人一起上的"大课"："国际时事"和"劳动工资政策"。因为劳动太累，我特地都坐到最后一排"听课"，其实是睡觉。就这样"读"了两年半"大学"，就"提前毕业"了。

　　总之，大学阶段正儿八经地上的，除俄语外可说只有一门逻辑学。不过，有幸的是，老师是当时逻辑学界有名的"三马"之一的马兵老师（另两位是马特、马佩）；而后来，给我们主讲"国际时事"的傅季重老师，也常发表关于"辩证逻辑"的文章，算是逻辑学界的名人。

　　大学"提前毕业"后，我先后当了几个中学的政治课教师，后到了杨浦区教师进修学院语文组，给本区中学语文教研组长"教授"逻辑学。其间，我编写了《逻辑病句辨析》。这本油印的东西，先是得到复旦大学郑伟宏老师的青睐；经他介绍，又得到宁波师范专科学校黄石山先生的厚爱，把《逻辑病句辨析》登在宁波师专的内部印刷本上刊出。如此这般地，竟引起了两个方面的关注：一是华东师范大学中文系（主要是沈剑英教授）和上海市教育学院先后要调我去任教；二是傅季重教授要调我去上海社会科学院从事逻辑学研究工作。在杨浦区教师进修学院工作时，我只是"一株草"，有时，某些会议我也是不能参加的。到这些单位想调我去时，我竟成"一个宝"了。

　　当时傅老师任上海社会科学院哲学研究所副所长。他觅机找我谈了一次话，说上海准备成立"逻辑学研究会"，问我是否有意参加。我当然不但乐意，而且惊喜有加！他又问："你能提供参会论文吗？"其时，周谷城先生在《文汇报》上连续发表了七篇《逻辑推不出真理》,曾引起我极大的兴趣。于是我脱口说:"我想写一篇《逻辑推不出真理吗?》。"傅老师听了大感兴趣,于是便邀请我参加他和哲学所几位研究人员一起编写《逻辑漫话》一书的工作;同时启动了调我到哲学所的工作。在工作调动的过程中,我确定调动成功后的研究课题为"《红楼梦》逻辑论稿",从辩证逻辑与形式逻辑两个角度分析红学界未曾精研的一系列问题。不过后来我未能去哲学所,而是去了法学所。其间经历了有趣的曲折,时日既久,便与逻辑学关系日远了。虽然如此,还是在业余时间与郑伟宏同志续有合作,写了一些很幼稚的东西,且不管它是耀眼的流星,还是惹人厌恶的蚊蝇,就算是此生不可磨灭的陈迹吧!

目 录

逻辑与写作

写文章与学逻辑 …………………………………………… 002
写作中的概念问题 ………………………………………… 006
写作中的判断问题 ………………………………………… 030
写作中的推理问题 ………………………………………… 052
篇章中的逻辑问题 ………………………………………… 071
后　记 ……………………………………………………… 093

逻辑和语病

问病开方　对症下药
　　——谈谈逻辑与病句修改 ………………………… 096
"长子"与"长子"
　　——概念要明确而无歧义 ………………………… 100
祖冲之没有创造出圆周率
　　——概念要正确 …………………………………… 105
从"红……"谈起
　　——概念的限制 …………………………………… 108
一桩滑稽官司
　　——概念的概括 …………………………………… 111
"山川""河流"可以并列及其他
　　——概念的并列使用 ……………………………… 115

"丞相胡同"与"绳匠胡同"
　　——同一概念和同一关系的概念 ……………………………… 119
"解释狂"和"糊涂蛋"
　　——概念的定义 …………………………………………………… 122
"四不像"·蝙蝠·阿巴丹的炼油厂
　　——概念的划分 …………………………………………………… 126
"舟师执柂，中流自在"
　　——词序和逻辑思路 ……………………………………………… 130
"一发不可牵，牵之动全身"
　　——判断的量 ……………………………………………………… 133
一句蒙古族谚语的启示
　　——判断的质 ……………………………………………………… 136
孰对孰错？
　　——假言判断中的条件关系 ……………………………………… 139
巧妙的回答
　　——选言判断 ……………………………………………………… 142
审问官的怪话
　　——隐含判断 ……………………………………………………… 146
"狗的墓志铭"和《二郎庙记》
　　——关系判断 ……………………………………………………… 149
关于火星的十二种断定
　　——模态判断 ……………………………………………………… 153
"疥疮五德：仁、义、礼、智、信"
　　——同一律的运用 ………………………………………………… 157
"好好先生"错在哪里？
　　——判断不能自相矛盾 …………………………………………… 161
"HEHE！HE，HEHEHEHE！"
　　——排中律 ………………………………………………………… 164
赫尔岑的高见
　　——换位法 ………………………………………………………… 167
两个笑话，一种错误
　　——推理的前提必须正确 ………………………………………… 170
痴人的笑话
　　——四概念问题 …………………………………………………… 174

"鬼魅"的"逻辑"
　　——中词至少要周延一次 177
貌似有理　其实荒唐
　　——结论不得超出前提范围 181
"你的瞌睡就是最好的批评"
　　——充分条件假言推理 185
他们能成为"家"吗？
　　——必要条件假言推理 190
猜谜中的排除法
　　——不相容选言推理 194
从模特儿谈起
　　——相容选言推理 198
"辛亥革命的著名人物是小凤仙"
　　——简单枚举归纳推理 202
苍蝇被逐的教训
　　——类比推理 206
原来如此
　　——变态的逻辑语病 209
"瓦砾可为珠玉"
　　——再谈逻辑与病句修改 212
后　记 217

逻辑辨谬集锦

前　言 220
"反改革"者的"祖传""逻辑" 221
漫评对改革的一种议论 226
"奇文共欣赏，疑义相与析" 229
主教的胡言和律师的乱语 232
"神助""鬼祸"论可以休矣 235
"小心求证"的"小心" 238
"大脚色"的"逻辑"的"奥义" 241
"智者千虑，必有一失" 244

南辕北辙，"谅"而无"必" ………………………………………… 246
"咬定青山不放松" …………………………………………………… 249
宋玉的诡辩 …………………………………………………………… 252
"李白斗酒诗百篇"说明什么？ ……………………………………… 256
"诗圣"和"书橱" ……………………………………………………… 259
白璧之瑕 ……………………………………………………………… 262
一字之差论短长 ……………………………………………………… 265
苏东坡冤枉了陶渊明 ………………………………………………… 268
写作快慢"不妨兼美"乎？ …………………………………………… 270
一个丧心病狂的二难推理 …………………………………………… 272
鞭靴之小"受亦无妨"乎？ …………………………………………… 275
"今天天气哈哈哈" …………………………………………………… 278
扑朔迷离的"谜" ……………………………………………………… 280
"玫瑰花悬案"的"平息" ……………………………………………… 283
"日有所思，夜有所梦"乎？ ………………………………………… 286
"仲尼不知善赏也" …………………………………………………… 289
精彩的寓言，错误的类比 …………………………………………… 292
樛留谬对韩宣王 ……………………………………………………… 295
郤献子"非分谤也，益谤也" ………………………………………… 298

逻辑基础与文章修改

歌德的经验之谈
　　——写文章要研究逻辑 ……………………………………… 302
须教"后世见之明白无疑"
　　——概念要明确 ………………………………………………… 306
"芟繁剪秽""淘沙得金"
　　——概念的限制 ………………………………………………… 310
洛巴诺夫的诡计
　　——概念的概括 ………………………………………………… 314
"词不工者不成文"
　　——同一概念和概念的同一关系 ……………………………… 318

"不可拖泥带水"
  ——概念的属种关系和交叉关系 ... 323

"循干理枝""依源整派"
  ——概念的划分 ... 327

"缺少一点'小东西'"的"雄壮""音乐"
  ——概念的定义 ... 331

"〇""△"的含义
  ——概念和语境 ... 335

薛宝钗谈画的启示
  ——词序与逻辑思路 ... 338

米海洛夫斯基的逻辑错误
  ——判断的量 ... 343

切莫弄巧成拙
  ——判断的质 ... 346

令人惑然的"谚语"
  ——假言判断的条件关系 ... 350

"乎？乎？乎？乎？"
  ——恰当表述选择关系 ... 353

"痴人说梦"的原因
  ——关系判断 ... 357

"用笔和舌……要十分小心"
  ——隐含判断 ... 360

一个"而"字，作用多种
  ——关联词语的逻辑意义 ... 363

线索在手，条理井然
  ——语序与逻辑 ... 367

最简单的逻辑要求
  ——同一律 ... 371

胡适"自己打嘴巴"
  ——矛盾律 ... 375

"撒下莠草，磨不出面粉"
  ——推理的前提必须真实正确 ... 380

梁实秋失足于何处
  ——谨防四概念错误 ... 384

"罔罔然不识其真"的原因
　　——中项至少周延一次 388
"大脚色"的"逻辑"的"奥义"
　　——结论不能超出前提范围 392
锤钉剥笋，层层细析
　　——假言推理 396
《文坛三户》的逻辑框架
　　——选言推理 401
莫学"瓮鸡""一例规物"
　　——归纳推理 404
"仆冠蝉戴"不能推广
　　——类比推理 408
必须贴切
　　——标题、审题和逻辑 412
"着意原资妙选材"
　　——素材、选材与逻辑 417
工师作室，先定规式
　　——结构和逻辑 421
从郑板桥改诗说开去
　　——文学作品修改中的几个逻辑问题 433
"王顾左右而言他"
　　——议论文修改中的几个逻辑问题 442
后　　记 462

逻辑与写作

写文章与学逻辑

一、写文章要讲逻辑

许多作家谆谆告诫青年作者：写文章一定要讲逻辑。郭沫若同志说："要使文章写得好，恐怕总得懂一点逻辑，文法和修辞。……因为不合逻辑就不通。"他又说："逻辑和文法，其实就是老老实实的方法。我们平时讲话很少讲不通的话。这是因为讲话时老实，有什么就讲什么。可是写起文章来，苦心孤诣地一经营，往往弄巧成拙。""文风同思想方法关系也是很密切的。象逻辑、唯物辩证法等都是思想方法，如果思路不通，也断断写不出好文章。不合逻辑就是不通。"（《郭沫若同志关于文风问题答〈新观察〉记者问》，《新观察》1958年第7期）这是有益的教诲。

什么是逻辑？"逻辑"一词有多义。有时指客观事物的发展规律，如"中国革命的逻辑""人民的逻辑""帝国主义者的逻辑"等；有时指思维的规律，如"这句话不合逻辑""这种想法不合逻辑"等，有时则是指关于思维形式和思维规律的科学，即形式逻辑。

这里指的是写文章要讲形式逻辑。

写文章要讲立意、讲选材、讲结构、讲语言，为什么还要讲逻辑呢？这是因为立意、选材、结构与语言的运用都有逻辑问题。

从整篇文章看，无论是说明道理，或者是写人叙事，都有一个赞成什么、反对什么，歌颂什么、批判什么的问题，也就是都有一个立意的问题。要处理好立意问题，就必须遵守形式逻辑基本规律。形式逻辑基本规律有四条：同一律、矛盾律、排中律和充足理由律。

同一律要求在同一思维过程中，一个思想必须是确定不变的。矛盾律要求在同一思维过程中，一个思想不能自相矛盾。同一律与矛盾律是从正反两个方面说明思想的确定性的。一篇文章所"立"之"意"，起码应当始终如一。如果自己事先没有想好，没有想透，开头写的是一种看法，中途或篇末却改变了，那么，不是违反同一律，便是违反矛盾律。

排中律要求在是非之间不能都不肯定。作者立意，必须像鲁迅那样，"热烈地主张着所是"，"热烈地攻击着所非"，尖锐、泼辣、鲜明，毫不吞吞吐吐。否则，含含糊糊、模棱两可,就违反了排中律。

充足理由律要求在思维过程中,一个思想的提出、存在或推翻,必须有充足理由。作者立意,必须在充分调查、认真研究的基础上,做出周密、全面的分析,使所"立"之"总",扎扎实实,无懈可击。否则,根据不足,甚至漏洞百出,就违反了充足理由律。

同一律、矛盾律、排中律等,都是有前提的,就一定时间、一定条件、一定对象而言。时间改变了,条件改变了,思考的对象改变了,看法或做法随着改变,是很自然的。

"立意"的问题解决了,也就是文章的主题确定了,接着就要精选表现主题的材料。主题和材料的和谐统一,实质上也涉及同一律。没有材料,主题无从表现。有了材料,还必须是能够恰到好处地表现主题的,不然,材料再多也没有用。材料过多,罗列现象,不一定能表现好主题。但材料过少,往往说理不充分,同样不能表现好主题。

从整篇文章看,还有一个结构问题。毛泽东同志说:"写文章要讲逻辑。就是要注意整篇文章、整篇说话的结构,开头、中间、结尾要有一种关系,要有一种内部的联系,不要互相冲突。"(《农业合作化的一场辩论和当前的阶级斗争》)互相冲突,实质上就是违反矛盾律。不仅要做到不互相冲突,而且要做到详略得当、段落清楚、过渡自然、前后照应、首尾相顾。这些方面都涉及形式逻辑的基本规律。不仅全篇结构不能互相冲突,而且句子之间、句子内部也不能有"冲突",这又涉及形式逻辑的重要组成部分——判断和推理。

至于语言的运用,这里有语法问题,有修辞问题,也有逻辑问题,而且语法和修辞问题,往往都反映出逻辑问题。马克思主义的文风要求"准确、鲜明、生动"地运用语言。鲜明与生动都离不开准确,而准确又依赖于概念明确、判断恰当与推理合乎逻辑。

斯大林同志在《论列宁》一文中,曾热情赞扬过列宁演说中的逻辑力量。他说:"当时使我佩服的是列宁演说中那种不可战胜的逻辑力量,这种逻辑力量虽然有些枯燥,但是紧紧地抓住听众,一步进一步地感动听众,然后就把听众俘虏得一个不剩。我记得当时有很多代表说:'列宁演说中的逻辑好象万能的触角,用钳子从各方面把你钳住,使你无法脱身;你不是投降,就是完全失败。'"这些话说明,演说要讲逻辑。写文章同演说一样,有自己的宣传对象,要达到良好的宣传效果,就要十分重视文章的逻辑性。

二、学点逻辑有助于写好文章

有人说:不学逻辑照样能写好文章。

这种看法是不符合实际的。能写文章的人,不少人曾经在书本上学过逻辑,所有的人又都在实践中不知不觉地受到逻辑思维的训练。学习逻辑不能单单理解作从书本上学,在课堂里学,这仅仅是一方面,更重要的是通过实践学习。

当然,要写好文章,必须具备多方面的条件,懂得逻辑只是其中的一个方面。但逻辑错了，文章就会受到损害。例如：

①泰山极顶看日出，历来被描绘成十分壮观的奇景。

②眼前这一片土地上曾经布满"大英帝国"士兵的尸体，他们有些再也顾不得"尊严"，跪在地上，举手求饶了。

例①，泰山极顶上看到的"日出"是"奇景"，但"看日出"就不能说是"奇景"了。

例②，"尸体"怎么会"顾不得'尊严'，跪在地上，举手求饶"呢？显然，违反了逻辑。这些句子都是出自著名作家脍炙人口、传诵一时的名篇。从整体来看，虽说是白璧微瑕，但是如果没有上述逻辑错误，"白璧无瑕"不是更好吗？

鲁迅先生的文章，思想性强，艺术性高，逻辑也十分严密。早在1907年，鲁迅在日本留学的时候，就写过《科学史教篇》一文，文中评论了笛卡尔偏重于演绎逻辑而忽视归纳逻辑，培根偏重于归纳逻辑而忽视演绎逻辑，认为"二术并用，真理始昭"，要把演绎法与归纳法结合起来。这说明鲁迅早在青年时代就认真研究过逻辑。正因为如此，鲁迅写的文章，不仅逻辑性强，而且善于运用形式逻辑作为武器来同敌人进行斗争。

英国著名作家雪莱的夫人在《〈伊斯兰的起义〉题记》中谈道："雪莱具有双重显著的才能——既具有出色的想象力，又具有精确的逻辑推理能力。他自以为对于诗歌，对于形而上学的探讨，几乎是同样爱好。"这些都说明，学点逻辑，的确是有助于写好文章的。

三、结合写作学点逻辑

有人说：学习逻辑的重要性我懂得，但太难了。

诚然，形式逻辑作为研究思维形式和思维规律的科学，比较抽象，名词术语不少，还有一些概念的定义、问题的提法，目前尚未有定论，甚至有些分歧还是带原则性的。这就要求我们在学习的时候积极开动脑筋，独立思考，不要人云亦云、浅尝辄止。

同时，逻辑并不神秘。逻辑学本身就是在人类思维实践中发展起来的。每一个人，从他学习讲话开始，实际上就同时进行逻辑思维训练了。"世上无难事，只怕有心人。"只要我们努力学习，注意方法，是完全可以学好逻辑的。

结合写作学点逻辑，是行之有效的科学方法。写作要讲用词，逻辑要讲概念。词语是语言的细胞，概念是思维的细胞。语言与思维之间存在着形式与内容的关系，因此，词语就是概念的表达形式，概念则是词语的思想内容。写作上讲用词准确，逻辑上讲概念明确，二者互为表里。写作要讲造句，逻辑要用判断。语句是判断的表达形式，判断是语句的思想内容。写作要求语句通顺、完整、正确，逻辑要求判断恰当。文章要说理，就离不开推理，而推理又总是表现为复句或句群的形式。正确组织复句与句群，同合乎逻辑地进行推理，有着不可分割的联系。写作讲谋篇布局，谋篇布局必须遵守逻辑思维基本规律，等等。一句话，写作与逻辑之间存在的上述对应关系，是十分明显的。把学习写作与学点逻辑结合起来，可以相互促进、相辅相成、相得益彰。

结合写作学点逻辑的一个重要方法，是从范文的修改中学习。

针对有些人热衷于打听"创作秘诀"，鲁迅先生在《不应该那么写》一文中曾经指出："创作并没有什么秘诀"，至于经验，则应该从大作家"作品的未定稿本去学习"。鲁迅引述惠列赛耶夫《果戈理研究》中的一段话说：在未定稿里，"简直好象艺术家在对我们用实物教授。恰如他指着每一行，直接对我们这样说——'你看——哪，这是应该删去的。这要缩短，这要改作，因为不自然了……'"。我们可以从逻辑专著中学习逻辑理论，也可以从范文的修改中学点逻辑。如果说到如何运用逻辑知识于写作，就更应从范文的修改中去细细体会。"文章不厌百回改"，大作家们对自己的作品，总是不厌其烦地一改再改。俄国作家果戈理常在写好初稿之后把它放在一边，过一两个月以后再拿出来修改，这样拿起、放下，反复修改，直到认为满意了才交付出版。英国诗人拜伦甚至常把已经交付出版的稿件抽回来重新修改，直到出版前的最后一分钟。寓言家克雷洛夫每写成一则寓言，就不断地重抄，顽强不倦地推敲，寻找贴切的词句。我们应当认真地注意大作家对范文的修改，从中学习他们努力做到概念明确、判断恰当、推理有逻辑性的经验。当然，还可以从老师对自己的作文所做的修改中进行学习。只要我们做个有心人，是一定能从逻辑的实际运用中学到更多、更活的东西的。

写作中的概念问题

一、使用概念要明白、清楚、无歧义

鲁迅曾用"白道"的笔名，发表过一篇题为《"此生或彼生"》的杂文，全文如下：

"此生或彼生"。

现在写出这样五个字来，问问读者：是什么意思？

倘使在《申报》上，见过汪懋祖先生的文章，"……例如说'这一个学生或是那一个学生'，文言只须'此生或彼生'即已明了，其省力为何如？……"的，那就也许能够想到，这就是"这一个学生或是那一个学生"的意思。

否则，那回答恐怕就要迟疑。因为这五个字，至少还可以有两种解释：一、这一个秀才或是那一个秀才（生员）；二、这一世或是未来的别一世。

文言比起白话来，有时的确字数少，然而那意义也比较的含糊。我们看文言文，往往不但不能增益我们的知识，并且须仗我们已有的知识，给它注释，补足。待到翻成精密的白话之后，这才算是懂得了。如果一径就用白话，即使多写了几个字，但对于读者，"其省力为何如"？

我就用主张文言的汪懋祖先生所举的文言的例子，证明了文言的不中用了。

这篇杂文尖锐有力地批驳了复古派的谬论。主要的论据，就是复古派所紧抱不放、视同性命的文言文往往不能明白、清楚、无歧义地表达思想。

写文章处处要运用概念，一刻也离不开概念。如果使用的概念不明白、不清楚、有歧义，读者就无法了解我们所要表达的思想。鲁迅在《答曹聚仁先生信》中说："譬如'妈的'一句话罢，乡下是有许多意义的，有时骂骂，有时佩服，有时赞叹，因为他们说不出别样的话来。先驱者的任务，是在给他们许多话，可以发表更明确的意思，同时也可以明白更精确的意义。如果也照样的写着'这妈的天气真是妈的，妈的再这样，什么都要妈的了'。那于大众有什么益处呢？"这段话很有说服力地表达了概念要无歧义的道理。

那么，什么是形式逻辑的概念呢？毛泽东同志说："社会实践的继续，使人们在实践中引起感觉和印象的东西反复了多次，于是在人们的脑子里生起了一个认识过程中的突变（即飞跃），产生了概念。"（《实践论》）例如，小时候我们的头脑里本来没有"学校"这个概念，长大了常听大人说："过几年要到学校去念书了。"这才初次听到"学校"这个概念，而且产生了一种模糊的印象：学校就是念书的地方。及至进了学校，才知道学校里除了读书学习之外，还要搞体育锻炼……学校生活是十分丰富多彩的。这时，我们对"学校"这个概念的认识又进了一层。再长大些，我们又了解到，世界上不仅有中国的学校，还有国外的学校。这样，我们对"学校"这个概念的认识才比较全面了。由此可见，形式逻辑的概念，是客观事物的本质在人们头脑中的反映，是人们认识客观事物的一种思维形式。

客观事物不是一成不变的，人们的认识也应随着客观事物的变化而变化，作为反映客观事物的思维形式的概念，也应不断改变。例如，关于"人民"这个概念，毛泽东同志在《关于正确处理人民内部矛盾的问题》中指出："人民这个概念在不同的国家和各个国家的不同的历史时期，有着不同的内容。"在我国，随着革命阶段的转移，在抗日战争时期、解放战争时期、社会主义革命和建设时期，由于主要矛盾发生了变化，"人民"这个概念的含义和范围，也随着变化。又如"我国社会主义时期的阶级斗争"这个概念，现在同新中国成立初期相比，发生了很大的变化，我们的思想也要随着变化，运用这个概念时要注意这种变化。

此外，由于人们对客观事物认识的深入，反映这一事物的概念也会随着变化。例如，"原子"这个概念，从古至今就不断地丰富和发展。在古代，人们认为原子就是不可分的最小颗粒。随着生产的发展和科学的发达，人们逐渐认识到原子是可分的，它由原子核和围绕核飞速旋转的电子组成。以后又进一步发现原子核也是可分的，由质子和中子组成……这样，"原子"这个概念就不断地变化着。这些，在写作中都是必须密切注意的。

概念和词有不可分割的联系，概念是词语的思想内容，词语是概念的表达形式，任何概念都要由词或词组来表现。

有时，一个词可以表达不同的概念。例如，"字"这个词，就可以表达如下概念：文字，即记录语言的符号；字音，如"咬字清楚""字正腔圆"；根据人名中的字义另取的别名；字据、合同、契约；旧称女子许嫁为"字人"；等等。古代有个"周人怀璞"的故事，说的是：从前，郑国人把没有加工雕琢的玉叫作"璞"，而周国人把没有制成腊肉的死老鼠也叫作"璞"。一次，周人在市场上叫卖他的璞，郑国商人听了就要买，于是周人便从怀中取出一只只死鼠，郑国商人见了吓得连声说："不买了，不买了！"（《尹文子·大道下》）这个故事告诉我们，同一个词可以表达不同的概念，是"古已有之"的事。

同时，一个概念也可以用不同的词来表达。例如，"自行车、脚踏车、单车""妈妈、娘、母亲""教室、课堂""唯物论、唯物主义""热水壶、热水瓶、暖瓶"……每一组的几个词，都各自表达一个相同的概念。有人写过这样一首诗："一个孤僧独自归，关门闭户掩柴扉。半夜三更子时分，杜鹃谢豹子规啼。"其中"一个""孤""独"，"关门""闭户""掩柴扉"，"半夜""三更""子时分"与"杜鹃""谢豹""子规"分别都是不同语词表达的同一个概念。

概念和语词之间这种不完全一致的情况，特别明显地表现在古今词义的变化上。例如，"走"，古代是"跑"的意思（如《赤壁之战》："操引军从华容道步走。"），现在是"步行"的意思。又如，"烈士"，古代表达的概念是"刚正而有节操的男子"（如《龟虽寿》："老骥伏枥，志在千里；烈士暮年，壮心不已。"），现在表达的是"为革命而牺牲了生命的人"，古今词义变化很大。"烈士"一词所表达的概念，在古代有"是男子""是活人"等属性，在现代则有"或男或女""是死人"等属性。

在写作中，运用概念时必须顾及上述种种情况，选用能明确表达概念的字、词。郭沫若同志说："用字有个秘诀，就是选现成的概念明确的字，不要找太偏僻的字；偏僻的字不明确，人家也不容易懂；含糊的——这样可以解释、那样也可以解释的字最好避而不用。"

有些人不注意这一点，写作中就常常出现使用概念不明白、不清楚、有歧义的逻辑错误。唐代有个叫郇谟的人，上书皇帝，共三十个字，一个字代表一件事，如"团"字说是关于团练使（一种官衔）的事等。这当然只有郇谟自己知道，别人是无法知道的。李耆卿在《文章精义》中批评那些遣词"隐奥""辞不足以达意者"，"皆郇谟之徒也"。

像郇谟这样虽然十分罕见，但是类似的情况还未绝迹。

下面这些句子中的一些概念，就用得很含糊、不清楚，看了使人费解，好像"丈二和尚摸不着头脑"：

①"古为今用"是毛泽东同志为我们制定的正确方针。但在"四人帮"横行的年代，这个早有定论的问题却成为问题了。
② 在揭批"四人帮"大会上发言的还有三个教研组的女教师。
③ 一屋子的人都睡着了，我只好自己起来倒茶。
④ 新学期以来，老师对自己十分关心，一有成绩，就表扬自己。
⑤ 他几年没吃过饭了。
⑥ 卫国战争时期，克拉斯诺顿地下党组织领导"青年近卫军"进行了英勇的斗争。
⑦ 二次大战之间，发生了毁灭性的资本主义世界总危机，许多资本主义国家的经济崩溃了。
⑧ 金绍朱的家啊，从成都转移到上海时，他们的家曾经安全地让给了革命烈士江竹筠。
⑨ 好人坏人的争论，不只是曹操问题，历史上许多人物都有。

⑩有的宿舍熄灯以后还不熄灯。

⑪影片《更高原则》通过一名德国监护使被刺事件，揭露了德寇疯狂逮捕和屠杀捷克斯洛伐克人民的滔天罪行；表现了他们对德国法西斯的强烈控诉和无比愤恨。

⑫高夫人从高一功妻子那里回来以后，她把兰兰拉到怀里，坐在她的膝上，替她把一个没扣住的扣子扣上，又替她把辫梢上松开的红头绳扎好。

例①两个"问题"，把意思搞乱了。作者的原意是："这个早有定论的方针"在"四人帮"横行的年代却"成为问题"了。但用了两个"问题"，使后半句变作"……问题却成为问题"，不仅句子疙瘩，而且容易使人误认为"古为今用"的方针本身就有"问题"。

例②"三个教研组的女教师"可以被理解为"某一教研组（里）三个女教师"，也可以被理解为"三个教研组的全体女教师"。

例③"一屋子的人"既可理解为"一间屋子里所有的人"，也可理解为"屋子里的其他人"。从后面的话看，这一句应改成"屋子里其他的人都睡着了，我……"

例④"自己"是谁？句中似是指老师，但原意却是指作者本人，那就应该把"自己"改成"我"。

例⑤中的"饭"，如果是指"煮熟的米"，就应该明确写成"米饭"，不写成米饭，可能被理解为"几年不吃东西"的意思，这样一来"他"早成"饿莩"了。

例⑥作者的原意是"党的地下组织"，但在句中却表述成"地下党的组织""地下的党组织""党的地下组织"以及"地下党""组织领导了……"等多种意思，很不明确。

例⑦1929—1931年的那次资本主义世界总危机，发生在第一次和第二次世界大战之间，但句中的"二次"否定了"之间"，"之间"又否定了"两次"，表述成既不是"第二次世界大战期间"的意思，又不是"两次世界大战之间"的意思，使人莫名其妙。

例⑧有两个问题：第一，金绍朱的家是什么时候让给江竹筠的？是转移到上海前，还是转移到上海后？第二，金绍朱的家让给江竹筠时，江竹筠牺牲了没有？如果没有牺牲，就不应称"烈士"；如果是"烈士"，那就是"让给了革命烈士江竹筠的家属"了。

例⑨"好人坏人的争论"，既可理解为"好人与坏人之间的争论"，又可理解为"是好人还是坏人的争论"，以及"关于'好人''坏人'的争论"等，意思不清楚。

例⑩两个"熄灯"，字面一样，含义不一，把"熄灯时间已到"与"熄灯"混淆起来了。

例⑪⑫中的代词"他们""她"等，指代不明，特别是例⑫，一连串的"她"，是指代兰兰还是指代高夫人？读这样的句子，得在脑子里不停地转弯子。

科学著作的语言，必须十分精确，容不得半点的含糊，无论社会科学或者自然科学都是这样。科学巨匠都是十分重视明白、清楚，精确、无歧义地使用概念的。李卜克内西在《忆马克思》一文中曾说："没有人具有比他更高的明确表述自己思想的才能。语言的明确是由于思想明确，而明确的思想必然决定明确的表现方式。"（《回忆马克思恩格斯》）"马克思很重视用语的明朗和准确。他差不多每天都读歌德、莱辛、莎士比亚、但丁和塞万提斯的作品,认为他们是他的语言教师。"(同上)斯大林在《论列宁》中说:"只有列宁才善于把最复杂的事情描写得这样简单和明确,这样扼要和大胆,——他说的每句话都是一颗子弹。"爱因斯坦在《科学的共同语言》中说:"科学所追求的是概念的最大的敏锐性和清晰性。"(《爱因斯坦论著选编》)

郭沫若同志曾这样称颂毛泽东同志:"毛主席的话非常准确,想说什么就明明白白地告诉你。"(《怎样把文章写得准确、鲜明、生动?》)

学习毛泽东同志《给陈毅同志谈诗的一封信》手稿,对这一点我们体会尤深。这封信的手稿,包括信末签署的姓名、日期在内,总共只有五百三十九个字,但其中做过改动的地方,就达二十七处之多。这二十七处修改,除五处似可看作是挥毫泼墨"激扬文字"随写随改之外,其余二十二处,或添一字而使所表达的意思更为完整,或改一词而使要表达的思想更为精确。片言之移,只字之易,都显示出无产阶级革命导师质朴无华、严谨、科学的文风,也反映了语言巨匠遣词造句一丝不苟的认真态度。从明白、清楚、无歧义地使用概念方面看,就有不少生动的例子。例如,这封信的手稿原有"如同你会写自由诗一样,我则对于词学稍懂一点"句,定稿时改为"……我则对于长短句的词学稍懂一点",在"词学"前面加了"长短句的"四个字。为什么要加这四个字呢?我们知道,"词"这个词,可以表达"语言中能独立运用的最基本的单位""句子长短不一的韵文"等不同的概念。相应地,"词学"一词,既可被理解作"(诗)词学",也可被理解作"词汇学"。因此,说"我则对于词学稍懂一点"就有歧义,而加了"长短句的"四个字,专指"(诗)词学",意思就明白、清楚了。毛泽东同志对一封信的用词,都这样认真,值得我们好好学习!

二、使用概念要正确、准确

写作中运用概念,不仅要明白、清楚、无歧义,使人不至无法理解或理解错误,而且首先要正确、准确,不应该自己把意思表达错误了。

写作要用词语造句子,词语有其含义与适用范围。对词语的含义与适用范围的正确认识,有赖于对概念的逻辑特性的深入理解。概念的逻辑特性是:任何概念,都有其内涵和外延。概念的内涵,就是指概念所反映的客观事物的本质属性;概念的外延,则是指概念所反映的是哪一类事物。例如,"淡水"这个概念,反映着这么一种客观事物:它是液态、无色、无味的,一个大气压下0℃时结冰,100℃时沸腾,有弹性,其分子由两个氢原子和一个氧原子构成,不能助燃,不能溶解油脂,等等。其中,"由两个氢原子和一个氧原子构成其分子的、无味的液体",就是"淡水"的本质属性,也就是"淡水"这个概念的内涵,据此,可以把这个概念与任何其他概念区分开来。同时,"淡水"这个概念,既概括着大到世界各大江河里的水,如长江(亚洲)、尼罗河(非洲)、亚马孙河(拉丁美洲)、密西西比河（北美洲）、墨累河（大洋洲）、多瑙河（欧洲）里的水，同时也概括着小到偶然飘落在头发上的一丝雨水……它反映着古往今来，各地各处的一切被称作"淡水"的东西，这就是"淡水"这个概念的外延。

正确地、准确地使用概念，必须在透彻理解概念内涵和外延的基础上，谨慎地、严格地选用恰当表达这一概念的词语。李卜克内西在《忆马克思》中赞颂马克思"对语言的简洁和正确是一丝不苟的"；高尔基曾一再强调"文学作品必须运用明确的语言和精选的字眼"；茅盾认为"文学作品的语言应当是……准确的和精炼的"……这些对我们严格选用恰当表达概念的词语，是很有益的启示。

毛泽东同志的《给陈毅同志谈诗的一封信》手稿，从原稿的"只给你改了一首，极不满意，其余不改了"，到定稿的"只给你改了一首，还很不满意，其余不能改了"，把"极不满意"改为"还很不满意"；"其余不改了"改为"其余不能改了"。"极"与"很"相比，程度更深；"很不满意"，是自谦的说法；"极不满意"，则显过分。"其余不改了"，言下之意是尚有可改处而不想改了；"其余不能改了"，则既是自谦的说法，又是对陈毅同志诗作的间接肯定。在这封信中，毛泽东同志把陈毅同志写的"海酿千斛酒"改为"海酿千钟酒"。"千斛"与"千钟"都是虚指，极言酒量之多。但"千斛"是从人倒酒次数之多看酒量，"千钟"则是从盛酒器具的角度看酒量。由于句中是"海酿"而非"人饮"，因此，这一改就更为确切了。

古今中外有许多传为美谈的"一字师"的学诗佳话，也都说明了正确、准确地使用概念的道理。例如，抗日战争期间，王震同志率领三五九旅在南泥湾开荒生产。1942年7月10日，朱德同志约吴玉章等几位老同志访问南泥湾。吴老赋五言古诗《和朱总司令游南泥湾》一首，记述了南泥湾"陕北的好江南"的景象。1958年，吴老应约拿出这首诗，准备发表。在吴老身边工作的一位小同志，看到诗中"纵横百余里，'回乱'成荒地"两句，不解其意，便问吴老。吴老说："南泥湾本来是回民居住的地方，物产也很丰富，可是由于清政府的残酷统治，回民起来造反，清兵镇压，当地居民被屠杀一光，所以南泥湾成了荒无人烟的荒地。"那位小同志听懂了意思，就说："你们经常给我们讲，哪里有压迫，那里就有反抗；压迫愈重，反抗愈烈。你虽然把'回乱'二字打了引号，但仍是把变成荒地的责任加给了回民，这样写不好。"吴老听完，非常赞赏地说："对，对，对！提得好！"于是把"回乱"改成了"剿回"。虽然只改了一个字，但意义截然不同，这样才符合历史的本来面目，既歌颂了回民的反抗精神，又鞭挞了清朝反动政府。后来，吴老在文章和报告中，曾多次说起这件事，他说："古人有所谓一字之师，这位小同志就是我的一字之师。"这说明必须正确理解概念的内涵。

同时必须正确把握概念的外延，注意概念所反映的事物的数量，是全部，还是部分。如果是部分，还要注意是多数，还是少数或个别？我们平时讲的"打击面过大""要胸中有数""不说'满口话'"等，都同注意概念外延有关。我们有时用"要么全部，要么全不"

来批评某些人对人、对事爱做绝对化断定的片面性毛病，也是注意概念外延的表现。

鲁迅在《中国人失掉自信力了吗？》一文中，曾痛斥过卖国贼的卖国高论，他说："我们从古以来，就有埋头苦干的人，有为民请命的人，有舍身求法的人，……虽是等于为帝王将相作家谱的所谓'正史'，也往往掩不住他们的光耀，这就是中国的脊梁。""这一类的人们，就是现在也何尝少呢？他们有确信，不自欺；他们在前仆后继的战斗，不过一面总在被摧残，被抹杀，消灭于黑暗中，不能为大家所知道罢了。说中国人失掉了自信力，用以指一部分人则可，倘若加于全体，那简直是诬蔑。"鲁迅在这里根据事实，用明确概念的外延的方法，有力地驳斥了敌人。

我们敬爱的周恩来同志在审改文稿的工作中，严肃认真，一丝不苟，也有不少明确概念外延的范例。例如，1957年12月24日，周恩来同志从北京到上海，同驻沪解放军陆海空军的团以上干部见面并讲话。这篇讲话，对当时加强军队的革命化建设具有重大的意义。《解放军报》要求立即整理一篇报道发去。当记者于晚上七时去周恩来同志寓所取稿子时，周恩来同志还伏在办公桌上聚精会神地修改那篇稿子。记者看到：周恩来同志把"军队上下关系"改为"军队内部关系"，这就既包括了上下级关系，又包括了军队内部兄弟单位的关系，扩大了"关系"的外延，使所指的范围正确了。周总理一直改到七时三刻才改好，八时要去开会，他看了看表，又埋头把稿子从头至尾再看了一遍，改了一遍。稿子的边角写得密密麻麻的，有些标点符号错了，也被一一纠正过来了。

毛泽东同志改稿，也有许多正确把握概念外延的例子。从毛泽东同志《给陈毅同志谈诗的一封信》手稿中，可以看到"宋人多数不懂诗是要用形象思维的"一句，"多数"二字是后加的。这一加，把"不懂诗"的"宋人"的外延（范围）缩小了，正确地反映了实际情况。如果不加这二字，那就是说所有的"宋人"都不懂诗，那就不符事实了。这封信中说"又李白只有很少几首律诗，李贺除有很少几首五言律外，七言律他一首也不写"等，都是非常精确地指明概念外延的例子。

古时候有一则"一字师"的学诗佳话，说的是唐代有个名僧，叫齐己，作了一首题为《早梅》的诗，有"前村深雪里，昨夜数枝开"句，十分得意。后来齐己将《早梅》诗拿给诗人郑谷看，郑谷说："不好，'数枝开'，说明春已不早，不如改为'一枝开'。"齐己听了十分佩服，纳头便拜郑谷为"一字师"。这里从"数枝"改为"一枝"就是对"梅"的外延做了精确的限制。

为了在写作中正确地把握概念的外延，还必须正确区分普遍概念和集合概念。普遍概念是反映个数众多的同类事物的概念。如教师、学生、国家、动物、秋天、胃病、笔、墨、纸、砚等。构成该类事物的每一个个体，都可以用这个概念来表示。如中学教师、小学教师，都可以称为"教师"。某学校某个张老师，也可以用"教师"这个概念来表达。集合概念是反映被当作一个整体的同类对象集合体的概念。如大兴安岭森林、工人阶级、词汇、广东省足球队等。构成集合概念的某一个体，不能用这个集合概念来称呼，如大兴安岭森林中的任何一棵树,都不能称为"大兴安岭森林"。同样,个别工人不能说成工人阶级,某个词或某种词不能说成词汇,某个足球队员也不能说成足球队。把握不准、混淆使用普遍概念与集合概念,会造成逻辑错误,不能正确地表情达意。

下面这些句子中,有的概念是使用得不正确或不准确的:

① 愤怒声讨"四人帮"大会的时间进行了整整两小时。
② 粉碎"四人帮"后,我们的生活水平正迅速改善。
③ 声势浩大的爱国卫生运动热潮正在全国城乡展开。
④ 揭批"四人帮"的大会上,他还表示一定要改进缺点。
⑤ 我国古代数学家祖冲之比欧洲人早一千多年创造了圆周率。
⑥ 由于长期得不到休息,他的健康被破坏了。
⑦ 两国领导人的会见更巩固了两国人民的友谊。
⑧ 科技大会前,光研所组织了激光研究的新高潮。
⑨ 在老师的不断鼓舞下,他进步很快。
⑩ 学习《湖南农民运动考察报告》以后,我们小组全体同学也到大隆工具厂去考察了三小时。
⑪ 会场四周贴满了红红绿绿的口号,煞是好看。
⑫ 科学大会以后,本厂工人积极投入了试制"D-31"的战斗任务。
⑬ 通过揭批"四人帮"的斗争,大家的阶级立场进一步提高了。
⑭ 现在里弄里到处都打扫得十分清楚。
⑮ 他的演讲,不但内容句句准确,而且口齿清爽,咬音正确。
⑯ 第二世界人民的力量无比强壮。
⑰ 只有严密地遵守纪律,才能搞好这项工作。
⑱ 老师,咱们是革命接班人,一定能克服这些困难!
⑲ 共产党是经过千锤百炼的英雄汉。
⑳ "五一"这天,书店前一字长龙,从书店出来的人,无不捧着几本书籍,笑容满面。
㉑ 一天记住三个词汇,一年就有一千多!
㉒ 五届政协胜利召开,民主党派及其家属都异口同声、兴高采烈地赞颂:"共产党领导真英明!"
㉓ 他打得比国家队还棒!

以上病句,可以分为两类。第一类从例①到例⑱,都表现为词语使用不当,实质是对所用概念的内涵理解得不正确。其中,例①到例⑩都是动词使用不当。例如,例⑤的

"创造"一词，表达"经过研究，制造出客观世界本来没有的东西"的意思。但我们都知道，"圆周率"是客观存在的，祖冲之只是经过刻苦努力算出它、发现它，而不是创造它。鲁迅在一篇文章中曾这样写道："现在有一班好讲鬼话的人最恨科学，因为科学能教道理明白，能教人思路清楚，不许鬼混，所以自然而然的成了讲鬼话的人的对头。于是讲鬼话的人，便须想一个方法排除它。其中最巧妙的是捣乱。先把科学东扯西拉，羼进鬼话，弄得是非不明，连科学也带了妖气：例如……'精神能影响于血液，昔日科希博士发明霍乱（虎力拉）病菌，有某某二博士反对之，取其所培养之病菌，一口吞入，而竟不病。'据我所晓得的是 Koch 博士发现（查出了前人未知的事物叫发现，创出了前人未知的器具和方法才叫发明）了真虎力拉菌；别人也发现了一种，Koch 说他不是，把他的菌吞了，后来没有病，便证明了那人所发现的，的确不是病菌。如今颠倒转来，当作'精神能改造肉体'的例证，岂不危险已极么？"从这段话里，我们看到鲁迅先生是多么注意准确使用概念，对概念的内涵理解多么深刻；同时也看到，鲁迅先生揭出论敌使用概念的不正确，也就有力地嘲讽了论敌的无知可笑，这就是把形式逻辑也用作战斗的武器了。例⑪到例⑬是作宾语或主语用的名词使用不当。例⑭到例⑯是形容词使用不当。例⑰是作状语的副词使用不当。例⑱是作主语的代词使用不当。使用不当的原因都在于对有关概念的含义（内涵）认识不正确。

这些病句，可以改正如下：

①愤怒声讨"四人帮"大会的时间过了整整两小时。
②粉碎"四人帮"后，我们的生活水平正迅速提高。
③声势浩大的爱国卫生运动热潮正在全国城乡掀起。
④揭批"四人帮"的大会上，他还表示一定要改正缺点。
⑤我国古代数学家祖冲之比欧洲人早一千多年算出了圆周率为 3.1415926。
⑥由于长期得不到休息，他的健康被损坏了。
⑦两国领导人的会见更增进了两国人民的友谊。
⑧科技大会前，光研所掀起了激光研究的新高潮。
⑨在老师的不断鼓励下，他进步很快。
⑩学习《湖南农民运动考察报告》后，我们小组全体同学也到大隆工具厂去参观访问了三个小时。
⑪会场四周贴满了红红绿绿的标语，煞是好看。
⑫科学大会以后，本厂工人积极投入了试制"D-31"的战斗。
⑬通过揭批"四人帮"的斗争，大家的阶级觉悟进一步提高了。
⑭现在里弄里到处都打扫得十分干净。
⑮他的演讲，不但内容句句正确，而且口齿清楚，咬音准确。

⑯第三世界人民的力量无比强大。
⑰只有严格地遵守纪律，才能搞好这项工作。
⑱老师，我们是革命接班人，一定能克服这些困难！

第二类，从例⑲到例㉓，都表现为用作主语或宾语的名词使用不当，实质都是混淆使用了普遍概念与集合概念。混淆使用普遍概念与集合概念，无论是把集合概念当作普遍概念使用，还是把普遍概念当作集合概念使用，都要犯逻辑错误，都不符合概念要明确的要求。这些病句应改正如下：

⑲共产党人是经过千锤百炼的英雄汉。
⑳"五一"这天，书店前一字长龙，从书店出来的人，无不捧着几本书，笑容满面。
㉑一天掌握三个词语，一年就有一千多！
㉒五届政协胜利召开，民主党派成员及其家属都异口同声、兴高采烈地赞颂："共产党领导真英明！"
㉓他打得比国家队的还棒！

三、注意概念间的不同关系

文章所要反映的客观事物是互相联系着的，从客观事物到文章，中间有概念、判断、推理等环节。孤立的概念不能表达思想，更不能构成文章，概念只有构成判断，才表达一定的思想。因此，在文章中，概念与概念之间也有一定的关系。写作中注意区别概念间的各种不同关系，有重要的意义。

概念之间的关系分相容关系与不相容关系两大类。

相容关系又可分同一关系、属种关系与交叉关系三种。不相容关系又可分为矛盾关系、对立关系与并列关系三种。

1. 同一关系

两个同一关系的概念，在外延上完全重合。例如：

①北京，中华人民共和国的首都，祖国的心脏，第一面五星红旗升起的地方。
②《阿Q正传》的作者，周海婴的爸爸。

这两组例子中，每一组的各个概念，虽然内涵不完全相同，其外延却是完全重合的。例如，第一组："北京"是地理概念，有一定的地域，一定的人口，一定的历史，等等；"中华人民共和国的首都"是政治概念，表示其为中华人民共和国中央人民政府所在地；

"祖国的心脏"是比喻性概念,表示其为全中国人民力量的源泉;"第一面五星红旗升起的地方"是历史概念,表示其在历史上有过那么一个庄严、光荣的时刻。虽然四个概念的内涵有不一致之处,但外延(范围)却是同一的,完全重合。

在写作中,根据需要,可以用几个同一关系的概念互相替代,使语言丰富多彩。例如,我们经常在诗歌中看到交替使用"北京""首都""祖国的心脏""第一面五星红旗升起的地方"等,使词语多变,错落有致,使句子生动,文辞优美。与此相反,在可以用许多同一关系概念交替使用的地方,却翻来覆去地只用同一个词语,就显得重复,使行文滞重、单调、呆板。恩格斯曾批评这种现象说:"重复,一部分是术语缺乏的结果,一部分是不习惯于逻辑训练的结果。"(《恩格斯致马克思(1868年11月6日)》)我们要加强逻辑训练,努力学习语言,掌握更丰富的词汇。但必须注意的是:交替使用同一关系概念应根据需要。一般地说,在文学作品中用得较多,而在科学著作中,通常不用或极少用。例如,在同一篇哲学论文中,时而使用"马克思主义哲学唯物主义"这个概念,时而使用"辩证唯物主义"这个概念,不仅毫无必要,而且有碍阅读。还要注意:在同一个句子中重叠使用同一关系概念,往往会成为败笔。诗人郭小川在《谈诗书简》中写道:"诗,应当是由一个个最准确表现内容的、新鲜的、富丽的句子所组成。……'我们现在是第二梯队,决心搞好生产和建设。'也不美;'生产'同'建设'有多大区别?"这里批评的,就是重叠使用同一关系概念。

交替使用同一关系概念与偷换概念是截然不同的两码事。交替使用同一关系概念符合同一律,偷换概念则违反同一律。前面已经说过,同一律是形式逻辑基本规律之一,它要求在同一思维过程中,一个思想必须是确定不变的。那么,作为思维形式的概念,也必须保持其特定的内涵和外延,而不允许改变。所谓偷换概念,是指在同一篇文章中(同一个议论中),虽然使用字面相同的词语,但却有意或无意地把这一词语原来所表达的概念换成另一个不同的概念。

列宁十分重视揭露偷换概念的逻辑错误。例如,布哈林曾将"对抗"和"矛盾"这两个不同一的概念混淆起来,作为同一概念使用。列宁批评布哈林说:"这是超等的不确切。对抗和矛盾完全不是一回事。在社会主义制度下,对抗将要消灭,而矛盾还会存在。"(《对布哈林〈过渡时期的经济〉一书的评论》)毛泽东同志在《矛盾论》中也精辟地指出:"对抗是矛盾斗争的一种形式,而不是矛盾斗争的一切形式。"对列宁同志和毛泽东同志的教导,林彪和"四人帮"熟视无睹、充耳不闻,他们故意偷换概念,把一切矛盾都作为对抗,鼓吹"念念不忘阶级斗争","斗、斗、斗,斗出一个红彤彤的新世界"。他们把我们的国家,斗得家贫国敝,民不聊生。又如,"四人帮"还把"抓智育"偷换成"智育第一",把"抓生产"偷换成"唯生产力论",把"经验"偷换成"经验主义",等等。他们还用偷换概念的手法恶毒攻击邓小平同志。有一次,邓小平同志同外宾谈话时,用"穿草鞋""穿布鞋"的形象化比喻来说明我国广大赤脚医生的医疗水平在不断提高,但"四人帮"在卫生部①的党羽为了诬陷邓小平同志,捏造了邓小平同志还讲过赤脚医生要"穿皮鞋"的谣言,并将此事向姚文元汇报。姚文元如获至宝,在书面汇报材料上写批语说:"要赤脚医生'穿草鞋''穿布鞋''穿皮鞋',即穿资本主义的鞋,走资本主义的路。此种急于翻案语无伦次的语言是复辟派的一大特色。"姚文元的这个"批语"纯属胡说八道。他把"穿草鞋"等明显的比喻说成是要"走资本主义的路",恰恰暴露了"四人帮"急于篡党夺权而玩弄偷换概念的鬼蜮伎俩。

违反同一律,无意地把非同一关系的概念当作同一关系的概念,因而犯偷换概念(或曰"混淆概念")的逻辑错误,在生活中也会发生。有一篇讨论书法艺术的文章,其中写道:"古人重视书法,是因为书法在古代文化交流中起着重要的作用。在今天,在现代化的文化交流中,书法仍然起着重要的作用。试问,书写潦草或字迹的不工整,不是常常给工作或学习带来一些困难和不便利吗?"这里,在叙述过程中,没有保持"书法"这一概念的前后同一。在前面,是作为"书法艺术"来论述的;到后面,却作为一般的书写要求来看待了。有一篇题为《从两道造句说起》的文章,批评老师给小学生的造句("我们读书不是为了分数,而是为了革命。")"用红笔打了勾,以说明是对的",并进而分析说那位老师是受了"四人帮"的影响,理由是"就拿分数来说,它作为检验学生成绩的一把尺子,显然是必要的……但是,如果'不是为了分数',是不是不要分数也可以,或者说不要读书也可以?"这里,实际上是把"不是为了分数"与"不要分数""不要读书"这些不同的概念混淆起来,用"不要分数""不要读书"偷换了"不是为了分数"。这个例子告诉我们:在写作中,一方面,为了文辞优美,可以交替使用同一关系的概念;另一方面,又要注意防止把并无同一关系的概念当作同一关系概念,犯偷换概念的逻辑错误。

2. 属种关系和交叉关系

属种关系是指一个概念的外延包含着另一个概念的外延。这两个概念中,外延大的概念称"属概念"(或"上位概念"),外延小的概念称"种概念"(或"下位概念")。例如:

  教师与中学教师
  劳动者与脑力劳动者
  书与政治书
  语文水平与写作水平
  阶级与工人阶级
  国家与社会主义国家

这些例子中,每一组的两个概念之间,都存在属种关系。写作中正确把握属种关系的

---

① 现国家卫生与计划生育委员会前身。——编者按

概念，可以把思想表达得周密、严谨。这里要注意的是某些事物之间的所属关系，例如，亲属关系、财产关系等，都不是属种关系，不能把概念之间的属种关系与某些人、事之间的所属关系混同看待。

写作中，不能并列使用属种关系的概念，否则就要犯"并列使用属种概念"的逻辑错误。例如，"劳动人民翻身了，家家户户添了新家具、新床、新被、新衣裳"，就是把具有属种关系的概念"新家具"与"新床"并列使用了，因为"新床"包括在"新家具"之中，已经说了"新家具"就不必说"新床"了。如果一定要点明，可以用括号把"新床"括出来，并加上"如"字。又如说"由于师生共同努力，我们班级的语文水平与写作水平大大提高了"，也犯了并列使用属种概念的逻辑错误，因为"写作水平"已经包含在"语文水平"之中。

此外，还要防止把不发生属种关系的概念误作属种概念使用。例如，"劳动人民翻身了，家家户户添了新家具：新床、新桌、新柜、新被子……"，就是错将"新被子"当作"新家具"的种概念了。

下面我们来看几句误用属种关系概念的病句：

①春回大地，万物复苏。田野里，水稻、庄稼全都长势喜人。
②公园里，游人、儿童熙熙攘攘，热闹非凡。
③捕象队在西双版纳密林中猎获了金丝猴、画眉和各种各样的动物。
④必须批判绝对平均主义、自由主义和各种非无产阶级思想。
⑤每年春节，厂领导都要去慰问烈士李刚的爱人和家属。
⑥每读一篇毛泽东同志著作，他都写了读书笔记，写了摘要和心得体会。
⑦全世界的工人和劳动人民都同情和支持巴勒斯坦人民的正义斗争。
⑧他的书箱里装满了书，有文艺书，有历史书，有政治书，有画片，有杂志。
⑨工厂、矿山、商店、学校等工交财贸部门的同志纷纷上台表决心，要为"四化"努力奋斗。
⑩春雷一声，百花怒放：月季、杜鹃、山茶，牡丹、芍药、冬青……都盛开了。
⑪这篇课文是《物种起源》的导言。导言同序言相近，为了引导读者了解本书的写作经过和作者对物种起源问题的一些基本看法……

以上病句可以分为两类。

第一类，例①至例⑦，犯了并列使用属种概念的逻辑错误。例①中，"庄稼"包括了"水稻"；例②，公园里的"游人"包括了公园里的"儿童"；例③中"各种各样的动物"包括了"金丝猴"与"画眉"；例④中"非无产阶级思想"包括了"绝对平均主义"和"自由主义"；例⑤中"李刚的家属"包括了"李刚的爱人"；例⑥中，"读书笔记"包括了"摘要""心得体会";例⑦中"劳动人民"包括了"工人"。既然属概念包括种概念,那么,列出了属概念,就不必再列出这一属概念之下的种概念。改正这一类逻辑病句的方法是:或者把句中的种概念划去,或者列出有关的种概念,而划去其属概念(如果客观上要求说得具体一点的话)。

第二类,例⑧至例⑪,则把不发生属种关系的概念误作属种概念使用了。例⑧,"杂志"算作"书"已不精确,"画片"算书则更不正确了;例⑨,"学校"不能概括在"工交财贸部门"之内;例⑩,"冬青"是灌木,不是"花",虽然冬青也会开花;例⑪,其中第二句("导言同序言相近,……")是为"导言"这一概念做解释的,而不是就《〈物种起源〉导言》做解释的,因此,"作者对物种起源问题的一些基本看法",不应写在这里,"导言"包括不了这个内容。改正这一类逻辑病句的方法是:把不能包括在属概念中的种概念划去,或另行指出。

交叉关系是指两个概念的外延有部分是重合的。例如:

妇女与运动员
亚洲国家与第三世界国家
水草与猪饲料
金属与易燃品
小八路与小演员

这些例子中,每一组的两个概念,其外延都有一部分是重合的,它们之间的关系称交叉关系。如"妇女"与"运动员",部分妇女是运动员;反过来看,部分运动员是妇女。正确把握交叉关系概念,可以把思想表达得清楚、准确。

写作中,不能并列使用交叉关系的概念,否则就要犯"并列使用交叉概念"的逻辑错误,把思想表达得混乱不堪。例如:

① 这次展销的有服装、棉织品、家具等。
② 书架上,期刊、书报、古典作品和外国书刊琳琅满目。
③ 许多老师都在自学古代史、近代史、世界史。
④ 义务劳动开始前,队长分配任务说:"党员去推车子,团员去捡石头,女同志去扫场地。"

这些病句使人难以理解,而如果要据以办事的话,就会束手无策,不知道怎样办好。如例①,并列使用了交叉概念"服装"与"棉织品",给人的印象是"服装"中没有"棉织品","棉织品"中也没有"服装",而实际上却是:有的"服装"是"棉织品",有的"棉织品"是"服装"。例②,"期刊"同"外国书刊"是交叉概念,"古典作品"同"外国书刊"也是交叉概念。如果将句子改成"把期刊、书报、古典作品和外国书刊放在不同的地方",错误就更加明显了。例③,"古代史"与"世界史"、"近代史"和"世界史"分别都是交叉概念。并列使用交叉概念造成的逻辑混乱,在例④中表现得最明显:"党员"与团员中的"女同志",必然会无所适从。

3. 矛盾关系、对立关系和并列关系

矛盾关系指两个概念在外延上互相排斥,而且它们的外延相加就等于它们最邻近的属概念的外延。例如,"无产阶级思想"与"非无产阶级思想"(二者相加等于属概念"社会思想"),"唯物论"与"唯心论"(二者相加等于属概念"哲学"),"文学作品"与"非文学作品"(二者相加等于属概念"作品"),"人民内部矛盾"与"敌我矛盾"(二者相加等于属概念"社会矛盾"),等等。写作中恰当地运用矛盾概念,可以鲜明有力地表达思想。敬爱的周恩来总理年轻时写的诗句:"壮烈的死,苟且的生。贪生怕死,何如重死轻生!"运用"生"与"死"这两个矛盾概念,冠以恰当的修饰语,构成了强烈的对比,鲜明地表达了无产阶级革命家崇高的共产主义人生观与高尚的革命情操。

对立关系是指两个概念在外延上互相排斥,而它们的外延相加小于最邻近的属概念外延。例如,"无产阶级"与"资产阶级","先进"与"落后","黑"与"白","马克思主义"与"修正主义",等等。写作中恰当使用对立概念,可以在表达上形成鲜明对比,使概念所反映的互相对立的两种事物界线清楚、壁垒分明、不致混淆,达到加强宣传效果的目的。例如,毛泽东同志在《反对党八股》中说:"'五四'时期的生动活泼的、前进的、革命的、反对封建主义的老八股、老教条的运动,后来被一些人发展到了它的反对方面,产生了新八股、新教条。它们不是生动活泼的东西,而是死硬的东西了;不是前进的东西,而是后退的东西了;不是革命的东西,而是阻碍革命的东西了。这就是说,洋八股或党八股,是五四运动本来性质的反动。"这段话里,"生动活泼的东西"与"死硬的东西","前进的东西"与"后退的东西","革命的东西"与"阻碍革命的东西"等,形成十分鲜明的对比,加强了表达效果,使我们对党八股有了更为明确的认识。又如,鲁迅在《我们不再受骗了》一文中说:"我们的痈疽,是他们的宝贝,那么,他们的敌人,当然是我们的朋友了。"把"痈疽"与"宝贝","敌人"与"朋友"加以对比,用这两组对立概念,表达了强烈的爱憎。再如,粉碎"四人帮"后,文艺舞台上演出了讽刺喜剧《枫叶红了的时候》,引起一些同志对文艺任务的认识方面的争鸣,其中有的同志批评该剧没有把塑造英雄人物作为主要任务。《上海文艺》1978年1月号上发表了刘金同志《浮想联翩话"双百"》一文,指出:"你不能拿笊篱去舀汤,也不能拿勺子来捞面。因此,你也不能要求一切的文艺形式毫无例外地执行同样的任务。"这里,"笊篱"与"勺子","汤"与"面",就是两组对立概念,用这两组对立概念打比喻,生动而有力地说明了特定的文艺形式同它可能表现的内容的关系。

在不相容关系的概念中同一个属概念之下，不具有矛盾关系或对立关系的几个种概念之间的关系，为并列关系。如"教师""医生"和"演员"，"小说""诗歌"和"散文"，"松树""梅树"和"柏树"，"铜""铁""锡"和"镁"，等等。鲁迅在《华盖集·夏三虫》中说："夏天近了，将有三虫：蚤、蚊、蝇。""跳蚤的来吮血，虽然可恶，一声不响就是一口，何等直截爽快。蚊子便不然了……未叮之前，要哼哼地发一大篇议论，却使人觉得讨厌。"苍蝇对"无论怎么好的，美的，干净的东西，又总喜欢一律拉上一点蝇矢"。把蚤、蚊、蝇三者并列起来，描写其各自的特点，用来比喻形形色色的阶级敌人，十分形象。

有的同志认为，既有不相容的并列关系概念，又有相容的并列关系概念，后者如"工人阶级内部矛盾""农民阶级内部矛盾"等。这是不妥当的，因为"工人阶级内部矛盾"与"农民阶级内部矛盾"的外延是互相排斥的。

由于并列关系也是不相容关系，互相排斥，同时它又像矛盾概念与对立概念那样有一定的对比作用，因此，恰当使用并列关系的概念，既可造成鲜明的对比，又在对比中显出和谐的美。例如，在"秋天的农村，稻谷黄，棉花白，高粱红，菜畦绿，到处是歌声笑语，充满着收获的欢欣"，其中"稻谷""棉花""高粱"与"菜"，"黄""白""红"与"绿"，"歌声"与"笑语"，都是并列概念。这些并列概念互相排斥，因而能够加以明显的区分和对比，但又因为是并列的，并不互相矛盾，也不互相反对，因而能"和平共处"，显得谐和，有助于使整个句子充满诗情画意。

四、概念的概括、限制和语言的明确性

概念的概括和限制，是使语言明确的主要逻辑方法。

概念的概括和限制，主要是依据概念的内涵与外延之间的反变关系进行的。

一个概念的内涵和外延通常是确定不变的。在具有属种关系的两个概念之间，属概念比种概念外延大，内涵少，而种概念比属概念外延小，内涵多。例如，"书"这个词，至少可以表达四个概念：成本的著作，即书本；信，即书信；文件，如证明书；写字，如书写、书法。我们用它的第一个含义。"书本"可以有"成本""纸质""可供阅读""有作者""线装或非线装""中国的或外国的""现代的或古代的"等属性，这些属性都可看作"书本"这一概念的内涵，其外延则包括一切书本。"书"与"中国书"这两个属种概念，"书"的外延大，"中国书"的外延小；"书"的内涵少，而"中国书"的内涵多（多了"中国的"这一属性）。属种概念之间内涵和外延这种反向的变化，我们称之为反变关系。

概念的概括，是指舍弃概念的部分内涵，使外延较小的种概念变为外延较大的属概念的逻辑方法。例如，毛泽东同志在《改造我们的学习》中指出："总之，这种反科学的反马克思列宁主义的主观主义的方法，是共产党的大敌，是工人阶级的大敌，是人民的大敌，是民族的大敌，是党性不纯的一种表现。大敌当前，我们有打倒它的必要。"从"共产党"

到"工人阶级""人民""民族",就是一层层地进行概念的概括,前者包含在后者之中。这样的概括,使我们对主观主义方法的危害性认识更深,使我们确实感到"大敌当前,我们有打倒它的必要"。

由此可见,概念的概括有助于更明确地认识事物,提出问题,解决问题。这是由于通过概念的概括,使我们对事物的共性有更多的认识,它反过来又加深了我们对事物的个性的认识。例如,当我们把"钠"概括为"金属"时,我们就可以根据对"金属"的认识,断定"钠"也具有"金属"的一系列属性。

概念的概括要求做到确切而有必要。不必概括的地方加以概括,不但不能使概念明确,而且往往会走向"无限上纲"。"四人帮"惯使"无限上纲"的鬼蜮伎俩,例如,把有些干部对社会主义革命缺乏精神准备,夸大为"继续在那里搞民主革命",妄图为打倒从中央到地方的一大批革命干部制造反革命舆论。这根本不是什么概括。概括要确切,就要检查概括出来的新概念是不是属概念,即它能不能包含原来的概念,如不能包含,那就是概括错了。

1980年,美国得克萨斯州发生了一桩颇为滑稽的官司:一家殡仪馆老板控告电话公司将该殡仪馆列在"冷藏业"一类中,认为这影响了殡仪馆的商誉,向法院提起诉讼,要问电话公司一个"诽谤罪"。这里,电话公司就犯了概括不当的错误,因为"冷藏业"并非"殡仪馆(业)"的属概念。

概念的限制,是指增加概念的内涵,使外延较大的属概念变为外延较小的种概念的逻辑方法。

关于概念的限制,毛泽东同志曾经做过精辟的论述:"一九五六年国家预算报告中说过'稳妥可靠'这个话,我建议以后改为'充分可靠'。……稳妥和可靠,意思是重复的。用稳妥形容可靠,没有增加什么,也没有限制什么。形容词一面是修饰词,一面是限制词。说充分可靠,这就在程度上限制了它,不是普通可靠,是充分可靠。"(《在中国共产党第八届中央委员会第二次全体会议上的讲话》)毛泽东同志这样重视概念的明确性、准确性,是很值得我们学习的。由此,我们还可以知道,进行概念限制的一个十分重要的方面,就是正确地使用形容词。

概念的限制的基本要求是准确。诗人郭小川在给一个青年同志改诗时指出:"'滚烫的开水驱走了一路的干渴','滚烫'二字太厉害了,岂不是要把战士'烫'坏!"这里"滚烫"二字是不准确的限制词。在不必要限制的地方加以限制,不仅不能使概念明确,反而会损害语意,造成误解。例如,"他在从容就义之前,给妻子写了一封情深谊长的遗书,这是用滚滚血泪写成的文字,今天读来格外令人感动"。这里,用"情深谊长"来限制"遗书"没有必要,也不准确,损害了文意;用"滚滚"来限制"血泪",也欠妥当,不如不用。不用,看起来似乎平淡,但与悲壮的感情协调;用了,显然多余,给人以堆砌辞藻、矫揉造作之感。

在一些文章中，属于概念限制不正确的病句经常可见。例如：

①东风化雨，万物滋润，麦田里稍微有点绿油油了。
②乌云满天，连月亮也看不见了，更不用说那多数眨着眼睛的小星星。
③还不到春耕大忙季节，女社员就挑灯夜战，精心挑选优秀的谷种，为春播做准备了。
④对文化学习，我们要像陈景润那样，有锲而不舍的目的和埋头钻研的态度。
⑤经过尖锐复杂、热热闹闹的斗争，我们夺得了巨大的胜利。
⑥他戴着大红花，在激烈的掌声中走上了领奖台。
⑦在整党中，他虚心地对领导提出了许多意见，也坦率地听取了同志们的批评。
⑧我真不懂他为什么有这许多奇形怪状的念头。
⑨弥漫的硝烟，复杂的喊声，造成了一种奇特的气氛。
⑩张老师铿锵有力的手势，把大家的注意力都吸引过去了。
⑪那位识字的中学教师在教同学们唱歌。
⑫对那些完全不正确的谬论，必须予以驳斥。
⑬经过土改，不合理的封建剥削被推翻了。
⑭我们要树立正确的革命的人生观。
⑮无产阶级专政的红色江山是坚如磐石的铜墙铁壁。
⑯党是领导我们前进的核心的核心，因此搞好工作的关键的关键就是要坚决听从党的指挥。

以上病句可分三类。
第一类，例①与例②，表现为修饰语使用错误，实质上都是对所使用的概念的外延，做了不正确的限制。概念的外延是表示概念的范围的。句子中概念的外延必须符合客观实际；不符合客观实际，就会犯概念不准确的逻辑错误。
例①②可改正如下：

①东风化雨，万物滋润，麦田一片绿油油。
②乌云满天，连月亮也看不见了，更不用说眨着眼睛的小星星。

第二类，从例③到例⑩，也表现为修饰语使用不当，但与第一类病句有区别，实质上是对所使用的概念的内涵做了不正确的限制。例如，"斗争"这一概念，具有"严肃"的属性（内涵），在"斗争"的前面冠以"热热闹闹"，就是对"斗争"这一概念进行限制，但这样一"限制"，"热热闹闹"同"严肃"就发生了冲突，而实际上"热热闹闹的斗争"也是不存在的。又如"手势"这一概念,可以有"有力"这样的属性(内涵),但却不会有"铿锵"这样的属性(内涵),因此,用"铿锵"来限制"手势"就很荒唐。

第二类逻辑病句可以改正如下:

③ 还不到春耕大忙季节,女社员就挑灯夜战,精心挑选优良的谷种,为春播做准备。
④ 对文化学习,我们要像陈景润那样,有明确的革命目的和踏踏实实的学习态度。
⑤ 经过尖锐复杂、轰轰烈烈的斗争,我们夺得了巨大的胜利。
⑥ 他戴着大红花,在热烈的掌声中走上了主席台。
⑦ 在整党中,他坦率地对领导提出了许多意见,也虚心地听取了同志们的批评。
⑧ 我真不懂他为什么有这许多奇里古怪的念头。
⑨ 弥漫的硝烟,嘈杂的喊声,造成了一种奇特的气氛。
⑩ 张老师有力的手势,把大家的注意力都吸引过去了。

第三类,从例⑪到例⑯,也是修饰语使用不当,但并不像第一类、第二类那样修饰语用错了,而是在不必要用的地方用了修饰语。这种不必要的、多余的修饰语,不但不能使概念明确,反而会使概念模糊,使人对这个概念本身产生误解。1977年9月,辽宁省某地一位妇女生了一个"毛孩"。某电台在"科学知识广播"中介绍这件事时,特别指出这个"毛孩"的母亲是"一位贫农女社员"。为什么要这样说明呢?这样说明有什么意义呢?没有任何必要,没有任何意义。相反,这样的写法,给"妇女"这个概念以不必要的限制,就造成了不应有的误会,好像只有"贫农女社员"才会生"毛孩",蒙上了"左"的阴影,使"科学知识"变得不科学了。上述病句中的例⑪,用"识字的"限制"中学教师",就等于说还有一些"不识字的中学教师";例⑫,用"完全不正确的"限制"谬论",仿佛还存在着"正确的"或"多少有点正确"的"谬论";例⑬,用"不合理的"限制"封建剥削",仿佛还有"合理的封建剥削";例⑭,同时重复用"正确的"与"革命的",删掉前者,保留后者就足够了;例⑮,用"坚如磐石"限制"铜墙铁壁",从"铜铁"倒退到"石头",损害了语意;例⑯,用"核心的"限制"核心"不仅多余,而且后面这个"核心"否定了前面那个"核心",自相矛盾,损害了语意,用"关键的"限制"关键"也一样。这一类病句的修改办法,就是把那些多余的修饰语统统去掉。

五、概念的定义和语言的科学性

语言要有科学性,没有科学性,就不能正确地表情达意。给概念下定义,是增强语言科学性的重要方法。

科学的定义，是自然科学和社会科学理论研究中所必需的。在日常写作中所运用的，不是这种严格意义上的定义。

给一个概念下定义，起码应当做到使它不至于与别的概念混淆起来，而要做到这点，就必须在定义中把事物的最富于特征的属性揭示出来。毛泽东同志说："中国的红军是一个执行革命的政治任务的武装集团。"（《关于纠正党内的错误思想》）"敌我之间的矛盾是对抗性的矛盾。"（《关于正确处理人民内部矛盾的问题》）这些都是定义。这些定义，揭示了各有关事物"最富于特征的属性"，因而能和其他事物相区别。

概念的定义，是由被下定义的概念和下定义的概念两个部分组成的。这两个部分是相等的，因此可以交换位置而不改变其意思。例如，可以说"人是能制造和使用劳动工具的动物"，也可以倒过来说"能制造和使用劳动工具的动物是人"。下定义的概念由属概念（相对于被下定义的概念说）和种差两部分组成。所谓"种差"，是指被下定义的概念与同一个属概念之下的其他种概念之间，在"最富于特征的属性"方面的差别。例如，"敌我之间的矛盾是对抗性的矛盾"这一定义，由被下定义的概念"敌我之间的矛盾"和下定义的概念"对抗性的矛盾"两部分组成。其中下定义的概念由属概念"矛盾"与"敌我矛盾"和"人民内部矛盾"（两个种概念）之间的种差"对抗性的"两部分组成。

定义不正确，必然影响语言的科学性。例如：

① 地主是靠剥削农民为生的剥削者。
② 思想是客观事物在人脑中的反映。
③ 动物是有生命的有机物。
④ 形式逻辑是关于概念、判断、推理的科学。
⑤ 作家是写小说的。
⑥ 演员是演电影的。
⑦ 迷信的人就是相信鬼神的人。
⑧ 军队是作战的部队。
⑨ 唯生产力论就是只讲生产的谬论。
⑩ 唯物主义者就是具有唯物主义信仰的人。
⑪ 非正义战争就是不正义的战争。
⑫ 鱼是被叫作鱼的动物。
⑬ 鸡不是称为鹅、鸭的家禽。
⑭ 什么叫革命？革命就不是不革命，更不是反革命。
⑮ 什么叫物质？物质不是精神。

这些病句，都因定义不正确造成，大致可以分为以下五类。

第一，定义过宽，即下定义的概念的外延比被下定义的概念外延大。例如，例①到例③就犯了"定义过宽"的逻辑错误。例①，"靠剥削农民为生的剥削者"除地主外，还有富农等。因此，这个定义达不到明确概念的要求。毛泽东同志曾给"地主"下了一个科学的定义："占有土地，自己不劳动，或只有附带的劳动，而靠剥削农民为生的，叫地主。"这个定义是科学的，防止了土地改革中扩大打击面的错误。例②，"客观事物在人脑中的反映"不只是"思想"，还有"感觉""知觉""表象"等。例③，"有生命的有机物"，除"动物"外还有"植物""微生物"。

第二，定义过窄，即下定义的概念的外延比被下定义的概念的外延狭窄。例④到例⑥都犯了"定义过窄"的逻辑错误。如例④，"关于概念、判断、推理的科学"这个下定义的概念，并不能充分说明"形式逻辑"这个被下定义的概念，因为"形式逻辑"除此之外，还研究证明和反驳、思维的基本规律，如同一律、矛盾律、排中律等。例⑤，"写小说的"是"作家"，但"作家"不仅仅是"写小说的"。例⑥，"演电影的"是"演员"，但"演员"也不仅仅是"演电影的"。

第三，恶性循环，即下定义的概念得由被下定义的概念来说明：把例⑦⑧⑨中下定义的概念与被下定义的概念位置颠倒一下，我们会发现，整个定义什么也没有说明。说个笑话：有人带着哑巴的女儿去就医，请教医生："我的女儿为什么是哑巴？"医生说："这是因为缺乏说话能力的缘故。""为什么缺乏说话能力？"医生说："这是因为发音器官有了障碍的缘故。""为什么发音器官有障碍？"医生说："这是因为她是哑巴。"这个医生的答话，在一个封闭的圆圈里兜来转去，什么问题也没有解决。定义犯恶性循环的逻辑错误有类于此。

第四，同语反复，这是恶性循环的另一种表现，它更明显地表现出"什么也没有说明"的特点。如例⑩，说了等于没说。例⑪，用"不"字换"非"字，是典型的同语反复。例⑫，换了个花样，字面上与例⑪有些区别，但实质上完全一样，等于说"鱼就是鱼"。总之是"什么也没有说明"。同语反复，毫无意义，只能使听者不知所云。

第五，用否定概念下定义。这种方法，可以把被下定义的概念与其他某些概念区别开来，但是对被下定义的概念本身，并未做出什么说明，我们对被下定义的概念本身，仍然一无所知。因此，这种方法，也不能起到明确概念的作用。例⑬，告诉我们鸡不是鹅、鸭，但什么是鸡？我们仍然不知道。例⑭⑮也一样。

从形式逻辑关于定义的方法来说，不能用比喻来下定义。但是，在写作中又常常运用这一方法。如"教师是辛勤的园丁""无产阶级专政是铜墙铁壁""铁路是国民经济的命脉""儿童是祖国的花朵""作家是人类灵魂的工程师"，等等，都是用比喻来说明某一概念的。这种方法叫作类似定义。

同类似定义相仿的，还有一种根据一定的目的揭示概念某一方面的属性的逻辑方法，我们称之为释义。例如，"所谓'领导熟悉'就是要'四人帮'熟悉"，"'化'者，彻头彻尾，彻里彻外之谓也"。

类似定义与释义虽然不属于定义，不像定义那样有比较严格的要求，但由于它在一定范围内，在一定程度上，也揭示了概念的某一方面或几方面的属性，因此，同样能起到一定的明确概念的作用，只要运用得好，也能增强语言的科学性，从而使语言简洁生动。这在写作中也是不可忽视的。

六、概念的划分和语言的严密性

写作中常常接触到把一个属概念划分为它的种概念的问题。例如，《看云识天气》中说："我们还可以根据云上的光彩现象，推测天气的情况。在太阳和月亮的周围，有时会出现一种美丽的七彩光圈，里层是红色的，外层是紫色的。这种光圈叫作晕。……另有一种比晕小的彩色光环，叫作华。颜色的排列是里紫外红，跟晕刚好相反。……夏天，雨过天晴，太阳对面的云幕上，常会挂上一条彩色的圆弧，这就是虹。……还有一种云彩常出现在清晨或傍晚。太阳照到对面的天空，使云层变成红色，这种云彩叫作霞。"这里，把云按云上光彩的不同分为"晕""华""虹""霞"四种。又如《海市》中写道："别以为海岛总是冷落荒凉的，这儿山上山下，高坡低洼，满眼葱绿苍翠，到处是柞树、槐树、杨树、松树、冬青，还有桃、杏、梨、苹果、葡萄等各种果树。"这里对岛上的树做了划分。这些都是正确的概念划分。

概念的划分是按一定的标准把属概念分为它所包含的各个种概念的逻辑方法，它对明确概念的外延有重要的作用。据说，俄国著名作家列夫·托尔斯泰为了以精确、严密的语言描述旧俄士兵的性格，曾调查研究过许多旧俄士兵。他分析说，当时的士兵共有三种性格：第一种是恭顺，其中又分两类，一类表情沉静，一类态度慌张；第二种是跋扈，其中一类具有外交手腕，另一类容貌可畏；第三种是吊儿郎当，其中一类有趣，一类邪恶。正是由于在比较深入细致的调查的基础上，进行了认真的分析研究，对旧俄士兵的性格做了上述划分，因此，他笔下的旧俄士兵，大多被描述得性格鲜明，栩栩如生。从这里也可以看出，概念的划分，同写作中语言的运用，关系是很密切的。划分正确，语言就显得严密，无懈可击；划分不正确，语言就混乱，不严密，甚至漏洞百出。下面是一些划分不当的病句：

①全军第四次文艺会演时，我们观看了许多优秀的戏曲、话剧、多幕剧、历史剧剧目。
②第三世界各国人民，亚非拉人民和被压迫人民都站在美国黑人一边。
③参加运动会的有拖拉机手、共青团员、植保员和饲养员等。
④参加五届人大的有许多是革命知识分子、中小学教师、科技工作者。

⑤辛勤的园丁为提高我们的文化知识质量，狠抓了课内学习和课外辅导，尤其是语文、数学和体育等学科。

⑥江南水乡遍植了棉、麻、桑、麦等经济作物。

⑦庆祝"五一"联欢会上演出的歌舞有大合唱、独唱、组唱与诗歌朗诵等。

⑧三角形分为等边三角形、等腰三角形。

⑨人可以分为儿童、青年人、老年人。

⑩参加国庆观礼的有大学教授、中小学教师、眼科医生和外科医生等革命知识分子的代表。

⑪千百年来，唯物主义学说在与主观唯心主义、客观唯心主义、折中主义长期斗争中，为自己的发展开辟道路。

⑫长篇小说、短篇小说、戏剧、散文、民歌、新诗等方面的优秀作品大量涌现，反映了党的十一届三中全会后文艺园地百花齐放的喜人景象。

划分不当的情况，大致分这样三种。

第一，划分标准不一，即一次划分中采用了几个不同的标准。一个概念，有许多属性，其中每一个属性，都可以用作划分的标准。例如，"人"这个概念，可以按性别划分为"男人""女人"；按年龄划分为"老年人""青年人""儿童"等；按肤色划分为"黄种人""白种人""黑人"……但如果一次划分用了两个标准，如既按职业，又按国籍划分为"拖拉机手""教师""园丁""法国人""英国人"……就不能起到明确概念外延的作用。划分标准不一，划分的结果就会形成一些交叉概念，或者一些属种概念，或者二者兼而有之。而我们已经知道，并列使用交叉概念或属种概念，都是逻辑错误。例①②③就是由于划分标准不一，造成了并列使用交叉概念的逻辑错误；例④则是由于划分标准不一，造成了并列使用属种概念的逻辑错误。

第二，属种不相称。属种不相称的表现形式有二：超出属概念范围，划分不完整。例⑤⑥⑦，都是"超出属概念范围"的不当划分。如例⑤，"体育"不包括在文化知识的范围之内。例⑥，"经济作物"不包括"麦子"。例⑦，"诗歌朗诵"不是"歌舞"。而例⑧⑨都犯了"划分不完整"的逻辑错误。例⑧，"三角形"除"等边三角形"和"等腰三角形"外，还有"不等边三角形"。例⑨，"人"除"儿童""青年人""老年人"外，还有"婴儿""少年""中年""壮年"。当然，许多情况下，没有必要，也不可能将一个属概念之下的所有种概念都一一列举出来，这时就得用省略号"……"或"等"，以示尚有其他种概念。

第三，越级划分。一次划分中只能把属概念划分为它的各种概念，而如果同时把其中的一些种概念（当作属概念）再作划分，就会犯"越级划分"的错误，使属概念和种概念的界限混淆不清。例⑩⑪⑫都是有越级划分的逻辑错误的病句。例⑩，虽然"眼科医生"与"外科医生"都是"知识分子"，但是他们的属概念是"医生"；"中小学教师"与"大学教授"也是"知识分子",但它们的属概念是"教师"。因此,如果必须特别写明"眼科医生"等参加了国庆观礼的话,那就要有层次地写出,把句子改成:"参加国庆观礼的有教师和医生等知识分子的代表,教师中有大学教授,也有中小学教师,医生中有眼科医生、外科医生等。"例⑪应改成:"千百年来,唯物主义学说在和唯心主义长期斗争中,为自己的发展开辟道路。"例⑫应改成:"小说、戏剧、散文、诗歌等方面的优秀作品大量涌现,……"

写作中的判断问题

我国古典小说《儒林外史》，淋漓尽致地刻画了大批封建社会的读书人的丑行丑态，其中对严监生贪婪成性、惜钱如命的描述，可谓入木三分：

> 严监生喉咙里痰响得一进一出，一声不倒一声的，总不得断气，还把手从被单里拿出来，伸着两个指头。大侄子走上前来问道："二叔，你莫不是还有两个亲人不曾见面？"他就把头摇了两三摇。二侄子走上前来问道："二叔，莫不是还有两笔银子在那里，不曾吩咐明白？"他把两眼睁的的溜圆，把头又狠狠摇几摇，越发指得紧了。奶妈抱着哥子插口道："老爷想是因两位舅爷不在跟前，故此记念。"他听了这话，把眼闭着摇头，那手只是指着不动。……
>
> 赵氏分开众人，走上前道："爷，只有我能知道你的心事。你是为那灯盏里点的是两茎灯草，不放心，恐费了油。我如今挑掉一茎就是了。"说罢，忙走去挑掉一茎。众人看严监生时，点一点头，把手垂下，登时就没了气。

严监生"伸着两个指头"，周围的人搞不清他的意思，是很自然的。但假设他能在咽气之前断断续续地说出"两茎灯草——油——费——一茎灯草——"等，人们是否能理解？如果不是赵氏，恐怕也难。同样，假定有人断断续续地说出"花——美——盛开——不可言"，我们也会感到莫名其妙。只有把这些概念组织起来，成为"盛开的花美不可言"或者"花儿盛开美不可言"等判断，才能用来表达思想。这说明，概念有其内涵与外延，但概念的内涵与外延，只有在判断中才能被揭示出来，概念与概念之间存在着一定的关系，但概念间的关系，也只有在判断中才能显现出来。概念本身不能用来交流思想，判断才是思想的基本单位。

判断是对事物有所肯定或否定的思维形式。

我们经常对事物表示肯定或否定。如"'四人帮'是野心狼""我国是伟大的社会主义国家""发扬社会主义民主是人心所向""人是会制造并使用工具进行劳动的高等动物"。

又如，"青蛙是植物""南瓜是水果"。这些对事物做肯定或否定的语句，有的符合客观实际，有的不符合客观实际，但不管符合与否，都是思维的一种形式——判断。因此，我们说"艺术是生活的镜子""托尔斯泰的小说是俄国革命的镜子"是判断，是正确的，因为这里对事物有所断定。而我们说"艺术""托尔斯泰的小说"是判断，则不对，因为这里不做什么断定。

概念是以单个的词或词组形式表现的，而判断则以语句形式表现。所有的判断都是语句，但并非所有的语句都是判断。语句可分为陈述句、疑问句、感叹句与祈使句。一般说来，只有陈述句才能表达判断。疑问句，如"爱姑是哪一篇鲁迅小说中的人物？""语文学习的基本要求是什么？"仅仅提出问题，没有直接断定什么，无法在客观实际中检验其真假，所以不是判断。感叹句如"天哪！"、祈使句如"祝福我吧！"都不表示断定，不存在检查其真假的问题，所以也不是判断。陈述句则不同，如"'四人帮'的阴谋彻底破产了""'欲穷千里目，更上一层楼。'是王之涣的名句""历史不会倒退"都是对事物做出断定的，都可检验其真假，因此是判断。此外，反问句虽以疑问的形式表现，但它本身表示着肯定或否定，所以也被看作判断。如"难道'知识越多越反动'吗？"表示的是"并非知识越多越反动"的意思，"这怎么可能是错的呢？"表示的是"这不可能错"的意思，"反抗，强烈的反抗激情，难道不正是贝多芬音乐作品的灵魂吗？"表示的是"强烈的反抗激情是贝多芬音乐作品的灵魂"的意思。这些，显然都对事物有所断定，所以都可看作判断。

无论写什么文章，少不了对这样那样的事物做出断定，也就是少不了判断。同时，作者在写作中无论做出什么判断，都必须真实、正确。所谓"真实"，是指反映客观事物的判断必须符合客观实际；所谓"正确"，是指对客观事物之间的关系的理论概括，必须与客观实际相符合。当然，文章中也可以有意用不正确的判断，但只能作为反面人物或其他对某事物有错误认识的人物的判断，而不能是作者本人的错误判断。一句话，写作上要求作者本人不做错误判断。

为了不做错误判断，要求作者坚定地站在无产阶级的立场上。立场错了，透过有色眼镜，会把一切看错。同时，要求作者对事物做深入细致的调查。"没有调查就没有发言权。"只有经过调查，才能做出符合客观实际的结论来。

在正常的情况下，文章中的错误判断，并不是来自阶级立场的错误，或思想方法上的错误，而是由于用来表达判断的语句不恰当。因此，为了写好文章，正确地表达和交流思想，必须下苦功夫研究，用来表达判断的语句要用得恰当。

作家老舍在谈到自己的创作经验时曾这样说："语言的运用对文学是非常重要的。有的作品文字色彩不浓，首先是逻辑性问题。我写作中有一个窍门，一个东西写完了，一定要再念再念再念，念给别人听（听不听在他），看念得顺不顺？准确不？别扭不？逻辑性强不？……看看句子是否有不够妥当之处。我们不能为了文字简练而简略。简练不是简略,意思含糊,而是看逻辑性强不强,准确不准确。只有逻辑性强而又简单的语言才是真正的简练。"(《论短篇小说的创作》)为了使判断恰当,我们也要像老舍那样,写完之后"再念再念再念",一边念一边开动脑子思考语句的逻辑性问题。

一、肯定或否定要恰当

判断是对事物有所肯定或否定的思维形式,因此,肯定或否定是否恰当,是写作中必须首先关心的。

按判断中被断定的事物和断定的内容的关系,即按判断中所反映的事物与属性的联系是无条件的,还是有条件的,或者是有选择性的来划分,判断可以分为直言判断、假言判断与选言判断三种形式。

直言判断是对事物直接做出断定的判断。例如,"这是一本语文知识读物""这本书是广东人民出版社出版的""鲁迅著作是祖国文化的瑰宝",等等,都是直言判断。

判断是由概念构成的。直言判断中的概念,包括两个主要的部分:一个部分的概念用来表示被断定的事物,叫判断主词;另一个部分的概念用来表示被断定的事物具有什么样的属性,叫判断宾词。主词与宾词用联系词连接起来。在"水银是液体"与"木头不是金属"这两个直言判断中,"水银""木头"是主词,"液体""金属"是宾词,"是"与"不是"是联系词。联系词"是"表示肯定,"不是"表示否定。所谓"肯定或否定要恰当",就是指联系词"是"与"不是"要用得恰当。

"是"或"不是"用得不恰当的情况一般不易发生。但是,人类对周围世界的认识,由于受生产力发展水平、科学发展水平的限制,或由于调查不够深入,研究不够全面细致,导致判断错误的情况也会出现。恩格斯说:"就一切可能来看,我们还差不多处在人类历史的开端,而将来会纠正我们的错误的后代,大概比我们有可能经常以极为轻视的态度纠正其认识错误的前代要多得多。"(《反杜林论》,《马克思恩格斯选集》第4卷)因此,当发现判断错误时,就应认真纠正。

有一个关于"请求鸭嘴兽原谅"的故事:1843年,恩格斯在英国曼彻斯特城看到过一些蛋,人们说这是鸭嘴兽的蛋。鸭嘴兽产于澳大利亚南部,是现存最原始的哺乳动物,卵生,通常每次产二卵,由雌兽伏在卵上孵化。有乳腺,无乳头,幼兽从雌兽腹面濡湿的毛上舔食乳汁。按当时最流行的观点,哺乳动物应该是胎生,不会下蛋。所以恩格斯当时曾做出过"关于鸭嘴兽会下蛋是愚蠢之见"的判断。后来,恩格斯根据科学研究的新发展,重新做出了判断。他在1895年致康·施米特的信中说:"1843年我在曼彻斯特看见过鸭嘴兽的蛋,并且傲慢无知地嘲笑过哺乳动物会下蛋这种愚蠢之见,而现在这却被证实了!因此,但愿您对价值概念不要做我事后不得不请求鸭嘴兽原谅的那种事情吧!"(《马克思恩格斯选集》第4卷)恩格斯的自我批评,说明了无产阶级革命导师是实事求是的,有错即改。我们要学习这种精神，如果发现判断错了，就要做认真的改正。

肯定或否定不恰当，多半是由于用词不当造成的。我们来看一看以下这些病句：

①县委领导成员没有一个不认为白土大队面貌改变得如此之快，不是由于落实党的农村工作政策的结果。
②为了避免不再产生类似的问题，我们主动调整了人员安排。
③努力学习马列著作，可以避免在工作中不犯错误。
④在如山铁证面前，这个家伙还是矢口否认他没有一点犯罪行动。
⑤母亲被逼自杀后，雷锋成了孤儿，生活一天不如一天困难了。
⑥宣传组人手太少，因此常常影响了学习专栏的延期刊出。
⑦温室的花朵经不起风霜是不可想象的。
⑧他这样不虚心，就难免不降低教学质量。
⑨在这千钧一发的危急关头，难道还可以不袖手旁观吗？
⑩我们都是过来人，难道你也不否定《牛虻》是好书吗？
⑪阿贝尔·加缪（法国存在主义派文学家，1957年诺贝尔文学奖奖金获得者）死得较早，主要是死于车祸。
⑫党刊党报要少登又臭又长的文章。
⑬共产党员要少讲假话，少做坏事。

肯定或否定不恰当，主要表现为"多重否定引起逻辑混乱"。多重否定的作用是加强说话的语气。例如，为了强调说明"你是知道的"，可以用双重否定的句式："你又不是不知道。"也可以用反问句式："难道你不知道吗？"反问句式中的"难道……吗？"实际上是一重否定。但是，否定词语使用不当，往往把意思说反了。如例①到例⑩，都把意思说反了。原因就在于没有注意正确使用否定词语。

当一个句子中有比较多的否定词语，因而语意不明时，首先应当弄清，一共有几个否定词语。然后，可以按照"双重否定是肯定，单重否定是否定"的口诀，判明语意为肯定或否定，即语句中有两个或四个否定词语，语意就是肯定的，有一个、三个或五个否定词语，语意就是否定的。确定了语意之后，把这句话同客观实际相对照，符合客观实际的判断，就是正确的；不符合客观实际的判断，就是不正确的。

如例①，共有三个否定词语："没有一个""不""不是"，按照"单重否定是否定"的口诀，可以判明句子的意思是："县委领导成员都认为白土大队面貌改变得如此之快，不是由于落实党的农村工作政策的结果。"如果这样判断，显然违反作者的原意。例②中的"避免"是否定性的词语，它同"不再"一起，构成了双重否定，句子的意思变成了"为了继续产生类似问题，我们主动调整了人员安排"。这显然不是病句作者的原意。例③同例

②一样，由"避免"与"不"构成了双重否定，把句子的意思表达错了。例④摘自报刊上的一篇报道，这篇报道语势磅礴、十分生动，就是从这一句看也是很有力的，可惜多了一个"没"字，使文章大为逊色，并且失实。这个"没"字同"矢口否认"一起构成了双重否定，成了肯定句，即"在如山铁证面前，这个家伙还是认为他有一点犯罪行动"。如果不看全文，我们也可以从句中的"还是"一词断定作者的意思是说"这个家伙"很顽固，不肯认罪，那么，这里用双重否定当然是错了。例⑤中，"困难"一词也有否定性质，它同"……不如……"一起，使句子的意思变成了"……雷锋的生活一天比一天好"。只要我们把这个"不"字移到"困难"前面去就看得很清楚了："雷锋……，生活一天比一天不困难。"例⑥中，粗看，没有"不""不是""没有"一类否定词语，似乎不成问题。但仔细分析，我们看到，"影响"和"延期"对于专栏的如期出版，都是否定性的，因此，句子的意思变成了肯定性的："宣传组人手太少，因此学习专栏常常按期刊出。"这算什么话？例⑦的"经不起"与"不可想象"都表示否定，句子的意思成了"温室的花朵经得起风霜"。例⑧中，"难免"一词也是否定词语，这样全句就有两个否定词语，成了肯定句，简化来看是："他这样不虚心，就能提高或保持（即不降低）教学质量。"这当然不对了。例⑨，共有两个否定词语，一个是"不"，另一个用"难道……吗？"表示，按照"双重否定是肯定"的口诀，可以判明句子的意思是："在这千钧一发的危急关头，完全可以袖手旁观。"而这，显然是表达错了。例⑩同例⑨一样，"难道……吗？"也是一重否定，作者是肯定谈话的对方"你"不否定（即肯定）《牛虻》一书的，但由于用了三重否定，表述成了相反的意思。

肯定或否定不当，还表现为肯定或否定的内容不当（或欠妥）。例⑪，阿贝尔·加缪致死的原因只有一个，即死于车祸，但用"主要是……"，仿佛还有别的原因，是表述得欠妥当的。例⑫，"又臭又长的文章"不是要"少登"，而应该是"不登"。例⑬，共产党员绝不能讲假话、做坏事，而不是"少讲""少做"。正因为如此，如果把例⑬改成"共产党员要多讲真话，多做好事"，粗看是对的，仔细想想也是欠妥当的，因为肯定的内容"多做好事"虽然没有歧义，而"多讲真话"，却留下了"可以稍讲一点假话"的漏洞。

二、全称或特称要恰当

亚里士多德曾问学生："人是白色的""人不是白色的"，这两个判断哪一个是真判断。然后他自己分析说；如果按"有些人是白色的""有些人不是白色的"来理解，这两个判断都是真的，如果按"所有的人"来理解，这两个判断就都是假的。由此，亚里士多德下结论说："量"是判断的必要属性，对于不定量的判断，逻辑学无法讨论。

为什么对于不定量的判断，逻辑学无法讨论呢？因为逻辑学作为研究思维形式和思维规律的科学，是以研究对象的确定性为前提的，不定量就是不确定的表现，因而无法讨论。同样，如果写作中出现的种种判断都是不定量的，就很难用以交流思想。所以，无论从逻辑学方面看，或者从写作方面看，都必须注意判断的"量"。

全称判断和特称判断，就是按"量"划分的不同判断形式。

判断主词指被断定事物的全体时，叫全称判断。如"一切反动派都是纸老虎""谎言不能持久""鸟会飞""全体同学都是步行来到的"等，这些判断的主词（"一切反动派""谎言""鸟""全体同学"）都是指有关事物的全体，是"全称"的。这些判断是全称判断。

判断的主词指被断定事物的一部分时，叫特称判断。如"有些犯了错误的人是不可救药的""极少数同志了解那件事的真相""绝大多数与会者都表示同意""若干本书发了霉"等，这些判断的主词（"有些犯了错误的人""极少数同志""绝大多数与会者""若干本书"）都是指有关事物的一部分，是"特称"的。这些判断是特称判断。

判断的主词指单独一个对象时叫单称判断。单称判断与全称判断的相同之点，是其主词都不是指被断定事物的一部分，而是全部，因此，逻辑上把单称判断也当作全称判断来对待。如"长江是我国最长的河流""鲁迅是伟大的革命家、思想家、文学家"，都是单称判断，也可以看作全称判断。

写作中做出判断时，必须注意全称或特称是否恰当的问题。

毛泽东同志在《关于建立报告制度》中说："党的第七次全国代表大会以后，仍然有一些（不是一切）中央局和分局的同志，不认识事先或事后向中央作报告并请求指示的必要和重要性……"在《关于健全党委制》中说："近查有些（当然不是一切）领导机关，个人包办和个人解决重要问题的习气甚为浓厚。"《在省市自治区党委书记会议上的讲话》中说："国家是阶级斗争的工具。阶级不等于国家，国家是由占统治地位的阶级出一部分人（少数人）组成的。"在《关于正确处理人民内部矛盾的问题》中说："还有反革命，但是不多了。……事实是还有（当然不是说每一个地方每一个单位都有），还必须继续和他们作斗争。"在这些语句中，毛泽东同志用括号里的话进一步明确了判断中涉及的概念的量。这都是我们在写作上应认真学习的。

我们有时不注意事物的数量范围，该用特称的用了全称，该用全称的用了特称，造成了判断不恰当，把读者引入迷途。例如，"大部分共产党员是先进分子，应当吃苦在别人前头"；"必须戒烟，不然要得癌症，得了癌症，个个要死"；"凡是想得到的就都能做到"。这些病句，应当改成"共产党员是先进分子，应当吃苦在别人前头""抽烟容易得肺癌，得了癌症的人大多不治而死""有些想到的是能做到的"。

全称或特称不恰当造成的错误，都可称为"判断范围错误"。可以细分为这样两类：其一为"主词范围过大"（有的逻辑书称为"以偏概全"）；另一为"主词范围过小"。例如，"谚语是劳动人民智慧的结晶""古代作品都是毒草"等判断，都犯了"主词范围过大"的逻辑错误。因为谚语并非全是劳动人民智慧的结晶，有的谚语，如"各人自扫门前雪，休管他家瓦上霜"等，倒是有害的信条；古代作品是我国的文学遗产，大量是香花，而不是毒草。所以上述两例应当改为:"绝大部分谚语是劳动人民智慧的结晶","有些古代作品是毒草"。又如,"某些文章是有作者的",这一判断犯了"主词范围过小"的逻辑错误,因为任何文章都必定是有作者的,不管有署名或没有署名。

全称或特称不恰当的病句,并不多见。但也不可忽视这方面的问题。由于缺乏某些方面的具体知识,或者由于做出判断时粗心大意、用词不当,往往会造成判断的量错误的病句。例如:

① 所有的鸟都是会飞的。
② 所有的细菌都有害。
③ 所有的树到冬天都要落叶凋零。
④ 蛇都是有毒的。
⑤ 每一个做父母的都希望自己的子女成为革命事业的接班人。
⑥ 有些人是肯定要死的。
⑦ 有些国家是阶级压迫的工具。
⑧ 有些动物是要新陈代谢的。
⑨ 大多数亚洲国家都是第三世界国家。
⑩ 少数亚洲国家属于第二世界。
⑪ 几乎所有的黑人都居住在非洲。

例①,是一个全称判断,对"所有的"鸟都做了具有"会飞"这一属性的断定,但实际上有些鸟是不会飞的,如属鸟类的鸵鸟就不会飞。碰到这种情况,就得把全称判断改成特称判断。但改成特称判断时,还得注意表示特称的数量词要恰当。特称判断有极大的幅度,小(少)至"极少数""微乎其微",大(多)至"绝大多数""几乎所有",因此,也不能随便使用。如把例①改为"有些鸟是会飞的",当然不能算错误了,但还有"缺点",即还不够精确。因为不会飞的鸟总还是寥寥无几的,因此,为求确切,最好改为"几乎所有的鸟都是会飞的。"例②同例①,应由全称判断改为特称判断。如果究竟有多少细菌有害,我们还不够清楚,而又得做出判断,那该怎么办呢?这时应该避免使用诸如"绝大多数""大多数""极少数""少数"一类表示对有害细菌的数量有比较确切的了解的词语,而使用"不少""许多"一类词语。因为根据我们已有的知识,可以肯定使用这类词语对有害细菌的范围做出断定,是不会错误的。更含糊一些,则可以使用"有些"。例③同例①。例④同例②。

例⑤,是一个全称判断,对全体"做父母的"所做的判断是不符合实际的,是缺乏阶级分析的。在我们社会主义社会里,绝大多数"做父母的"都希望子女成为革命事业接班人,但也只是"绝大多数"而已,而不是"每一个"。把例⑤改为"几乎所有的"也不恰当，要注意分寸。

例⑥⑦⑧同前面五例相反，把全称判断表述成了特称判断。实际上，所有的人都是要死的；所有的国家都是阶级压迫的工具；所有的动物都是有新陈代谢的。把特称改为全称时，不如把全称改为特称那么复杂，但也要注意，表示全称的词语如"全部""一切""凡""每一个"。"所有""全体""任何"等，同有关的事物的搭配要恰当。例如，我们可以说"全体队员"，却不能说"全体老母鸡"；可以说"每一个做父母的"，却不能说"每一个树"；等等。

例⑨，亚洲国家除日本以外都属于第三世界，因此，用"大多数"虽然不错，却不确切，改用"几乎所有的"或"绝大多数"更确切。例⑩，"少数"用得不恰当，"少数"同"有些"一样，一般都指"二"以上，这里用"个别"最合适。例⑪，"几乎所有的"用得不恰当，可以改用"绝大多数"。

此外，还要注意"有些"一词的两种不同含意：一种是指"仅仅有些"，一种是指"至少有些"。例如，我们要了解某项工作的进展情况，检查了部分单位，发现进展情况良好，这时如果做判断说"有些单位工作进展情况良好"，指的是"至少有些"的意思，不排斥其他单位工作进展情况也是良好的。而如果检查了所有的单位，发现仅只有些单位进展情况良好，而其他单位情况不好，这时说"有些单位工作进展情况良好"，意思则为"仅仅有些"。这是我们在阅读、分析作品时应该注意的，也是作文、谈话中在有上下文句的情况下，所必须注意的。

三、判断的模态要恰当

判断的模态是指判断主词和宾词的联系程度。根据判断的仪态，可以把判断分为实然判断、或然判断与必然判断。

实然判断是对客观事物确实有（或没有）某种属性做出断定的判断。例如，"台湾是我国的神圣领土""《红楼梦》是一部好书""中国是社会主义国家"，这些判断都提供了关于客观事物的实在性情况，是实然判断。

或然判断是对客观事物可能具有（或可能没有）某种属性做出断定的判断。例如，"老许明天可能来广州""火星上大概会有生物""人的寿命也许能延长到三百年"，这些判断都提供了关于客观事物的可能性情况，是或然判断。

必然判断是对事物一定有（或一定没有）某种属性做出断定的判断。例如，"英特纳雄耐尔一定要实现""剥削制度终将被埋葬""宇宙里必定还有许多高度发达的文明社会"等，这些判断都提供了关于客观事物的必然性情况，是必然判断。

写作中必须注意判断模态的恰当。首先，要认真核实情况，采取唯物主义态度，做出实事求是的断定。随着科学的发展，随着调查研究的深入，有些本来是无可争辩的实然判断或必然判断，要根据实际情况做改变。例如，人们曾根据对火星的初步观察研究，断言"火星上可能有生物"，这是一个或然判断；后来，有一些人又根据新的观察材料进一步断言"火星上一定有生物"，这是一个必然判断；近年来，根据宇宙飞船的实地考察资料，否定前两个判断，做了定论："火星上没有生物。"这是一个实然判断。

同时，必须注意到：一切判断并不总是用"是"或"不是"、"可能"或"不可能"、"一定"或"不一定"来做联系词的。汉语词汇十分丰富，根据写作中的特殊需要，可以用不同的词语来表示肯定或否定，还可以用不同的方式来表示肯定或否定。这时，联系词运用不当，就会造成判断模态的混乱。

实然判断的逻辑联系词（或称逻辑标志）是"是（不是）""有（没有）""确实是（确实不是）""存在（不存在）""属于（不属于）"等。

或然判断的逻辑联系词是"可能""大概""也许""说不定"等。

必然判断的逻辑联系词是"必定""一定""必然""肯定""终将""终究""无论如何……都"等。

不同模态的判断，必须用不同类型的逻辑联系词，不能混淆。

比较容易混淆的，是对或然判断、必然判断的否定。对或然判断、必然判断进行否定时，表示否定的词语由于词序的变化，会否定表示或然或必然的词语标志，从而改变判断的模态。例如，"这首诗可能不是小李写的"，这是一个或然判断，如果把"不"字换在"可能"之前，就成了"这首诗不可能是小李写的"，表达了"一定不是"的意思，是必然判断。这个例子还告诉我们：否定或然判断，可以得到必然判断。这可以用公式表示：

……不可能是……=……一定不是……
……不可能不是……=……一定是……

又如，"这篇文章一定不是小黄写的"，这是一个必然判断。如果把"不"字换在"一定"之前，就成了"这篇文章不一定是小黄写的"，表达了"可能不是"的意思，是个或然判断。这个例子还告诉我们：否定必然判断，可以得到或然判断。也可以用公式表示：

……不一定是……=……可能不是……
……不一定不是……=……可能是……

写作中，判断模态不恰当时有发生，例如：

① 文章中的那些错别字可能得改正。
② 他是虔诚的佛教徒，可能不是共产党员。

③共产主义是要战胜资本主义的。
④骄傲是要失败的。
⑤雨后一定会出现美丽的彩虹。
⑥那天他不在场，当时的情况他不可能不知道。
⑦这西瓜熟透了，不可能甜。
⑧案发之后，他举止失常，这案子不一定同他有关。
⑨谦虚不一定不是他进步较快的原因之一。

以上病句都是由于错用联系词引起的。例①，错别字是"一定"要改正的，不应该用"可能"。例②，共产党员必须是无神论者，既然是虔诚的佛教徒，当然不能入党，因此只能说"一定不是共产党员"。这两例都是把必然判断表述成或然判断了。

例③④则是把必然判断表述成实然判断，虽然语句没有错误，但不够有力，如果改成"共产主义是一定要战胜资本主义的""骄傲必定失败"，就有力得多了。

例⑤，雨后不一定出现彩虹，说"一定"，是武断。把或然判断表述成了必然判断，是错误的。

例⑥，由于"他不在场"，说"他可能不知道"是合情合理的，即用或然判断是合理的。但这里否定了或然判断，变成了必然判断，表达的是"他一定知道"的意思，这怎么可能呢？例⑦，因为西瓜是"熟透了"，说"可能甜"，是谨慎的说法，说"一定甜"也未尝不可，但对"可能甜"做出否定，成了必然判断，表达的是"一定不甜"的意思，就同前面的"熟透"相矛盾，当然是错了，例⑥⑦都是由于错误地否定了或然判断引起的。

例⑧，否定了"一定同他有关"这个符合实际的必然判断，变成了或然判断，失去了同前面所说的"他举止失常"的照应，不合逻辑。例⑨，原意显然是"谦虚一定是人们进步较快的原因之一"，为了加强语气，作者用了两个"不"，但由于前一个"不"是对必然判断的否定，使语意成了"……可能是……"，就不合理了。

四、判断的条件要恰当

前面说过，除直言判断外，还有假言判断与选言判断。

假言判断是反映事物之间条件关系的判断，它有条件地对事物做出断定。例如，"如果帝国主义胆敢侵略中国，它就必然遭到灭亡""一人一条心，穷断骨头筋""不努力学习，就不能掌握科学文化知识"，这些都是假言判断。它们都由两部分组成，前一部分表示条件，后一部分表示在这个条件下做出的断定。

假言判断按其所具有的前提条件不同，可以分为充分条件的假言判断、必要条件的假言判断、充分而且必要条件的假言判断三种。写作中，如果混淆三种条件关系，就会做出不恰当的判断，使人难以理解或误解。

反映着仅有某一条件就会产生某一结果这种关系的假言判断，叫充分条件假言判断。所谓"充分条件"，就是"仅有此一条件即可"的意思。例如，"摩擦生热"这一假言判断，补上其被省略的逻辑联系词，就变成"只要摩擦，就会生热"，表达的是只要有"摩擦"这一条件，不需要其他条件，就会产生"生热"这个结果。充分条件不一定同时又是必要条件。例如，对"生热"来说，"摩擦"是充分条件，但不是必要条件，因为点火、晒太阳、通电等，都能带来"生热"的结果。正因为如此，充分条件的假言判断，只能从条件的存在推断结果的存在，而不能反过来，从条件的不存在，推断结果的不存在。我们可以说"只要摩擦，就会生热"，而不能说"如果不摩擦，就不能生热"。

反映着没有某一条件就不会产生某一结果这种关系的假言判断，叫必要条件假言判断。所谓"必要条件"，就是"无此条件则不可"的意思。例如，"必须有水，鱼儿才能活"这一假言判断，表达的是"水"是"鱼儿活"的必要条件，没有这一条件，鱼儿就不能活。必要条件不一定同时又是充分条件。如"水"是"鱼儿活"的必要条件，却不是充分条件，因为即使有了水，没有食料和适当的温度，鱼儿还是活不了的。正因为这样，必要条件的假言判断，只能从条件的不存在推断结果的不存在，而不能从条件的存在推断结果的存在。

反映着只有某一条件才能产生某一结果这种关系的假言判断，叫充分而且必要条件的假言判断。所谓"充分而且必要条件"，就是"唯一条件"的意思。例如，在"只有在中国共产党的领导下，中国人民才能彻底翻身解放"这一假言判断中，表达了"中国共产党的领导"是"中国人民翻身解放"的唯一条件的意思，有了这一条件，必定有相应的结果，没有这一条件，就不会有相应的结果。因此，充分而且必要条件的假言判断，既可从条件的存在推断结果的存在，又可以从条件的不存在推断结果的不存在。

下列病句，都是由于混淆了假言判断中的"必要条件"与"充分条件"而造成的：

① 没有枪，怎么同外国侵略者干？
② 没有老师，怎么学习？
③ 那儿有烟，一定是失火了！
④ 你看，他脸色不对，肯定是生病了。
⑤ 地上那么潮湿，一定是下过雨了。
⑥ 难道得了个不及格，还不能说明他一点也不用心吗？
⑦ 庄稼一枝花，全靠肥当家。
⑧ 只要搞好农田基本建设，就能大幅度增产。

这些病句，可以分为三类。

第一类，例①②，把充分条件的假言判断当作必要条件的假言判断，采取了否定条件进而否定结果的形式做出了错误的判断。例①，对"如果有枪，就可以同外国侵略者干"这一充分条件的假言判断，采取了否定条件（"没有枪"）进而否定结果（"同外国侵略者干"）的形式，做出了错误判断（"没有枪，就不能同外国侵略者干"）。例②，对"如果有老师，就可以学习"这一充分条件的假言判断，采取了否定条件（"有老师"）进而否定结果（"学习"）的形式，做出了"没有老师就不能学习"的错误判断。事实上，有老师固然可以从师学习，没有老师，也可以自学。

第二类，例③④⑤，把充分条件的假言判断当作必要条件的假言判断，采取了肯定结果进而肯定条件的形式，做出了错误的判断。例③，对"如果失火，那就有烟"这一充分条件的假言判断，采取肯定结果（"有烟"）进而肯定条件（"失火"）的形式，做出了"那儿有烟就是失火了"的错误判断。例④，对"如果生病，脸色就不对"这一充分条件的假言判断，采取了肯定结果（"脸色不对"）进而肯定条件（"生病"）的形式，做出了"脸色不对就是生病"的错误判断。例⑤，对"如果下雨地上就会潮湿"这一充分条件的假言判断，采取了肯定结果（"地上潮湿"）进而肯定条件（"下雨"）的形式，做出了错误判断。

第三类，例⑥到例⑧，则是犯了把必要条件的假言判断当作充分条件的假言判断，采取了肯定条件进而肯定结果的形式做出判断的逻辑错误。例⑥，对"如果不用心，就会不及格"，这一必要条件的假言判断，采取了肯定条件（"用心"）进而肯定结果（"及格"）的形式，做出了"得了个不及格就是不用心"的错误判断。事实上，有人很"用心"，却由于方法不对，也会"不及格"。例⑦，肥料是种庄稼的必要条件，却被当成了充分的、唯一的条件。例⑧也一样，把搞好农田基本建设这一增产的必要条件，当成了充分的、唯一的条件。

此外，在直言判断中也要注意条件要恰当的问题。任何判断都是在一定的时间、地点、事物关系等条件下做出来的，因此，在做判断时，必须注意按客观实际情况给以必要的条件限制，否则，判断就不可能正确。例如，在"目前我国科学技术还不够发达，手工劳动在许多情况下还是大量需要的"一句中，"手工劳动"之"大量需要"，有"目前我国科学技术还不够发达""在许多情况下"等条件的限制。没有这些限制条件，判断就错误；有了这些条件的限制，判断符合实际，就显得严谨、准确、精密。判断方面不注意条件限制的病句，要联系上下文来看，在阅读文章、说话、作文时，都要注意。有一篇文章写道："在'四人帮'的残酷摧残下，党对文艺干部的关怀是无微不至的。"这里，"'四人帮'的残酷摧残"似乎成了党对文艺干部无微不至关怀的条件了，显然是违反逻辑。

五、正确表达选言判断

鲁迅在《拿来主义》一文中反对"闭关主义"，主张对外国的东西"首先是不管三七二十一，'拿来'"再说。他打比方说：

譬如罢，我们之中的一个穷青年，因为祖上的阴功（姑且让我这么说说罢），得了一所大宅子，且不问他是骗来的，抢来的，或合法继承的，或是做了女婿换来的。那么，怎么办呢？我想，首先是不管三七二十一，"拿来"！但是，如果反对这宅子的旧主人，怕给他的东西染污了，徘徊不敢走进门，是孱头；勃然大怒，放一把火烧光，算是保存自己的清白，则是昏蛋。不过因为原是羡慕这宅子的旧主人的，而这回接受一切，欣欣然的蹩进卧室，大吸剩下的鸦片，那当然更是废物。"拿来主义"者是全不这样的。

"拿来主义"者怎么样呢？鲁迅说："我们要或使用，或存放，或毁灭。"

在上述引文中，鲁迅多次使用了选言判断。

选言判断是断定事物若干可能情况的判断，其中，所断定的事物的一种情况，称为一个选言肢。各个选言肢之间如果存在着相容的关系，就构成相容的选言判断，如果是互相排斥的，就构成不相容的选言判断。

相容的选言判断如"胜者或因其强，或因其指挥无误；败者或因其弱，或因其指挥失宜"。这里的两个选言判断，分别对"胜者"与"败者"做出断定，各有两个选言肢，每两个选言肢都是相容的。如"胜者"之所以"胜"，可能是由于力量强大，也可能是由于指挥无误，更可能兼有二者。"强"与"指挥无误"是可以相容、并不排斥的。

不相容的选言判断如"或者把老虎打死，或者被老虎吃掉，二者必居其一"，这里的两个选言肢是互相排斥的，不可能既"打死老虎"，又"被老虎吃掉"。鲁迅在《拿来主义》中选用的三个选言判断，都是不相容选言判断。因为"骗来的""抢来的""合法继承的""或是做了女婿换来的"，"孱头""昏蛋""废物"；"或使用""或存放""或毁灭"，这里每一组的各个选言肢都互不相容，不能并存。

为了正确表达选言判断，首先必须正确选用逻辑连接词。在日常用语中，相容的选言判断用"或者……或者……""可能……也可能……""也许……也许……"加以联结；不相容的选言判断则用"不是……就是……""要么……要么……"加以联结。但不相容选言判断有时也用"或者……或者……"加以联结。这时要从上下文的意思来确定这一连接词究竟在句中表示的是"相容"或是"不相容"。

除"或者……或者…"外，如果混用表示"相容"与"不相容"的连接词，就会造成病句。例如：

①一个人学习成绩差，要么是主观不努力，要么就是客观有困难。
②他们提高了产品质量，不是由于搞了技术革新，就是由于原材料选用得好。

例①的"要么是……要么就是……"是不相容选言判断的逻辑连接词。但"成绩差"，既可能是"主观不努力"造成的,也可能是"客观有困难"造成的,还可能是由这两方面的原因共同造成的,因此,用"要么是……要么就是……"不妥当,必须改成"可能……也可能……"等相容选言判断的逻辑连接词。例②同例①。

为了正确表达选言判断,还应尽可能地列出所有的选言肢。

"我们要或使用,或存放,或毁灭。"鲁迅为"拿来主义"者列出了三个选言肢。可不可以只列出其中的两个选言肢呢?不可以。鲁迅指出,"拿来主义"者"他占有,挑选。看见鱼翅,并不就抛在路上以显其'平民化',只要有养料,也和朋友们象萝卜白菜一样的吃掉,只不用它来宴大宾;看见鸦片,也不当众摔在毛厕里,以见其彻底革命,只送到药房里去,以供治病之用,却不弄'出售存膏,售完即止'的玄虚。只有烟枪和烟灯……除了送一点进博物馆之外,其余的是大可以毁掉的。还有一群姨太太,也大以请他们各自走散为是,要不然,'拿来主义'怕未免有些危机"。如果只列出"存放""毁灭"两项,略去"使用",那么,"拿来"就无多大意义了;如果略去的是"存放",就如同将鸦片"当众摔在毛厕里",要"治病"时,就束手无策了;而如果略去的是"毁灭",则等于保留了所有的"烟灯""烟枪"和"姨太太","拿来主义"就"未免有些危机"。总之是必须将三个选言肢全部列出,"拿来主义"才是正确的。

有的同志写道:

③这次落选的,也许是因为群众关系差,也许是因为领导水平低。
④迄今存在过的国家,不是实行资产阶级专政,地主阶级专政,就是实行无产阶级专政。

例③,"落选"的原因可能还有"年龄大""体弱多病"等,也可能是由于主动退居第二线。仅列出"群众关系差""领导水平低",就排斥了其他的可能性,往往不能做出正确的判断。例④,历史上还有过奴隶主阶级专政的国家,仅列出"资产阶级专政"等,就把实行奴隶主阶级专政的国家排斥在外了。

当然,客观事物的可能情况往往是多种多样,因而难以一一尽举的。同时,在某些条件下,也可以不一一尽举。这时,凡相容选言判断,可以续以省略号,以表示还有其他的选言肢,如"这次落选的,也许是因为群众关系差,也许是因为领导水平低,也许是……";凡不相容选言判断,则不宜使用"不是……就是……"之类表示严格选择而且穷尽了全部选言肢的逻辑连接词,而应使用"或者……或者……""要么……要么……"并加上省略号。

为了正确地表达选言判断,还必须区分联言判断与选言判断。

选言判断是断定事物若干可能情况的判断,联言判断则是断定事物若干情况同时存在的判断。选言判断中的相容选言判断,只要有一个选言肢是真的,整个选言判断就成立,而联言判断必须所有的联言肢为真，整个联言判断才能成立。因此，如果将相容选言判断表述成联言判断，或将联言判断表述成相容选言判断，就会造成病句。例如，"社会主义社会既要建设高度的物质文明，也要建设高度的精神文明"这一判断，断定"社会主义社会"必须同时建设两个文明，是一个联言判断。如果表述成相容选言判断"社会主义社会可能要建设物质文明，也可能要建设精神文明"，似乎两个文明的建设无须同时进行，可以任择其一，当然是错误的。又如，"科学研究机关的基本任务是或出成果，或出人才"，将"科研机关应既出成果又出人才"表述成似乎无须同时完成"出成果"与"出人才"两项任务的相容选言判断，也是不恰当的。

反之亦然，将相容选言判断表述成联言判断，使对事物的可能情况进行的选择，变成对所有这些可能情况一一予以肯定，也会造成表达上的不严密。例如，出席某地科技成果奖励大会的代表中，有的人做了长期的刻苦钻研，有的人得到了领导的帮助，有的人得到了专家的指点，而有的人则兼有上述几种情况，如果表述作"科技成果奖励大会的获奖者们，既做了长期的刻苦钻研，又得到了领导的帮助，还得到了专家的指点"，似乎每一个人都具备这三方面的条件，排斥了某些人可能并未获得领导支持，甚至遭到领导阻挠，或者并未取得专家指点，就与事实不相符合了。

在日常用语中，通常用"……并且……""既……又……""不但……而且……"等词作为联言判断的逻辑连接词，它们与"可能……可能……""也许……也许……"等表示相容的选言连接词有明显的区别，写文章时应予注意。

六、判断不能自相矛盾

《韩非子》中有个《自相矛盾》的寓言，是大家很熟悉的。那个卖矛和盾的人，在兜售他的矛时说："吾矛之利，物无不陷也。"在兜售他的盾时又说："吾盾之坚，物莫能陷也。"自相矛盾一至如此。因此，当有人问他"以子之矛攻子之盾，何如"时，他就瞠目结舌，无言以对，逃之夭夭了。

《儒林外史》第三回，对范进岳父胡屠户在范进中举前后态度变化的描述，淋漓尽致，惟妙惟肖。范进中举前，胡屠户曾尖酸刻薄地嘲骂范进"尖嘴猴腮，也该撒泡尿自己照照"；范进中举后，胡屠户立刻吹嘘说："我每常说，我的这个贤婿，才学又高，品貌又好，就是城里头那张府、周府这些老爷，也没有我女婿这样一个体面的相貌！"何等滑稽可笑！

以上两例虽然是艺术夸张，但是植根于现实生活中，没有人会怀疑其艺术真实性。"四人帮"中的那个江青，就曾做过这类绝妙的表演。例如，江青曾说："宋江……是一个了不起的历史人物，有智有谋、有正义感，喜欢劫富济贫，能团结人，因此受人民群众的爱戴，人们称他作'及时雨'。"后来，气候变了，她马上转口说："还有一些所谓学了马列主义的文艺批评家，说什么宋江是有农民的局限性。……有那么一小撮混蛋，……吹捧这部美化叛徒的书！"江青的这些颠三倒四的话，是违反矛盾律的典型例子。

前面说过，矛盾律要求在同一思维过程中，一个思想不能自相矛盾。同时，我们还必须在写作中防止自己由于粗枝大叶、措辞不当，而造成自相矛盾的判断。

下面是一些自相矛盾的判断：

① 王小义和张军真是一个好战士。
② 重庆素称我国的三大"火炉"。
③ 上星期已经干旱了一个月零三天。
④ 今年所有的农场都增产了，只有一两个农场略有减产。
⑤ 上星期我们天天在工地干活，干活那天，天气特别好。
⑥ 去留的可取是显而易见的，快决定吧！
⑦ 召开劳模会议以后，我厂工人迅速把任务完全完成了一大半。
⑧ 这项科研任务到明年年底已经完成了。
⑨ 新中国成立以后，广大农民逐步摆脱了贫困和共同富裕。
⑩ 大会上，支部书记表扬了小李的优点和弱点。
⑪ 能不能提高产品质量，是群众的迫切要求，应该引起重视。
⑫ 骄傲自满和谦虚谨慎对每一个革命者来说是有重要意义的。
⑬ 不断提高全民族的科学文化水平，是能否加速实现四个现代化的关键。
⑭ 对于能否胜利完成这项任务，同志们信心百倍。
⑮ 努力改进服务态度是要不要继续革命的表现。
⑯ 写好工农兵形象取决于作家对工农兵爱不爱，爱得深不深。
⑰ 他两眼布满血丝，我们断定他昨晚大概又通宵攻关了。
⑱ 列车突然慢慢地加快了速度，风驰电掣般向北开去。
⑲ 粉碎"四人帮"以来，这个厂增产幅度之大，上缴利润之多，都是空前少有的。
⑳ 只差三分钟，同志们就基本上全部到齐了。
㉑ 他干着手里的活，好久一会儿才抬起头来。
㉒ 三班全体战士正聚精会神地听完了首长的报告。
㉓ 四个现代化将实现以后，我们伟大祖国的面貌已经更加繁荣富强了。

以上病句，可以分为以下五类。

第一，例①②③，是主词的范围和宾词的范围相矛盾。例①，主词的范围是"王小义和张军"两人，宾词却只是"一个好战士"。例②，主词"重庆"是我国三大"火炉"之一，宾词却指的是三大"火炉"的全部。例③，主词"上星期"共有七天，宾词"干旱了

一个月零三天",大大超出了主词的范围。应改正如下:

①王小义和张军是一对好战士!
②重庆素称我国三大"火炉"之一。
③到上星期天已经干旱了一个月零三天了。

第二,例④⑤⑥,是主词本身矛盾。如例④,既说"所有的农场",又说"一两个农场",而且情况相反,于是就造成了自相矛盾。例⑤,主词一会儿说"上星期……天天……干活",一会儿又说"干活那天",联系宾词"天气特别好"来看,主词本身是自相矛盾的。例⑥,或者"去可取",或者"留可取",二者皆"可取",就说不通。应改正如下:

④今年,绝大部分农场都增产了,只有一两个农场略有减产。
⑤上星期我们天天在工地干活,那些天,天气特别好。
⑥去留的利弊是显而易见的,快做决定吧!

第三,例⑦⑧⑨⑩,是宾词自身矛盾。如例⑦,宾词有"完全完成了"与"完成了一大半"两个概念,显然是矛盾的。例⑧,宾词中"到明年年底完成"与"已经完成"所表述的时间是自相矛盾的。例⑨中,宾词"摆脱了贫困"又"摆脱了共同富裕",也是矛盾的。例⑩,"表扬了优点"是可以的,"表扬了弱点"却说不通。应改正如下:

⑦召开劳模会议以后,我厂工人迅速把任务完成了一大半。
⑧这项科研任务到明年年底就可以完成了。
⑨新中国成立以后,广大农民逐步摆脱了贫困。
⑩大会上,支部书记表扬了小李的优点。

第四,例⑪⑫⑬⑭⑮⑯,是主宾不相称。如例⑪,"群众的迫切要求"是"提高产品质量",而不是"不能提高产品质量",所以主词中"能"与"不能"这两个方面,与宾词"群众的迫切要求"是相矛盾的。例⑫,对革命者来说,十分重要的是努力做到"谦虚谨慎",而不是"骄傲自满",主词中的"骄傲自满"与宾词中的"有重要意义"是相矛盾的。例⑬,"不断提高全民族的科学文化水平",是能"加速……"的关键,宾词中却并用了"能"与"否"两个方面,造成了表述上的矛盾。例⑭,"能完成任务"可以与"信心百倍"搭配,"不能(否)完成任务"有什么"信心百倍"可言呢?将"能"与"否"这两个意义相反的词同"信心百倍"搭配在一起,也是自相矛盾的。例⑮中,主词"努力改进服务态度",要求宾词肯定它"是要继续革命的表现",现在宾词有"要"与"不要"两个方面，就同主词相矛盾了。例⑯，"写好"由"爱""爱得深"决定，却与"不爱""爱得不深"相矛盾，所以把"写好……"与"爱不爱，爱得深不深"放在一起，就有矛盾。这些病句应改正如下：

⑪ 提高产品质量，是群众的迫切要求，应该引起重视。
⑫ 谦虚谨慎对每一个革命者来说是有重要意义的。
⑬ 不断提高全民族的科学文化水平，是加速实现四个现代化的关键。
⑭ 对胜利完成这项任务，同志们信心百倍。
⑮ 努力改进服务态度，是要继续革命的表现。
⑯ 能否写好工农兵形象，取决于作家对工农兵爱不爱，爱得深不深。

第五，例⑰到㉓，每一句病句，都相当于做出两个自相矛盾的判断。如例⑰，用了"断定"一词，又用"大概"（表示不能断定）否定了它。例⑱，说"突然"就不是"慢慢地"，说"慢慢地"就不是"突然"，既用"突然"又用"慢慢地"就自相矛盾。例⑲，"空前"，是"以前所没有"的意思，"少有"又否定了它。例⑳，"基本上"与"全部"矛盾。例㉑，"好久"与"一会儿"相矛盾。例㉒，"正……听"与"听完了"相矛盾。例㉓，"将"与"以后"矛盾，"将"与"已经"也相矛盾。这些自相矛盾的病句，应根据所要表达的意思做恰当的修正，修正的关键是或者做出肯定的判断，或者做出否定的判断，或者肯定（否定）一种情况，或者肯定（否定）另一种情况。而不能既肯定，又否定，既断定一种情况，又断定另一种情况。

造成判断自相矛盾的原因，主要在于思考不严密，并且在形成文字以后，又缺乏必要的检查修改。

我们要认真学习逻辑，养成严密思考的习惯，使说话、作文都符合逻辑思维的规律。

除上述判断自相矛盾的情形以外，还有一种值得注意的判断中互相矛盾的情形，即把两种不同性质的东西放在一起比较。例如：

① 他有一手好字，简直可以同西施媲美。
② 学校和学生之间、课堂教学和学生之间，都存在这样那样的矛盾，需要我们在教育革命的过程中去调查、去研究、去解决。
③ 无产阶级同资本主义制度之间的斗争日益尖锐激烈起来。

我们知道，不同性质的东西是不能放在一起比较的。例①，以字与人（"西施"）比较，不合情理，不伦不类。例②，只能说"学校集体"与"学生个人"之间的矛盾、"教师的教"与"学生的学"的矛盾，而不能以"学校"（物）与"学生"（人）比较，以"课堂教学"（事）与"学生"（人）比较。例③，无产阶级反对资本主义制度，但斗争的对象却是资本主义制度的维护者资产阶级，因此应当改成"无产阶级同资产阶级之间的斗争日益尖锐激烈起来"。

七、判断不能模棱两可

鲁迅曾在杂文《立论》中，用文艺笔法极为生动地揭露过明哲保身的处世哲学，同时深刻有力地鞭挞了造成这种哲学的社会现实。他写道：

> 我梦见自己正在小学校的讲堂上预备作文，向老师请教立论的方法。
> "难！"老师从眼镜圈外斜射出眼光来，看着我，说，"我告诉你一件事——
> "一家人家生了一个男孩，全家高兴透顶了。满月的时候，抱出来给客人看，——大概自然是想得一点好兆头。
> "一个说：'这孩子将来要发财的。'他于是得到一番感谢。
> "一个说：'这孩子将来要做官的。'他于是收回几句恭维。
> "一个说：'这孩子将来是要死的。'他于是得到一顿大家合力的痛打。
> "说要死的必然，说富贵的许谎。但许谎的得好报，说必然的遭打。你……"
> "我愿意既不谎人，也不遭打。那么，老师，我得怎么说呢？"
> "那么，你得说：'啊呀！这孩子呵！你瞧！多么……。阿唷！哈哈！Hehe！He, hehehehe！'"

这里所揭露的虚伪的处世哲学，从逻辑上看，就是采取了模棱两可的态度，违反了排中律。前面说过，排中律要求在是非之间，不能都不肯定，即不能两不可；要求人们做出明确的判断时，或者肯定事物具有某种属性，或者否定事物具有某种属性，二者必居其一。列宁曾经把机会主义者比作"游蛇"，批判他们总是蜿蜒于两种互相排斥的观点之间，看风使舵，随波逐流，模棱两可。采取这种态度，必然"使与之居者，穷年莫测其中之所怀；听其言者，终日而不知其意之所向"（朱熹语）。

鲁迅的《明天》中，有这样一段对话：

> "单四嫂子，孩子怎了？——看过先生了么？"
> "看是看了。——王九妈，你有年纪，见的多，不如请你老法眼看一看，怎样……"
> "唔……"
> "怎样……？"
> "唔……"王九妈端详了一番，把头点了两点，摇了两摇。

我们在写作中做的任何判断，都不应像王九妈那样"唔"呀"唔"的，而应当"尖锐、泼辣、鲜明"，因为"这是我们革命无产阶级应有的战斗风格"。

以下病句都是含糊其词、模棱两可的：

①这次会议开得有点儿那个，就是说，像大家所说的那样。
②这件事吗？我看，哈哈，应该像这件事所提出的要求那样去办。
③他那个人呀，可真有点照我现在所想的那样！
④甲：你去不去呀？
　乙：唔。
　甲：你到底去不去呀？
　乙：唔。

以上病句都违反排中律的要求。"那个"一词，是说话中常用的。在特定的语言环境中，或在对话双方都能理解的情况下，偶尔使用，是可以的。但是不少同志常用此词来含糊其词地搪塞，对应该明确表态的事不明确地表态；有时，由于"词不达意"，也常用"那个、那个"来支吾过去，这就不行了。例①中的"那个"，当然什么也没有说明，后面虽补充说"像大家所说的那样"，但也是十分含糊的。例②③中有"应该""可真有点"等词，似乎要明确表态了，但实际上什么也没有说明。例④的"唔"，是"介乎两可之间，莫明其真意所在之答话也"（鲁迅《马上日记》《马上支日记》），既可被理解作对某事的肯定，也可被理解作对某事的否定，前面问"去不去"，后面用"唔"回答，就无法确定到底是"去"还是"不去"。

八、判断不能不合情理

现代汉语是亿万汉族人民长期习用的语言，在其形成和发展的过程中，有的用法固定化了。如我们可以说"我们吃饭"，但不能说"饭吃我们"。但是在另外一些情况下，我们说"救火"，其实是"灭火"；说"看医生"，其实是请医生看病；说"打扫卫生"，其实是"打扫垃圾"……这些，人们都能听懂。为什么这些似乎不合情理的话别人却能听懂呢？这是因为语言本身就是约定俗成的东西，某一种讲法，只要大家认为可以，在运用过程中大家听得习惯了，能用来表达和交流思想，就算是合理的。正因为如此，某些看起来似乎合理的语句，却不能表达正确的判断，而判断要合情理，就要顾及习惯的语言表达方式。

客观事物之间存在着一定的关系，这些关系在空间上表现为一定的层次、一定的方向、一定的结构；在时间上表现为一定的顺序，当我们的思维反映客观事物的关系时，不能颠倒时序，也不能颠倒事序。此外，与人事有关的文句，还要注意符合情理。违反情理，颠倒事序，就要犯"不合事理"的逻辑错误。

例如，有一篇文章写道："达尔文出生在一个世代行医的家庭里，从小就热爱大自然，喜欢采集动植物标本。"从行文的逻辑关系看，人们自然会认为达尔文热爱大自然、喜欢采集标本是家庭影响的结果。但是，后文却说他的父亲认为他这是"游手好闲""荒废学业"，也就是说家庭不允许他热爱大自然、不允许他采集标本。这样，前后文就互相矛盾，不合情理了。应当把引文中的第一个逗号改为句号，在"从小"二字前加"他"，才不至与后文冲突。同一篇文章又写道："达尔文在《物种起源》'导言'中说：'我们处理一个问题，必须把两方面的事实和证据，加以详细叙述和比较，然后才能得到完善的结果……'毛泽东同志说：'有比较才有鉴别。'鲁迅说：'比较是医治受骗的良方。'达尔文的观点证明了毛泽东同志和鲁迅的看法是正确的。"达尔文死于1882年，毛泽东同志、鲁迅先生分别生于1893年、1881年，是谁的观点证明了谁的观点呢？这样写，也是不合情理，违反逻辑的。

还有下面的例子：

①抗美援朝的时候，美国侵略者屠杀了无数的朝鲜人民。
②老贫农周大伯是苦水里泡大的穷孩子。
③我努力多写一些有思想性的诗，可是我也写抒情的诗。
④快去请医生来吃药吧，再拖下去病人危险了！
⑤看了《哥达巴赫猜想》后，数学对我们的兴趣越来越浓。
⑥他对《牛虻》这本书的影响很大，有时他甚至引用亚瑟的话。
⑦在《"丧家的""资本家的乏走狗"》中，梁实秋的叭儿相像一面镜子似地照了出来。
⑧粉碎"四人帮"前和现在相比，我进一步认清了"四人帮"的反动面目。
⑨说时迟，那时快，林冲刚把刀子举起，王伦的脑袋就滚落下来了！

以上句子都是"不合情理"的病句，大致可分三类。

第一，不合情理，如例①到例④。例①，中国人民"抗美援朝的时候"，正是美帝"侵略朝鲜的时候"，时间虽然相同，但叙述角度却不能混淆，混淆了，就不合情理，似乎是屠杀朝鲜人民的美帝在"抗美援朝"了。例②，句子包含了"周大伯是孩子"的意思。例③，这就等于说抒情诗是没有思想性的。例④，不是病人"吃药"而是医生"吃药"。这些显然都是很荒唐的。这类不合情理的病句，有的简直荒谬透顶，但又并不罕见。其中，甚至有的病句出自选进中学语文课本的文章，这就很值得我们注意。

第二，事序颠倒，如例⑤⑥⑦。例⑤，应该是"我们对数学的兴趣……"。例⑥，应该是"《牛虻》这本书对他……"。例⑦，应改为"《"丧家的""资本家的乏走狗"》像一面镜子，把梁实秋的叭儿相照了出来"。

第三，时序颠倒，如例⑧⑨。例⑧，应当是"现在和粉碎'四人帮'前相此，……"。例⑨，刀刚举起，王伦的脑袋就滚下来，这不可能，即使用夸张手法，极言林冲动作之神速，也是颠倒了时序。

写作中的推理问题

毛泽东同志说："文章是客观事物的反映，而事物是曲折复杂的，必须反复研究，才能反映恰当；在这里粗心大意，就是不懂得做文章的起码知识。"（《反对党八股》）作为反映曲折复杂的客观事物的文章，当然不可能只用判断的形式。要完整地表达一个思维过程，常常要进行推理。文章作为复杂的完整的思维过程，包含着一系列的推理。因此，合乎逻辑地进行推理，就成了写好文章的一个十分重要的问题。学习《反对党八股》这篇文章，人们常说这篇文章论证深刻、逻辑严密，主要就是从文章中的推理方面进行分析的。

《反对党八股》中包含着大量的推理，上列引文就是一个推理：

文章是客观事物的反映，
客观事物是曲折复杂的，必须反复研究，
所以，做文章要反复研究，不能粗心大意。

在这个推理中，"文章是客观事物的反映"和"客观事物是曲折复杂的，必须反复研究"，是两个已知的判断。根据这两个已知的判断进行推论，得到一个新的判断，即"做文章要反复研究，不能粗心大意"。从这个例子我们可以知道，推理是由已知判断推演出新判断的思维形式。又如：

①任何非正义战争都是不得人心的，因此，任何不得人心的战争都是非正义战争。
②鲁迅的每篇译作同他的创作一样，都反映他的思想，《哀尘》是鲁迅留学日本时最早的译作，因而从《哀尘》中，我们可以了解到一些鲁迅的早期思想。
③天下雨了，他不会来了。
④群众的眼睛是雪亮的，瞎子阿丙是群众，所以他的眼睛是雪亮的。

这些例子，不管从客观上看其内容是否正确，其形式都是由已知的判断作前提，从而推演出新判断的推理。

任何推理都是由前提和结论两部分构成的。

前提就是推理所依据的判断。它是推理的基础。作为推理前提的，可能是任何一种类型的判断：具体的或抽象的，真实的或虚假的，正确的或错误的，简单的或复杂的，直言的、假言的或选言的，属性判断或关系判断，等等。

根据前提是直言判断、假言判断或选言判断，推理可分为直言推理、假言推理和选言推理。此外，还有归纳推理、类比推理等不同类型的推理。

结论是从前提推导出来的新判断，是通过推理而获得的新知识。这种结论可能是正确的，也可能是错误的。我们要获得正确的结论，以使文章说理正确、深刻、有力，恰当地反映客观事物，达到宣传革命真理、宣传科学的目的。

那么，文章中的推理，怎样才能恰当地反映曲折复杂的客观事物呢？也就是说，推理怎样才会正确呢？要使推理正确，使推得的新知识"符合现实"，就必须具备两个条件：第一，推理的前提必须真实正确，而不能是虚假错误的；第二，在推理的过程中必须遵守一定的逻辑规则。

这两个条件互相联系，缺一不可，违反其中任何一点，都不能得出正确的结论。

一、推理的前提必须真实正确

1957年，毛泽东同志会见周谷城同志时，偶尔谈到游泳。毛泽东同志说："凡水皆可游，游泳池的水是水，游泳池的水也可游。"周谷城同志知道这是在引用他的说话方式，就连忙接上去说："形式逻辑这东西是敌我共同的武器，没有阶级性。"毛泽东同志问，何以见得。周谷城同志举例说："资产阶级说，凡生产资料应该私有，大工厂是生产资料，所以大工厂应该私有。无产阶级则说，凡生产资料应该公有，大工厂是生产资料，所以大工厂应该公有。"

上述无产阶级与资产阶级的两个推理，形式上完全一样，但资产阶级的推理结论是完全错误的，原因就在于推理的大前提不正确。

无论是直言推理，或者是假言推理、选言推理，其前提都必须是真实正确的，否则就会推出错误的结论。例如：

①社会主义社会始终存在尖锐激烈的阶级斗争，我国是社会主义国家，所以，我国社会主义时期始终存在尖锐激烈的阶级斗争。

②会游的都是鱼，蝌蚪会游，所以蝌蚪是鱼。

③参加大会的都是共青团员，他参加大会了，可见他是共青团员。

④他文化水平高，所以一定是个好教师。

⑤他学过英语，所以请他同英国客人谈谈不成问题。

⑥我们学过逻辑，难道还会犯逻辑错误吗？

⑦他家有那么多钱，怎么可能是他偷的呢？

⑧谁是工人，谁就一定能领导好学校的教育革命。他是工人，所以他一定能领导好学校的教育革命。

⑨只要答案对，题目就是做得对的，你的答案和书后面的答案相同，所以你不可能做错。

⑩只要抓了阶级斗争，一切都会改观，他们抓了阶级斗争。

⑪进不了大学，就甭想攀登科学文化高峰，你整天同土坷垃打交道，死了这颗心吧！

⑫要到北京去，只能乘火车，或者乘飞机，我们乘不起飞机，火车又不通，北京不能去了。

⑬上海人不是在工厂里做工，就是在学校里教书，他是上海人，所以，他不是工人就是教师。

⑭进口的影片，要么是好片子，要么是坏片子，《望乡》是进口的影片！

上列十四例，除例③以外，都是前提虚假错误的病句。例③的结论可能对，也可能错，关键在于"参加大会的（人）"是否"都是共青团员"。例①②及例④至例⑭，按推理的性质可以分为以下三类来辨析。

第一，直言推理的大前提不正确。直言推理是以直言判断为大前提的。例①②④⑤⑥⑦，都有一个虚假错误的大前提，但相互间又略有不同，可分以下三类辨析。

其一，例①②是完整的直言三段论，大前提、小前提、结论都具备，其中，大前提是错误的。如例①，"社会主义社会始终存在尖锐激烈的阶级斗争"这个大前提，是错误的判断，以这样的判断作大前提，推出的结论当然是错误的。例②，"会游的都是鱼"不符合实际，这是一个全称判断，主词包括了一切"会游的"，连鸭子、蛇、蛙和蝌蚪都包括进去了。这样，就推出了错误的结论。

其二，例④⑤是省略式直言三段论，都省略了大前提。例④，被省略的大前提是"文化水平高的一定是好教师"。例⑤，被省略的大前提是"凡学过外语的人，同外宾交谈都不成问题"。这两个被省略的大前提都是不真实的，由它推出的结论自然是错误的。

其三，例⑥⑦是省略了大前提的直言三段论，其结论是用反问句式表达的直言判断。例⑥，被省略的大前提是"凡学过逻辑的都不会犯逻辑错误"，这是一个错误的判断；结论以反问句式表达"不会犯逻辑错误"的意思。例⑦，被省略的大前提是"凡家里有钱的人都不会偷东西"；结论以反问句式表达"他是不会偷东西的"的意思。

第二，假言推理的大前提不正确。假言推理是以假言判断为大前提的，例⑧⑨⑩⑪都有一个虚假错误的大前提，可分以下三类辨析。

其一，例⑧⑨是完整的假言三段论，其中，大前提是错误的。如例⑧，"谁是工人，谁就能领导好学校的教育革命"，这个大前提表述的是"只要是工人，就能领导好学校的教育革命"的意思，把工人的身份当成了能领导好学校教育革命的充分条件。这是违反客观实际的错误理论，由它推出的结论也是错误的。例⑨同例⑧。

其二，例⑩是省略式假言三段论，被省略的是结论"他们那儿一切都会改观"，其所由推出的大前提"只要抓了阶级斗争，一切都会改观"是错误的。

其三，例⑪不是以典型的逻辑语言表述的假言三段论，大前提"进不了大学就甭想（即不能）攀登科学文化高峰"是错误的。"你整天同土坷垃打交道"意即"你没有能够进入大学"，是小前提。"死了这颗心吧"表达"不能攀登科学文化高峰"的意思，是结论。在日常语言中，推理中的各个判断，并非都以典型的逻辑语言表述的，常杂有各种修辞手法，要把句子的意思吃准，"翻译"成典型的逻辑语言，以便检查、辨别、分析。

第三，选言推理的大前提不正确。选言推理是以选言判断为大前提的，例⑫⑬⑭都有一个虚假错误的大前提，可分以下两类辨析。

其一，例⑫⑬是完整的选言三段论。例⑫，大前提列出的去北京的办法只有两种，而实际上绝不止这两种，这个前提是不能成立的，因此，结论是错误的。例⑬，大前提对"上海人"所做的选言判断，是不全面的，用它作大前提推出的结论是不可靠的，因为上海人还有经商的、当干部的等。

其二，例⑭是省略式选言三段论，被省略的是结论"《望乡》要么是好片子，要么是坏片子"。这个结论是由片面性很大的前提做出的，实际上，进口的影片一般都不能断然说"好"或"坏"，而要做具体分析。

二、遵守直言推理的规则

直言推理是以直言判断为前提的推理。例如：

①物以稀为贵，
　玉是稀物，
　所以，玉是贵重的。
②一切反动派都是纸老虎，
　"四人帮"是反动派，
　所以，"四人帮"是纸老虎。

直言推理中最常见的是上述这种由两个前提和一个结论组成的形式，通常称为直言三段论。所谓"三段"，就是指：大前提、小前提和结论。例①②中，"物以稀为贵""一切反动派都是纸老虎"是大前提;"玉是稀物""'四人帮'是反动派"是小前提;"玉是贵重的""'四人帮'是纸老虎"则为结论。

直言三段论的规则最主要的有三条。

1. 前提只能有三个概念

直言三段论的前提只能有三个概念,少了不行,多了也不行。

直言三段论有三个判断。判断是由概念构成的。一个概念不能构成判断;两个概念只能构成一个判断,不能构成两个不同的判断,以作互有联系的大前提和小前提;所以,少于三个概念是不行的。

如果用四个概念构成两个判断,一个作大前提,一个作小前提,那么,这四个概念中就没有一个可以起把大前提和小前提联系起来的媒介作用,也就无法推出必然性的结论来。例①②则不同。例①,"稀物""玉""贵重的(东西)",这三个概念构成了两个判断,其中"稀物"这个概念起了媒介作用,通过它把"玉"与"贵重的"联系起来,因此推出了"玉是贵重的"结论。例②,"反动派"这个概念,把"四人帮"与"纸老虎"联结起来了,推出了"'四人帮'是纸老虎"的正确结论。而从"他是歌唱家,我是运动员"这两个前提就推不出什么结论来。因为这里有"他""我""歌唱家""运动员"四个概念,由这四个概念构成的两个判断互不联系。成语"风马牛不相及"的意思正是如此。《左传·僖公四年》记载楚王对鲁王说:"君处北海,寡人处南海,唯是风马牛不相及也。"这段话摆出了两个判断,一个是"马在北边(鲁国)走失了",一个是"牛在南边(楚国)走失了",并说明"走失的马、牛怎么也不能到达对方的国土上",就是说由这两个判断作前提,推不出结论。如果由四个概念构成的两个判断作前提"推出"结论,就叫作"犯四概念的逻辑错误"。但在实际生活中,四概念错误是表现得比较隐蔽的,不容易被人察觉。例如:

① 劳动创造财富,老师每天都在辛勤劳动,所以老师也创造财富。
② 世界上根本没有什么天,他却在研究天,所以他的研究不会有什么结果。
③ 群众是真正的英雄,我们是群众,所以我们是真正的英雄。
④ 物质是不灭的,喜马拉雅山是物质,所以喜马拉雅山是不灭的。
⑤ 能填词的现在已经很少了,在这次语文基础知识竞赛中,他填词得了满分,所以他是难得的人才啊!
⑥ 医生都会看病,而她是《摩雅泰》里的医生!
⑦ 矛盾是永远存在的,所以他们之间的矛盾永远存在。
⑧ 群众的眼睛是雪亮的,所以我的眼睛是雪亮的。

在这八个例子中,每个推理的前提似乎都没有四个概念,而只有三个概念。但仔细分析,并非如此。前面已经说过,逻辑概念同语言中的词,既相联系,又相区别。每一个逻辑概念，都可以找到表达它的词，每一个实词也表达一定的概念，概念和词是不可分割的。这就是二者的联系。但二者又有区别：同一个概念，可以用不同的词表达，例如，可以用"自行车""脚踏车""单车"表达相同的概念；一个词有时也表达不同的概念，如"词"这个词，既表达"词语"的概念，也表达"诗词"的概念。记住这一点，再来看前面八个例子，就比较容易了。

例①，表面看是三个概念，实际上是四个概念，因为"劳动"一词，在大前提中表达的是"体力劳动"的概念，在小前提中表达的却是"脑力劳动"的概念。例②，大前提中的"天"，从判断的语意看，是指唯心主义者头脑中的"天老爷""上帝"，而小前提中的"天"，却是指物质的"天文""天体"，同是"天"这一词，表达的是不同的概念。例③，大前提中的"群众"，是指劳动群众的整体，而小前提中的群众，则只是劳动群众整体中的一部分，以部分冒充整体是不恰当的，它们是不同的概念。例④，大前提中的"物质"是哲学概念，小前提中的"物质"是物理概念。例⑤，用典型的推理形式表达是这样的："能填词的人很少，他能填词，所以他是难得的人才。"但是大小前提中的"填词"是不同的，按例⑤的意思，大前提中的"填词"是指"填写古典诗词"，后者是指"填写词语"，是两个不同的概念。

例⑥⑦⑧是省略式推理，恢复其被省略的部分以后比较容易辨析。例⑥被省略的是结论"所以她会看病"。两个前提里的医生不是一个概念，而是两个不同的概念，大前提里的"医生"是指从事医务工作的大夫，小前提里的医生是指在电影里扮演医生的演员。例⑦被省略的是小前提"他们之间存在着矛盾"。大前提里的"矛盾"是指一般的矛盾，小前提里的"矛盾"则是指具体的矛盾，二者不是相同的概念。例⑧被省略的也是小前提，即"我是群众"。把这个小前提恢复之后，我们看到，这个推理的错误同例⑦是一模一样的。总之，在三段论式推理的前提中，只能有三个概念，不能有四个概念，否则就推不出结论，或者是推出错误的结论。

但是，也许有人会说："在'帝国主义是纸老虎，人民群众是历史创造者，所以人民群众能打败帝国主义'这个推理中，为什么前提中的概念有四个，结论却也是正确的呢？"这是因为结论不是直接从前提得出来的，另有一个隐含的前提："历史创造者可以打败纸老虎。"补上这个前提，整个推论过程是这样的："历史创造者可以打败纸老虎，帝国主义是纸老虎，所以，历史创造者可以打败帝国主义。而人民群众是历史创造者，所以人民群众能打败帝国主义。"

2. 中词至少要周延一次

直言判断中的概念，有的涉及其全部外延，称作"周延"；有的仅仅涉及其部分外延，叫"不周延"。全称判断的主词都是周延的。如"所有写得好的诗歌，读起来都朗朗上口""花是有颜色的"，其主词分别是"写得好的诗歌""花"，都涉及有关概念的全部外延，所以都是周延的。特称判断的主词则是不周延的。如"有些唐诗是脍炙人口的名篇""宋人多数不懂诗是要用形象思维的",主词"有些唐诗""宋人(的)多数",只涉及有关概念的外延的一部分,所以都是不周延的。肯定判断的宾词都是不周延的。如"古诗难懂"这一肯定判断中的宾词"难懂",就只是世间一切"难懂"的东西中的一部分,所以是不周延的。又如,"儿歌好写"这一肯定判断中的宾词"好写",就是许多"好写"的东西中的一部分,所以也不周延。否定判断的宾词都是周延的。如"冬青不是花"这一否定判断中的宾词"花"就是周延的,它指的是一切花,而不是指某些花。因此这个判断就可以倒过来讲作"花不是冬青"。又如,"神话中的矛盾不是现实的矛盾",这一否定判断的宾词"现实的矛盾"是周延的,它指一切现实的矛盾,而不是仅仅指这些或那些现实的矛盾。因而又可倒过来讲作"现实的矛盾不是神话中的矛盾"。

中词就是在前提中两次出现而在结论中不出现的概念。中词的作用,是把前提中另外两个概念联系起来,以便推出结论。中词一次也不周延,就是作为中词的概念始终只有一部分同别的概念相联系,据此而推出的结论,就带有偶然性,不可靠。因此,在直言三段论中,中词至少要周延一次。违反这一要求进行推理,会出现什么情况呢?请看下列例句:

①有些人是教师,有些人是运动员,所以有些教师是运动员。
②一切共产主义者都有自我牺牲精神,鲁迅有自我牺牲精神,所以鲁迅是伟大的共产主义者。
③留学生是识字的,有些识字的是华侨,所以有些华侨是留学生。
④每个成绩优秀的同学都做了许多数学题,她做了许多数学题,所以她也是成绩优秀的同学。
⑤弈棋是训练记忆力的好方法,他有许多训练记忆力的好方法,所以他会弈棋。

这些例句,有的结论显然是错误的,有的模棱两可,有的则是正确的。但是仔细分析,这些例句作为推理,又都是错误的,因为它们都在中词一次也不周延的情况下做出了推论。如例①,前提中两次出现的概念是"有些人",这个中词不是指"人"的全体,而是指一部分,是不周延的。在这样的情况下推出结论"有些教师是运动员",很不可靠,因为根据前提提供的情况还可能推出这样的结论"有些教师不是运动员""所有的教师都不是运动员""所有的教师都是运动员""所有的运动员都是教师"。既然会有这么多可能的推断,那么,仅仅断定其中的一种情况("有些教师是运动员")就不正确了。例②,大小前提中的"有自我牺牲精神(的人)"都不周延,不能据此推出结论。但结论"鲁迅是伟大的共产主义者"不是很正确吗?是的,很正确。但这不是从前提必然地推出的,而是偶然碰上的。试把小前提中的"鲁迅"换成陈胜、吴广或者黄巢、李自成,毛病就会鲜明地显示出来。例③,同前面一样,作为中词的"识字的(人)"两次不周延,故结论不可靠。例

④，大小前提中的"做了许多数学题（的人）"都不周延，是指一部分做了数学题的人，而不是全部。例⑤，大小前提中的"训练记忆力的好方法"都是指其一部分，而不是所有的训练记忆力的好方法，都不周延。总之，在中词一次也不周延的情况下，推不出必然性的结论，如果推出了结论，推理形式一定是错误的，结论也可能是错误的。

3. 结论不能超出前提范围

直言三段论的结论是从前提中推导出来的，结论中的任何一个概念，在前提中如果不周延，那么，就只是这个概念的一部分通过中词同另一概念发生联系，这样，如果这个概念在结论中周延了，也就是在结论中出现这个概念的全体同另一概念发生联系，就不恰当了。这在逻辑上叫作犯"结论超出前提范围"的错误。

鲁迅在《门外文谈》中，曾记述他在夏夜纳凉时和邻人谈论文字和文学的情况。鲁迅说，邻人们里面，"有的是因为我看过几本古书，所以相信我的，有的是因为我看过一点洋书，有的又因为我看古书也看洋书；但有几位却因此反不相信我，说我是蝙蝠。我说到古文，他就笑道，你不是唐宋八大家，能信么？我谈到大众语，他又笑道：你又不是劳苦大众，讲什么海话呢？"……

邻人们为什么会错怪了鲁迅呢？原因就在于他们犯了"结论超出前提范围"的逻辑错误。他们所做的直言三段论推论是这样的：

① 唐宋八大家是可信的，
　　你不是唐宋八大家，
　　所以，你是不可信的。
② 劳苦大众是赞成讲大众语的，
　　你不是劳苦大众，
　　所以，你不会赞成讲大众语，"讲什么海话呢？"

这两个直言三段论的结构毫无二致，我们分析其中一个就行了。例①，大前提"唐宋八大家是可信的"是肯定判断，其宾词"可信的"不周延。也就是说，"可信的（人）"不只是"唐宋八大家"，"唐宋八大家"只是"可信的（人）"中的一部分。因此，这个大前提并不意味着把"唐宋八大家"以外的一切人都排斥在"可信的（人）"之外。但是，结论的"你不可信"，是一个否定判断，宾词"可信（的人）"由于带有否定词语"不"，而被全部否定，变成周延的了。也就是说，把"你"排斥在一切"可信的（人）"之外了。而我们知道，"你"也许"可信"，也许"不可信"，只说"不可信"，就武断了。

这种方式的推论，其结论之荒谬，可以从结构雷同的下列推理中看出：

巧克力是可吃的，

蛋糕不是巧克力，

所以，蛋糕是不可吃的。

写作中，当然不会出现"蛋糕不可吃"之类的推论，因为这荒唐得太明显了，但是，犯"结论超出前提范围"逻辑错误的推论，却并不罕见。例如：

①客观事物是发展的，意识形态不是客观事物，所以意识形态是不发展的。

②第三世界国家的人民要革命，苏美两国不是第三世界国家，所以苏美人民不要革命。

③他是刻苦好学的学生，他又是运动能手，可见刻苦学习的学生都是运动能手。

④三好学生都是学习成绩很好的人，他不是三好学生，所以，他的学习成绩一定不好。

⑤所有的教师都是知识分子，他不是教师，所以他不是知识分子。

⑥共青团员应该起带头作用，我又不是共青团员！

⑦我又不是教师，我干吗要读那么多的书？！

例①至例⑦都犯了结论超出前提范围的错误。例①，大前提中的概念"发展的（东西）"不周延，不是指其全体，但在结论里却周延了，指其全体。即大前提仅指出"客观事物"有"发展"的属性，并不排斥别的也有"发展"的属性；小前提仅肯定了"意识形态"不是"客观事物"，因此，把"意识形态"排斥在"发展的（东西）"之外，并不带有必然性。例②，大前提中"要革命（的人民）"是不周延的，整个大前提所表达的意思，并不包含排斥其他国家人民要革命的意思。小前提仅仅肯定苏美两国不属于第三世界国家，并不排斥苏美两国人民于"要革命的"之外，因此，结论是不正确的。例③，大前提中"刻苦好学的学生"不周延，在结论中却变成周延的了。前提中的中词"他"只是把一部分（在例③中是一个）"刻苦好学的学生"与"运动能手"联系在一起，结论却把所有的"刻苦好学的学生"同"运动能手"联系起来，做出了错误的判断。例④，结论实际上是这样的："他不是学习成绩很好的人。"我们看到，在前提中只是把"他"排斥在"三好学生"之外，并没有把"他"排斥在"学习成绩很好的人"以外，因此，结论把"他"排斥在"学习成绩很好的人"之外，就没有必然性。原因就在于结论中的概念是周延的，它在大前提中却是不周延的，结论超出了前提的范围。例⑤同例④是一个类型。

例⑥⑦都是省略式推理，要先恢复其被省略的部分，以便辨析。例⑥，被省略的是结论"我不必起带头作用"，这个前提中"（是）应该起带头作用（的人）"不周延，到了结论里就变成周延——"（不是）应该起带头作用（的人）"——的了，结论超出了前提的范围。例⑦，被省略的是大前提："凡教师都应该多读书。"结论以反问句式表达"我不必读那么多的书"的意思。这样就可看出，其错误同例⑥。

三、遵守假言推理的规则

假言推理是以假言判断为大前提的推理。清代吴趼人写过这样一则"俏皮话":"某愚夫,每有事必呼:'救苦救难观音菩萨!'某生笑之曰:'汝何故屡呼此声菩萨名号?'愚夫曰:'罪过,罪过!菩萨那有聋之理?'生曰:'倘使不聋,你叫了这许多,他必定答应你。他总未答应过你,可见他总未听见也,非聋而何?'"某生后面这句话就是一个假言推理,因为他用了假言判断"倘使不聋,……他必定应你"作大前提。又如:

① 只要他是这个班的,他一定认识那个学生,
　　他是这个班的,
　　所以,他一定认识那个学生。
② 必须刻苦钻研,才能学好文化,
　　他不刻苦钻研,
　　所以,他不能学好文化。
③ 只有实现了"四化",人民生活才能大大提高,
　　2000年我国将实现"四化",
　　所以,那时我国人民的生活将大大提高。

这些都是假言推理。根据作为大前提的假言判断的性质,可以分为:充分条件假言推理,如例①,因为其大前提是充分条件的假言判断;必要条件假言推理,如例②,因为其大前提是必要条件的假言判断;充分而且必要条件假言推理,如例③,因为其大前提是充分而且必要条件的假言判断。

不同类型的假言推理,各有自己的一定的规则。违反了这些规则,推出的结论就会错误。以下句子都是违反假言推理规则的:

① 如果摩擦,就能生热,所以,不摩擦,就不能生热。
② 只要多开几个夜车,加几次班,这项任务就能完成了,所以,不开夜车,不加班,这项任务就完不成了。
③ 如果得到他的支持,大家劲头就会更大,现在他不支持,大家劲头就没有了。
④ 如果摩擦,就能生热,现在这两块铁都热了,可见被摩擦过了。
⑤ 只要多开几个夜车,加几次班,这项任务就能完成了,现在这项任务完成了,可见他们加过班、开过夜车了。
⑥ 如果得到他的支持,大家劲头会更大,你看,大家劲头那么大,一定是他表示

支持了。

⑦没有水,鱼儿就不能活,现在有那么多的水,河里的鱼是不可能死的!

⑧只有年满十八岁,才能有选举权和被选举权,他都二十八岁了,肯定有选举权和被选举权。

⑨身强力壮才能对付得了这项繁重的任务,他强壮如牛,一定能对付这项繁重的任务。

⑩没有充足的光线,就无法进行学习,这儿光线很充足,所以这儿是学习的好地方。

⑪不进行测验、考试,就不能促进学生的学习,他们没能提高学生的学习积极性,可见他们那儿没有搞测验、考试,或者搞得太少了。

⑫没有水,这台机器就不能启动,这台机器不能启动,可见这儿供水成问题。

⑬只有做群众的学生才能做群众的先生,他在群众中的宣传工作效果很差,所以,他一定没有认真向群众做调查研究。

例①至例⑥都是违反充分条件假言推理规则的病句。

充分条件的假言推理,可以采取"肯定条件进而肯定结果"或者"否定结果进而否定条件"的形式进行推论,却不能采取"肯定结果进而肯定条件"或者"否定条件进而否定结果"的形式进行推论,否则就要犯逻辑错误。这是因为充分条件的假言推理中,大前提所表述的是只要有某一条件就会产生某一结果这一关系,并不排斥其他条件能得到同样的结果。

例①②③都采取了"否定条件进而否定结果"的错误推论方式。例④⑤⑥都采取了"肯定结果进而肯定条件"的错误推论方式。如例①④,摩擦是生热的充分条件,但不是唯一条件,用其他的方法,如通电、火烤、日晒等,都可以使物体"生热"。例①断定"不摩擦,就不能生热",就是把充分条件当作必要条件了。同样,例④断定"这两块铁都热了,可见被摩擦过了",也是结论不具有必然性的,因为这两块铁还可能由于通电、火烤等原因而"生热"。例②⑤,大前提指出了"开夜车、加班"可以使"这项任务完成",就是肯定"开夜车、加班"是使"这项任务完成"的充分条件,但并没有说这是唯一条件。使"这项任务完成"还有其他办法,例如,动脑筋巧干,采取先进技术,使用先进机器,等等。因此,例②,采取"否定条件进而否定结果"的推论方式,例⑤,采取"肯定结果进而肯定条件"的推论方式,都是违反充分条件的假言推理规则的。例③⑥,大前提表达了"他的支持"是使"大家劲头更大"的充分条件的意思,同前例一样,不能采取"否定条件进而否定结果"的方式进行推论,也不能采取"肯定结果进而肯定条件"的方式进行推论。

例⑦至例⑬都是违反必要条件假言推理规则的病句。

必要条件的假言推理的大前提，是必要条件的假言判断，无此条件便不能产生此一结果，有此条件却不一定能产生此一结果，大前提所表述的只是产生某一结果的几个条件中的一个。因此，必要条件的假言推理，可以采取"否定条件进而否定结果"或者"肯定结果进而肯定条件"的形式进行推论，却不能采取"肯定条件进而肯定结果"或者"否定结果进而否定条件"的形式进行推论。

例⑦⑧⑨⑩都采取了"肯定条件进而肯定结果"的形式进行推论，因而犯了逻辑错误。如例⑦，有水是鱼儿能活的必要条件，但不是充分条件，光有水，没有足够的食料，没有适当的温度，鱼还是不能活的。例⑧，年满十八岁是有选举权和被选举权的必要条件，但不是唯一条件，如果一个人年满十八岁了，但却是个被剥夺了政治权利的犯罪分子，就没有选举权和被选举权了。例⑨，身强力壮是胜任繁重任务的必要条件，但不一定是充分条件，把它看作是充分条件，按"肯定条件进而肯定结果"的方式进行推论，是错误的，推理的结果不具有必然性。例如，一个人力气很大，身体也很结实，却是一个白痴，那么"繁重的任务"还是无法完成的。例⑩，充足的光线是进行学习的必要条件，但那里如果炎热得很，吵闹得很，是否也能学习呢？显然是片面的。总之，不能采取"肯定条件进而肯定结果"的形式进行必要条件的假言推理。

例⑪⑫⑬也是必要条件的假言推理，由于采取了"否定结果进而否定条件"的形式进行推论而成了病句。例⑪，测验、考试是促进学生学习的必要条件，但不是充分条件，学生学习积极性不高的原因多种多样，不能因学生学习积极性不高（否定结果）而推断该校没有搞测验、考试（否定条件）。例⑫，一定数量的水是启动机器的必要条件，但启动机器还得有其他条件，不能因为机器不能启动（否定结果）进而推断是供水问题（否定条件）。例⑬，做群众的学生是做群众的先生（即做好群众宣传工作）的必要条件，但不是唯一条件，由"他在群众中的宣传工作效果很差"推不出"他一定没有认真向群众做调查研究（即做群众的学生）"的必然性结论。总之，不能采取"否定结果进而否定条件"的形式进行必要条件的假言推理。

充分而且必要条件的假言推理，由于既可采取"肯定条件进而肯定结果"或"否定条件进而否定结果"的形式进行推论，又可采取"肯定结果进而肯定条件"或"否定结果进而否定条件"的形式进行推论，所以不容易产生推论形式上的逻辑错误。

四、遵守选言推理的规则

选言推理是以选言判断为大前提的推理。如毛泽东同志在《湖南农民运动考察报告》中指出："很短的时间内，将有几万万农民从中国中部、南部和北部各省起来，其势如暴风骤雨，迅猛异常，无论什么大的力量都将压抑不住。……一切革命的党派、革命的同志，都将在他们面前受他们的检验而决定弃取。站在他们的前头领导他们呢？还是站在他们的后头指手画脚地批评他们呢？还是站在他们的对面反对他们呢？每个中国人对于这三项都有选择的自由，不过时局将强迫你迅速选择罢了。"在这段话里，毛泽东同志提出了三种可供选择的态度。如果我们否定其中的后两种，那就可以得出结论：一定要"站在他们的前头领导他们"。这样，我们就进行了一次选言推理。

选言推理有一定的规则。写作中如果运用选言推理，就必须遵守这些规则。

选言推理的规则取决于大前提。作为大前提的选言判断，如果提供的几种情况既全面，又互相排斥（即不相容），那么进行推理时就不容易犯逻辑错误。

作为大前提的选言判断，如果所提供的几种情况不全面，但却是互相排斥的，那就只能采取肯定否定式进行推理，而不能采取否定肯定式进行推理。例如，"这次高考作文题的要求可能是扩写，也可能是缩写"，以此为大前提进行推理时，只能采取肯定否定式："这次可能是扩写，所以不可能是缩写"。因为小前提肯定了其中的一种可能，所以否定"缩写"的可能，从逻辑推理上说，总是对的。当然，整个推理是否正确，那还要看小前提"这次可能是扩写"有无充分根据，但这同推理规则不相干。以这个选言判断为大前提进行推理，不能采取否定肯定式："这次不可能是扩写，所以这次一定是缩写。"为什么？因为大前提提供的情况不全面，除这两种可能外，还有其他许多可能，如命题作文等，所以否定了"扩写"的可能，并不能断定必然是"缩写"。

作为大前提的选言判断，如果所提供的几种情况互不排斥（即相容），却又是全面的，那就只能采取否定肯定式进行推理，不能采取肯定否定式进行推理。例如，以"这次行军或者走大路，或者走小路"为大前提，只能采取否定肯定式进行推理："……根据种种情况，不能走大路，所以只能走小路。"因为只有"走大路"和"走小路"两种可能，大前提提供的情况是全面的，所以否定了"走大路"的可能，就可以肯定"走小路"的必要。但是如果采取肯定否定式进行推理，说"可以走大路，所以不能走小路"，就不对了，因为"走大路"与"走小路"互不排斥，肯定"走大路"的同时，仍可肯定"走小路"。

作为大前提的选言判断，如果所提供的几种情况既不全面，又不排斥，那就不能进行推理。如以"农村里或者种稻，或者种麦"为大前提，就无法进行推理。因为农村里还可能是种菜、种麻等，而且可以同时既种这又种那，所以无论推论说"这儿种稻，所以不种麦"（肯定否定式），或者推论说"这儿不种稻，所以种麦"（否定肯定式），都不一定正确。

根据以上分析，写作中运用选言推理时，可能会犯以下三类逻辑错误。

第一，在大前提提供的情况不全面而且互不相容的条件下，采取"否定肯定式"进行推论。例如：

①世界上的国家或者是资产阶级专政的，或者是无产阶级专政的，大清帝国不是无产阶级专政的国家，所以它是资产阶级专政的国家。

②有的花是红的，有的花是白的，他种的不是白花，所以他种的一定是红花。

例①，资产阶级专政与无产阶级专政是互相排斥的，一个国家不可能既是资产阶级专政，又是无产阶级专政。可见大前提所提供的情况是互不相容的。但这两个选言肢是远非全面的，因为古往今来世界上的国家不只是这两种专政形式，还有奴隶主阶级专政的以及封建地主阶级专政的。以例①的大前提和小前提，如果采取"肯定否定式"进行推论，就其推论形式来说并不错，但在例①中，采取了"否定肯定式"进行推论，这么一来，连推论形式也是错误的了。这是因为大前提没有提供一切可供选择的情况，即大前提不全面，由于不全面，否定其中一种情况而肯定另一种情况就无必然性。众所周知，"大清帝国"是封建地主阶级专政的国家。例②更显然。以例②的大前提，采取"肯定否定式"推论，是可以得出正确结论的。即由"有的花是红的，有的花是白的，他种的是白花"，推出"所以他种的不是红花"，是正确的。但是在例②中，却采取了"否定肯定式"进行推论，而我们知道，花还有黄的、紫的等颜色，小前提断定"他种的不是白花"（即对大前提的一种情况做出否定），却不能推论"他种的一定是红花"（即对大前提的另一种情况做出肯定）。

第二，在大前提提供的情况全面而相容的条件下，采取"肯定否定式"进行推论，例如：

①沪东造船厂的工人为了多造船、造好船，或者大干苦干，或者巧干，他们最近大干苦干了一番，所以他们没有进行巧干。

②一个人学习成绩好的原因，可能是身体素质好，可能是肯刻苦钻研，可能是学习得法，可能是家长、老师教育有方。沈宇的身体素质的确好，也肯刻苦钻研，学习上也有一套行之有效的方法，可见家庭教育、学校教育对他的成长作用不大。

例①，大前提列出了多造船、造好船的全面措施，这些措施可以兼而有之全部采用，即相容的，小前提如果否定其中一种，结论肯定另一种，即采取"否定肯定式"进行推论，那么，就其推论形式来说，是正确的。但例①中，采取了"肯定否定式"进行推论，结论就错误了，因为沪东造船厂的工人完全可以既大干苦干，又巧干的。例②的错误同例①，大前提列出了学习成绩好的全部可能的原因，小前提如果否定其中一种或几种，那么结论肯定另几种，是正确的。但这里却采取肯定几种原因进而否定家庭教育、学校教育的作用的方式，就得出了错误的结论。

第三，在大前提提供的情况既不全面又相容的情况下进行推论，例如：

①一个人可能语文学得较好，也可能数学学得较好，我们已了解到他语文较好，数学也较好，所以其他功课一定不好。

②一个人可能语文学得好，可能数学学得好，我们知道他语文学得不好，所以他数学一定好。

③他或许会写诗，或许会画图，或许……；他写的诗我看过，名不虚传，有两下子，可见他画图是不行的，更不用说其他了。

④他或许会写诗，或许能画图，或许……；他不会写诗，这是我早就知道的，那么，他能画图什么的，那是肯定的啰！

例①，大前提不全面，这里用了"肯定否定式"，不合理，因为除语文好、数学好外，也可能其他功课都好。例②，大前提相容又不全面，这里用了"否定肯定式"，不合理，因为并不能从语文不好进而肯定数学好。例③同例①，例④同例②。

五、进行归纳不能以偏概全

归纳推理是从特殊到一般的推理。人的认识总是由个别到一般的。如对金属导电的认识，只有当逐一地知道了金是导电的，银是导电的，铜是导电的，铁是导电的等之后，才能得出结论：一切金属都能导电。又如，一个同学看了鲁迅的《孔乙己》，感到写得生动深刻，看了《阿Q正传》又有同感，又看了许多其他的鲁迅小说，都有同感，于是他说："鲁迅的小说篇篇都写得生动深刻。"这些都是归纳推理，反映了人的认识从个别到一般的发展过程。

写作中常常进行归纳推理。常见的"总而言之""总起来看""归纳起来看""一言以蔽之曰"等词的前后，就进行着归纳推理。

根据对特殊事物研究数量的多少，并根据结论的可靠程度，归纳推理可分为完全归纳推理、简单枚举归纳推理与科学归纳推理等。

完全归纳推理是对一类事物的全部个别对象逐一进行研究，从而得出关于该类事物一般性结论的归纳推理。例如，某一个小组有小张、小王、小李、小陈、小刘五人，我们检查了五人的成绩，一个一个都是优等的，于是总结说："这个小组成绩全优。"又如，诗歌是要用形象思维的，小说是要用形象思维的，特写是要用形象思维的……我们一一考察了各种体裁的文艺作品，于是得出了一个共同的结论：所有的文艺作品，都是要用形象思维的。这些就是完全归纳推理。完全归纳推理的规则，可以简单归结为"要完全"三个字，不完全，就不是完全归纳推理，结论就可能错误。

简单枚举归纳推理，是根据某一属性在一些同类事物中不断重复出现，从而做出关于该类事物全体都具有这一属性的推理。民间谚语的多数，都是简单枚举归纳推理的结果。如"乌云遮不住太阳的光辉，真理总要战胜反动力量""大树根连根，穷人心连心""无风不起浪，无蝇不长蛆""一人肚里没有计，三人肚里唱本戏""刀儿不磨要生锈，人不学习要落后"等，都是经由简单枚举归纳推理得到的。简单枚举归纳推理的规则是：不能只根据还不充分的事实，就仓促地推出一般性的结论。违反这一规则的逻辑错误，叫"轻率概括"，又叫"以偏概全"。《韩非子·内储说上》中有一则"三人成市虎"的寓言："庞恭对魏王说：'今一人言市有虎，王信之乎？'曰：'不信。''二人言市有虎，王信之乎？'曰：'不信。''三人言市有虎，王信之乎？'王曰：'寡人信之。'庞恭曰：'夫市之无虎也明矣，然而三人言而成虎……'"魏王就犯了"轻率概括"的逻辑错误。又如：

①他昨天迟到，今天迟到，这个人啊，总是天天迟到！
②小张讲的他不听，老李劝的他也不听，总而言之，他这个人是什么话都听不进！
③人的血是红色的，猿的血是红色的，家禽的血也是红色的，可见所有的动物的血都是红色的。

例①②③都犯了"以偏概全"的逻辑错误。简单枚举归纳推理结论的可靠性，在很大程度上取决于前提所提供的特殊性知识是否全面，越全面，结论越可靠。例①②③由片面的事实推出了全面的结论，因而错了。例①，"天天迟到"表达的是迟到的次数极多的意思，前提却仅仅提到昨天、今天两天迟到。例②，"什么话都听不进"是全面性的断定，这却是由仅仅听不进两个人的话的前提推出来的，所以不准确。例③，并不是所有的动物的血都是红色的，虾的血就不是红色的。这是由个别性的前提轻率地概括出了全面性的结论。

例①②③的前提是正确的，如果连前提也不正确，更不用说推出正确的结论了。

科学归纳推理，是通过分析一类事物部分对象的本质属性，从而得出关于该类事物结论的归纳推理。这就是日常所说的根据"麻雀虽小，五脏俱全"的特点进行"解剖麻雀"的方法。毛泽东同志曾解剖过沙皇、希特勒、墨索里尼等反动人物的思想和行动，从而得出"一切反动派都是纸老虎"的著名结论。科学归纳推理的结论是必然判断，具有不可移易的正确性。对科学研究来说，这种归纳推理具有特殊重要的实践意义。随着整个中华民族科学文化水平的不断提高，随着建设"四个现代化"的事业的大规模发展，科学论文的写作、科普读物的写作，越来越具有重要意义，因此我们必须认真地、深入地了解、学习和运用科学归纳推理。

六、类比推理要防止轻率

我国古代有一个《邹忌讽齐王纳谏》的故事，说的是：

邹忌身材魁伟，体态优美。一天早上，他穿戴好了，照着镜子，问妻子说："我与城北徐公相比,谁美?"妻子说:"您美多了,徐君怎么比得过您!"城北徐公,是齐国有名的美男子,因此邹忌不相信,又问他的妾,妾说:"徐君怎么比得过您!"后来有客人来,邹忌和他座谈时又问谁美,客人说:"徐公不如您美!"

第二天,徐公来了。邹忌仔细端详,自如不如徐公美,照照镜子,更感到差得很远。晚上,邹忌睡在床上想:"妻子说我比徐公美,是偏袒我;妾是怕我;客人则是由于对我有所请求。"

邹忌是个勤于思索的人,他不仅寻根求源,找到了自己受蒙蔽甚深的原因,而且推己及人,由小及大,把自己的受蒙蔽与齐王的情况做了比较,深感必须向齐王讽谏。于是入朝对齐主讲了上述事情,并说:"现在齐国领土方圆千里,城镇一百二十个,大王的左右莫不偏袒大王,官吏莫不畏惧大王,四境之内莫不有求于大王,由此可见,大王之受蒙蔽,也很深啊!"

齐王采纳了邹忌的意见,广开言路,使齐国日益强大,"燕、赵、韩、魏闻之,皆朝于齐"。

在这个故事中,邹忌运用了类比推理的方法。类比推理是根据两个对象在某些属性上的相同,而得出这两个对象在其他属性上也可能相同的结论推理。邹忌就是把齐王的情况与自己的情况做了类比,说明二者周围的人都有"私我""畏我""有求于我"的情况,从而由自己受蒙蔽之深,推出"王之蔽甚矣"的结论。

鲁迅在《崇实》一文中,把国民党反动派所迁移的"古物"与他们所放弃的"北平"加以类比,指出:古物古,北平更古;古物有一无二,北平更是有一无二。并由此推论说,古物应该保护,北平更应保护。经过这样的类比推理,鲁迅接着就进行了揭露与抨击:可见国民党反动派撇下北平单迁古物,"倒是为了它在失掉北平之后,还可以随身带着,随时卖出铜钱来"。这就是迁移古物的"精髓",即立论中所说的"事实"。揭露、抨击得这样深刻有力、入木三分,十分得力于"古物应该保护,北平更应保护"这个类比推理。

类比推理要有比较可靠的结论,仅凭不多的一些表面现象进行类比,推得的结论就往往很不可靠,错误的可能性就极大。

为了使类比推理的结论正确可靠,应该使在前提中进行类比的属性尽可能全面、尽可能是本质属性,否则,就会犯"轻率类比"的逻辑错误。《俏皮话》载:"蝉高鸣树颠,其声嘒嘒,熏风吹来,甚觉清越可听也。苍蝇闻之,讶曰:'此声何自而来者?'随其声以寻之,见蝉抱叶迎风,扬扬自得。苍蝇自念曰:'彼之庞然而大者,苟得引为同类,殊足为宗族光。'于是前而致辞曰:'子之身黑,吾之身亦黑;子具薄纱之翼,吾亦具之;子能鸣,吾亦能鸣;吾之于子,所谓具体而微者也。吾愿与子认为同类,可乎?'蝉允之,蝇大喜,以为非常之荣幸。"苍蝇和蝉都做了错误的类比推理。后来,蝉见苍蝇"集厕上食粪"，才"大怒"而与之绝交。又如：

①小流氓留鬓角，他也留鬓角；小流氓抽烟，他也抽烟；小流氓逃学，他也逃学；由此可见，他就是小流氓。小流氓要偷东摸西，他就那么干净吗？
②唐山地震前，气候异常，小动物乱窜；我们这儿气候也异常，小动物也乱窜；所以我们这儿一定要地震了！

例①②仅仅根据表面上的几点相似之处，轻率地推出结论，即使前提并不虚假，结论也不很可靠，从文句来说，就是逻辑病句。例①，他同小流氓在留鬓角、抽烟、逃学等方面有相似之处，但还不能由此得出结论，说他就是小流氓，他一定会偷东西。例②，气候异常、小动物乱窜可能是地震的预兆，也可能是其他原因造成的，不能单凭这些现象就断定某地方一定要地震。总之，类比推理不能轻率进行，要谨慎，要讲逻辑。

七、省略式推理与写作

当我们探讨写作中如何正确地、合乎逻辑地进行推理时，通常都按典型的、完整的推理形式来分析说明。但实际写作过程中运用推理来表达思想时，绝大多数情况下，并不把所有的推理前提和结论都列出来，也并不一定按大前提、小前提、结论的顺序写出，而往往省略掉大前提或小前提或结论，有时则是小前提在大前提之前，甚至结论在前，前提在后。这样做，可以使语言简洁，使句式多变。

例如，一篇文章这样记叙电影院门口两个人的对话，一个说："这部片子好！"另一个说："嗯，紧张！"这就是一个省略式直言三段论。这样记述，谁都能看懂，同时又十分简洁。如果不用省略式，那就啰唆了：

甲：凡情节紧张的片子都好！
乙：这部片子情节紧张。
甲：是啊，所以这是一部好片子！

这样啰唆、刻板的对话，现实生活中是绝不会有的。

又如，毛泽东同志在和美国记者安娜·路易斯·斯特朗的谈话中说："这些反动派总有一天要失败，我们总有一天要胜利。这原因不是别的，就在于反动派代表反动，而我们代表进步。"这一段话，交叠运用了两个省略式直言三段论。一个是：凡代表反动的都要失败，这些反动派代表反动，所以这些反动派总有一天要失败。另一个是：凡代表进步的都要胜利，我们代表进步，所以我们总有一天要胜利，如果把这两个完整的直言三段论都一字不漏地照写出来，多么拖沓、累赘、笨拙，远不如现在这样精练、明快、显豁。而现在这样简略，前提与结论之间的逻辑联系仍是一目了然、不容置疑的。

这些例子告诉我们，掌握关于逻辑推理的各种规则，有助于我们正确地、合乎逻辑地表达思想，不至于犯逻辑错误，在这个基础上，进一步掌握省略式推理，则可以帮助我们把文章写得简洁明快些。

三段论的省略式，有省略大前提的，有省略小前提的，也有省略结论的。被省略的部分，都应当是不言自明的。

"你是医生，应当发扬革命人道主义精神。""这部作品缺乏艺术性，所以不受读者欢迎。""我是教师，我应当多学点东西。"……这些都是省略了大前提的直言三段论。

"共产党人的任务就在于揭露反动派和形而上学的错误思想。你不要忘了这个光荣的伟大的任务。""当教师是光荣的，因为为人民服务都是光荣的。""历史上一切野心家阴谋家都无好下场，'四人帮'也不例外。"……这些都是省略了小前提的直言三段论。

"谁要是钻进牛角尖就糟了，而他正钻进了牛角尖。""不虚心的人就会失败，这个人最不虚心！""共产党员应当成为各项工作的模范，别忘了我们正是光荣的共产党员啊！"……这些都是省略了结论的直言三段论。

假言三段论和选言三段论的省略式，大体上与直言三段论的省略式相同，这里不一一列举了。

运用省略式可以使语言简明扼要，但运用得不好，往往会因省略而不知不觉地掩盖了推理中的错误。一位医生给病人开了阿司匹林药片，病人气呼呼地说："我半年不看病了，给我吃这样的药！"老师与学生谈话，要求学生在班级里带头积极工作，学生说："我又不是共青团员，干吗要我带头？"在这两个例子中，"病人"与"学生"都用省略式进行了一次推理，议论中的逻辑错误被掩盖了。正因如此，往往连说话的人自己也不很明白错在哪里。这时，就得把省略掉的部分给补上，以便比较容易地检查出推理错在什么地方。那"病人"的推理是这样的："凡半年不看病的都应吃贵重的药，我半年不看病了，所以不应该吃不贵重的药。"而"学生"的推理则是："不是共青团员就不必带头，我不是共青团员，所以我不必带头。"显然，二者所省略了的大前提都是错的，以此为大前提，当然不可能推出正确的结论来。

这样，我们就不仅要能够熟练地运用省略式，而且要能够检查和辨析由于运用省略式而可能犯的错误。检查和辨析省略式三段论，首先要补足被省略的部分，恢复其完整形式。要补足被省略的部分，首先要确定省略的是大前提，还是小前提，或者是结论。这可以根据上下文的意思和连词的标志来确定。通常，在"所以""因此"后面的，是结论，带有"一切""凡""所有"的是大前提，而相对地对特殊性事物做出断定的则是小前提。三段论恢复后，首先检查前提是否真实正确，然后检查推理是否符合逻辑规则。

篇章中的逻辑问题

一、逻辑与审题

写文章，就命题作文来说，作者首先接触的是题目。不少人常常由于审题错误而造成文不对题的后果。

学点逻辑，有助于正确地分析研究题目，即有助于审题。

郭沫若同志曾考证说，"题"本义为"额"，由于人的头上最重要的部分是额头与眼睛，所以人们就把一篇文章的标志叫作"题目"。命题作文的题目，往往都包含着对文章思想内容与文章体裁两方面的要求，我们可以运用形式逻辑关于同一律以及概念的内涵与外延等的知识，来"解剖"题目，正确审题。

先从文章的思想内容方面来看。

写文章要求切题，从逻辑上看就是遵守同一律。离题是违反同一律的。"下笔千言，离题万里"的事，时有发生，其原因就在于审题不严格，写作过程中没有遵守同一律。例如，《难忘的时刻》与《难忘的日子》，前一个题目的内涵与后一个题目的内涵略有不同，审题时要注意"时刻"与"日子"的细微差别。不注意这个细微差别，在《难忘的时刻》的题目下，写出"难忘的日子"的内容，就违反了题目与内容的同一性，也就是违反了同一律。1980年高考作文题为《读〈画蛋〉有感》，有的考生大谈蛋的营养价值，有的考生则大谈蛋对国民经济的意义，甚至有考生写成了"赞鸡"，内容与题目完全脱节。

由此可见，审题时要研究题目中的概念的内涵与外延。不论哪一类题目，用词语表示也好，用词组表示也好，用句子表示也好，其中必有这样那样的概念，分析其内涵与外延，可以帮助我们深入理解题目所包含的思想内容方面的要求。这样，就不至于因审题错误，而写出离题的文章。

关于概念的限制的知识，在审题中运用得较多。许多作文题目都是由一个概念来表示的。而这个概念又往往是做了这样那样的限制的。例如，《我心爱的半导体收音机》，文章记人或叙事的线索是一台半导体收音机。这台半导体收音机不是别人的，是"我的"；不是一般的，而是"心爱的"。以这个题目作文，就要把"我"之所以十分"心爱"这台半导体收音机的缘故表达清楚。又如，《他最喜爱的一本红色诗集》，这个题目中核心的概念是"诗集"。它前面有"他""喜爱""一本""红色"等限制词，"喜爱"之前又有"最"这一限制词。由于有这些限制词，题目中所要求写的"诗集"就十分具体。审题时考虑到这些方面，作文时就能遵守同一律，不易离题。

为了培养和提高审题的能力，特别要注意典范作品是怎样定题目的。有两种情况特别值得重视。一种是修改题目。作家写文章，一般是写完之后再安上题目，但有时对原来安的题目不满意，就重新安一个。例如，鲁迅回忆童年和青少年时期生活的一组文章(《从百草园到三味书屋》《藤野先生》等)，原来发表在《莽原》杂志上，总题为《旧事重提》；后来鲁迅把这组文章辑集出版，将《旧事重提》改为《朝花夕拾》，意思是早上开放的花朵，晚上采拾起来。鲁迅自述说："带露折花，色香自然要好得多，但是我不能够。"他把童年和青少年时期的生活比作"带露"的"朝花"，表达了对往事的脉脉深情。进入壮年，经过生活的磨炼，尤其是第一次国内革命战争时期暴风骤雨般的斗争的影响，使他的世界观发生根本转变。追忆往事，就不只是停留在一般的"重提"，而是有所"拾取"，融注进当时的思想感情，反映了世界观的变化。同时，《朝花夕拾》比《旧事重提》也更富于诗意，因而能更好地体现整个集子中各篇散文的抒情风味。显然，无论从哪一方面看，《朝花夕拾》这个总题目与集子中文章的内容都更好地保持了同一。

另一种情况，是节选的文章由编者安上题目。分析研究选编者所安的题目是否恰当，是否遵守同一律，使题目与文章内容一致，对增强审题能力，是很有启发的。中学语文教材曾选了法捷耶夫《青年近卫军》中的一节，安上了《火烧敌军司令部》的题目。这个题目与内容完全一致。火烧敌军司令部的战斗是谢辽萨单独完成的，能否用《谢辽萨》作题目呢？不行，因为谢辽萨的英雄事迹远远不止这一桩。用《打击德寇》也不妥，没有突出"火烧"这个特点。如果做个有心人，注意这类问题，并进行逻辑分析，是很有好处的。

为了培养和提高审题能力，我们可以选一些习作，从是否遵守同一律的角度，分析一下这些习作的题目与内容的关系。下面是作文内容与题目没有保持同一性，因而违反了同一律的例子：

①题为《愉快的假日》，内容却记叙祭扫革命烈士墓的事。
②题为《我的童年》，内容记述祖父、父亲和我的童年有天壤之别。
③题为《我的老师》，写的是同学李小娃怎样在老师帮助下取得了显著的进步。
④题为《一个珍惜时间的人》，作文的内容记叙的是鲁迅、周总理、陈景润珍惜时间的事迹。
⑤题为《难忘的一天》，内容记叙的是自己入队、入团时的情景与心情。

例①，祭扫革命烈士墓是很有教育意义的活动，值得一写，但这类活动是比较庄严肃穆的，与命题作文要求写"愉快的"假日不一致。例②，作文题要求写"我的"童年，虽然可以提及祖父、父辈的童年，加以比较，但是如果不是把重点放在写"我的"童年上，而是平分笔墨，记叙祖孙三代的童年，就与题目要求相脱节。例③，把重点放在李小娃的进步上，不切题，内容与题目失去同一性。以上三例，毛病都出在作文内容与作文题目的内涵不同一。

例④，作文题目要求写的"珍惜时间的人"，它的外延是"一个"，而文内列举三个人。例⑤，入队、入团先后相隔多年，不可能发生在同一天，题目则要求写难忘的"一天"，外延是"一"而不是"二"。以上两例，毛病都出在作文的内容与题目的外延没有保持同一。

再来看看这一组作文题目，辨别一下它们属于哪一类文章体裁：

①《假期生活拾零》
②《记一次乒乓球比赛》
③《拾金不昧的李小牛》
④《记一个勤奋的人》
⑤《要珍惜时间》
⑥《说"难"》
⑦《千里之行，始于足下》
⑧《艰苦朴素好》
⑨《蜜蜂怎样觅食》
⑩《半导体的功能》
⑪《袖珍电子计算机介绍》

显然，例①②③④题属记叙范围，要求写成记叙文。例⑤⑥⑦⑧属议论范围，要求写成议论文。例⑨⑩⑪题属说明文范围，要求写成说明文。审题时，辨明文章体裁方面的要求，按要求作文，就遵守了同一律；否则，把记叙文写成议论文，把议论文写成说明文，就违反了同一律。

二、逻辑与选材

选择什么样的事实来表现主题，支持论点，就是选材的问题。选材是根据主题的需要，而主题与说明、表达主题的材料之间存在着逻辑关系。

文章的主题，是作者在文章中所要阐明的对某一事物的看法或主张。无论写哪一种体裁的文章，都要有主题。主题不明确，模模糊糊，不能使读者了解作者提倡什么、反对什么、歌颂什么、批判什么，不能起到"团结人民、教育人民、打击敌人、消灭敌人"的战斗作用。但是，仅有鲜明的主题，没有具体材料的支持，还不是有血有肉、生动有力的，那只能算作只有几条筋的"瘪三"。

当然，并不是任何材料都可以服务于主题的。有的材料可以很好地表现主题，有的则不那么好，有的甚至与主题相抵触。因此，材料与主题之间就存在着逻辑关系。

凡是选材与主题相统一的，就是遵守同一律。凡是选材与主题相抵触的，就是违反矛盾律。凡是选材模棱两可，不能明确表达主题的，就是违反排中律。凡是选材不充分、不能圆满地表现主题的，就是违反充足理由律。好的文章，总是材料和观点和谐地融为一体的。在写作中，要按照逻辑思维基本规律的要求，努力做到用材料充分地、有力地、鲜明地表现主题，做到材料与观点的有机统一。

写作中，选材方面违反逻辑要求的情况屡见不鲜。主要表现有选材不真实、不具体、不典型、不新鲜、不充分。

形式逻辑的同一律要求思想的内容具有确定性。这里所说的"思想的内容"包括观点和材料两方面。观点是思想的抽象的内容，材料是思想的具体的内容。思想的内容具有确定性，这有两方面的要求：其一，在同一思维过程中，思想内容不得改变；其二，思想内容的两个方面，即观点与材料必须统一。《鞠躬尽瘁》一文记焦裕禄同志以身殉职前与病痛做斗争，尽心尽力，不辞劳苦地为兰考人民谋幸福的动人事迹，讴歌了他全心全意为人民服务的崇高品质。文中选用的材料，是作者经过深入调查、反复核实的，真实可信，再现了我党优秀干部的光辉形象。这样的文章，读了令人激动不已，深受教育。选材不真实，搞什么合理想象、移花接木，材料不能与观点相统一，就破坏了思想内容的确定性，违反了同一律。

有生活的真实，有艺术的真实。写真人真事的文章，所选用的材料必须绝对可靠，一是一，二是二，掺不得半分假，绝不能添油加醋，添枝添叶。文艺性的作品，虽然可以虚构，可以运用夸张的手法，但也必须是生活中可能有的。把生活中不可能有的东西当作真实的材料来表现主题，其结果适得其反。

形式逻辑的排中律不允许模棱两可，含糊其词。选材不具体、不典型、不新鲜，都同排中律的要求相脱节。

不具体，尽讲空话，结果人物像"雾中鲜花"，眉目不清；事件如"月夜浮云"，影影绰绰。从概念到概念，从术语到术语，甚至叫人分不清哪是观点、哪是材料，观点和材料混成了一锅糨糊。这样，作者到底要肯定什么、否定什么，读者不得而知，起码印象不深。有一位学生写《麦收时节》，想表现同学们虚心学习了社员群众后激发出来的冲天干劲，他这样写："同学们以社员群众为榜样，发挥了冲天干劲。麦田里，你追我赶，热气腾腾，人人挥汗如雨，个个奋勇争先……"粗读似乎"轰轰烈烈"，细想却是空空洞洞。

这样的文章，不能给人们留下深刻的印象。

不典型，罗列现象，堆砌材料，报"流水账"，摆"杂货摊"，其结果同样不能突出观点。典型，是指那些能够揭示社会生活某些本质方面的具有鲜明个性的艺术形象或有代表性的事件，要起"以一当十"的作用。魏巍同志写《谁是最可爱的人》前，在炮火连天的战场上，在冰封雪盖的坑道里，搜集了上百个具体材料。最初写出来时，题为《自豪吧，祖国》，曾用了其中的二十多个例子。后来征求意见，分析研究，保留了五个例子。最后又删去两个，只精选了三个典型事例："松鼓峰战斗"，写战士们对帝国主义侵略者的恨；"马玉祥火中救人"，写战士们对朝鲜人民的爱；"防空洞里的对话"，表现战士们高度的革命乐观主义精神。这三个材料，起了"以一当十"的作用。魏巍同志认为："用最能代表一般的典型例子，来说明本质的东西，给人的印象是清楚明白的，也会是突出的。"

材料不新鲜，往往也不能突出观点。好的文章，不仅观点要新，材料也要新。

总之，材料不具体、不典型、不新鲜，都会给人模模糊糊、浮光掠影的印象。毛泽东同志说："我们必须坚持真理，而真理必须旗帜鲜明。"又说："我们党所办的报纸，我们党所进行的一切宣传工作，都应当是生动的，鲜明的，尖锐的，毫不吞吞吐吐。这是我们革命无产阶级应有的战斗风格。我们要教育人民认识真理，要动员人民起来为解放自己而斗争，就需要这种战斗的风格。用钝刀子割肉，是半天也割不出血来的。"（《对晋绥日报编辑人员的谈话》）毛泽东同志的这些话，对我们深入领会排中律的要求，选取具体、典型、新鲜的材料，有力地表现主题，是很有教益的。

形式逻辑的充足理由律要求用全面、充分的材料来说明观点。选材真实、具体、典型、新鲜，但不充分，仍然不能很好地说明观点。恩格斯在写给马克思的一封信中曾说："我非有较多的材料绝对不能替《泰晤士》写东西……"（《马克思恩格斯通信集》第2卷）当然，"充分"并不是拼凑、堆砌材料。我国著名的历史学家翦伯赞曾说："材料要有择别，不要为了凑多，把鸡毛和鸡一锅煮。也不要在剔除不重要的材料时把小孩连同脏水一齐倒出去。"他虽然说的是历史著作的问题，但在其他体裁文章的选材上，也有普遍意义。选材不充分的毛病在学生习作中是常见的。这在许多情况下是由于学生年龄小，缺乏实践，缺乏知识。正因为这样，就更要重视选材充分的要求，绝不摊开作文簿子就写，而要从有限的实际生活材料中多加挖掘，尽可能以较充分的材料来说明观点。为了解决缺乏实践、生活经验欠缺同选材要充分之间的矛盾，首先要重视投身于实践。"问渠那得清如许，为有源头活水来。"只有深入火热的社会主义革命和社会主义建设的实践，才可能掌握丰富的材料，在这个基础上，才能有真正的"选材"的余地。同时，还应当注意，初学写作尽可能写题目小一点的文章。题目小，所要宣传的观点范围有限，同自己的生活经验比较接近，就有内容可写，也就是有"材"可"选"，而不至于材料不足，观点无力，背离充足理由律了。

三、逻辑与结构

"因字而生句，积句而成章，积章而成篇。"（〔南朝梁〕刘勰《文心雕龙·章句》）文章比造句要复杂得多。写成一定规模的篇章，不仅要注意概念运用得明确，判断下得恰当，推理合乎逻辑，而且要使全篇的结构合乎逻辑。

文章的结构，是指文章的组织和安排。文章是客观事物的反映。客观事物是丰富多彩、错综复杂的，又是互相联系、具有一定内部规律的。写文章时，要根据客观事物的内部联系和表达主题的需要，将文章的各部分内容，组成一个统一的有机的整体。这是文章结构所要解决的问题。

篇章结构中的逻辑问题，毛泽东同志说得最简明扼要："写文章要讲逻辑。就是要注意整篇文章、整篇说话的结构，开头、中间、结尾要有一种关系，要有一种内部的联系，不要互相冲突。"（《农业合作化的一场辩论和当前的阶级斗争》）这里，毛泽东同志指出写作中的逻辑问题，最主要的就是结构方面的逻辑问题。

结构的逻辑性，具体体现在层次清楚、详略得当、前后照应和过渡自然等方面。

层次要清楚。一篇文章分成几个层次，这是文章结构的最基本的形式。层次，是指各部分内容在文章中的地位和相互关系。文章中的情节和情节、观点和观点、观点和材料之间的并列、承接、转折、因果、主从等各种关系，既反映客观事物的内在联系，又表现作者思路的踪迹。无论哪种体裁的文章，层次清楚正确，脉络就分明；层次混乱，就杂乱无章。层次清楚或混乱，不仅仅表现在文字形式上是否分成一个一个自然段落。层次清楚的首要的要求是，各层意思之间"要有一种内部的联系"，而且联系要紧密，前一层意思要能引出后一层意思，后一层意思是前一层意思的必然要求与必然发展。层次混乱就会造成文章各部分之间的"互相冲突"。"互相冲突"的情况有两种，一种是两个或几个层次的内容重叠、交叉，因而显得啰唆、拖沓；一种是上下两个层次互不联系，"前言不搭后语"，甚至互相抵触、南辕北辙，使人看了莫名其妙，啼笑皆非。

有的人写文章不懂得分段，几层意思混在一起，牵丝扳藤，拉拉扯扯，使人看了不得要领。这就像初学画的儿童画的头像，把眉毛、眼睛、鼻子、嘴巴挤在一起。要知道，人头的"层次"是很清楚的，从上到下，第一层是头发，第二层是额头，第三层是眉毛、眼睛，第四层是鼻子、耳朵，第五层是嘴巴、下巴。画人头，起码要把这些"层次"画清楚，否则"眉毛胡子一把抓"，就"互相冲突"以至"面目全非"了。写文章也一样，应当把要写的事情，按照一定的顺序分段、分层写清楚。

有的人虽然会分段，但却往往把层次搞颠倒了，像把嘴巴画在鼻子上面，把眉毛画在眼睛下面一样，这就不合逻辑。例如，一个学生写了一篇题为《国庆看灯记》的文章，先写月夜美景，次写城市灯海，再写进城看灯，末写国庆之夜，这样就显得混乱。

在语文课堂上，老师经常给学生分析文章的层次及其大意，有些人不大重视，说是"老一套"，其实不然。典范的作品，结构严谨，"内部的联系"十分紧密，层次清楚，环环相扣，中心突出。如果我们学习中只注意一篇文章分几层，死记硬背层次大意，必定味同嚼蜡。而如果在了解每层大意的基础上，注意揣摩各层之间的"内部的联系"，就兴味盎然了。这样学习，也才会真正有所得，能增强我们的逻辑思维能力，使我们自己写起文章来，也注意到结构上的逻辑问题。

详略要得当。详略得当，分清轻重主次，该详则详，该略则略，这也是结构方面的逻辑要求。客观的美好事物是怎样的，文章反映它时也该怎样，主观要符合客观。不符合，反映颠倒了，也就颠倒了客观事物结构上的逻辑关系。写文章，凡是能直接表现中心事件的主要情节或者说明论点的地方，就要写得详尽些、具体些、细致些；凡跟情节关系不大，跟论点联系不紧密的，就要写得简略些、概括些。详略颠倒，该详的地方三言两语，略写一笔，轻轻带过；该略的地方大书特写，节外生枝，添油加醋，结果轻重倒置，喧宾夺主，不符情理，不合逻辑。当然，详，不是垄断一切；略，也不是一刀砍光。详得详到好处，要能突出重点、突出中心，使文章的主题更加鲜明；略要略得恰当，不空洞干瘪，能点缀中心，扶持主干，使主题更为完整，中心人物更为丰满。

前后要照应。毛泽东同志说"开头、中间、尾巴要有一种关系，要有一种内部的联系"，提出了前后要照应的要求。前因必有后果，后果皆有前因，这是事物发展的逻辑，有因无果或有果无因，是不可能的。反映在写作上，就要求把客观事物发展变化的这种逻辑关系交代清楚，使读者对文章有关内容的来龙去脉，有明晰的了解。如果写人记事或说理议论的过程中，前边没有做过交代的，后边忽然出现了，必然使人感到突兀，莫名其妙；同样，如果前边交代过的，后边却销声匿迹、无影无踪，则令人感到茫然若失，悬念不已。前后照应不周、互相冲突的情况并不少见。例如，许地山写的《落花生》一文，前边说"这小小的豆儿（指落花生）不象那好看的苹果、桃子、石榴，把果实悬在枝上，鲜红嫩绿的，令人一望而生羡慕之心"。后边说"你们要象花生，因为它是有用的，不是好看而无用的"。读了这段话，人们自然可以合乎逻辑地得出苹果、桃子、石榴是"好看而无用"的结论，但其实并非如此。这就是前后照应不周，容易使人引出不合事实的结论来。

首尾相顾也属于前后照应的范围。开头与结尾是文章结构的有机组成部分。好的开头引人入胜，好的结尾令人回味无穷。古人分析文章，有所谓"凤头、猪肚、豹尾"的说法，要求开头简洁，正文充实，结尾有力。这是很正确的。开头像开花，结尾像结果。前边开了花，后边要结果；同样，后边结了果，前边就要开过花。只写开花，不写结果，花儿就不香；只写结果，不写开花，果儿也不甜。

开头与结尾的逻辑关系处理不好，约有五种情况。

第一，有头无尾。例如，开头写了张三同我一起"夜战难关"搞技术革新，后来不提张三了，结尾只写我如何翻检文献，苦思冥索，终于攻关成功。又如，茅盾同志在《关于艺术的技巧》一文中批评道："有些作品常常在开端用一行地位写一句话来表明故事发生的时间，例如'夜已深了'，'时间正当中午'；这一句，由于是独占一行的地位，就有大书特书的气概。但故事展开后，时间的进展，就很少提到或者简直没有描写到，于是读者就弄不明白这些事情都是在'深夜'或是在'中午'发生的呢，还是在此之后。"这也是说的有头无尾、照应不周的情况。

第二，头重脚轻。开头时不着边际地写景、抒情或空发议论，而这些同下文又是没有关系或关系不密切的，结果开头占了三分之一甚至二分之一的篇幅，后面的重要内容，则蜻蜓点水、浮光掠影，给人虎头蛇尾、头重脚轻的感觉。

第三，有尾无头。开头根本没有提到的事情，在结尾处忽然出现了；全文没有加以论证的问题，结尾时却来一个"由此可见"怎么怎么；等等。有一篇文章，记叙一个工人搞技术革新，经过苦战，终于成功，前边只写他苦战的事实，没有点明时间，结尾却写道："当月亮隐入西天的云海时，他又在计划一次新的攻关战斗了。"这样的结尾，显然是不合逻辑的。

第四，尾大不掉。结尾处或者大发议论，贴上种种时髦的政治标签；或者无病呻吟，呼喊一大串革命口号；或者夹七夹八的写景、抒情，哼哼唧唧，废话一堆。这样，即使前文写得很好，也会因画蛇添足而大逊其色。试想，一个本来十分英俊的小伙子，如果得了血吸虫病，长出一双臃肿异常的"橡皮腿"来，会给人什么印象呢？

第五，"牛头不对马尾"。前面写的事同后边写的事没有关系，前边所要表现的思想，同后边所表现的思想相脱节。这同推理中摆出不真实的前提，因此推不出必然性的结论，是一回事。这种"牛头不对马尾"的现象，与同一律的要求也是不相符的。

以上种种首尾不相顾的情况，往往是由于落笔之前，缺乏周密思考的缘故。因此，我们写文章，要重视构思，重视拟列写作提纲。"凡事预则立，不预则废。"在构思、拟列提纲的过程中，就要注意到前后关系，包括首尾关系，照顾到二者之间的逻辑联系，落笔时就不容易犯上述逻辑错误。

过渡要自然。层次清楚，详略得当，前后呼应，反映了作者思路合乎逻辑的发展。但如果在层次或段落的过渡上处理得不妥当，仍然会影响结构的严谨，影响文章的逻辑性。过渡就是把相邻的层次或段落之间的联系加以提示，使前后层次、段落的承接或转折关系显现出来。脑子思考问题时，从一件事情到另一件事情，从一个论点到另一个论点，一闪而过，瞬息而逝。落笔成文时则不同，从一件事情到另一件事情，从一个论点到另一个论点，有一个衔接、转换的问题。因此，用什么话把上下两个层次勾连起来，使得上下文衔接自然，语意连贯，引导读者思路自然地从上文转到下文，是值得重视的。

过渡可以用独立的段落来表明。例如，《伟大转变和重新学习》中，前文说"我们可以向全世界宣告：中华人民共和国举国上下，团结一致，同心同德，向四个现代化的伟大进军开始了"。后文说"四十年代末，我们党的工作重点曾经历过一次历史性的转变"，中间插入一个自然段说明"这是我国革命道路上又一个历史性的转变"。这个过渡段，起了承上启下的作用，既把话题转了过来，又提示上下文之间的紧密联系，给人以衔接紧密之感。

过渡也可以用一两个句子，放在段落的开头或结尾，来提示上下文之间的自然衔接。例如，《天山景物记》有一段是这样开头的："如果说进到天山这里还象是秋天，那么再往里去就象春天了。"只这一句，就把读者的思路从"秋景"引到"春色"中去了，妥帖自然、天衣无缝。有些学生不注意过渡要自然的问题，层次、段落之间缺乏必要的起过渡作用的语句，因而使人感到生硬，不自然。应当认真学习典范作品，研究典范作家怎么处理段落层次的过渡，使文章结构逻辑严密，浑如天成。

德国著名作家歌德曾总结自己的创作经验说："为着把各部分安排成融贯完美的巨大整体，就得使用和消耗巨大精力……倘若你在整体上安排不妥当，你的精力就白费了。"为了使我们的写作在结构上符合逻辑，我们要记住他的这一宝贵经验。

四、逻辑与议论文的写作

各种文体的写作都同逻辑密切相关，其中，议论文的写作同逻辑的关系最密切。

议论文以剖析事理、明辨是非为基本内容。作者站在一定的阶级立场上，对现实生活中的问题或事件加以分析评述，表明自己的观点、态度或指出解决问题的方法等，叫作议论。议论是通过运用概念下判断、做推理而进行的。因此，议论文的写作始终与逻辑直接相关。除概念、判断、推理外，逻辑中的证明和反驳也是议论文写作所必须具备的知识。

议论文可分立论文与驳论文。立论文的写作，主要运用逻辑证明的方法。驳论文的写作，主要运用逻辑反驳的方法。

1. 逻辑与立论文的写作

立论文是以阐明正面论点为主的一种议论性文体。

撇开枝叶，单看主干，立论文是由论点、论据、论证三要素构成的。

论点像立论文的灵魂，贯穿于全文的始终，起着统率的作用。论点是必须经过论证以确定其真实性和正确性。对论点的要求是：正确、深刻、鲜明。三者不可缺一。论点不正确，不符合客观实际，不符合科学原理，就不能起到宣传革命真理、阐发科学原理的作用，不能起指导实践的作用，当然也就无丝毫意义。论点不深刻，不能透过现象揭示事物的本质，就不能使人对所论述的问题、事物有透彻的了解，削弱了文章的战斗作用；甚至还会由于停留在现象上，使读者迷惑不解。论点不鲜明，赞成什么、反对什么，歌颂什么、批判什么，态度不明朗，混混沌沌，含含糊糊，读者必然收益不大。只有正确、深刻、鲜明的论点才能起统率作用。因此，作者必须努力学习马克思列宁主义和毛泽东思想，积极投身社会主义现代化建设的实践，深入群众，开展调查研究。只有这样，才能正确理解，深入剖析，鲜明表达论点。

论点通常只有一个。也可以在中心论点之下另有几个分论点，这几个分论点必须围绕着中心论点。例如，《批评和自我批评》（初级中学课本《语文》，下同）的论点只有一个，即开展批评和自我批评的重要性，而《将革命进行到底》，在"必须将革命进行到底"这一中心论点之下，还有几个分论点：敌人不会自行消灭；决不能怜惜蛇一样的恶人；必须扩大和巩固革命阵营。

论点的提出，可以视情况的不同而分别处置，有时可以在文章的开头就提出，即所谓"单刀直入""开门见山"的写法。如《反对自由主义》，一开头就提出了论点："我们主张积极的思想斗争，因为它是达到党内和革命团体内的团结使之利于战斗的武器。"有时也可以在文章展开的过程中提出论点，如《青年运动的方向》。有时还可以在文章的结尾才点明论点，犹如画龙点睛。如《南京政府向何处去？》，就是在篇末才点明论点的。在许多情况下，文章的题目就是论点，如《实践是检验真理的唯一标准》等。

论据有如立论文的血肉。"灵魂"必须依附于肉体，论点要依靠论据来加以逻辑的论证。我们常说"要摆事实讲道理"。论据就是证明论点过程中所提出的事实和所讲的道理。

俗话说："事实胜于雄辩。"这概括有力地说明了用事实作为证明论点的论据，具有无可辩驳的说服力。

用事实作为论据时，要求引用的事实材料具有确凿性与典型性。所谓确凿，就是准确无误、分毫不差，绝不能失实。失实，就会适得其反。所谓典型，就是要有代表性，能够反映事物的全体，能够反映事物的本质。不能把偶然的、非本质的、个别的事实拿来代表全体。否则，很容易犯"以偏概全"的逻辑错误，也就难以论证论点。

用事实作论据时，常常采用列举数字的方法。具体数字具有精确的特点，周密地表达概念的外延或判断的量，因而有特别强的说服力。

用道理作论据也是常见的。马克思列宁主义的基本原理是放之四海而皆准的普遍真理，有很强的说服力。已被实践证明为正确的判断，如公理、科学原理等，也常用作论据。

用道理作论据时，切忌断章取义，切忌牵强附会、生搬硬套、乱贴标签，切忌"两个凡是"。林彪、"四人帮"疯狂叫嚷什么"一句顶一万句""句句是真理"，不问时间，不管条件，滥用本本，死套条条，名曰"高举"，实则践踏，我们要彻底扫荡，反其道而行之，完整地、准确地领会和运用马克思列宁主义和毛泽东思想。

论证有如立论文的骨骼。它是运用和组织论据去说明和证实论点的逻辑推理过程。张冠不能李戴，论点与论据之间要有必然的联系。只有论证合乎逻辑，文章才有无可辩驳的力量。

论证有演绎论证、归纳论证和类比论证之分。

演绎论证运用演绎推理的方法论证论点的正确性。例如，为了论证"马列主义发展到毛泽东思想也并未到达绝顶"这一论点，可以采用演绎论证的方法，从"一切事物都是不断发展的"这一普遍原理，推出"马列主义也是不断发展的，要随着革命实践的不断发展而不断丰富、发展、完善起来"这一特殊性判断，又进而推出"马列主义发展到毛泽东思想阶段，也并未到达绝顶"这一更具体的特殊性判断。

归纳论证运用归纳推理的方法论证论点的正确性。例如，《在延安文艺座谈会上的讲话》中，毛泽东同志提出了文艺应当"为千千万万劳动人民服务"这一论点，其论据是："我们的文艺，第一是为工人的，这是革命的领导阶级。第二是为农民的，他们是革命中最广大最坚决的同盟军。第三是为武装起来了的工农即八路军、新四军和其他人民武装队伍的，这是革命战争的主力。第四是为城市小资产阶级劳动群众和知识分子的，他们也是革命的同盟者，他们是能够长期和我们合作的。"而"这四种人，就是中华民族的最大部分，就是最广大的人民大众"。毛泽东同志由此进而归纳得出"我们的文艺，应该为着上面四种人"的结论，证明了"为千千万万劳动人民服务"的论点。

类比论证运用类比推理的方法论证论点的正确性。例如，在《愚公移山》中，毛泽东同志先说了古代寓言"愚公移山"的故事，然后将中国人民要推翻"三座大山"同愚公移山进行类比，生动有力地说明了只要"下定决心，不怕牺牲"，就能"排除万难，争取胜利"的观点。

在立论文中，这三种论证方法常常结合起来交替使用，熟悉这些逻辑方法，对论证论点，写好立论文，是很有好处的。

立论文是由论点、论据按一定的论证方式组成的有机整体。论点、论据、论证相当于论证什么、用什么论证、怎样论证。三者必须紧密结合。写作立论文，必须注意论点统率论据，论据说明论点，二者有机地统一在论证过程中，做到言之成理，论证严密，合乎逻辑。只有这样，才能收到立论的预期效果。

2. 逻辑和驳论文的写作

驳论文是以反驳错误论点为主的一种议论性文体。

同立论文相类似，驳论文由被反驳的论点、用来进行反驳的论据和论证三要素构成。三者分别相当于反驳什么、用什么反驳、怎样反驳。

由于敌论（敌对的论点）总是包含有论点、论据、论证三个方面，因此，驳斥敌论可以采取三种方法，即驳论点、驳论据和驳论证。当然，驳论据和驳论证也是为了驳论点。

被反驳的论点有如靶子，是射击的目标。靶子要树得鲜明。不鲜明，射击者难以瞄准，旁观者也无从批评。同样，写驳论文，要把被反驳的论点一清二楚地提出来。只有这样，作者才能对准目标批驳，读者才能明晰地了解你驳的是什么，驳得怎样。否则，对被反驳的论点不甚了了，怎么可能使人明白你说了什么呢？怎么可能写好驳论文呢？某市1977年高考时，作文题是《"知识越多越反动"吗？》有些考生被题目里的反问句式弄懵了，不知题意是什么，树不起批判的靶子，或者树错了，结果写得很糟。也有些考生则认为"你说反动也有理,你说不反动也有理,看你从哪个角度理解"。这样看,等于没有批驳的目标,当然写不出好作文来。

被反驳的论点要集中。我们常说"反驳要抓住要害"。这个"要害",就是被反驳的论点。东一榔头,西一棒子,是批不倒敌论的。

被反驳的论点,通常都在开头就摆出来。但也有些文章,先列举事实,演说故事,剖析事理,旁敲侧击,使读者预先形成对某一问题的明确看法,然后在驳论文的篇末,才以总括性的语句指出:被反驳的论点与前面所说的种种道理、事实相悖谬,因而是错误的。这种写法,古文里比较多。

驳论点的方法有直接反驳和间接反驳两种。直接反驳论点,就是用事实和道理直接证明敌论的错误。这同立论文用事实和道理来证明论点的正确是相似的。间接反驳论点,可以通过反驳敌论的论据或论证方式,从而驳倒敌论的论点的方法;也可以采取证明与被反驳论点相矛盾的论点的正确性的方法。现在我们来谈谈驳论据。

敌论的论据不外事实与道理两类,精确些说,不外乎虚假的事实与荒谬的道理两类。驳论据就要对症下药:或用真实事例来戳穿论敌;或用道理来剖析论敌的荒谬理论。例如,《"友邦惊诧"论》的正文针锋相对地驳斥了敌人的谬论,文末则引用了《申报》的一则"专电",把学生被害死伤人数详细披露,用铁的事实戳穿反动派的谎言。这里,特别要注意我们自己用来反驳的论据的真实性、准确性。

用来反驳的论据,有如射击靶子的箭。箭要精选,要一箭中的,置敌于死地。用来反驳的论据也要认真选择,以彻底驳倒论敌的论点为根本目的。

立论文的论据用来证明论点的正确性,驳论文的论据则用来证明论敌论点的错误。从都使用论据这一点来看,二者是相同的。因此,对论据的要求,也完全一致,同样要"摆事实,讲道理",对所用的"事实"与"道理"的要求,也大致相同。

驳论文经常采用归谬法来驳斥论敌的论点或论据。归谬法是从被反驳的论点或论据出发,必然地推演出显而易见的荒谬结论,从而证明敌论的错误的反驳方法。例如,长期以来,"四人帮"以民贫为光荣,谓国穷最革命,胡说什么"宁长社会主义的草,不长资本主义的苗"等。我们可以用归谬法驳斥:按照"四人帮"的逻辑,越穷越革命,越贫越光荣,那么,现在可以根本不搞工农业建设,退回到刀耕火种、野居穴处的时代去。又如,在《评战犯求和》中,毛泽东同志针对蒋介石吹嘘"自己还有比敌人超过几十倍的大力量存在"的谬论,用归谬法进行了极其有力的驳斥:"哎呀呀,这么大的力量怎样会不叫人们吓得要死呢?姑且把政治、经济两方面的力量放在一边不去说它们,单就'军事力量'一方面来说,人民解放军现在有三百多万人,'超过'这个数字一倍就是六百多万人,十倍就是三千多万人,'几十倍'是多少呢?姑且算作二十倍吧,就有六千多万人,无怪乎蒋总统要说'有决胜的把握'了。为什么求和呢?完全不是不能打,拿六千多万人压下去,世界上还有什么共产党或者什么别的党可以侥幸存在的呢?当然一概成了粉末。"有力的驳斥，无情的嘲讽，使论敌就此哑口无言，不久即宣告"引退"，躲到幕后去了。

只有愚蠢的论敌才完全依靠捏造事实、散布谣言来支撑自己的论点，狡猾的论敌则时常在论证过程中玩弄花招，从并非虚假、错误的事实或道理中，引出似是而非的结论来。因此，反驳论证是驳论文写作中经常用到的。

反驳论证，就是揭露论敌在论证过程中出现的逻辑错误，这些逻辑错误主要有三类。

第一类，违反同一律、矛盾律、排中律等逻辑思维基本规律。在驳论中，要揭露论敌是怎样违反这些规律的。

第二类，违反推理规则。这就要求我们在驳论文中灵活运用推理规则，以揭露论敌的荒谬论证。

第三类，论据与论点之间无必然联系，如犯"以人为据"的逻辑错误，以否定某人的品质、评论其出身等来否定该人的观点。在驳论中，要注意揭露论敌用偷梁换柱、移花接木的狡猾手法，指出他的论据与论点之间无必然联系。

3. 议论文的逻辑结构

较常见的议论文的逻辑结构是：提出问题（引论）—分析问题（本论）—解决问题（结论）。这就是毛泽东同志说的"一篇文章或一篇演说，如果是重要的带指导性质的，总得要提出一个什么问题，接着加以分析，然后综合起来，指明问题的性质，给以解决的方法"。关于议论文的这种逻辑结构，现以立论文为例加以说明。

引论部分，明确提出要加以论证的观点。本论部分，展开对论点的论证。如果全文只有一个论点，那么本论中提出的便是论据。但论据如果是道理的话，它还可以有自己的论据。这样，就由第二级论据论证第一级论据，由第一级论据论证论点，形成一个小宝塔。如果全文在中心论点之下还有几个分论点，那么本论部分便要围绕中心论点逐个论证这几个分论点。这些分论点当然又各有自己的论据。这就形成一个由论据、分论点、中心论点构成的严密的网，其中每一部分都必须遵守概念明确、判断恰当、推理合乎逻辑的要求，以及遵守逻辑思维基本规律的规定。结论部分比较简单，一般是对全文加以总结，用精确恰当的判断予以表述。

同样是"引论—本论—结论"的三段，又有纵式结构与横式结构之分。

《反对自由主义》是纵式结构。引论部分提出中心论点：我们主张开展积极的思想斗争，反对自由主义。本论部分先列举自由主义的十一种表现，从自由主义严重存在的事实，说明反对自由主义的必要性，然后逐一分析自由主义的危害性、根源、实质，从理论上进一步论证反对自由主义的迫切性。通过这样逐层递进、向纵深发展的论述形式，最后得出结论，做出总结，发出号召。

《学习》则是横式结构。引论部分，毛泽东同志提出"一切有相当研究能力的共产党员，都要研究马克思、恩格斯、列宁、斯大林的理论，都要研究我们民族的历史，都要研究当前运动的情况和趋势，并经过他们去教育那些文化水准较低的党员"这样一个中心论点。本论部分则对"研究"的内容，即"学习理论""学习历史""研究当前运动的规律性"分段论述。通过这样分层逐项的具体论述，最后在结论中加以总结，指出学习中应取的态度。

横式结构议论文的本论部分，又有并列结构与正反对比结构之分。《悼列宁》用的是并列结构，全文采取按照列宁同志的遗嘱，逐点论述、逐点小结的结构形式。《改造我们的学习》采取的则是正反对比的结构形式，将我党二十年来在学风问题上的进步和存在的问题，主观主义的错误态度和马克思列宁主义的正确态度，进行了鲜明的对比。

驳论文的逻辑结构同立论文是类似的。

议论文以议论为主，但并不排斥记叙与抒情。好的议论文，常常夹叙夹议，适当抒情，读来令人感到扎实、丰满、生动。我们要多读一些精彩的议论文，学习其严密的逻辑性和高度的艺术性。

五、逻辑与说明文的写作

我国很早就有以"论"名篇的文章。梁代萧统辑集的《文选》，专列"论"为一门，所收的文章始于西汉贾谊的《过秦论》、东方朔的《非有先生论》。后来，以"说"名篇的作品也日益增多，如唐代柳宗元的《天说》、韩愈的《师说》都曾脍炙人口、传诵百代。这些"论"与"说"，内容大多就某一事物抒发议论，因而从文体上看区别不大。现代文中，这种"论"中有"说"、"说"中有"论"的文章也屡见不鲜。因此，许多人将二者合而为一，统称为"论说文"。现行《辞海》也持此说。但是实际上还有一些专事"说明"而不发或少发议论的文章，"论说文"这个概念是包括不了的。如《向沙漠进军》《大自然的语言》《宇宙里有些什么》《看云识天气》《中国石拱桥》等（均见初级中学课本《语文》），我们称之为说明文。

说明文是以说明为主要表达方式的文章。这种文章，用来说明事物，使读者对事物的发生、发展过程，或对事物的形态、性质、特征、用途、使用方法等得到一定的了解。教育部制定的《全日制十年制学校中学语文教学大纲》(1980)，对说明文的教学十分重视。在"教学的目的和要求"中明确规定：初中学生要"能写一般的记叙、说明、议论文章"，高中学生要"能写比较复杂的记叙、说明、议论文章"。在初中二年级的"读写训练要求"中规定："着重培养说明能力，掌握说明事物的要点和方法，写一般说明的文章，力求比较准确清楚，有条有理。"

说明文写作中的"准确清楚""有条有理"等要求，同逻辑关系密切。同时，说明文写作中还常用到一系列逻辑方法，如概念的概括和限制、定义、划分、判断的模态、归纳法等，因此，对逻辑与说明文写作的关系做一些阐述，是写好说明文的重要课题。

说明文的写作和其他体裁文章的写作一样，都必须做到中心明确，选材围绕中心，说明时条分缕析、层次清楚。这些要求与逻辑的关系，在《逻辑与审题》《逻辑与选材》《逻辑与记叙文的写作》等节中做比较详细的说明。这里主要谈谈说明文写作中一些常用的逻辑方法。

第一，概念的概括和限制。

说明文所要说明的事物，都以逻辑概念的形式出现。说明文的任务之一，在于揭示有关概念的内涵与外延。只有把有关概念的内涵和外延揭示清楚了，才可能使读者对该概念所反映的事物有所了解。概念的概括和限制，都是揭示概念内涵和外延的重要方法，因此在说明文里被大量运用。

例如，《中国石拱桥》一文，所要说明的就是"中国石拱桥"这一概念。当读者看到这个题目时，必然会提出这样一些问题：什么是"中国石拱桥"（内涵）、中国有哪些石拱桥（外延）的要求。能否满足读者的这类要求，是衡量文章成败的标准之一。"文章千古事，得失寸心知。"（〔唐〕杜甫《偶题》）"知"的标准就在于此。《中国石拱桥》一文，正是通过概念的概括和限制来满足读者的要求的。

这篇文章从"石拱桥"起笔，以第一、二两个自然段揭示"石拱桥"的内涵："石拱桥"的桥洞"成弧形"，"在世界桥梁史上出现得比较早"，"形式优美"，"结构坚固"，可"在交通方面发挥作用"。"石拱桥"是"中国石拱桥"的属概念。作为属概念，其内涵为种概念所具有。这里采用了概念概括的方法来揭示种概念"中国石拱桥"的内涵，使读者对"中国石拱桥"这个概念有一个初步的认识。

但认识有待于深化。如果仅仅停留在这一点上还是很不够的，因为读者对"中国"石拱桥还缺乏具体的认识。因此，必须重新回到题目上来，从属概念"石拱桥"过渡到种概念"中国石拱桥"。文章接着在第三段里直接揭示了"中国石拱桥"的特殊的内涵："有悠久的历史""大小不一""形式多样"；还揭示了它的外延："几乎到处都有"。然后，文章进一步对"中国石拱桥"加以限制，以第四、五、六、七、八五个自然段揭示它的种概念"赵州桥"和"卢沟桥"的内涵，从而使读者对它们的属概念"中国石拱桥"有更加具体的认识。

如果不善于运用概念概括和限制的逻辑方法，很可能会出现这样的情况：或者越级概括，或者越级限制。例如，写"中国石拱桥"而大谈"桥"，甚至于不着边际地谈"交通设施"。诚然，"桥"或"交通设施"与"中国石拱桥"不无关系，但"隔靴搔痒赞何益"？（郑板桥语）越级概括的结果，不但无助于说明有关的概念，往往反而造成赘文，甚至使文章的内容离题万里。

第二，概念的定义。

概念的定义是揭示概念内涵的重要方法，它有严格的逻辑要求。许多说明文都对所要说明的主要概念下定义。例如，《宇宙里有些什么》给"恒星"下了这样的定义："恒星，是自身能发出光和热的星体。"这是比较典型的属加种差定义方法，其中"恒星"是被下定义的概念,"星体"是"恒星"的属概念,"自身能发出光和热"是种差。

由于说明文主要用于普及科学知识,因此,除了用逻辑要求相当严格的属加种差定义方法外,还经常运用一些有一定逻辑要求但又不太严格的类似下定义的方法,如判定法、描述法、比较法等。下面对这些方法略做说明。

判定法,即判定某种概念具有或不具有某些显著特征的方法。这种方法类似定义法。但定义法必须揭示概念的"最富于特征的属性",不可以使用否定法。判定法则只要能揭示显著特征即可,而且可以使用否定法。这样,判定法就对一般的定义法起了补充作用。例如,说明文《鲸》,在给"鲸"下了"水栖哺乳动物"的定义之后,接着又写道:"它是形体庞大、外形像鱼的动物,但又不是鱼。"说"鲸"形体庞大、外形像鱼,揭示了"鲸"的显著特征;说它"不是鱼",采用了否定法,使之与"鱼"相区别,从而补充了"水栖哺乳动物"的定义,使读者对"鲸"有了更全面的认识。作为类似定义,判定法的逻辑特征是:必须揭示概念的重要内涵;采用否定法时,必须能将容易与之混淆的概念加以明确区分。因此,如果判定"鲸"是"会游的动物,但不是蛙",就起不到类似定义的作用。

描述法,即用描写性语言揭示有关概念主要内涵的类似下定义的方法。例如,《宇宙里有些什么》就用描述法给"亮星云"和"暗星云"下了类似的定义:"由尘埃和气体组成的星云,浮游在星星和星星之间,浮游在宇宙空间里,阻碍光的通过。这些星云有的厚到几亿万公里,本身并不发光,如果在附近有恒星,它就反射出光亮,叫亮星云。否则,它就是黑暗的,叫暗星云。"作为类似定义,描述法的逻辑特征是:①描述的对象是客观事物,而不是主观的想象(意志、愿望、感情等)。因此它必须是绝对真实的,来不得半点的虚假。锦就是锦,花就是花,不能搞"锦上添花"。它是科学描述,而不是文学描写。②必须通过描述来揭示概念的主要内涵,否则,就变成一般的描写而失去类似定义的作用。

比较法,即通过揭示某一概念与其他概念之间的异同点以达到明确概念的类似定义法。其中用得最多的是揭示概念之间类似点的比喻法。例如,《看云识天气》一文,运用了大量的比喻:将"卷云"比喻为"羽毛""绫纱",将"卷积云"比喻为鳞波,将"积云"比喻为"棉花田",将"高积云"比喻为"草原上雪白的羊群",将"高层云"比喻为"毛玻璃",等等。比较法的逻辑特征是:揭示几个概念间的相同或相异点时,这些相同或相异点通常是有关概念所反映的事物的外在形象特征,而不是内在性质特征,否则,就容易和描述法或判定法混淆起来。

第三,概念的划分。

通过概念的划分,将外延较大的属概念分为外延较小的种概念,在对这些种概念一一做出说明之后,读者对所要说明的属概念也就了解个"八九不离十"了。如《看云识天气》一文,为了说明云与天气的关系,作者在第三自然段将晴天的云划分为"卷云""卷积云""积云""高积云";在第四自然段里将阴雨雪天的云划分为"卷层云""高层云"和"雨层云";在第五自然段里将夏天雷雨前后的云划分为"积雨云"和"乌云";在第六自然段里又按云上的光彩划分出"晕""华""虹""霞",这就全面地、详尽地说明了各种形状、特征的云所显示的天气变化情况,条理井然,纹丝不乱,读者依次读来,对云和天气的关系也就有了清楚的了解。

除划分以外,还有类似划分的方法,即将整体分解为各个组成部分,所以有时也称之为"分解"。划分是将属概念分为各个种概念,每一个种概念都具有属概念的内涵。分解则将概念所反映的对象剖析为几个组成部分,这些组成部分与整体是完全不同的概念,不具有整体概念的主要内涵。如对"人"进行划分,可按国籍分为"中国人""苏联人""日本人"等。而对"人"做分解,则分为"头""躯干""四肢"等。所以,不能将分解与划分混淆起来。作为类似划分,分解的逻辑要求是:①分解必须完整,如不能丢三落四地把"人"仅仅分解为"头""足",而不包括"手"和"躯干"。②分解不能越级,如不能把"人"一下子分解为"鼻子""指甲"等,否则就会流于烦琐,也有碍于说明问题。说明文写作中运用分解法时,还要注意说明的条理、顺序(如从上到下或从下到上,从大到小或从小到大,由近及远或由远而近,等等),否则就容易给人杂乱无章之感。

第四,判断的模态。

前面说过,判断的模态是由判断主词和宾词的联系程度决定的。根据判断的模态,可以把判断分为实然判断、或然判断与必然判断三种。说明文写作中,常常会碰到被说明事物的某些性质暂时无法断定的情况,或可断定的情况在时间、空间、程度上又有种种区别,这就要特别注意判断的模态。《看云识天气》一文中,用了三个"渐渐"、两个"慢慢"以及"迅速地""很快""马上"等词,构成了相应的实然判断,都有长期观察、无数事实作可靠依据;而多处使用"往往""常常""一般""可能"等词,构成或然判断,同样表达得比较恰当,无懈可击。如果担心"说"而不"明",随意将或然判断表述成实然判断,或将实然判断表述成必然判断,就会破坏说明文的科学性。

第五,推理的运用。

说明文中也常常用到推理,其中用得最多的是归纳推理。

一般科学论文运用归纳推理进行论证时,由于所阐述的是新的科学理论,逻辑要求十分严格。如果运用简单枚举归纳推理进行论证,必须考虑到结论的或然性,因此常常辅之以其他的推理方法,提高结论的可靠程度。

说明文则不一样,虽然也必须讲究科学性,丝毫不能违背科学性,但它是从已经得到证明的结论出发,向不了解有关知识的读者做介绍,所以,只要达到使读者信服的要求即可。这样,在一般的说明文中,举例或列举数字等简单枚举归纳法就频频出现。如《中国石拱桥》一文,以赵州桥、卢沟桥为例,归纳说明中国石拱桥"历史悠久""有许多惊人的杰作"的内涵;在介绍卢沟桥时,又举出永定河发大水常冲垮堤岸而卢沟桥"从没出过事"的例子,归纳说明桥的坚固;在谈到桥上的石狮子时,还用"有的……,有的……,有的……"一组排比句来刻画石狮子"千态万状,惟妙惟肖",并归纳说明桥上雕饰的精美。又如,《大自然的语言》仅仅十二个自然段,就有八九处运用了举例的方法归纳说明问题。在说明文中,列举数字(包括图表)加以归纳说明的例子也很多。这里就不一一述说了。古人论诗,有所谓"举一纲而万目张,解一卷而众篇明"(〔东汉〕郑玄《诗谱序》)的说法,这对我们在说明文中用举例等方法进行归纳说明,也是一种很好的启示。只要所举之例有代表性,往往就能收到"举一例而全篇明"的效果。

六、逻辑与记叙文的写作

记叙文是以写人、记事为主的文章。记叙文既以写人、记事为主,而事情又总是发生在一定的时间、一定的地方,有其前因、后果和经过,那么记叙文就要回答这些问题:什么人?什么事?事情发生在什么时间?什么地点?事情的起因、经过、结果怎么样?这就是所谓"记叙的要素"。这些"要素"如果表述混乱,文章眉目就不清晰,也就不能很好地表现中心思想。逻辑与记叙文的关系主要体现在各记叙要素的表述上,要求记叙得有条理。

记叙的条理,主要表现在顺序上。记叙顺序混乱,颠三倒四,反映了作者思路的混乱,缺乏严格的逻辑思维训练。我们来比较一下下面两个例子:

① 一九五五年五月,一个暖风拂拂的下午,敬爱的领袖毛主席在繁忙的工作中抽出时间,接见了警卫部队某部一中队的全体同志。那是多么光荣、多么幸福的时刻!战士们换上崭新的军装,列队来到中南海一所普通的院子里。刚站好队,主席就从对面的屋子里出来了。主席带着慈祥的笑容走到队列前面,询问战士们的名字。院子里的空气马上活跃起来。

② 昨天下午,我和哥哥一起去看电影,我们边走边谈地一直进了电影院。只见一路上人来人往,热闹非凡。电影院门口也是熙熙攘攘的,人们显得兴高采烈。我们买了一张电影说明书,坐在座位上看了起来。

例①,选自《毛主席关怀警卫战士学文化》。第一句话点明了时间、事件、人物,第二句话是作者因这件事而抒发的感情,以下几句依次写出战士和毛主席的行动,以时间为顺序,写得层次井然,极有条理。例②先说"进了电影院",后说路上所见,再说"买了一张说明书",颠来倒去,读者无法理解"我和哥哥"是怎样行动的。例①记叙顺序是合理的,例②则是不合理的。

记叙顺序合理,指的是所记叙的事件的先后、始末、因果关系,要符合生活的逻辑。例②先写"进了"电影院,又"只见一路上……",就不符合生活的逻辑,因为现实生活中"我和哥哥"的活动顺序不可能是那样的。

要使记叙顺序合乎逻辑，可以根据记叙内容分别处理。

如果记叙的内容主要表现在时间顺序的变化上，那么可以按时间先后来安排记叙的顺序。例如：

> 先前，有一个读书人住在古庙里用功，晚间，在院子里纳凉的时候，突然听到有人在叫他。答应着，四面看时，却见一个美女的脸露在墙上，向他一笑，隐去了。他很高兴；但竟给那走来夜谈的老和尚识破了机关。说他脸上有些妖气，一定遇见"美女蛇"了；这是人首蛇身的怪物，能唤人名，倘一答应，夜间便要来吃这人的肉的。他自然吓得要死，而那老和尚却道无妨，给他一个小盒子，说只要放在枕边，便可高枕而卧。他虽然照样办，却总是睡不着，——当然睡不着的。到半夜，果然来了，沙沙沙！门外象是风雨声。他正抖作一团时，却听得豁的一声，一道金光从枕边飞出，外面便什么声音也没有了，那金光也就飞回来，敛在盒子里。后来呢？后来，老和尚说，这是飞蜈蚣，它能吸蛇的脑髓，美女蛇就被它治死了。（《从百草园到三味书屋》）

这是鲁迅所记"长妈妈"讲的一个十分完整而又比较复杂的故事。记叙得极为简略，如开头仅十五个字，就依次点明了时间、人物、地点、事件。又记叙得极有条理，依次用"先前""晚间""突然""四面看时""隐去了"记叙"读书人"夜遇"美女蛇"；从"他很高兴"起，先后用"但""却""虽然……却""果然""正……却""便……""后来……就"等词语，表示了时间上的推移、转折。有条有理，纹丝不乱。

不按时间先后的逻辑顺序记叙，就会造成病句。例如：

> ①他曾经是共青团员、少先队员，现在又光荣地入了党。
> ②刷牙，洗脸，起床，扫地，烧菜，买菜……每天早上，她忙得要命。
> ③"抓住他——"我听到这喊声，立即奔出家门，叫醒弟弟，一起去抓住了坏蛋。

例①，人们总是先入队，后入团，这里顺序颠倒了。例②，应该是起床在先，买菜在烧菜之先。例③，"奔出家门"后，再"叫醒弟弟"，时间顺序上不合理。

如果记叙的内容主要表现在空间顺序的变化上，那么可以按空间顺序的排列来安排记叙的顺序。例如：

> 你要是踩着那些窝儿下去，到十七米的地方就会发现井壁的一旁有一条隧道，刚好能容一个人爬进去。约莫爬过四米，就是一条垂直的隧道，有十米长，里头有一架木头梯子。顺着木头梯子爬上去，到头儿又是一条横的隧道，有三米长。弯着腰走过这条隧道，就看见一道门。进了门，第一眼就看见一架印刷机——这就是那时候的地

下印刷所。

这段话摘自茅盾的《第比利斯地下印刷所》。作者把走进"地下印刷所"的所见，从井壁上的窝儿到横向的隧道，再到垂直的隧道、木头梯子、横的隧道、门、印刷机，按出现的顺序，记叙得清楚明白、有条不紊。

不按空间顺序的变化记叙，因而造成的病句。例如：

①这公园真美，假山四周是流水潺潺的小河，河上有九曲桥，假山上林木葱茏，百花争妍，人们在九曲桥上观赏金鱼的嬉游……

②放眼浩渺无垠的大海上，只见白帆点点，海鸥翱翔，朝霞艳丽，缭绕渔帆，渔民们满怀丰收的喜悦，奋力摇橹……

例①，从"假山"写到"小河""九曲桥"，又回到"假山"，再回到"九曲桥"。例②，"海鸥"横插在两次写到的"渔船"中间，都显得条理混乱。

如果记叙的内容主要表现在事物的内部关系上，或人们对事物的认识的先后上，那么就要注意恰当安排事理的记叙顺序。例如：

他一心扑在党的教育事业上，白天做的，夜里想的，桩桩件件，都同孩子们的健康成长休戚相关。孩子们在他的辛勤教育下，如同春天的禾苗，茁壮成长。

这段话，从"他"的指导思想写到实际行动（"做的""想的"），再写到结果，顺情达理，符合事物因果关系的逻辑。又如：

通过学习，同学们对《学生守则》的认识加深了，提高了为实现四化而努力学文化的自觉性，推动了班级各项工作的开展。

这段话，把学习"守则"、提高认识、落实行动（从学文化到工作），一层深入一层，层层向前推进的逻辑关系，记叙得合情合理。

不注意按事物内部关系或人们认识事物的逻辑来记叙，也会造成病句。例如：

①他坚决执行党的知识分子政策，正确理解党的知识分子政策，受到群众热烈赞扬。

②他不按客观规律办事，给工作带来损失，自己搞得手忙脚乱，犯了严重错误。

③这次宣判，对各方面震动很大。广大群众无不拍手称快。学校、家庭进一步重

视了抓青少年的思想工作。而一些犯罪分子，则胆战心惊，其中有些人慑于人民民主专政的强大威力，已经主动投案。

例①，只有"正确理解"在前，才会有"坚决执行"在后，这里违反了因果关系的逻辑顺序。例②，没有按一层深入一层的逻辑顺序记叙，应当改成："他不按客观规律办事，自己搞得手忙脚乱，给工作带来严重损失，犯了严重错误。"例③，"受到很大震动"的，首先应是那些犯罪分子，应当突出这个方面，放到前边去，例中放在最后，也不符合客观事物的逻辑。

以上主要从简单的记叙，即从一句话、一段话的小范围来看记叙的条理。下面我们从整篇记叙文的大范围来看逻辑与记叙文的关系。

事件的发展总是按时间顺序而呈现出事件的因果、始末来的。这是生活的逻辑。记叙这些事件，要符合生活的逻辑。记叙符合生活实际、符合生活的逻辑，也就是保持了反映与被反映者之间的同一性。这正是同一律所要求的。违反这一要求，就会导致自相矛盾，就要"互相冲突"，即文章与生活实际相冲突。记叙的方法不仅有顺叙，还有倒叙、插叙等。无论采取哪一种记叙方法，都要符合生活的逻辑。这就是逻辑对记叙文写作的要求。

顺叙的记叙方法，是按事件发展的原来次序来记叙，因此最容易做到符合生活的逻辑。它使文章有条有理，脉络分明，自然清晰。日记、游记等类记叙文常采用这种方法。其他记叙文采用顺叙方法的也很多。《奠基礼》按照时间线索，采用顺叙的方法，记叙了直罗镇战役的全过程，从战前计划和准备阶段写起，写到直罗镇战役的经过，即战斗阶段，最后写到战斗结束后的总结阶段，时间的推移交代得很具体，因而显得文脉清楚，平直明朗，使人一目了然。

但顺叙容易流于平铺直叙，甚至成为记流水账，在表达上有较大的局限性。因此，人们还常用倒叙、插叙的方法来弥补顺叙的不足。

倒叙的记叙文一般从事件的结局写起，然后回过头来仍按顺序记叙，逐步交代事件的来龙去脉。其好处是既能提起悬念，吸引读者急切了解事件的起因、发展变化经过，因而使文章曲折有致、波澜起伏，同时又不违反生活的逻辑。这一方法在通讯、故事等类记叙文中常被应用。如《刑场上的婚礼》，作者在就文章的题目做了两个设问之后，紧接着简述了周文雍和陈铁军两位同志在刑场上举行庄严的婚礼的惊人事件，极其强烈地拨动了读者的心弦：这场婚礼怎么会在刑场上举行？他们的爱情建立在怎样的基础上？后来又是怎样发展的？等等。然后，文章通过顺叙回答了读者的问题，再接着详写最激动人心的刑场婚礼，热烈歌颂了先烈的崇高精神和革命情操。

倒叙的记叙文也可以从事件发展中途某个具有吸引力的情节写起，然后转入顺叙。无论从结局写起，或从中途某个情节写起，都要注意倒叙与顺叙的衔接过渡，以及前后照应。

插叙的方法也是记叙文中常常用到的。插叙是在记叙过程中，暂时割断事件发展变化的线索，根据记叙的需要，插进与之有关的另一事件的叙述，然后接上线头，继续记叙。就全文说，这只是一个片段，但往往有助于理清线索，表现人物，展开情节，突出主题。例如，《红军鞋》第一段写毛泽东同志鼓舞红军战士一定要翻过"神秘可怕"的大雪山，第二段插叙"红军鞋"的来历，和在两次战斗中"红军鞋"对"我"的鼓舞，第三段又转入顺叙，写战士在"红军鞋"的鼓舞下，战胜困难，翻越大雪山。作者用插叙的方法，把红军和群众的血肉联系、鱼水深情，十分鲜明地表达出来，突出了主题。

倒叙与插叙仅仅是记叙方法上的变换，而不是生活逻辑的颠倒。粉碎"四人帮"后发表的优秀短篇小说《剪辑错了的故事》，采用的是突破时间顺序和故事发展的逻辑，把过去和现在、现实和回忆交叉起来的结构。另一优秀短篇小说《锁》，更把奇特的情节和人物性格的逻辑结合得非常严密。在这些作品中，时时变换记叙的顺序，但是读过的人都很清楚，在林彪、"四人帮"横行时期，生活就是那样被颠倒的，因此，这些作品的结构，仍然与生活的逻辑相一致，符合生活的真实，具有相当感人的艺术力量。从这里还可看到，选择和运用倒叙或插叙的方法，要从生活实际和表现文章主题的需要出发，而不要片面追求形式。如果绝对化地认为倒叙与插叙可使文章曲折多彩，把一些简单的材料故意颠来倒去，反而会弄巧成拙，"画虎不成反类犬"，使文章眉目不清，甚至违反生活逻辑，闹出笑话。

把逻辑与写作结合起来，在写作中注意运用逻辑，这不是一本小册子可以完全讲清的，更不能奢望单靠读一本小册子就能很好地运用逻辑写出佳作来。一定要注重结合逻辑反复练习写作。陆游诗云："古人学问无遗力，少壮功夫老始成。纸上得来终觉浅，绝知此事要躬行。"(《冬夜读书示子聿》)结合逻辑学习写作，结合写作学习逻辑，孜孜不倦，"躬行"不已，那么，就一定能得心应手，运用自如地写出逻辑严密的好文章来。

后 记

《逻辑与写作》的编写，屈指算来，该追溯到五年以前。1978年，我在给五十位中学语文教师讲逻辑时，曾编写过一些"逻辑病句"，供给他们做辨析逻辑错误练习之用。这是一份打字的油印资料，粗糙而简陋。但是，印发之后，意外地得到学员的热烈欢迎；并且不胫而走，函、电索要者纷至沓来。在同志们的鼓励和支持下，补充、修改成了题为《逻辑病句辨析》的铅印小册子。翌年，在广东人民出版社的指导、帮助下，改写成了《逻辑与写作》，交付印行。1982年，又应广东人民出版社之约，做了若干修订，增入了1980年版时删减的第五章，并补写了若干小节。

拙作的编写，意在将逻辑与写作结合起来，使读者在这两个方面都有所获。但是，囿于水平，离初衷恐尚很远。由于孤陋寡闻，涉猎甚少，在拙作出版之前，笔者没有见到过将逻辑与写作结合起来讲解的通俗读物。因此，也许可以将拙作当成一块引玉之砖。果能如此，当感到不胜荣幸！对于拙作中的缺点、错误和其他问题，则恳请广大读者批评教正。

将逻辑与写作结合起来进行研究，不是一件没有意义的工作，更不是一个没有学术价值的课题。在当前正在掀起的学习热潮中，迫切需要有更好的读物问世。而深入研究逻辑与写作的关系，也将对语言逻辑学的发展起推动作用。但愿广大逻辑工作者与从事写作研究、写作教学的同志，携起手来，共同努力，做出切实有用的新贡献。

倪正茂

1983年6月8日深夜

逻辑和语病

问病开方　对症下药
——谈谈逻辑与病句修改

"金无足赤，瓜无滚圆。"

"树有疤痕，人无十全。"

"四条腿的动物有时会跌跤，博学的人有时也会出错。"

"天下事物无全美，太阳上面有黑斑。"

……

这些有益的谚语告诫我们：必须永远谦虚谨慎，戒骄戒躁；必须经常开展批评与自我批评。说话、办事，思考问题，莫不应该如此。

同样的道理，写文章也应如此。

毛泽东同志说："文章是客观事物的反映，而事物是曲折复杂的，必须反复研究，才能反映恰当，在这里粗心大意，就是不懂得做文章的起码知识。"（《反对党八股》，《毛泽东选集》第3卷）这告诉我们，写文章出差错，包括出现病句，是难免的；只有"反复研究"，不断修改，才能"反映恰当"，写出好文章来；而如果掉以轻心，不做自我批评，不愿做任何修改，"就是不懂得做文章的起码知识"。古人说"文章不厌百回改"，就是这个道理。为了使我们懂得这个道理，毛泽东同志引述了鲁迅在《答北斗杂志社问》（《二心集》，《鲁迅全集》，第4卷）中所写的一段话：

> 写完后至少看两遍，竭力将可有可无的字、句、段删去，毫不可惜。宁可将可作小说的材料缩成速写，决不将速写材料拉成小说。

毛泽东同志就鲁迅的这段话阐述道："孔夫子提倡'再思'，韩愈也说'行成于思'，那是古代的事情。现在的事情，问题很复杂，有些事情甚至想三四回还不够。鲁迅说'至少看两遍'，至多呢？他没有说，我看重要的文章不妨看它十多遍，认真地加以删改，然后发表。"

文章的修改，一般可以分为内容上的修改和技术上的修改两方面。技术上的修改是为精确、完美地表达文章内容服务的。它包括在剪裁布局、层次段落、语法、修辞，逻辑等方面的改动,力求通过修改使文章内容表达得更准确、更鲜明、更生动。

问病开方,对症下药。

对一个习作者来说,在文章修改方面,首先要抓什么呢?

语言学家朱德熙在《谈谈作文教学》(《中国语文》1978年第4期)中认为:"现在一般中学生的写作能力是很低的,能够做到通顺明白就不容易了。在这种情况下,不强调准确性,片面地要求他们写得生动,是不切合实际的,是躐等,对于提高学生的写作能力,只有坏处,没有好处。"应该说,他的上述看法,是完全正确的。"躐等"就是越级,就是要咿呀学语的幼儿去学习朗诵李白、杜甫的诗歌,就是要还没有学会走路的幼儿去学跑、学跳,那是没有不失败的。不躐等,按部就班,循序渐进,可以从把文句修改得通顺些做起。

我国著名作家老舍曾说:"语言的运用对文学是非常重要的。有的作品文字色彩不浓,首先是逻辑性问题。"他在介绍自己的创作经验时,深有体会地说:"我写作中有一个窍门,一个东西写完了,一定要再念再念再念,念给别人听(听不听在他),看念得顺不顺?准确不?别扭不?逻辑性强不?……看看句子是否有不够妥当之处,我们不能为了文字简练而简略。简练不是简略,意思含糊,而是看逻辑性强不强,准确不准确。只有逻辑性强而又简单的语言才是真正的简练。"

这启示我们,修改病句首先是要着眼于"准确"二字,也就是首先着眼于文句的逻辑性。

有的同志把自己的注意力集中在选择优美的辞藻上,并自诩为是"在语言上下苦功"。其实,在语言上下苦功的第一步是"准确",而不是"生动"。没有"准确",就谈不上什么"生动"了。茅盾在《关于艺术的技巧》中,批评有的作者"用'鬼哭狼嚎'一类字眼来描写我们人民在敌人轰炸下的情形,用'切西瓜般'来形容敌人对我们人民的残杀",批评有的作者滥用语汇,"新奇到失当"地写出"眼泪劈劈拍拍直掉"一类语句。"鬼哭狼嚎""切西瓜般"等词用在别处,可能是生动的,但像上面那样用,就如茅盾所说的"是完全不能容忍的"了。

有人这样写道:"自古以来,当人们仰观日月星辰的旋转,俯视花草藤萝的盛衰,纵看鸟兽虫鱼的活动……"文句似乎很美,但经不起推敲。"仰观……"可以,"俯视……"用得勉强,"纵看……"怎么个"看"法?其实不通。这样,也就"以辞害意"了。

人若有病,病痛是在自己身上;文句有"病",受罪的却包括读者。文化水平低的或者粗心的读者,看了上述文句,往往照搬照用;文化水平略高些的或者细心的读者,看看上述文句,往往如同吃那含有砂粒的米饭,时时受阻。总之,于人于己都很不利。

毛泽东同志说:"一个人只要他对别人讲话,他就是在做宣传工作。只要他不是哑巴,他就总有几句话要讲的。所以我们的同志都非学习语言不可。"(《反对党八股》,《毛泽东选集》第3卷)我们要从对人民负责这个崇高原则出发,认真修改病句,写好文章。

老舍说的:"一定要再念再念再念……看看句子是否有不够妥当之处",可以从两方面理解。

一是从独立的单句看,一是联系句子的上下文看。

"人们……纵看鸟兽虫鱼的活动"是独立的单句,这里的"纵看"用得不准确。飞鸟、走兽、爬虫、游鱼,天上、地面、水下,到处都有,不如用"遍看"更准确些。"遍看"缺乏"诗意","纵看"似乎更优美些,但优美要建筑在准确的基础上。

唐朝诗人贾岛说自己写诗有时是"二句三年得,一吟双泪流",可见十分刻苦。杜甫提出过"语不惊人死不休"的严格要求,他说自己常为"吟安一个字"而"捻断数茎须"。正因为如此严格地要求自己,他才能写出"笔落惊风雨,诗成泣鬼神""光焰万丈长"的杰出诗篇,才能成为千古称颂的"诗圣"。宋代王安石的诗句"春风又绿江南岸"中的"绿"字,曾作"到""过"等,最后才改定为"绿"字。这些都是在准确的基础上刻意求工、精益求精的例子。

离开准确这个基础,片面追求新奇,自然是不足取的。刘熙载在《艺概》中说:"辞之患不外过与不及。"又说:"文中用字,在当不在奇。"可见,"当",即准确,是第一位。不当,不准确,就收不到好效果。

独立的单句如有逻辑错误,得从概念的运用与判断的表达两方面去看。形式逻辑关于概念和判断的每一条理论,几乎都同病句修改有关。例如,"纵看鸟兽虫鱼的活动"中,作者对"纵看"的内涵就没有把握好;"劈劈拍拍的眼泪直掉"中,就有概念限制不准确的问题。下文将详细分析形式逻辑关于概念和判断的理论同修改病句的关系。这里首先要说明的是,为了修改病句,必须掌握好逻辑基本理论。学逻辑与改病句,二者是可以结合起来,互相促进的。

有的语句孤立来看,不近情理,但与上下文联系起来一看,便不成问题。这是因为语句之间也有一定的逻辑关系,不注意这一点,就会犯逻辑错误。

隋代诗人薛道衡,文思敏捷,才华出众。有一次,他出使陈朝,江南文人慕名前来竞相求诗。这天恰好是正月初七,当时称"人日",商贾游客陆续回家团聚,处处一派欢乐景象。这引起了薛道衡的思乡情绪,于是他铺开稿纸,即景抒情,写了"'人日'思归"四字作为题目,接着写了两句诗:

立春方七日,
离家已二年。

求诗的文人看了之后,觉得这两句诗不但平淡无味,而且"方七日"与"已二年"自相矛盾,个个暗暗发笑。但只见薛道衡又挥笔续了两句:

人归落雁后,
思发在花前。

这一下人们不禁由衷折服，热烈称赞道："这诗多美啊，果然名不虚传！"的确，后续两句不但排除了前两句的矛盾，而且使得思归游子的形象，栩栩如生地跃然纸上。全诗意境清新，诗味隽永。

与此相反，有些语句孤立地看并无毛病，但与上下文联系起来一看，就不对了。例如，《古战场春晓》一文中，有"他们有些再也顾不得'尊严'，跪在地上，举手求饶了"一句。孤立地看，这句话毫无弊病，但是在此句之前，还有"眼前这一片土地上曾经布满'大英帝国'士兵的尸体"一句。前头的"他们"，紧接在"尸体"之后，代指"尸体"。"尸体"而"举手……"，这就不但矛盾，而且可怕了。

联系句子的上下文看语句是否有逻辑错误，得从推理的表达和逻辑思维基本规律的运用方面去看，因此必须努力学好有关的逻辑理论。

对习作者来说，为了修改好文章，必须努力掌握和运用逻辑知识，那么，对惯写文章的同志来说，是否可以对逻辑问题掉以轻心呢？

回答是否定的。

上述《古战场春晓》的作者，就是中外知名的文章高手，他的许多佳作堪称文苑奇葩。但是，偶一疏忽，也会出现逻辑病句。再举一例，在著名的《一切反动派都是纸老虎》一文中有这么一句话"我说一切所有号称强大的反动派统统不过是纸老虎"。"一切"与"所有"显然是重复的，二者可以去其一。记得恩格斯曾说："重复，一部分是术语缺乏的结果，一部分是不习惯于逻辑训练的结果。"（《致马克思（1868年11月6日）》，《马克思恩格斯通信集》第4卷）当然，偶或出现的重复，不过是疏忽而已，不能以偏概全地认定为"术语缺乏"或"不习惯于逻辑训练"。但是，从高标准、严要求来看，不正说明任何人（包括语言大师、文章高手）都应重视逻辑在文章写作、病句修改中的作用吗？

著名的德国文豪歌德曾这样写道：

> 我劝你，亲爱的朋友，
> 首先把逻辑来研究。
> 你的精神受着良好的训练，
> 如在西班牙的长靴里一样紧衬。
> 它将小心谨慎地前进，
> 循着思想轨道，多么方便；
> 即使邪途歧路满眼前，
> 它也不会东奔西窜。

让我们记取歌德的经验，"首先把逻辑来研究"，同时把学点逻辑与分析语病、修改病句结合起来，力求一箭双雕，力争事半功倍！

"长子"与"长子"
——概念要明确而无歧义

有这样一首绕口令：

老张的长子是个长子，老常的长女是个胖子，
老张的长子爱上了老常的长女，长子配上了胖子，
生个儿子也是长子。

这首绕口令主要"绕"在"长"这个字的音上。它既可读作"zhǎng"，又可读作"cháng"。因此，光看字面，"长子"既可理解作"第一个儿子"，又可理解作"高个子"。不弄清这一点，这首绕口令还真有点不好念。

更不好念的，是传说中的古代一户人家门口的对联。这副对联左边是"长长长长长长长"七字，右边也是"长长长长长长长"七字。据说，几个秀才走过，见了之后搔头挠耳，怎么也猜不透其中奥妙。后来经街坊指点，才知道这家是卖豆芽的，希望豆芽长得好些，就请人写了这样一副对联，左右联分别读作：

cháng zhǎng cháng zhǎng cháng cháng zhǎng
zhǎng cháng zhǎng cháng zhǎng zhǎng cháng

大意为："常长、常长、常常长；长高、长高、长长高。"

这副对联虽属文字游戏，但作者别出心裁，是巧妙地利用了概念与语词的非对应关系写出来的。

形式逻辑所研究的概念，是反映事物的一种思维形式。概念与它所反映的事物，必须是对应的，即有一种事物，就有一个概念来反映它。但概念作为思维形式，既看不见，又摸不着，用什么表示呢？用语词。所以，概念是语词的思想内容，而语词则是概念的"物质外壳"。人们就是用语词组成句子来交流思想的。

每一个逻辑概念，都有其特定的内涵，即含义。例如，"笔"这个概念，其内涵是"可以书写的文具"。"可以书写的文具"这个概念，可以用"笔"这个语词来表达。概念和语词之间存在着既对应又不对应的关系。

所谓对应，是指每一个概念都有一定的语词来表达。遣词造句时，必须准确掌握每个语词所表达的概念，不能把不同的概念混淆起来。

传说乾隆皇帝游江南时，见一庙宇里的菩萨旁边题有"翁仲"二字，便问随从的翰林学士"翁仲"是什么意思。他们回答说是"唯有仲翁，翁仲则冇（mǎo，没有）"。其实，既有仲翁，亦有翁仲。前者是周太王的次子，吴国的先君。后者是秦始皇的部将，功勋卓著，人们在他死后铸铜像立于咸阳宫司马门外，后来就泛称铜像、石像为"翁仲"。于是乾隆皇帝就写了一首打油诗，嘲笑那些翰林学士：

　　翁仲如何作仲翁，
　　只因窗下少夫功。
　　从今不许为林翰，
　　贬尔江南作判通。

诗里故意把"功夫""翰林"两个语词颠倒过来，使它们不能正确表示原来的概念，用以讥刺翰林学士们的不学无术，把"仲翁"与"翁仲"两个概念混淆了。乾隆皇帝的嘲讽是有力的，其中包含了概念与语词应当对应的道理。

所谓不对应，分两种情形。

一是指有的概念可以用几个不同的语词来表达。如"妻子的父亲"这个概念，还可以用"丈人""岳父""泰山"等来表达；"温度表"又叫"寒暑表"；"蕃茄"又叫"西红柿"；等等。有这样一首诗："一个孤僧独自归，关门闭户掩柴扉。半夜三更子时分，杜鹃谢豹子规啼。"其中"一个""孤""独自"，"门""户""扉"，"半夜""三更""子时分"，"杜鹃""谢豹""子规"，每一组的三个语词都表示同一个概念。这类表示同一概念的不同语词，可视不同情况分别使用，或交替使用。

一是指有的语词可以表达几个不同的概念。如本文开头那副对联中的"长"，既可表达"生长"的概念，又可表达"经常"的概念，还可表达"长度"的概念。而在绕口令中，则又表达了"为首的一个"的概念。懂得这一点，阅读、分析文章时，对一些关键性的词语，可以联系上下文去揣摩它们表达的是什么概念；写作时，则要准确选用语词，避免产生歧义。

不懂得概念和语词之间又对应又不对应的情况，造句作文时就不能很好地表达自己的思想，当然也就不能达到交流思想的目的。

鲁迅先生在《答曹聚仁先生信》中，曾这样写道：

譬如"妈的"一句话罢，乡下是有许多意义的，有时骂人，有时佩服，有时赞叹，因为他说不出别样的话来。先驱者的任务，是在给他们许多话，可以发表更明确的意思，同时也可以明白更精确的意义。如果也照样的写着"这妈的天气真妈的，妈的再这样，什么都要妈的了"，那于大众语有什么益处呢？

现在当然不会有人造出"这妈的天气真妈的……"句子，然而，类似的情况，却并不罕见。例如：

①客观事物的发展是有其铁的逻辑的，所以我们一定要努力学习逻辑，使主观符合客观。

②运动就是生命，不搞运动还能行吗？

例①中的"逻辑"，是有歧义的。"逻辑"一词是从外文音译的，现在经常习用，在各个不同的场合，分别表示不同的概念。有时表达的是客观事物产生和发展变化的规律性的概念，如"研究中国革命的逻辑""事物的发展有其铁的逻辑"；有时表达人的思维的规律性的概念，如"认识的第一个阶段……中，人们还不能造成深刻的概念，作出合乎论理（即合乎逻辑）的结论"（毛泽东《实践论》）；有时表达的是某种特殊的理论、观点或说法，如"强盗逻辑""帝国主义者的逻辑"等；有时则表达一种研究思维形式和思维规律的科学，即形式逻辑学，如说"要学点逻辑"等。例①中同时出现的两个"逻辑"，前者表达的是"客观规律"，后者则指"形式逻辑"，但出现在同一个语句中，叫人难以捉摸，容易引起误解。

例②中的"运动"，也是有歧义的。"运动"一词，在哲学中是表达物质的存在形式及其固有属性的概念；在自然科学中有时特指机械运动；体育活动也称"运动"；可以表达为达到某种个人目的而进行的钻营活动；还可以表达社会政治斗争及其他群众性的大规模的活动。例②中的两个"运动"指什么呢？

列宁在《评〈自由〉杂志》一文中批评说："《自由》杂志是一本十分糟糕的杂志……所用的词汇没有一个是简单明了的，一切都是装腔作势……"

诗人郭小川在《谈诗书简》中，给一位青年作者指出缺点时说："这条——通向'丰收'，'丰收'二字加引号，何意？'通向天涯海角'含意不清，是表示世界革命吗？费解。"

有人这样写道："他踮起脚尖喝了口平柜上放着的一杯水。"某杂志的"文章病院""诊断"这一句子"自相矛盾"，因为前面说"喝了口"，后面又说"一杯水"。但也有人以为不然，认为"平柜上"可能同时放着"一杯水"和"一杯酒"或一杯别的什么饮料。这样，说"喝了口……一杯水"也是可以的，强调喝的是"水"。我们认为，即使后者所说的情况属实，使用"一杯水"，也容易引起误解，不如另行措辞。

我们造句作文当然要避免出现类似的情况，尽量做到使用明确的没有歧义的语词，来表达我们所要表达的概念。爱因斯坦说："科学语言同我们通常所了解的语言有什么不同呢？科学的语言怎么会是国际性的呢？就概念的相互关系以及概念同感性材料的对应关系说来，科学所追求的是概念的最大的敏锐性和清晰性。"（《爱因斯坦论著选编》）科学语言如此，日常的说话、作文也要努力向科学语言看齐。简单明了，不装腔作势，力求清晰，只有坚持这样的高标准严要求，不断练习，才能逐步提高遣词造句的水平。

要避免使用有歧义的概念，做到概念明确，首先要做到思想明确。李卜克内西在《忆马克思》中说："没有人具有比他更高的明确表述自己思想的才能。语言的明确是由于思想的明确，而明确的思想必然决定明确的表现方式。"

周恩来总理有一次听取部队同志汇报，当汇报人提到"江南岸""江北岸"时，周总理立刻纠正说，应该提"左岸""右岸"。地理位置通常都以东、南、西、北表示方位，周总理为什么要纠正汇报人的提法呢？这是因为河流走向迂回曲折，"南岸""北岸"是有歧义的，不能正确反映地理位置。

在关于"实践是检验真理的唯一标准"的讨论初期，曾有过不同意见，其中有些同志说："在实际生活中，我们用来鉴别是非的标准很多，如区分香花毒草的六条标准、革命反革命的标准、接班人的标准等，这些标准虽然是实践中总结出来，但本身却是主观范围的东西，它不也能起着检验真理的标准的作用吗？"这个意见，实际上是把同一语词表达的不同概念混淆起来了，也就是没有搞清有歧义的"标准"这一语词，表达的是什么概念。"标准"一词，可以在不同的意义上使用。"政治标准""工资标准"之类，并非认识论的范畴。"真理标准"的唯一作用，是能够据以确定主观认识同客观对象是否符合，这是一个认识论的范畴。至于"政治标准""工资标准"中的"标准"，则只不过是区别事物性质或等级差别的标志而已。不搞清这一点，关于真理标准的讨论，当然不可能取得一致的意见。这同样涉及思想是否明确的问题，正因为思想上对"实践是检验真理的唯一标准"的"标准"认识不清，表达出来，自然不可能清楚。

要避免使用有歧义的概念，做到概念明确，还要努力学习使用通俗易懂的白话。毛泽东同志早就批评过有些人写文章"爱好一种半文言半白话的体裁，有时废话连篇，有时又尽量简古，好象他们是立志要让读者受苦似的"（《合作社的政治工作》"按语"）。为什么读者会受苦呢？原因之一就是"简古"的"文言"，往往有歧义，使人难以捉摸。

"五四"前后，文化战线上的白话文运动，曾遭到一些封建遗老的反对。其中有个叫汪懋祖的，在《申报》上发表文章，说"这一个学生或是那一个学生"文言只需"此生或彼生"即可说明，何等省力？鲁迅先生就以《此生或彼生》为题，写杂文做了有力的反驳。鲁迅说："这五个字，至少还可以有两种解释：一、这一个秀才或是那一个秀才（生员）；二、这一世或是未来的别一世。"他指出："文言比起白话来，有时的确字数少，然而那意义也比较含糊。"含糊，就容易产生歧义或者理解的分歧，这当然是极不利于思想的交流的。所以我们要努力学习使用通俗的群众易懂的白话。

当然，含糊的问题在白话中也会发生。鲁迅说过："它也可以夹些僻字，加上蒙胧或难懂，来施展那变戏法的障眼的手巾的。""摩登女郎披下头发，中年妇女罩上面纱，就都是蒙胧术。"(《作文秘诀》，《鲁迅全集》第5卷)我们写文章、讲话，是为了宣传科学，宣传真理，当然不能学摩登女郎那样施展"蒙胧术"，而要尽可能做到概念明确。

祖冲之没有创造出圆周率
——概念要正确

有一本小册子在介绍我国古代著名数学家祖冲之时说:"我国古代数学家祖冲之比欧洲人早一千多年创造了圆周率。"这句断语所用的概念是通俗易懂、十分明确的,然而却大有问题:它不正确。祖冲之并没有创造出圆周率。"创造"一词,表达的是"经过研究,制造出客观世界本来不存在的东西"的概念。圆周率是客观存在的,祖冲之只是通过自己长年累月的刻苦钻研发现了圆周率,而不是创造了圆周率。

鲁迅曾在一篇文章中这样写道:

现在有一班好讲鬼话的人最恨科学,因为科学能教道理明白,能教人思路清楚,所以自然而然的成了讲鬼话的人的对头。于是讲鬼话的人,便须想一个办法排除他。其中最巧妙的是捣乱。先把科学东拉西扯,羼进鬼话,弄得是非不明,连科学也带了妖气:例如……"精神能影响于血液,昔日科希博士发明霍乱(虎力拉)病菌,有某某二位博士反对之,取其所培养之病菌,一口吞入,而竟不病。"据我所晓得的是koch博士**发见**(查出了前人未知的事物叫**发见**,创出了前人未知的器具和方法叫**发明**)了真虎力拉菌;别人也**发见**了一种,koch说他不是,把他的菌吞了,后来没有病,便证明了那人所**发见**的,的确不是病菌。如今倒转过来,当作"精神能改造肉体"的例证,岂不危险之极么?(《热风·随感录·三十三》,着重点为笔者所加)

从这段话里,我们看到鲁迅先生多么注意正确使用概念,对概念的内涵理解得多么深刻;同时也看到,鲁迅先生揭出论敌使用概念的不正确,也就有力地嘲讽了论敌的无知可笑,这就是把形式逻辑也用作战斗的武器了。

使用概念不正确的情况屡见不鲜,下面是一些使用概念不正确的病句:

①校党委向全校师生员工发出檄文,号召大搞爱国卫生运动,彻底消灭"四害",干干净净迎新春。

②在安定团结的基础上,实现国民经济调整的巨大任务。

③英国完成第一台用于波音757客机的发动机。

④粉碎"四人帮"以后,我国史学队伍和他们的科学水平都迅速提高了。

⑤近年来,这个小组的同志大多看过几本外国文学丛书。

例①②③是由于对概念内涵理解不正确而造成的病句。前面说过,概念的内涵指的是概念的含义。例①中的"檄文",在古代表示征召和声讨的文书的概念,现在一般用于指向敌人发出的声讨书。"校党委"怎么能向全校师生员工发出"声讨书"呢?例②为1981年《人民日报》元旦社论的标题。查《现代汉语词典》,知道"实现"的意思是"使……成为事实",如"努力增产粮食,来保证实现国家的社会主义工业化"等。那么,"实现……任务"的意思就是"使……任务成为事实"。我们知道,"任务"既已提出,这就是"事实"。因此,说"完成任务"可以,说"使……任务成为事实"就不通。例③的"完成"应改成"制成"。"完成"这一词语表达的是某一动作或某一事项的结束的概念,飞机"发动机"既不是"动作",也不是"事项",无所谓"完成"。

抗日战争期间,吴(玉章)老曾应朱德总司令之邀请赴南泥湾参观,事后写了一首题为《和朱总司令游南泥湾》的五言古诗,记述了南泥湾"陕北的好江南"的美景。1958年,吴老应约拿出这首诗,准备公开发表。在吴老身边工作的一位小同志,看到诗中有"纵横百余里,'回乱'成荒地"两句,不解其意,便问吴老。吴老说:"南泥湾本来是回民居住的地方,生产很丰实,可是由于清朝政府的残酷统治,回民起来造反,清兵镇压,当地居民被屠杀一光,所以南泥湾成了荒无人烟的荒地。"那位小同志听懂了意思,就说:"你经常给我们讲,哪里有压迫,那里就有反抗,压迫愈重,反抗愈烈;回民造反有理,你虽然把'回乱'二字打了引号,但仍是把变成荒地的责任加给了回民,这样写不好。"吴老听完,非常赞赏地说:"对,对,对!提得好!"经过斟酌,把"回乱"改成了"剿回"。虽然仅是一字之改,但意义大不相同,可以说是从错误变成了正确,这样才符合历史的本来面目,既歌颂了回民的革命精神,又鞭挞了清朝反动政府。从此,吴老多次在文章与演讲中谈起此事,还把这位小同志称作自己的"一字之师"。从这个故事中,我们可以得到正确把握概念的内涵、正确使用概念的有益启发。

例④⑤由于混淆使用了普遍概念与集合概念,从而造成了使用概念不正确的逻辑错误。反映个数众多的同类事物的概念,叫普遍概念,如"人""树""石头""国家""主义""法律"等。反映由许多个当作一个整体来对待的同类事物的集合体的概念,叫集合概念,如"四人帮""狄纳莫足球队""西双版纳原始森林""丛书"等。混淆使用普遍概念与集合概念,无论把集合概念当作普遍概念使用,还是将普遍概念当作集合概念使用,都会造成概念使用不正确的错误。例④中的"队伍"是个集合概念。因为后面有"他们的"三个字,作者似乎指的是"队伍"中的成员,即史学工作者,所以可以改成普遍概念"史学工作者",同时补上"迅速成长",以使搭配恰当。例⑤中,"丛书"也是集合概念,应改为普遍概念"书"或"作品"。

以上所说,都属于错误理解概念内涵而造成的概念使用不正确的情况。这是我们特别要注意的。此外,我们还要注意正确把握概念的外延,不然也会造成错误。

概念的外延,指的是概念所反映的事物的范围。"人"这个概念的外延,包括古今中外以及未来的所有的人。"中国人"这个概念的外延涉及自有中国以来直到未来许多年代所有具有中国国籍的人。毛泽东同志说:"党的第七次全国代表大会以后,仍然有一些(不是一切)中央局和中央分局的同志,不认识事先或者事后向中央作报告并请求指示的必要性和重要性……"(《关于建立报告制度》,《毛泽东选集》第4卷)又说:"近查有些(当然不是一切)领导机关、个人包办和个人解决重大问题的习气甚为浓厚。"(《关于健全党委制》,《毛泽东选集》第4卷)毛泽东同志在说"有一些""有些"的同时,又用括号里的"不是一切""当然不是一切"做了补充说明,从正反两个角度说明所涉及的概念的范围(外延),十分正确。鲁迅先生在《中国人失掉自信力了吗?》一文中强调指出:"说中国人失掉了自信力,用以指一部分人则可,倘若加于全体,那简直是诬蔑。"这些都是正确把握概念外延的例子。

由于缺乏调查,或者想当然,或者粗心大意,都可能造成概念外延把握不当的病句。例如:

⑥所有动物的血都是红色的。
⑦每一个人都希望改革之风吹遍神州大地。
⑧有些兔子是要新陈代谢的。
⑨许多国家的首都都是全国的政治中心。

例⑥⑦都把部分当成了全体,扩大了概念的外延。例⑥,绝大部分动物的血确是红色的,但也有一些动物的血并非红色。例⑦,改革是大部分人的热烈愿望,但是也有一些人私心重重,忧心忡忡,不想改革,也不肯改革。例⑧⑨则把全体当成了部分,缩小了概念的外延。实际上,所有的兔子都是要新陈代谢的,同时,也没有一个国家的首都不是该国的政治中心。

从"红……"谈起

——概念的限制

红色同解放了的中国人民结下了不解之缘。由于革命先辈在前仆后继的斗争中,披肝沥胆,舍生忘死,抛头颅,洒热血,终于夺得了人民的解放,因此,每当我们看到"红旗""红星""红领巾""红色书籍"……听到"红区""红军""赤卫队"……便肃然起敬,倍感亲切。但是,切莫以为无论什么一加上"红……",便都会"红"起来。君不见林彪、"四人帮"这些丑类,拾鸡毛当令箭,拉大旗作虎皮,把自己的白鼻梁涂成红疙瘩,多么叫人恶心!他们拉扯的什么"红色造反团",炮制的什么"红海洋",以及什么"红色恐怖"……不由得使人联想起嗜血的蚊子、蚂蟥,张开血盆大口、张牙舞爪的虎狼!

同样加个"红"字,此类与彼类为何如此大相径庭?根本的原因当然是在政治方面,但也可以说,存在着逻辑问题。说这里有逻辑问题,是因为它涉及关于使概念明确化的一种逻辑方法,即概念的限制。概念的限制,就是增加概念的内涵,将概念的外延缩小,以便用明确的概念更具体地表达思想。从"桌子"到"方桌子",增加了"方"(形)的含义,缩小了所指的桌子的范围。"请把桌子搬进来"与"请把方桌子搬进来",二者相比,当然是后者更明确一些。

鲁迅一生多次鞭挞过反动派的走狗,那是他最为深恶痛绝的斗争对象之一。但同是走狗,狗性却不尽相同,所以鲁迅创造性地运用了概念的限制,以"宠犬""鹰犬""警犬""落水狗""躲躲闪闪,叫得很脆的'叭儿狗'""癞皮狗""丧家的资本家乏走狗""候补叭儿狗"等,用以分别揭示帝国主义、反动军阀及其形形色色的走狗的特性,何等幽默,又何等深刻!概念限制的作用,由此可见一斑。

该限制而不加限制,便会使概念外延(范围)过大,不能明确地表达思想,甚至把意思表达错了。例如,如果请人代买衣服,没有说明是冬装,还是春秋装、夏装,布料的,还是毛料的,人家就无法代劳。有个笑话,说一个吝啬鬼得到一张狐皮,请裁缝给他缝制一顶帽子,裁缝答应了。吝啬鬼转念一想,这个裁缝是高手,叫他用一张狐皮缝两顶试试。裁缝眍了他一眼,二话没说,答应了。吝啬鬼又问:"三顶呢?"裁缝也没拒绝。……就这样,一直加到了十顶,吝啬鬼这才乐不可支地走了,一边走,还一边眉飞色舞地把这事告诉遇到的每一个人。到约定取货的日子，人们都来看热闹，裁缝不慌不忙地拿出了十顶做得精巧别致的狐皮帽子给吝啬鬼，一顶顶都比酒盏还要小，众人见了哈哈大笑。吝啬鬼急了："我要的是帽子！"裁缝说："这不是帽子吗？就是小了些，不过，你又没有说明多大尺寸！"吝啬鬼说："帽子是戴在头上用的，这你还不晓得吗？"裁缝伸出手指，把那些小帽子一个个套在指头上，说："喏！这也是戴在头上！"直引得众人个个前仰后合，捧腹大笑。由于财迷心窍，吝啬鬼吃了没有给概念限制的亏。这当然是笑话，但现实生活中也不乏其例。我们的报刊上，有时也会出现这类毛病。

有一则报道，用的标题是《盛庄大队奖励地富子女》。这里"地富子女"这个概念应该加以限制，使其范围缩小，明确表达所奖励的是地富子女中的那些为建设社会主义新农村做出贡献的人。

概念的限制有两条要求，一为必要，二为恰当。

不必限制而加以限制，那就是"大白天打灯笼——多此一举"了。例如，"雷锋精神在粉碎'四人帮'之后又回来了：一个年迈的老人一上车，就接二连三地有人让座；一个瞎眼的盲人过马路，就有红领巾跑上前去搀扶……""老人"哪有不"年迈"的？"盲人"哪有不"瞎"的？前些年报刊上常出现"有文化的知识青年……"一类句子，其逻辑错误也同此。

不必要的限制，有一种特殊的表现形式，即重复。重复的结果是说了等于没说。毛泽东同志曾这样具体分析过："一九五六年国家预算报告中说过'稳妥可靠'这个话，我建议以后改为'充分可靠'。……稳妥和可靠，意思是重复的，没有增加什么，也没有限制什么。形容词一面是修饰词，一面是限制词。说充分可靠，这就在程度上限制了它，不是普通可靠，是充分可靠。"（《毛泽东选集》第5卷）

1980年全国高等学校统一招生考试的语文试题中，规定作文"字数最多不得超过一千字"。这一规定中，"字数"和"字"重复，"最多"和"不得超过"重复，都应删去一处。可以用"最多一千字"代替"字数最多不得超过一千字"，即用五个字代替十一个字。

限制而不恰当，不但失去了意义，而且画蛇添足，往往铸成错误，有时还会造成不可挽回的损失。斯大林同志在《对于近代史教科书纲要的意见》中指出："最好是能够使纲要除去那些陈旧腐朽的词句，如'旧制度''新制度'等。较好地是使用'资本主义前的制度'一语去代替它，如使用'封建专制主义的制度'，则更好；再则，要以'资本主义和资产阶级民主的制度'去代替'旧制度'。"（《马恩列斯思想方法论》）这个例子说的就是概念限制要恰当的问题，用"新""旧"来限制"制度"，仍然是足以使人明确的，因此失去限制的意义。

1982年，《新观察》曾载文呼吁"莫把'新风'当标签"。文章指出：近年来，报刊上"新风赞"触目可见，大有新风处处吹之势。但是，有的报刊将当会计的不贪污当作"新风"，有的将干部不受贿当作"新风"，有的将儿女赡养父母、邻里和睦相处当作"新风"……这种把职责、原则、传统等都说成"新风"的做法，是不恰当的。"新风"贵在一个"新"字。不"新"而谓之"新风"，降低了"新风"的品格，失去了概念限制的意义。据说有这样一件事：我国生产了一种纺织新产品，远销国外，深受欢迎，后来一位翻译向非洲客商介绍时，把"名震全球的××"错译成了"臭名远扬的××"，弄得非洲客商莫名其妙，造成了不良后果。这当然属于翻译水平问题，但从逻辑上看，就是概念限制的错误了。我国早期向西方寻求真理的杰出代表、著名翻译家严复曾说自己为"一名之立"而"旬月踟蹰"。鲁迅善于翻译，有大量译作，但他仍说自己翻译时生怕出错，因而总是"字典不离手，冷汗不离身"，这种严肃认真的治学精神是很值得我们学习的。再如前面说过的，茅盾先生批评一位作者所写的"劈劈拍拍的眼泪直掉"的句子，也在于作者概念限制不恰当。眼泪即使是喷涌而出，也还发不出炒豆、放鞭炮似的"劈劈拍拍"的声响来。至于"红海洋""红色恐怖"之类，更是与正确的逻辑思维所要求的概念限制相距十万八千里了！

李卜克内西在《忆马克思》中说："马克思在语言和风格上十分考究，有时到了咬文嚼字的程度。"法国作家福楼拜说："我们不论描写什么事物，要表现它，唯有一个名词；要赋予它运动，唯有一个动词；要得到它的性质，唯有一个形容词。我们须继续不断地苦心思索，非发现这个唯一的名词、动词与形容词不可，仅仅发现与这些名词、动词、形容词相似的词句是不行的，也不能因思索困难，用类似的词句敷衍了事。"福楼拜的这段名言，被人们誉为修辞学上的"一语说"。这些，说的是语言的运用，而语言是思维的表现形式，因此，在逻辑上，在概念的限制方面，对我们也是很有教益的。

一桩滑稽官司

——概念的概括

不久前,美国得克萨斯州发生了一桩颇为滑稽的官司。一家殡仪馆老板控告电话公司,原因是电话公司编印的按行业分类排列的电话号码簿,竟把这家殡仪馆放在"冷藏业"一类之中。老板认为这影响了商誉,于是向法院提出诉讼,要问一个"诽谤"之罪。

有人悬想:电话公司不致如此昏聩;这场官司恐怕是电话公司老板与殡仪馆老板唱的"双簧",因为这样一来,他们都可以出名,"生意"也就"兴隆"了。

这种悬想是否有根据,以及官司如何了结,笔者不妄加揣测。之所以撮来写在上面,是因为它同"逻辑与语病"颇有关系。

"冷藏业"显然不能把"殡仪馆"包括其中。电话公司的错误在于概括不当。可能有人认为是划分不当,但电话公司若把各行业划分为"冷藏业""饮食业""旅馆业"等,是并不错的。问题在于把"殡仪馆"包括在"冷藏业"中,所以是概括不当,而不是划分不当。

在逻辑学中,概念的概括,是通过减少概念的内涵以扩大概念的外延,从而使一个外延较小的概念过渡到外延较大的概念的逻辑方法。"鹦鹉能言,不离飞鸟;猩猩能言,不离走兽。"这是将外延较小的概念"鹦鹉""猩猩"概括为外延较大的概念"飞鸟""走兽"。这样的概括使人们懂得"鹦鹉"与"飞鸟"的共性,"猩猩"与"走兽"的共性。毛泽东同志在《改造我们的学习》一文中说:"总之,这种反科学的反马克思列宁主义的主观主义的方法,是共产党的大敌,是工人阶级的大敌,是人民的大敌,是民族的大敌,是党性不纯的一种表现。"这里,从"共产党"到"工人阶级",到"人民",再到"民族",概念的内涵渐次减少,外延逐步扩大,使人更加感到了主观主义的危害,非要打倒它不可。

概念的概括,经常被用于从大范围、从原则的高度看待事物。从"共产党"一直概括到"民族",就是扩大了认识的范围,提高到"民族"的原则高度来认识反对主观主义的问题。

1957年12月24日,周恩来总理从北京到上海,同驻沪解放军陆海空军团以上干部见面并讲了话。这篇讲话,对当时加强军队的革命化建设具有重大意义。《解放军报》要求立即整理一篇报道发出。当晚七时,记者去周总理寓所取稿子时,只见总理正伏在办公桌前聚精会神地修改那篇稿子。其中一处，总理把"军内上下关系"改成"军队内部关系"。这一处修改，就是运用了概念概括的逻辑方法。"军队内部关系"的内涵比"军内上下关系"少而外延大，既包括了"上下关系"，又包括了"兄弟单位关系"，还包括了"同志间关系"等。这样，就使应该调整的关系的范围扩大了。

《临沂银雀山汉墓发掘简报》一文初发表时，有这样一句："关于战术方面的论述，在'敌富吾贫''敌众吾少，敌强吾弱'的情况下，也有可能打胜仗的道理和认识，包含了若干朴素的辩证法。"后来，文物出版社将此文收入《孙膑兵法》一书时，把"战术方面的论述"改成"军事思想方面的论述"。为什么做这样的修改呢？因为"在'敌富吾贫''敌众吾少，敌强我弱'的情况下，也有可能打胜仗的道理和认识"，不仅仅是战术问题，更主要的是战略问题。原稿说这是"战术方面的论述"，外延过小；改为"军事思想方面的论述"，外延扩大了，既包括了"战术思想"，也包括了"战略思想"，就比较恰当。

苏联作家西蒙诺夫的一部小说，名为 Солдатаминне рождаются。其中"Солдат"意为"士兵"，所以有人将西蒙诺夫的这部小说译为《士兵不是天生的》。单从字面来看，这样译是不错的。但是，通读全书，看到最后一章中主人公画龙点睛的一句话，才知道用作书名的这句话是针对一个营长说的，说培养一个营长并不容易。因此，把"Солдат"译为词义较广的"军人"就更合适了。我们现在看到的中译本《军人不是天生的》，将"士兵"概括为"军人"，确实译得好。

概念的概括，有时也被运用于"不得已"的情况之下。由于对客观事物的认识有一个过程，或者由于客观条件的限制，实际当已不可能十分具体表达某一概念，或者有时完全不必具体指明某一概念，在这些情况下，都可以用外延较大的概念来代替本应具体指明的某一外延较小的概念。

《睡虎地秦墓竹简》一书中，有这样一条注解：

> 《语书》《封珍式》两书书题，都写在末一支简简背上端，出土时复有一层物质，经长期浸泡除去，才得以发现。这两书过去曾由整理小组拟题为《南郡守腾文书》和《治狱程式》，现依原题改正。

其中，"物质"这个概念，就是不得已而用的。是什么物质呢？本来应该说明。但可能由于年代久远，该"物质"已变质，无法说准，还可能受条件的限制，无法确认究属何物，所以，只好用一个最笼统的、外延之大到了极限的概念"物质"来代替。这种情况，是可以允许的。起码，这样写比不做任何说明好。

概念的概括必须确切而有必要。

概括不当，往往会走向"无限上纲"。例如，有人写道：

①目前，广大青工利用业余时间积极学习政治、学习文化、学习科学技术的共产主义品质，正在形成。

②这种贪小便宜的反动思想，实在应当克服。

③剥削阶级虽然已经被消灭，但阶级斗争仍然存在，资产阶级的残余势力还必然利用意识形态毒害人民，尤其是青少年一代。

例①将"学习政治、学习文化、学习科学技术"概括为"共产主义品质"，是不恰当的。例②，"贪小便宜"固然是错误的思想，但是同"反动思想"有很大的距离，是两码事，这样"无限上纲"，绝非恰当的概括。例③笼统地说资产阶级残余势力用"意识形态"毒害人，也属概括不当。什么样的"意识形态"？完全不清楚。

概括不当而导致涉及面过大，往往会造成"扩大打击面"的后果。吴趼人的《俏皮话》中有一则《蝗蝻为害》兹录如下：

某地方有蝗蝻为害，乡民入城禀报。知县官祷（祈祷）于城隍神，城隍神即传蝗蝻来问话，命知县侧坐观审。

不一时蝗蝻尽到，罗跪阶下，几于恒河沙数（形容极多），城隍亦为之骇然！问判官曰："此等小么魔，何来如此之众？"判官禀曰："此是水涨时，鱼虾之类，遗子田中，水退后，遂化成此物。"城隍笑曰："原来专为民害的，是这些杂种东西。"遂一一讯问。

蝗蝻中，多有言只啮树叶，不伤禾稼的。城隍曰："我也不能分辨你等谁是害民的，谁是不害民的。待我咨行雷部（送个公文告诉雷神），但是（只要是）害民贼，都与我殛毙了吧！"

知县闻之，手足无措，仓皇告辞。

城隍问何故，知县曰："我要回去找一间密室来避雷部。"

这也是一桩滑稽官司。城隍所说的"害民贼"是个外延较大的概念，既包括了蝗蝻中的害民贼，也包括了人类中的害民贼等。这一概括，把打击面扩大到了知县头上。

比较多见的概括不当，是把不属于某一范围的概念列入这一范围之中，就像前面说的把"殡仪馆"列入"冷藏业"中一样。例如：

④本厂生产套筒扳手、螺丝刀、铆钉、火油炉等五金零件。

⑤展销会上，展售大批价廉物美的家具，如大橱、五斗橱、床头柜、沙发、缎被面、羊毛毯子等，成交金额三天达万元以上。

⑥书架上有许多新书：有中国古典小说，有外国文学名著，有当代小说、诗歌、

散文作品，还有如雨后春笋般涌现的新期刊、别具特色的地方小报。

例④，火油炉不是"五金零件"；例⑤，缎被面、羊毛毯子不属于"家具"类；例⑥，期刊、报纸不是"书"。

这一类错误，书报杂志上屡见不鲜，虽经读者一再指出，还是不断发生。要防止发生这类错误，一要弄懂逻辑错误何在，为什么是错的；二要从思想上重视这类问题，写的时候重视，写好之后还要认真修改，从逻辑上检查一下，看看是否有不通的地方。如果我们真正弄懂了产生错误的原因，思想上又很重视，那么，诸如此类的病句，是完全可以避免的。

"山川""河流"可以并列及其他
——概念的并列使用

某逻辑学杂志批评《瑞雪图》(初级中学课本《语文》第一册)中的一句话犯了并列使用属种关系概念的逻辑错误,这句话是:"那山川、河流、树木、房屋,都笼罩上一层白茫茫的厚雪。"

另一家逻辑学杂志又批评《第一场雪》(六年制小学课本《语文》第九册)中类似的一句话也犯了并列使用属种概念的逻辑错误,这句话是:"山川、河流、树木、房屋,全都罩上了一层厚厚的雪,万里江山,变成了粉妆玉砌的世界。"

两家杂志都分析说:"山川"的"川",泛指"水道、河流",因此,既点明了"山川"为大雪所笼罩,就不必再提及"河流"了。(大意)

首先必须指出,两家杂志都提出了概念的并列使用问题,这是很有意义的。

要了解概念的并列使用问题,必须具备概念间的关系的知识。

概念间有不相容关系和相容关系。

一个属概念下的两个种概念,如果外延完全重合,它们之间的关系就是不相容关系。概念的不相容关系分为矛盾关系和反对关系。如果两个概念的外延完全不重合,并且它们的外延之和等于其属概念的外延,那么这两个概念之间的关系就是矛盾关系。如"中国人"和"外国人","社会主义国家"和"非社会主义国家","有证者"和"无证者",等等。如果两个概念的外延完全不重合,而它们的外延之和小于其属概念的外延,那么这两个概念之间的关系称作反对关系。如"无产阶级思想"和"资产阶级思想","红"和"蓝","植物"和"动物"("生物"这个属概念之下,除"植物"和"动物"外,还有"微生物")。在行文中,并列使用不相容关系的概念,是常见的。修辞学所说的对偶写法中,就包含并列使用不相容关系的概念。鲁迅的"横眉冷对千夫指,俯首甘为孺子牛"(《自嘲》),刘禹锡的"马思边草拳毛动,雕盼青云睡眼开"(《始闻秋风》)中,"千夫指"与"孺子牛"、"马"与"雕"等都是反对关系的概念。并列使用不相容关系的概念,往往能造成强烈的对比,有助于表达鲜明的爱憎。

一个属概念下的几个种概念,如果外延有所重合,那么它们之间的关系称作相容关系。概念的相容关系可以分同一关系、交叉关系和属种关系。同一关系问题，我们在下一节再来详述。交叉关系是指：如果两个概念只有一部分外延互相重合，这两个概念之间就存在交叉关系。例如，"运动员"和"工人"，"教师"和"共青团员"。属种关系是指：如果一个概念的外延完全包含了另一个概念的外延，这两个概念之间就存在属种关系。例如，"书"和"外文书"，"原子武器"和"霸权主义者手中的原子武器"。在文句中，交叉关系概念和属种关系概念一般都不能并列使用。本文开头所引的两家逻辑杂志想批评的就是并列使用属种关系概念。但是，这个批评是值得商榷的。

"山川"与"河流"真是"属种关系概念"吗？非也。

《考工记·匠人》曰："两山之间，必有川焉。""川"确可解作"水道、河流"，如"高山大川""百川归海"。但"川"又可解作"平野、平地"。斛律金《敕勒歌》中"敕勒川，阴山下"的"川"，就不是指"河流"，而是指阴山下的平原。《新五代史·周德威传》中，有"平川广野，骑兵之所长也"；日常所说的"一马平川"等，其中的"川"，就更不能解作"河流"了。由此可见，《瑞雪图》等文中的"山川"，不是合指"山"与"河"，而是指"山"和山麓一样的平地。这样，"……山川、河流、树木……"并列，就不能说是犯了并列使用属种关系概念的逻辑错误了。

为什么不能并列使用交叉关系概念或属种关系概念呢？这是同二者都有相容关系分不开的。

先看几个例子：

①由于古代作家谈写作经验的文章系文言写成，本书均未选入；中国作家的写作轶事因资料缺乏，只有留待以后补充。(《写作格言轶事集锦》)

②果戈理对自己认为不满意的作品，毫不惋惜，往往付之一焚，不管是已经完成的作品，或是多年辛勤劳动的结晶。(《写作格言轶事集锦》)

③……而徐迟的数学水平呢？他自己说蹩脚得很，只有加减乘除有点把握，一到分数就干瞪眼了。(《漫游在科学的王国里》)

④到江边或海边，你还可以看到轮船、军舰在航行。(《石油的用途》，初级中学课本《语文》第四册)

⑤危害我国数千年的东亚飞蝗之灾，如今已被我国人民和科学工作者控制住了。(《新闻两篇》，初级中学课本《语文》第四册)

⑥水网和湖泊熠熠发光……(《土地》，高级中学课本《语文》第二册)

例①②③都犯了并列使用交叉关系概念的逻辑错误。例①，"古代作家"中有一部分是"中国作家"，反之，"中国作家"中也有一些是"古代作家"。句中并列使用了"古代作家"与"中国作家"，叙述的对象就有重复。例②，"已经完成的作品"中有一些是"多年辛勤劳动的结晶",反之亦然。句中并列提及"已经完成的作品"与"多年辛勤劳动的结晶",或者使叙述的对象重复,或者使人产生误解:"已经完成的作品"都不是"多年辛勤劳动的结晶",而"多年辛勤劳动的结晶"也只是一些半成品。例③,"加减乘除"的运算,不仅包括整数,而且不排斥分数与小数;反之,分数的运算中也有加减乘除。这样,例③的表述就很成问题了。如果说例①②的表述有问题的话,句子本身都还不存在矛盾;例③就不同了,它存在着内部矛盾:会"加减乘除"就不能说"一到分数就干瞪眼",说"一到分数就干瞪眼"那就连"加减乘除"也大半被否定了。

总之,并列使用交叉概念会造成叙述中的模糊含混、重复,甚至自相矛盾,引起读者的误解。如果用并列使用交叉关系的概念的语句来指挥工作,那就要引起混乱了。例如:

⑦请把棉织品和针织品分开,分别放在东西两边的货柜里。

⑧教育书店新开张,书籍陈列应别具一格:少儿读物、科普读物、外语读物和教育用书都应当用专柜安放。

我们知道,有些"棉织品"是"针织品",也有些"针织品"是"棉织品";有些"外语读物"是"教育用书",有些"教育用书"又是"外语读物",有些"少儿读物"是"科普读物",有些"科普读物"又是"少儿读物"。这样,工作人员就会手足无所措:究竟怎样布置出"别具一格"的货柜来呢?

例④和例⑤,都犯了并列使用属种关系概念的逻辑错误。例④,"军舰"也是"轮船",其外延完全包含在"轮船"的外延内。说了"轮船",就不必说"军舰"了。如果要突出点明"军舰",那就应另行措辞。例⑤,"科学工作者"是"我国人民"的一部分。如果必须特别点明"科学工作者",那就应另用一句写出,或者将外延较小的概念"科学工作者"放到外延较大的概念"中国人民"的前面去。

例⑥,有的逻辑读物认为也犯了并列使用属种关系概念的错误,理由是"水网"包括了"湖泊"。诚然,"水网"包括"湖泊""河流"等,但是"水网"并非"湖泊"的属概念,正如"人"总包含有"头",但"头"却不是"人"的种概念一样。因此,例⑥只能说是犯了类似于并列属种关系概念的错误。有意思的是,这种类似的错误,经过剖析,就更有助于我们了解并列使用属种关系概念的逻辑错误。

署名"浮白斋出人"的《雅谑》中有一则笑话:

刺史孙彦高,被突厥围城,不敢出厅视事(办公),征发文符(收发文件),俱于小牖(窗)接入。及报贼登垒,乃锁州宅门,身入柜中,令奴曰:"牢掌钥匙,贼来慎勿与。"

《雅谑》给这则笑话中的孙彦高安了个"呆刺史"的绰号。孙彦高实在呆得可笑，城已失守，躲进柜中，岂非成了"瓮中之鳖"啊？对并列使用属种关系概念的错误的认识，可以从这里得到一点启发：全城已失，躲进柜中又有何用？属概念已经列出，又何必列出种概念呢？

"丞相胡同"与"绳匠胡同"

——同一概念和同一关系的概念

有不少教、学形式逻辑的同志，常常把同一概念与同一关系的概念混淆起来，其实它们是两回事。

同一概念，是指一个概念用不同的语词来表达，例如，鲁迅在《华盖集·咬文嚼字》中写道：

> 在北京常看见各样好地名：辟才胡同、乃兹府、丞相胡同、协资庙、高义伯胡同、贵人关。但探起底细来，据说原是劈柴胡同、奶子府、绳匠胡同、蝎子庙、狗尾巴胡同、鬼门关。字面虽然改了，涵义还依旧。……

"丞相胡同"与"绳匠胡同"以及"辟才胡同"与"劈柴胡同"等，从语词的字面看，显然是不同的。然而经鲁迅一探究，"涵义还依旧"，即内涵是完全相同的，二者之间可以画上一道等号，是同一概念。

同一概念用不同的语词表达，是由形形色色的原因造成的。用"丞相胡同"代替"绳匠胡同"，是嫌后者不好听。"唯物论"与"唯物主义"也是同一概念，这是由翻译的不同造成的。"脚踏车""自行车""单车"也是同一概念，这是由各地习惯叫法不同造成的。

不管由什么原因造成，同一概念总是内涵相同，外延重合的。而同一关系的概念，虽然外延重合，内涵却不完全相同。二者的区别就在这里。

同一关系的概念，如"《阿Q正传》的作者"与"海婴的爸爸"，二者外延完全重合，都是指我们所熟悉的鲁迅。既然是指同一个鲁迅，内涵当然有共同之处。但使用"《阿Q正传》的作者"这个概念时，强调的是作为"作者"的含义，而且，作者写《阿Q正传》时，也没有"爸爸"的属性。而"海婴的爸爸"，具有"爸爸"的属性，却与"作者"的某些属性无关。又如"北京""中华人民共和国的首都""第一面五星红旗升起的地方""祖国的心脏"与"中共中央所在地"，"共产党""马列主义者的党"与"无产阶级先锋队"……都可作如是观。

有一些词，类似于同一概念。例如，嘲笑某些人敷衍塞责、含糊其词的对联"似乎大概也许是，不过而今不能说"中的"似乎""大概""也许"，不表达实在意义，不是反映客观事物的概念，但三者之间可画等号，类似于同一概念。又如，某些用来比喻、借代的语词，也可以看作同一概念。柳宗元《柳州城西北隅种柑树》："手种黄柑二百株，春来新叶遍城隅。方同楚客怜皇树，不学荆州利木奴。"其中"柑树""皇树""木奴"都是指柑橘树，是同一概念。孟郊《寒地百姓吟》："天火炙地眠，半夜皆立号。冷箭何处来，棘针风骚骚。霜吹破四壁，苦痛不可逃。……""冷箭""棘针""霜吹"与"冷风"为同一概念。

在写作中，同一概念、类似的同一概念、同一关系概念、类似的同一关系概念，往往可以替换使用，以求语词优美，行文活泼，句子生动。例如，常常可以看到诗歌中交替使用"伟大的北京""祖国的心脏""我们的首都"等，使词语多变，丰富多彩，而所表达的概念之间具有同一关系，都指北京。又如，斯大林同志在《悼列宁》中说："列宁主义者的党，共产主义者的党，同时也叫作工人阶级的党。"三个同一关系的概念，从不同的角度反映了同一对象。

但运用或交替使用同一概念、类似的同一概念、同一关系概念、类似的同一关系概念时，有时会看到这样几种错误。

第一种，也是最多见的，是把非同一概念当作同一概念使用。

有一则报道，写"爱国华侨×××十分关心祖国的四化建设……"，引起了一场小小的误会。原来×××虽系华人，但早已加入外国国籍，不能称为"爱国华侨"，而应称为"×籍（如美籍、日本籍）华人"。至于如要突出他热爱祖国的崇高感情，那应另文措置，不该用"爱国华侨"。

有一篇小说，编辑把其中的"盲肠炎"都用红笔改成了"阑尾炎"，作者大惑不解，认为编辑"多此一举"，说"盲肠炎、阑尾炎不就是一回事么"！其实，"盲肠炎"与"阑尾炎"不是同一概念，而是非同一概念。阑尾，又称"蚓突"，是从盲肠下部伸出的小管，管壁较厚而管腔细小，容易引起阻塞而发炎，称阑尾炎。编辑改得是对的，作者则是误将非同一概念当作同一概念使用了。

第二种，是滥用同一概念或同一关系概念。

最近几年来，社会科学与自然科学的普及读物如雨后春笋般涌现出来。有一些科普文章中，出现了任意交替使用同一概念或同一关系概念的情况。一般来说，文艺作品中比较适宜交替使用同一概念或同一关系概念，而科普文章中，就不宜使用，科学论文中，更不该使用。同一篇文章中，如果时而用"唯物论"，时而用"唯物主义"；时而用"无产阶级"，时而用"工人阶级"；时而用某物的学名，时而用它的俗名，不但不必要，反而会弄巧成拙，把读者的注意力分散，甚至使他们误以为"唯物论"与"唯物主义"等，不是同一个概念、同一个事物。

第三种，是滥造同一概念。

郭小川同志的《谈诗书简》指出一位青年作者的缺点说："《春播短歌》还可以。语言锤炼不够。'手握油门发动着车，——请听清晨金鸡叫'不很确切……机车就是'金鸡'，外人不易懂……下面又说机车是'铁马'，两个比喻，接连出现，有点乱人思想。"用"金鸡""铁马"比喻机车，只能说是滥造了同一概念，因为实在难以想象三者"同一"何在。

有某学究作诗曰：

日出台八脚，风吹衫再浆。
瓦上立三十，檐前走万章。
三千卧墙下，十八弃路旁。
隔壁二叔姆，日日夜夜相。

这样的诗，谁也看不懂。这个学究解释说："日照台脚，加上影子，共八只脚。晒着的衣衫被风吹落地上，只好再浆洗。有只鸽子立在屋瓦上，时价三十文一只。有个名叫万章的人从檐前走过。有只值三千文的猪卧在墙下。有只草鞋丢路旁，草鞋时价三十六文一双，一只十八文。末二句说两夫妻日夜相打。"别人听了说这学究简直"该打"，他却说"打字不押韵"。

这可能是笑话。但现在不是有一些人，根本不愿多读一点书，拿起笔来动辄就写洋洋数十万言的"传世巨著"吗？在这些不朽的"巨著""杰作"中，往往不乏学究式滥造同一概念的笑话。诸如"海鸥在海洋上翱翔""和故事的揭幕曲相呼应的，是尾部曲里那支歌儿的旋律……"一类，我们见得并不太少。

列夫·托尔斯泰曾说："如果我是沙皇，便要颁布一项法令：凡作家用词，本人也不解其意者，便剥夺他的写作权，并给他一百大板。"看来，"翱翔""揭幕曲""尾部曲"之类的杜撰者，是难逃广大读者"一百大板"的惩罚的。可叹的是，这类笑话现在不但并未绝迹，而且大有增多的趋势。

至于日常生活中，这类笑话就更多了。例如，上海某百货商场的广告牌上写着："处理女猪××元，男牛××元。"两个日本旅客见了，被弄得莫名其妙，一个说："现在的中国话怎么把'母猪'改为'女猪'，公牛说成'男牛'？"后来一打听，才知道"女猪"是指女式猪皮鞋，"男牛"是指男式牛皮鞋，不觉哑然失笑。

随着科学技术突飞猛进的发展，知识领域的扩大，社会生活的节奏也在加快，创用一些缩写字是无可非议的。据说，20世纪70年代出版的一本英文缩写辞典就有几十万个缩写词。汉语中的缩写词数量也在日益增多。但缩写一定要合理，要为社会所承认，不能随心所欲，任意编造，否则，就要泛滥造同一概念的错误。

"解释狂"和"糊涂蛋"

——概念的定义

有一本小说描写了一个外号叫"解释狂"的人。这个"解释狂"无论对什么人讲话，都喜欢提出一大串不言自明的概念来考问考问，然后得意扬扬地进行"解释"。例如，有一次他这样说："你们知道什么叫公路吗？公路是夹在两道沟之间的路。那么什么叫沟呢？沟就是一批工人所挖的一种凹而长的坑。像是用铁锹挖成的，你们知道铁锹是什么吗？铁锹是……"人们听厌了他的冗长无味的话，一见他，就都避而远之，迅速跑开了。

另有一篇小说描写了一个政治部副主任，此人做一天和尚撞一天钟，身为政治部副主任，自己却不读书、不看报，政治学习马马虎虎，因此，做起"政治报告"来也就不知所云。例如，他说："当前，要发扬民主，加强法制！民主，就是民主嘛，不是集中！也不是不要民主！更不是搞特权！法制，当然不能非法！法制就是那个，嗯，最近报上谈得很多，讲得很详细嘛！……"听了他的"报告"，同志们都反映说："你不说我们还清楚，你越说我反而越糊涂了！"于是赏了他一个"糊涂蛋"的"雅号"。

"解释狂"与"糊涂蛋"各走各的极端，却又殊途同归：都没有把思想表达清楚。二者的跟斗，都栽在没有正确处理"概念的定义"这一点上。前者在毫无必要的情况下乱下定义；后者对该下定义的概念一无所知，而东拉西扯，以此进行搪塞。

概念的定义，是揭示概念内涵的逻辑方法，说话、写文章常常用到。

当人们通过实践获得了关于客观事物的丰富知识，形成了新概念时，为了总结所获得的新知识并传达给别人，就要给反映新事物的新概念下定义。毛泽东同志在《中国革命和中国共产党》一文中指出："所谓新民主主义的革命，就是在无产阶级领导之下的人民大众的反帝反封建的革命。"（《毛泽东选集》第2卷）这是一个很明确的定义。毛泽东同志在这里所使用的下定义的方法，叫"属加种差定义"的方法。

所谓"属加种差定义"是指揭示被下定义概念的邻近属概念和该概念与其他种概念在属性上的差别（即"种差"）的定义方法。如上例中，"新民主主义革命"是被下定义的概念；其邻近的属概念是"民主主义革命"；"新民主主义革命"与"旧民主主义革命"的差别，在于革命的领导者、革命的动力与参加者、革命的对象的不同，因此，"无产阶级领导之下的人民大众的反帝反封建的……"就是"种差"。

鲁迅曾给奴才下定义说：

奴才＝赞美并陶醉于奴隶生活的人。(《漫与》)

他还引用日本长谷川如是闲所下的定义"人＋兽性＝西洋人"，表示赞赏，并进而憎恶地下定义说：

人＋家畜性＝某一种恶人。(《略论中国人的脸》)

这些都是"属加种差定义"。

古希腊哲学家柏拉图曾给"人"这一概念下了个定义："人是没有羽毛的两腿直立的动物。"从形式上说，这也是"属加种差定义"。其中，"人"是被下定义的概念，"动物"是邻近的属概念，种差则为"没有羽毛的两腿直立的……"。但这个定义下得不正确，因为"种差"没有标准。所以，柏拉图的一个学生开了个玩笑，把一只鸡拔光了毛，扔到柏拉图的脚下，说："这就是你的'人'！"

"种差"抓不准，往往造成定义不相称的逻辑错误。

定义不相称有两种情况：一为定义过宽，一为定义过窄。

定义过宽指的是下定义概念的外延比被下定义概念的外延大。如有人说：

①农业是生产人们生活必需品的社会生产部门。
②商品是不可缺少的必需品。

例①种差"生产人们生活必需品"不恰当，把担负同样任务的部分工业也包括在内了，造成下定义概念的外延比被下定义概念的外延大得多。例②邻近的属概念和种差都没有抓准，"必需品"并非"商品"的邻近的属概念，"不可缺少的"亦非"商品"和其他社会劳动产品的属性差别。"商品"的正确定义是：商品是用来交换的劳动产品。

定义过窄指的是下定义概念的外延比被下定义概念的外延小。如果将前面两例改作：

③农业是生产粮食的社会生产部门。
④商品是在商店里出售的劳动产品。

这样，都犯了定义过窄的逻辑错误。因为，例③农业不仅"生产粮食"，例④商品也不只是"在商店里出售"。

定义不仅用于总结实践经验，而且经常运用于制定文件、决议、法律，运用于论战等。列宁说："要进行论争，就要确切地阐明各个概念。"（《论对马克思主义的讽刺和"帝国主义经济主义"》，《列宁全集》第 23 卷）我国《刑法》给许多概念下了非常明确的定义，如《刑法》（1979 年 7 月 1 日）第十一条规定："明知自己的行为会发生危害社会的结果，并且希望或放任这种结果发生，因而构成犯罪的，是故意犯罪。"这就有利于《刑法》的实施。马克思、恩格斯、列宁、斯大林和毛泽东同志的著作中有许多论战性文章，其中对关键性的概念，都下了明确的定义，是我们学习的楷模。

前面所说的不相称的定义，是错误的定义。而如果产生了循环定义、模糊定义、否定式定义，就是不明确的定义。定义无论是错误的或者不明确的，都违反定义的规则，应该避免。

所谓循环定义，是指下定义的概念直接或间接地包含着被下定义的概念。

鲁迅在《送灶日漫谈》一文中写道："中国一向是重情面的。何谓情面？明朝就有人解释过，曰：'情面者，面情之谓也。'自然不知道他说什么……"这里说的"明朝人"，就是明朝末代东阁大学士周道登。他在回答崇祯皇帝问"近来诸臣奏内多有'情面'二字，何谓'情面'"时，说了这番引起"左右皆匿笑"的话。事见清人文秉所著《烈皇小识》。这类循环定义并非绝无仅有。《尔雅》释"宫"曰："宫谓之室，室谓之宫。"《孟子》云："周人百亩而彻。彻者，彻也。"就都是循环定义。

有些同志在写作中也犯了循环定义的逻辑错误，如说：

⑤唯心主义者就是具有唯心主义思想的人。
⑥语言美就是说话美，也就是表现在语言上的美德。

显然，上述两例，说了等于没说。

在一般情况下，是不会犯这样明显的循环定义错误的。比较多见的是貌似正确，实则错误，仅以不同的词语表达与被下定义概念完全相同的含义的情况。如曾有不少科学家给"生命"下定义，说："生命就是有机体的新陈代谢。"这似乎说明了"生命"。但恩格斯在《反杜林论》中批评说："如果规定生命就是生命；因为有机体的新陈代谢……本身又需要用生命来解释，需要用有机体和非有机体的区别即生物和非生物的区别来解释……所以这种解释并没有使我们前进一步。"（《马克思恩格斯选集》第 3 卷）

模糊定义是指定义中包括含糊不清的概念。杜林曾给"生命"下定义为"通过塑造出来的模式化而进行的新陈代谢"，恩格斯讽刺说："这究竟是什么玩艺儿？""在碰到'塑造出来的模式化'时，我们又深深地陷入了最纯粹的杜林行话的毫无意义的胡说八道。"（《马克思恩格斯选集》第 3 卷）托洛茨基曾给"列宁主义"下定义说是"由思维和经验养成的革命嗅觉，这种社会领域里的嗅觉，如同体力劳动中肌肉的感觉一样"。斯大林同志在《论反对派》中斥责说:"有些话都很漂亮,很象音乐,还可以说,甚至很雄壮。只是缺少一点'小东西':简单而又人人懂得的列宁主义定义。"(《斯大林全集》第8卷)杜林和托洛茨基被嘲笑完全是咎由自取,因为他们的"定义"中包含了"含糊不清的概念"。

否定式定义是指下定义概念采用了否定形式。例如,"农业不是生产工业品的社会生产部门""社会帝国主义不是真正的社会主义,也不是一般的帝国主义""法制不是非法""民主不是集中、不是特权"等。这一类判断并不能使人明白"农业""社会帝国主义"等究竟是什么,因而不能算作正确的定义。

模糊定义与否定式定义在写作中比循环定义出现得更多些,因此,更应引起注意。

"四不像"·蝙蝠·阿巴丹的炼油厂
——概念的划分

自然界不乏"不伦不类"的动物。小孩常问：蝌蚪到底是鱼还是青蛙？黄鳝是蛇还是鱼？北京动物园里有一种"四不像"，一般都认为它角似鹿非鹿，头似马非马，身似驴非驴，蹄似牛非牛。《封神榜》描写它"麟头、豹尾、体如龙"，是姜子牙的坐骑。夏夜，人们还常见一种小动物，飞起来像鸟，停下来却像鼠，这就是蝙蝠。鲁迅在《谈蝙蝠》一文中，曾引伊索寓言写道："鸟兽各开大会，蝙蝠到兽类里去，因为他有翅子，兽类不收，到鸟类里去，又因为他是四足，鸟类不纳，弄得他毫无立场，于是大家就讨厌这作为骑墙的象征的蝙蝠了。"对于这些"不伦不类"的动物，究竟该划归哪个种类，动物学家是十分清楚的。拿"四不像"来说，它虽不像这又不像那，按动物学的分类，却属于哺乳纲的鹿科，学名叫麋鹿。连我国古代诗人屈原在《九歌·湘夫人》中也提起过它："麋何食兮中庭？蛟何为兮水裔？"

动物学及其他科学的分类，是根据研究对象的本质属性进行划分的，这样的划分具有稳定性，在科学的长时期发展中起重要的作用。但在日常生活中对某类事物或反映该事物的概念进行划分时，却没有必要非按其本质属性进行不可。这是因为划分是明确概念的一种逻辑方法，通过划分，使人们知道这个概念的外延包含了哪些对象，适用的范围有多大。因此，可以根据不同的需要，以概念所反映的不同属性作为标准进行划分。

例如，"人"，可以按其社会阶级地位这一本质属性，划分为资本家、工人等，也可以根据性别划分成男人、女人，还可以按国籍、职业、身高、体重、文化程度、宗教信仰、性格、爱好等属性进行划分。龚自珍《己亥杂诗之一》云："不是逢人苦誉君，亦狂亦侠亦温文。照人胆似秦时月，送我情如岭上云。"龚自珍诗中的这位朋友，其性格是"亦狂亦侠亦温文"，如有必要，有时可按"狂"，有时可按"侠"，有时又可按"温文"的性格特点划分到相应的一群人中去。

这样看来，划分岂不是很容易的吗？其实不然。在实际运用过程中，往往有不少语病就是由于概念划分不妥而造成的。为了避免出现因概念划分不妥而造成的病句，必须掌握概念划分的规则。这些规则中主要的是以下三条。

其一，在一次划分中，只能有一个根据，不能有一个以上的根据。即在一次划分中，只能依据概念所反映的事物的一个属性进行。否则就会犯"划分标准不一"的错误。

有人记叙某厂青年学雷锋做好事的活动道："一大早，全厂青工就纷纷投入到学雷锋活动中去：团员们打扫了全厂最脏的几个卫生死角，干部抢先冲刷了厕所，女青年为老师傅缝补工作服，男青年有的义务修自行车，有的义务理发……厂休日搞得比平时还要热气腾腾。"短短几行字，毛病着实不少。在概念划分方面，就犯了"一次划分使用几个不同标准"的逻辑错误。"团员""干部"和"男女青年"，是按"是否团员""是否干部"和性别三个标准划分的。有些团员、干部是男青年，另一些是女青年，他（她）们到底是参加了打扫卫生的活动呢？还是参加了修车或缝补活动呢？不清楚。这类事后记叙不清的病句，会造成读者理解上的混乱；而如果是事先布置的工作，则会造成工作上的被动。试想如果布置说："团员去打扫场地，干部去冲刷厕所，男青年修自行车，女青年去缝补工作服……"结果岂不会人人挠首搔耳、个个手足无措吗？

这类逻辑病句，在报刊上时有所见。例如：

①粉碎"四人帮"以后，文艺战线百花齐放，涌现出了许多优秀的诗歌、长篇小说、短篇小说、电影文学剧本、散文……琳琅满目，美不胜收！

②与会者中有年逾古稀的教授，有白发苍苍的知名科学家，也有年富力强的中青年科学家，还有来自工农业生产第一线的有丰富实践经验的革新能手……

例①，既按文体划分，又按篇幅划分；例②，既按职业划分，又按学识、年龄划分，就造成了表达上不严密的毛病。

其二，划分必须相称，即划分所得各个概念外延之和必须等于被划分的概念的外延。把"人"划分为"男人"和"女人"，或划分为"中国人"和"外国人"，划分是相称的。但如把"人"划分为"青年""老年"和"少年"就不相称了，因为还有"中年""儿童"等。这是"划分不全"。而如果把"人"划分为"中国人""外国人""北京猿人"就是超出了"人"的范围，犯了"划分过剩"的逻辑错误。

划分不相称的病句，也并非罕见。例如：

③鹿的种类很多，有麝、麂、水鹿、梅花鹿、白唇鹿、马鹿、驼鹿。

④放宽农业政策以来，这个公社大力发展了油菜、桑树、蓖麻、棉花、荞麦等经济作物的种植。

例③犯了"划分不全"的逻辑错误。尽管句中列举了多种鹿，但还遗漏很多。如驯鹿、獐、狍等，"四不像"的麋鹿也被遗漏了。当然，在许多情况下，不可能也不必要

——列举划分所得的概念，但在行文上必须有所表示，如后续"等""等等"或省略号。

例④犯了"划分过剩"的逻辑错误，因为"荞麦"并非经济作物。如果必须写上"荞麦"就要另行写，如写成"……棉花等经济作物。此外还种了许多荞麦"。

其三，划分所得的概念应互相排斥。不然，就会造成混乱。例如，将青工分为"爱好文娱活动的""爱好体育活动的"和"不爱好文体活动的"三类，虽然标准统一、划分也相称，但有些青工既爱好体育活动，又爱好文娱活动，就难以归类了。

违反这条规则的病句如：

⑤外语教研组讨论了教学工作，认为学生掌握外语的情况大致分以下几类：生字掌握较多但语法关系不甚了了的，口语能力强的，笔译能力强的，几方面能力都较差的。

例⑤中，"口语能力强"与"笔译能力强"二者是可以兼得的，并不互相排斥，因此，这样划分也是不严密的，如果用以指导制订教学计划，就容易造成放松培养多方面能力较强的学习尖子的工作。

和概念划分密切相关的是"分解"。分解不是划分。分解是把一个具体事物肢解成许多小部分，例如，"人"可以分解为"头""躯干""四肢"，却不能如此划分。但分解与划分有类似的地方，如分解的结果，须互相排斥，不能分解不全或过剩，等等。

新华社曾于1980年9月27日发出一则电讯，其中说："同一天，伊拉克的飞机和大炮轰击了阿巴丹城及其炼油厂。被炸后，这个世界上最大的炼油厂的一部分停止了工作，一部分在燃烧。"这段话中有这样几点令人迷茫："在燃烧"的一部分，是否也"停止了工作"？是全厂停工了，还是仍有一部分在坚持工作？通常的理解是：一、"在燃烧"的一部分，势必停止工作，因而前面说了"一部分停止工作"，后面就不必说了。如果一定要说，则应另行措辞。这个错误类似于划分结果不相排斥。二、"一部分停止工作"，另一部分"在燃烧"，是全厂都停工了呢？还是另有一部分在坚持工作？因此，这里的错误就类似于划分不全。

其四，划分应逐级进行。例如，先将教师分为大学教师、中学教师和小学教师，然后将大、中、小学教师分别划分为高年级教师与低年级教师；先将农作物划分为粮食作物与经济作物，然后将粮食作物、经济作物分别加以划分。如果在同一语句中不依一定的层次进行划分，就要犯"越级划分"的逻辑错误了。例如：

⑥参加运动会的有工人、农民、高校学生、中学生。

⑦通过这次普查，发现许多知识分子患有心脏病、胃窦炎、胃萎缩、肺气肿、肺结核等疾病。

例⑥，应依次划分为"工人、农民、学生"，不应越级划出"高校学生、中学生"来。例⑦，应先列出"心脏病、胃病、肺病等"，然后指明（或在括号里分别指明）何种"胃病、肺病"。

"舟师执柂，中流自在"

——词序和逻辑思路

刘熙载在《艺概》中极口推崇"孟子之文，至简至易，如舟师执柂，中流自在，而推移费力者不觉自屈"。元好问《论诗三十首》中说："一语天然万古新，豪华落尽见真淳。"龚自珍《偶书十五首之十二》云："万事之波澜，文章天然好。"三者所言，对象与重点虽有所不同，但都告诉我们，说话、写文章的最重要之点，是通顺自然。船夫操舵，得心应手，顺水推舟，一日千里；写文章也应如此。但是，我们常常看到，有些同志或者想以"优美的辞藻"取胜，因而堆砌词汇，交错复叠；或者视作文如儿戏，掉以轻心，因而漏洞百出，给人以逻辑混乱之感。

有一篇文章，不满五百字，竟有五六句病句。兹选与本文有关的三句抄录如下：

① 美国总统外出，都乘玻璃具有防弹功能的避弹轿车。
② 总统轿车后面是一辆黑色保镖用的轿车。
③ 在总统经过的建筑物上沿途布岗守望，防止枪手远距离开火行刺。

例①给人以叠床架屋之感，读起来佶屈聱牙。例②的"黑色"本该用以限制"轿车"这一概念，但放在"保镖"之前，就容易造成"黑人保镖"的误解。例③由于将"建筑物上"与"沿途"这两个词的位置颠倒了，粗读十分拗口，细读则产生"总统"不是在路上"经过"，而是在"建筑物"上"经过"的印象。这三句病句，都同词序混乱有关。词序的混乱，有语法问题，有修辞问题，也有逻辑问题。鲁迅说："这语法的不精密，就在证明思路的不精密，换一句话，就是脑筋有些糊涂。"（《二心集·关于翻译的通信》）词与概念相对应，因此，这里着重将词序混乱与逻辑思维中的概念运用方面的错误结合起来谈。

首先，词序不同，表达的概念也不同；词序颠倒，概念就会混乱以至错误。

这里先谈谈词序与概念表达得好的实例。1959年，陈毅同志赴四川参观杜甫故居，在杜甫草堂挥毫写下了"余以千古诗人、诗人千古赞之"的题字。"千古诗人"与"诗人千古"，词序不同，含意各异，这里用得十分巧妙。杜甫人称独步古今的"诗圣"，所以用

"千古诗人"赞之是很恰当的。"李杜文章在,光焰万丈长。"杜甫和李白一样,在中国文学史上是永放光辉的伟大诗人,所以陈老总一变词序而为"诗人千古",反复赞颂而又含义不同,真是令人叫绝的好题字。

类似的例子很多。如龚自珍的《己亥杂诗》中有"公子有德宜置诸,有德公子毋忘诸"句,其中的"公子有德"调换词序为"有德公子",表达了不同的概念。又如,《人民日报》上有一篇文章,题为《形象与象形》。"形象"与"象形"也是表达不同概念的。这些都说明词序不同,表达的概念也不同。

上述各例是作者有意用不同词序来表达不同的概念的,收到了构思巧妙、行文活泼的效果,但如果用错了,就会造成语病。前面列举的例②,就是将应该放在"轿车"之前的"黑色"一词,错放在"保镖"之前,造成病句。又如:

④在"四化"建设的征途上,我们应该做好深入细致的思想工作,努力发挥广大青年的充分的作用。

⑤《齐鲁学刊》上发表了1929年和1934年新发现的鲁迅佚文两则。

⑥图书馆八点开门,但在七点左右,就有人陆续来到了。

例④错将"充分的"一词放在"作用"之前,是对"作用"这个概念的限制,其实应放在"发挥"之前,说明"发挥"的程度。例⑤,既是"新发现",就不可能是在"1929年和1934年","1929年和1934年"应移至"鲁迅佚文"的前面,说明是鲁迅在什么时间写的文章。例⑥,"有人"与"陆续"二词应当易位,否则就说不通。这三句,都因词序颠倒而造成了表达上的逻辑混乱。

高尔基在《论社会主义现实主义》一文中,要求作家熟悉并挑选最准确、明朗和生动有力的词语来写作,他还说:"只有把这样一些词语联结起来,并把这些词语——按照它们的意思——正确地排列起来,才能够很好地构成作者的思想,创造鲜明的画图,把人们活生生的姿态雕刻得极其确切,以致读者会看到作者所描绘的人物。……"这里说的"正确地排列起来",就是指词序问题;而"很好地构成作者的思想",就是指思路的逻辑性问题。清人魏禧在《日录论文》中说:"善改文者有……改头易面之妙,如倒置前后,改易字句,便另成一种格调,是也。"这里所说的也与思路方面的逻辑性问题有关。

其次,词序不同,逻辑重点也不同;词序颠倒,思想所要强调的内容也会发生偏差。

唐诗中有"夕阳无限好,只是近黄昏"句。后人以"但得夕阳无限好,何须惆怅近黄昏",否定了诗中消极的"黄昏思想"。叶帅更以"老夫喜作黄昏颂,满目青山夕照明",抒发了老当益壮、晚节弥坚的革命情怀,显得思想境界更高。电影《蓝色的海湾》中,一位老工程师慨然兴叹,念了"夕阳无限好,只是近黄昏"两句,厂领导却接过话头说:"只是近黄昏,夕阳无限好。"婉转地疏导了工程师的思想。这里仅仅变换了词序,就使得逻辑重点转移，强调了积极的一面。

太平天国运动初期，起义军节节胜利，势如破竹；清兵节节败退，溃不成军。曾国藩自然也难逃厄运，于是不得不向皇上请求援兵。他的幕僚起草求援的奏折时，写上了"屡战屡败"。曾国藩见后，随即提笔将它改成"屡败屡战"。二者同样承认了"败"，但"屡战屡败"强调的是"屡败"，"屡败屡战"的逻辑重点在"屡战"，曾国藩这一改，却造成了顽强战斗、败而不馁的形象，真是狡猾极了！

"事出有因，查无实据""法无可恕，情有可原"，用意的重点在于开脱责任；"查无实据，事出有因""情有可原，法无可恕"，突出了要加以追究的态度。这些例子都说明，词序不同，逻辑重点也不同。

有一篇文章，谈及整理图书馆时写道："在这次整理过程中，修补了古籍320本，现代书籍715本，83本连环画，期刊1026册……"其中数量词的位置不统一。"83本连环画"，逻辑重点在"连环画"上，而其余几处的逻辑重点都放在数量词上。这样，全句读起来别扭，表达的逻辑重点也比较混乱。

最后，词序不同，表达的客观事物排列顺序也不同，词序颠倒，往往造成表达上的不合事理的情况。例如：

⑦在"五讲四美"运动中，他认真克服并随时发现了自己的一些缺点。
⑧朝阳区的人民代表，下里弄和干部们一起研究和听取了居民群众对环境保护工作的意见。
⑨越南侵略军焚烧、洗劫了那洛村，杀害了许多妇女、儿童。

客观上，总是"发现缺点"在前，"克服缺点"在后；"听取意见"在前，"研究意见"在后；"洗劫"在前，"焚烧"在后，按客观的前后顺序表达，才合乎逻辑，而例⑦⑧⑨都颠倒了客观的逻辑顺序。造成这种不合事理的语病的原因，在于词序安排不当。

词序颠倒因而造成逻辑思路的混乱，在短句中能发现，在长句中就见得更多。行文或使用短句，或使用长句，要视表达的内容而定。使用长句时要注意词序的正确安排，切忌词序错杂颠倒。契诃夫曾说："为了做一个真正的艺术家，必须把自己完全献给这个事业。……得真正地埋头苦干才行。首先是锤炼语言。得推敲语言和文字。您留意过托尔斯泰的文字没有？很长的完全句、补充句，彼此堆叠在一起。不要以为这是出于偶然，以为这是缺点。这是艺术，而且是辛勤劳动以后的成果。"托尔斯泰、契诃夫、鲁迅、茅盾这些大作家，同时也是语言大师。他们的文章如行云，似流水。他们驾驭语言，如同"舟师执柁，中流自在"，我们要很好地学习，其中包括本文所说的词序问题、逻辑思路问题。

"一发不可牵,牵之动全身"

——判断的量

龚自珍《偶书十五首之二》曰:"一发不可牵,牵之动全身。……四海变秋气,一室难为春。"诗中形象地阐述了局部与整体的关系。由此引申,我们也可以得到关于判断的量的一些启发。

判断可以按量分为全称判断、特称判断与单称判断。单称判断是对单独一个事物做出的断定,类似于全称判断,本文不加研究。

全称判断是对事物的全体做出断定的。莫泊桑晚年读到托尔斯泰的《伊凡·伊里奇之死》时说:"我发现我的一切活动都毫无意义,我那十卷书也完全算不了什么。"莫泊桑十分谦虚,他对自己的创作活动的全体("一切")做了"毫无意义"的断定,这是一个全称判断。马雅可夫斯基在《我怎样写诗》中指出:"作诗的人必须养成一种推敲字句的习惯。这种习惯……要长年不断的工作才能够养成。"这里对所有的"作诗的人"做出"必须养成一种推敲字句的习惯"的断定,也是一个全称判断。"千金之裘,非一狐之皮;台庙之樘,非一木之枝;先王之法,非一士之智也。"(《论学·说苑》)指的是所有的"千金之裘""台庙之樘""先王之法",都是全称判断。

全称判断通常带有"所有""一切""任何""凡"等词语,作为"全称"的标志。但在许多情况下,不带这类词语,也可表达全称判断。前面的"作诗的人""千金之裘"等,都不带全称量词;谚语"龙怕揭鳞,虎怕抽筋""鸡毛烧不成火炭,毒草长不成香菇""人不教不懂,钟不敲不鸣"中,"龙""虎""鸡毛""毒草""人""钟"也不带全称量词,但都表达全称判断。此外,还可以用具体指明所涉对象数量的办法,来表达全称判断,如《讥偶像诗》:

一声不响,二目无光,三餐不食,四肢无力,五官不正,六神无主,七窍不通,八面威风,九(久)坐不动,十足无用。

其中"二目""三餐""四肢""五官""六神""七窍""八面"等,已经涉及"目""餐"

等的全体。

特称判断是对事物的部分做出断定的。"有些同志很爱看《福建日报》""不少作者在语言上肯下苦功""绝大多数群众是通情达理的"等,都是特称判断。

典型的特称量词是"有些""部分""多数""少数""极个别""一小撮"等。特称判断有一些比较特殊的表达方式如"天才的十分之一是灵感,十分之九是血汗"(托尔斯泰语),用具体的数量词"十分之一""十分之九"指明判断对象"天才"的范围不是全部,而是部分。又如,"百胜难虑敌,三折乃良医"(〔唐〕刘禹锡《学阮公体》),"百胜"与"三折"都是虚指次数的多,但"百"也罢,"三"也罢,都不是指全体。柳宗元的名诗《江雪》写道:"千山鸟飞绝,万径人踪灭。孤舟蓑笠翁,独钓寒江雪。"有人认为"万径人踪灭"与"独钓"的老翁是相抵牾的,既然踪迹全无,又何来"独钓"寒江雪的老翁呢?其实,诗中的"万径"也只是虚指"极多的路径",并非指所有的路径,是特称判断,而不是全称判断。

"一发不可牵,牵之动全身。"判断的量必须准确,否则,即便是"一发"之差,也会有"差之毫厘,谬以千里"之虞。刘熙载《艺概》云:"辞之患不外过与不及。""过"与"不及",有的表现在程度的深浅上,有的表现在数量的多寡上。表现在数量上,就造成判断的量不准确。

判断有量的错误,主要有以下三类。

一为将全称判断表述成特称判断。例如,有人谈到世界形势时,说"有的帝国主义国家,出于其本性,是要实行侵略、扩张政策的"。其实,所有的帝国主义国家都是要实行侵略、扩张政策的,不然,就不成其为帝国主义国家了。现在,有的人的头脑里,很少有这个观点,似乎有的帝国主义国家会实行侵略、扩张政策,有的则不会,这是非常错误和有害的。

前面说过,单称判断类似于全称判断。既然不能将全称判断表述成特称判断,那么,如果给单称判断打点"折扣",也是不行的。列宁在《什么是"人民之友"以及他们如何攻击社会民主主义者?》一文中说:"唯物主义并不象米海洛夫斯基先生所想的那样,'多半是科学的历史观',而是唯一的科学的历史观。"(《列宁选集》第 1 卷)这就是指出了米海洛夫斯基在判断量上所犯的错误。

二为将特称判断表述成全称判断。例如,"所有酗酒的人都会得心脏病","大学里出来的人知识都很渊博","高山出猛虎,荒原出骏马","华侨都很有钱",等等。酗酒易患心脏病,但有的酗酒者并不患心脏病;读过大学的人也有不少知识并不渊博;不可能所有的高山都出猛虎,也不可能所有的荒原都出骏马;更不可能所有的华侨都很有钱。因此,上述判断作为全称判断都是错误的。

鲁迅在《中国人失掉自信力了吗》一文中,驳斥卖国言论"中国人失掉了自信力",他说:"我们从古以来,就有埋头苦干的人,有拼命硬干的人,有为民请命的人,有舍身求法的人……这就是中国的脊梁。""这一类的人们,就是现在也何尝少呢?他们有确信,不自欺；他们在前仆后继的战斗……说中国人失掉了自信力，用以指一部分人则可，倘若加于全体，那简直是诬蔑。"对于"中国人"的全体还是部分，做出"失掉了自信力"的断定，真有天壤之别。"倘若加于全体，那简直是诬蔑"，但"指一部分人则可"，这在今天来看，也是如此。社会上有些人有所谓"信任危机、信用危机、信仰危机"及"自信力危机"的看法，似乎中国人都陷入了"四信危机"之中，实在是荒谬到了透顶。从这样的判断出发，思想、说话、行动，没有不犯错误的。

三为特称范围表述不当。

"特称"比"全称"复杂，其幅度很大，"一小撮""极个别""百分之一、二、三"是特称，"绝大多数""几乎所有""百分之九十九"也是特称。因此，要选择使用适合于具体事物的特称量词来下判断。说"有些中国人失掉了自信力"，诚然不错，但不准确，应该说"极少数……"。古时有个高僧，名曰齐己，写了一首诗，题为《早梅》，内有"前村深雪里，昨夜数枝开"句，反复吟诵，颇为得意。后来给诗人郑谷看，郑说"不好，不如改为'一枝开'"。齐己听了感到十分有理，就拜郑谷为"一字之师"。这个学诗佳话，也说明了特称范围要准确的道理。

有一篇文章，说"几乎所有的第三世界国家都集中在非洲"，这是"言过其实"了。又有人说"三大改造胜利以后，剥削阶级作为阶级已经消灭，反抗社会主义的敌对分子，已经只是极个别的……"，这"极个别"的断语，则失之"不及"。"过与不及"，均系"辞之患"也，"一发"之"牵"，"动"及"全身"，我们必须注意。

一句蒙古族谚语的启示

——判断的质

蒙古族人民中流行着这样一句谚语:"答应了一句'是',就不准再说'不'。"

这句谚语启迪我们:必须严格区分不同质的判断。

判断有量的区分,已如前述。判断还有质的区分,即分为肯定判断与否定判断两大类。

表达对事物有所肯定的判断,叫肯定判断。明末清初的文学家,以评点《水浒传》出名的金圣叹,因哭庙案被处死时说:"杀头,至痛也,而圣叹以无意得之,大奇!"这"杀头,至痛也"及"以无意得之(杀头),大奇",就是肯定判断,用今天的话说,即"杀头是最痛的","无意而被杀头是极奇的"。托尔斯泰说:"艺术是生活的镜子。"列宁说:"托尔斯泰的小说是俄国革命的镜子。"这些都是肯定判断。

表达对事物有所否定的判断,叫否定判断。"艺术家的头脑不是机器""鲸不是鱼"这些都是否定判断。许多地方的银行为了宣传节约、号召储蓄,都图文并茂地向人介绍一个故事:某秀才平时大吃大喝,待到过年时,已囊空如洗,于是在家门口贴了一副对联,以掩饰窘境。对联上写着"行节俭事""过淡泊年"两句话。另一些秀才为了耻笑他,就在对联上加了两个字,改为"早行节俭事""免过淡泊年"。这个故事也许是杜撰的。因此在流传的过程中,所改的二字,又不尽相同。笔者曾在上海一个银行里见到改成了"未行节俭事""非过淡泊年"(嘲讽秀才连"淡泊年"也未过成,更不用说"欢度除夕"了);又在湖南衡阳见到改成了"不行节俭事""难过淡泊年"。这些,都是对秀才"行节俭事""过淡泊年"的否定。

以上所说的"××是××"(或"××不是××")式的肯定判断(或否定判断)是比较典型的。除非像"四人帮"一类故意颠倒是非、混淆黑白,或者是完全不具备某种知识而又贸然下判断,一般情况下不会造成表达上的错误。在判断的质上造成表达错误的情况,往往出现在否定句式与反问句式的判断里。

肯定判断与否定判断都可以用多重否定的句式表达。肯定判断"你会胜利的",可以用双重否定句"你不会不胜利的"来表达。否定判断"你不会胜利的",可以用三重否定句"你不是不会不胜利的"来表达。显然,这后面一句很别扭,而且意思也有些走样。用双重否定句式表达肯定判断，虽然可以收到加强语气的作用，但用得不好时也会显得别扭。尽管如此，有些同志却总是喜欢滥用否定句式，以致造成表达错误。例如：

①只要我们认真坚持四项基本原则，就绝无任何困难可以阻止我们不实现四个现代化。

②大量事实充分说明，无论是敌人还是朋友，没有人不认为她不是人民的忠实仆人。

例①，"绝无"与"不"构成了双重否定。双重否定犹如数学上的"负负得正"，表达的是肯定的意思，因此全句即肯定判断"……任何困难都可以阻止我们实现四个现代化"，显然是错误的了。例②，连用了"没有""不（认为）""不是"三个否定词语，全句表达否定判断"她不是人民的忠实仆人"，显然与作者的原意相违。

从这两个例子我们可以知道，双重否定是肯定，单重否定是否定。使用多重否定句式时，要避免引起逻辑混乱。

肯定判断与否定判断又都可以用反问句式表达。徐珂的《清稗类钞·讥讽类》载："钱牧斋降（清）后，尝揭一联于门。联为'君恩深似海，臣节重如山'二句。后有人于联下各添一字云：'君恩深似海矣，臣节重如山乎？'"钱牧斋自我标榜"臣节（是）重如山（的）"，讥讽者则否定这一点，他使用了反问句来表达否定判断"臣节不是重如山的"。有一篇文章这样写道："《聊斋志异》中的佳作，岂止《画皮》一篇而已？席方平斗鬼，于公打鬼，耿去病戏鬼，不都为人所乐道？蒲松龄所塑造的这些人物，不仅不怕鬼，不屈服于鬼，反而要制服鬼；他们长了人的志气，灭了鬼的威风。这样的人物，难道不应该肯定吗？这样写鬼，何害之有？"这一段话里，有四个肯定句用反问句式来表达。

用反问句式表达判断（肯定或否定）时，最典型的是带有"难道……吗？"的句子。这"难道……吗"，可以看成是一重否定。如果句中还有其他的否定语词，那么要连同"难道……吗"一起来考虑。例如，"难道这不是'四人帮'造成的恶果吗？"既有"难道……吗"，又有"不是"，构成了以双重否定句式表达的肯定判断"这是'四人帮'造成的恶果"。又如，"难道没有人否认我们党的伟大功绩吗"，其中有"难道……吗""没有""否认"三个否定词语，表达的是否定判断"有人不承认我们党的伟大功绩"。有些同志由于忽略了"难道……吗"也是一重否定，就造成使用反问句式的表达错误。例如：

③侵略者如此嚣张，难道还可以不袖手旁观吗？

④升学率的提高，难道不是说明该校没有在教学上采取积极的措施吗？

例③，是用双重否定表达的肯定判断"侵略者如此嚣张，可以袖手旁观"；例④，是用三重否定表达否定判断"升学率的提高，说明该校没有在教学上采取积极的措施"。显然，这些都是错误的表达。

总之，"是"与"不（是）"，泾渭分明，不容混淆，我们必须注意严格区分不同质的判断。

孰对孰错？

——假言判断中的条件关系

列宁在《青年团的任务》中说："只有用人类创造的全部知识来丰富自己的头脑，才能成为共产主义者。"有人错引成："只要用人类创造的全部知识来丰富自己的头脑，就能成为共产主义者。"错在哪里？为什么是错的？

有人学了鲁迅的《拿来主义》，在"心得"中这样写道："只要拿来，人就能自成为新人，文艺就能自成为新文艺。"另一个则写道："只有拿来，人才能自成新人，文艺才能自成为新文艺。"孰对孰错？为什么？

语句中，带有"如果……就""只要……就""只有……才""必须……才"等关联词的，并不少见。这类语句与直接对事物有所断定的直言判断不同，它所表达的是有条件地对事物做出断定的判断，即假言判断。因为是"有条件地对事物做出断定"，所以又称作条件判断。

假言判断的条件，有充分条件、必要条件及充分而且必要条件之分。与此相应，假言判断就有充分条件假言判断、必要条件假言判断与充分而且必要条件假言判断之分。"充分而且必要条件"，是"充分条件"与"必要条件"的结合，因此，只要懂得"充分条件""必要条件"的区别何在，就不难理解。

"充分条件"是指有此条件必定能产生某一结果，无此条件却未必不能产生某一结果这样一种条件关系，即墨子所说的"有之必然，无之未必不然"（《墨经》）。

《鹖冠子·天则》云："一叶蔽目，不见泰山；两耳塞豆，不闻雷霆。""一叶蔽目"是"不见泰山"的充分条件；"两耳塞豆"是"不闻雷霆"的充分条件。但不以"一叶""蔽目"，不以"豆"塞"两耳"，仍然可能"不见泰山""不闻雷霆"，这是常识。《笑林》的作者据此并参照"掩耳盗铃"的寓言，编了这样一个笑话：古代楚地有个穷书生，读《淮南子》一书，见书上说"捕蝉"的"螳螂"隐蔽过的树叶子可以隐身，于是就去寻找这种树叶，他找到一些树叶带回家去，一片一片地遮住眼睛，问他的妻子说："你能看见我吗？"他的妻子起初回答说"看得见"，后来厌烦了，就说"看不见"。这书生十分高兴，就拿这片叶子遮住眼睛，到市上偷东西。其结果当然是被活捉。县官审问他时，他说："我用这片叶遮住眼睛，就什么也看不见了。"县官听了哈哈大笑，于是放了他。这个穷书生十分可笑，他把条件关系搞错了。"一叶蔽目"，是以一叶蔽目者"不见泰山"的充分条件，但不是其他人"不见泰山"的充分条件，更不是行窃的充分条件。

齐桓公曾问管仲："我如果让酒腐臭在缸里，肉烂在桶里，会影响我称霸吗？"管仲说："这当然不好，但不影响称霸。""那么，什么影响称霸呢？"管仲回答说："不能知人，害霸也；知而不能用，害霸也；用而不能任，害霸也；任而不能信，害霸也；既信而又使小人参之，害霸也。"这里，管仲提出了"害霸"的五个充分条件，这五个条件中的任何一个，都会引起"害霸"的结果，反过来看，不具备其中的一个或几个条件，不一定不"害霸"，因为还可能具备另一些会引起"害霸"结果的条件。

必要条件是指无此条件必定不能产生某一结果，而有此条件却未必能产生某一结果这样一种条件关系，即墨子所说的，"无之必不然，有之未必然"。

鲁迅在《上海文艺之一瞥》中打比方说："所谓突变者，是说 A 要变 B，几个条件已经具备，而独缺其一的时候，这一个条件一出现，于是就变成了 B，譬如水的结冰，温度须到零点，同时又须有空气的振动，倘没有这，则即使到了零点，也还是不结冰，这时空气一振动，这才突变而为冰了。"（《鲁迅全集》第 4 卷）对于结冰来说，温度、空气的振动等都是必要条件。仅有其中的某个条件，未必结冰；没有这一条件，则必定不结冰。

苏东坡有一首《琴诗》，内有四句："若言琴上有琴声，放在匣中何不鸣？若言声在指头上，何不于君指上听？"美妙的琴声得之于精工制作的琴、娴熟的弹奏技巧以及构思新颖、匠心独具、旋律优美的乐曲。琴、弹奏技巧、乐曲三者都是必要条件，缺一不可，仅有其中一个条件，是不能得到美妙的琴声的。所以，苏东坡在《琴诗》中提出的两个反问是成立的。

人们发现天麻生长秘密的过程，对我们掌握"必要条件"这个概念，是很好的启迪。天麻是治疗头昏、头疼、神经衰弱的名贵中药。几十年前，人们挖了野生天麻引种在园子里，结果总是栽不活。后来发现，天麻是和蜜环菌共生的。天麻没有根，也没有绿色的叶子，自己也不会制造养分，是依靠蜜环菌提供养料的。所以，离开蜜环菌，天麻就不能生长。也就是说，蜜环菌是天麻生长的必要条件。掌握了这一点，人工栽培才获得了成功。但仅有蜜环菌，天麻就能生长吗？"有之未必然"，还得加上其他的必要条件，如阳光、适当的温度、水分等。

充分条件假言判断和必要条件假言判断各有不同的逻辑联结词，不能混淆。"如果……就""只要……就""倘……则""若……就"等关联词，是充分条件假言判断的逻辑联结词。"只有……才""必须……才"等关联词，是必要条件假言判断的逻辑联结词。

本文开头所引的列宁语录，用的是"只有……才"这一必要条件假言判断的逻辑联结词。这是因为"用人类创造的全部知识来丰富自己的头脑"，是"成为共产主义者"的必要条件。没有这一条件，就不能"成为共产主义者"；但有了这一条件，却不一定就能成为共产主义者。既要"专"又要"红",就有这个意思。因此,把列宁的话引用成"只要……就能……",把"专"当作"成为共产主义者"的充分条件,就是犯了把必要条件假言判断表述成充分条件假言判断的逻辑错误。

同理,鲁迅在《拿来主义》一文中,把"拿来"即学习外国的先进事物,当作改造旧文艺、改造旧中国的必要条件,而不是充分条件,因此,说"只有拿来,人才能自成为新人,文艺才能自成为新文艺",是对《拿来主义》的正确理解,而说"只要……就能……"则理解错了。

巧妙的回答

——选言判断

英国首相玛格丽特·撒切尔夫人访问印度时,印度的国家电视台记者曾问她:对苏联称呼她为"铁女人"是满意呢还是恼火?撒切尔夫人回答说:"两者都不是。我只是接受了这个形容词而已。"

这是一个巧妙的回答。在俄语里,斯大林与"钢铁"一词谐音(сталь),莫洛托夫与"大锤"谐音(молот),因此人们曾称颂斯大林是"钢铁巨人",莫洛托夫是"强劲有力的铁锤"。后来,由于众所周知的原因,斯大林与莫洛托夫都遭到了攻击,连谐音的"铁",也曾被攻击为"死硬""保守"等。那么,苏联给撒切尔夫人的绰号中又有一个"铁",究竟含意何在呢?撒切尔夫人避开了记者所提问题中预先设定的两种选择,以出乎记者意料的第三种答案回答了提问。

外交场合诸如此类的巧妙回答,大多与熟谙选言判断有关。

选言判断是断定事物有几种可能性的判断。例如,毛泽东同志在《湖南农民运动考察报告》中说:对于暴风骤雨般兴起的农民运动,是"站在他们的前头领导他们呢?还是站在他们的后头指手画脚地批评他们呢?还是站在他们的对面反对他们呢?每个中国人对于这三项都有选择的自由,不过时局将强迫你迅速地选择罢了"。这段话以选言判断的形式,在"每个中国人"面前指明了对农民运动的三种可能的选择。又如,旧社会流行的谚语"农民头上两把刀:租税重、利息高;农民面前三条路:逃荒、上吊、坐监牢",包括了两个选言判断:一个断定农民所受的两种可能的剥削;一个断定农民所能选择的三种前途。

选言判断中所断定的每一种可能,都构成一个选言肢。如果各选言肢能够并存,即该选言判断断定事物的若干可能情况不相排斥,那么这个选言判断就叫作相容的选言判断。

鲁迅在《木刻纪程》中说:"采用外国的良规加以发挥,使我们的作品更加丰满是一条路;择取中国的遗产,融合新机,使将来的作品别开生面也是一条路。"这里指出的发展木刻的几种可能互不排斥,即既可"采用外国的良规",又可"择取中国的遗产",博采众长,兼取中外。这是一个相容的选言判断。

如果各选言肢不能并存,即该选言判断断定事物的若干可能情况是互相排斥的,那么,这个选言判断就叫作不相容的选言判断。

鲁迅主张对外国的和我国古代的文化遗产实行"拿来主义"。在《拿来主义》一文中他打了个生动的比方:

譬如罢,我们之中的一个穷青年,因为祖上的阴功(姑且让我这么说说罢),得了一所大宅子,且不问他是骗来的抢来的,或是合法继承的,或是做了女婿换来的。那么,怎么办呢?我想,首先是不管三七二十一,"拿来"!但是,如果反对这宅子的旧主人,怕给他的东西污染了,徘徊不敢走进门,是孱头;勃然大怒,放一把火烧光,算是保存自己的清白,则是昏蛋;不过因为原是羡慕这宅子的旧主人的,而这回接受一切,欣欣然的蹩进卧室,大吸剩下的鸦片,那当然更是废物。"拿来主义"者是全不这样的。

……

总之,我们要拿来。我们要或使用,或存放,或毁灭。

在这段话里,出现了三个不相容选言判断:其一,大宅子或是骗来的,或是抢来的,或是合法继承的,或是做了女婿换来的;其二,对这大宅子的态度,或如孱头,或如昏蛋,或如废物;其三,对遗产的态度是或使用,或存放,或毁灭。略做分析,大家都可看出,这些选言判断中的各个选言肢,都是互相排斥、互不相容、不能并存的。

说话写文章时,大量采用选言判断来表达思想。但是我们常常看到,有些选言判断的表达是不恰当的。例如:

①他没有被选进领导班子的原因不外乎:一、群众关系有问题;二、专业知识不足;三、领导能力比较差。

②这场象棋比赛,不是江苏队败给湖北队,就是湖北队败给江苏队。

选言判断必须至少有一个选言肢是真的,如果每个选言肢都假,那么整个选言判断就不能成立。"四人帮"曾胡说什么"宁要社会主义的晚点,不要资本主义的正点""宁长社会主义的草,不长资本主义的苗""宁要没有文化的社会主义劳动者,不要有文化的资产阶级精神贵族"等。这些全是错误的选言判断,因为其中没有一个选言肢是真的,把这类全然虚假的选言肢抛出来,强加给我们,要我们从中做出选择,就是他们的险恶阴谋。如果在上述各选言判断中加入真实正确的选言肢,如"社会主义的正点""社会主义的苗""有文化的社会主义劳动者",那么,"四人帮"的"宁要……不要……"的鬼蜮伎俩就原形毕露了。因为很明显,我们"宁要社会主义的正点"而"不要资本主义的正点和社会主义的晚点"。

上述例①②犯了类似的逻辑错误。例①,"他"没有被选进领导班子,也可能仅仅是由于身体不好,或者年事已高,要求退居二线。例②,棋赛还可能以局平而告和。如果这样,那么例①②各选言肢没有一个是真的,整个选言判断就是错误的了。这告诉我们,为了识别和避免这类逻辑错误,应该注意选言判断是否列出了全部选言肢。

有些同志对形势的看法有片面性,要么看不到困难和问题,认为一切都好,要么看到的全是困难和问题,丧失了战胜困难的信心。这些同志的看法,实际上总是局限于选言肢无一真实的选言判断,而这样的选言判断是错误的。与此相仿,有些同志对共产主义理想抱着"要么明天就实现,要么永远实现不了"的思想,犯了同样的逻辑错误。

选言判断表达方面的错误,还可能是由于逻辑联结词使用不当造成的。在自然语言中,相容选言判断常用"或者……或者……""可能……可能……""也许……也许……"等词语作为各选言肢的逻辑联结词;不相容的选言判断则常用"要么……要么……""不是……就是……"等词语作为各选言肢的逻辑联结词。如果混淆使用了这两类不同的词语,就会造成病句。例如:

③被压迫者对于压迫者,不是奴隶,就是敌人,绝不能成为朋友,所以彼此的道德,并不相同。

④"四人帮"对付群众,要么是用小恩小惠来欺骗拉拢,要么是挥舞大棒来威胁镇压。

例③,"被压迫者对于压迫者"的确"绝不能成为朋友",也可以是"敌人"而不是"奴隶",但通常却总是既是"奴隶"又是"敌人",如果只是"奴隶"而不是"敌人",就离万世不复的"奴才"不远了。因此,这里的"不是奴隶,就是敌人",以不相容选言判断的逻辑联结词来联结相容的选言肢,表达是欠妥的。同样,"四人帮"通常总是"软硬兼施,恩威并济",既施舍小恩小惠,又挥舞刀枪棍棒,既演牧师,又扮刽子手。所以,例④表达成不相容选言判断是不妥当的。这类不妥当的选言判断,在报刊上屡屡出现,甚或见之于名家笔端,很值得注意。

如果选言判断的选言肢之间存在着包含与被包含的关系,或者存在着互相交叉的关系,也是失当的。例如:

⑤《芙蓉》上的作品,不是经常发表写作里手匠心独运的小说,就是刊载著名作家呕心沥血的华篇。

⑥为了保护革命的婴儿,不能将滋养的、无益的、有害的食品都漫无区别地乱放在他前面。

⑦这台机器不是苏制的，就是30年代的"古董"。

例⑤中"写作里手的小说"与"著名作家的华篇"互相交叉重叠。例⑥中"无益的"包括了"有害的"，选言肢有包含与被包含的关系。整个选言判断表达得不严密。例⑦，"苏制的"指机器的制造者，"30年代的"指时间，有些"苏制的"可能就是"30年代的"产品，有些"30年代的"产品也可能是"苏制的"，二者可能交叉重叠，难以构成互不相同的几种可能之间的选择关系。

选言判断不仅可以用陈述句式表达，还可能隐含在疑问句里。本文开头列举的记者对撒切尔夫人的提问，就隐含着选言判断"你对苏联称你为'铁女人'要么满意，要么恼火"。这是一个不相容的选言判断，记者故意只列出部分选言肢，仅仅预设两种可能供撒切尔夫人选择。撒切尔夫人的回答，从逻辑上看则是识破了这个选言判断的错误。

由于选言判断可以隐含在疑问句里，有些写与犯罪斗争的故事常常描写侦查人员如何突然提出诸如"你是单独作案还是伙同别人作案"之类的问题，而犯罪者在猝不及防的发问面前张皇失措，落实圈套，供出了真情。至于老奸巨狡的案犯，则往往答以"我根本没有作案，什么'单独'，还是'伙同'！"为了防止产生冤案，现在许多国家的诉讼制度中，都规定不得以预设的诱供来审问犯人，即在审问时，不得以突然袭击的方式提出隐含着错误的选言判断的问题，来诱取被告的口供。

审问官的怪话
——隐含判断

这是一个真实的故事：

有个叫朱璜的人，曾在上海租界充当审问官。有一天，捕房押解一名偷窃犯来请他审问。朱璜审知这名偷窃犯偷的是外国人的东西，就勃然大怒，高声斥骂说："中国人有许多东西你不偷，你去偷外国人的东西，你的胆子还了得吗！"

短短几句话，朱璜把自己的"洋奴"嘴脸暴露无遗。这几句话，除表达了"你真是贼胆包天"外，还包含有"你偷中国人的东西倒不打紧"的意思。

从审问官的怪话中，我们可以得到一点逻辑上的启示：有明言的判断，也有隐含的判断。明言的判断是文句（或语句）所直接表达的；隐含的判断，则要转个弯子才能了解到。

这种要转个弯子才能了解到的隐含判断，在自然语言中是大量存在的。龚自珍的诗句"欲从太史窥《春秋》，勿向有字句处求"（《己亥杂诗》），精警地道出了明言的"有字句处"，还隐含着其他判断的道理。

有时，隐含判断存在于问题之中。《阿Q正传》里，阿Q被抓去审问时，"满头剃得精光的老头子"法官问阿Q："现在你的同党在哪里？"这无异于断定了阿Q是有同党的。所以阿Q莫名惊惶地答了个"什么？……"《三国演义》写许褚赤膊上阵，身上中了好几箭，金圣叹评点《三国演义》时写道："谁叫你赤膊？"这等于是说"赤膊就该中箭"。

有时，一个判断隐含在另一个判断中。众所周知的笑话《此地无银三百两》之所以好笑，就是因为不写"此地无银三百两"倒反无事，一写反而泄露了"此地有银三百两"的"天机"；同样，小偷阿三也干了雷同的蠢事，他偷银之后留下的"并非隔壁阿三偷"条子，等于是说"此为隔壁阿三偷"。

有一位旅客带着孩子乘火车，没给孩子买票，出站时被检票员拦住了。旅客连忙说："他是来接我的，补张站台票吧！"富有经验的检票员随即俯身问那小孩："小朋友，你今天早饭在哪里吃?"小孩如实回答说:"在火车上。"于是旅客只好乖乖地给小孩补了张票,因为"在火车上吃的早饭",隐含着"今天乘过火车"。

隐含判断用得好,可收"言近而旨远,辞浅而义深,虽发语已殚,而含意未尽"之益,能使读者"望表而知里,扪毛而辨骨,睹一事于句中,反三隅于事外"(〔唐〕刘知几《史通》)。例如,《左传》记叙晋军大败,争船渡河说:"上军下军争舟,舟中之指可掬。"读者从"舟中之指可掬"中,完全可以明白当时晋军争先恐后地夺船抢渡,以刃断指,自相残杀的溃乱情景。王邵的《齐志》记载高季式破敌于韩陵,追奔逐北,说他"夜半方归,橐血满袖"。虽然这里只讲满袖染着敌人的鲜血,读者却自然可以从中知道高季式挺枪深入,奋勇搏斗,杀敌甚多。司马光在《温公续诗话》中说:

  古人为诗贵于意在言外,使人思而得之……如"国破山河在,城春草木深。感时花溅泪,恨别鸟惊心"。"山河在",明无余物矣;"草木深",明无人矣。花鸟平时可娱之物,见之而泣,闻之而悲,则时可知矣。

这里说的,也是巧用隐含判断的例子。
但是,如果粗枝大叶,就往往会造成隐含错误判断的病句。例如:

  ①宁做杜子美(语不惊人死不休),不做文抄公。
  ②影片本身告诉人们的,却不是女人的天性造成惨剧,而是资本主义制度下的金钱是万恶之源。

例①选自一份杂志的《发刊词》。撰写者的主观意图:是希望刊物的作者高标准、严要求,像杜甫那样精心独创惊人之语,而不要做不动脑筋的"文抄公"。然而以"宁要……,不要……"的句式表达,却隐含着"两相比较,杜甫不如文抄公,但由于某种原因,我们宁可学做杜子美,而不要去学文抄公"的意思。这当然不对。如果把"宁"改为"要",就不会有此弊病了。

例②引自影评《罪恶制度下的罪恶——〈尼罗河上的惨案〉观后》。作者想强调的是资本主义制度下的拜金主义是万恶之源,想否定的是某些人可能会有的"女人的天性造成了惨剧"的错误观点。然而,联系前后文来看,"不是女人的天性……"云云,却隐含着"女人有其天性""女人的天性是叫人爱她"的判断。"不是"后面隐含着"是"!显然,这是出乎作者意料之外的错误判断。

除上述形式的病句隐含着错误的判断外,诸如"通俗性的报纸杂志应该少登又臭又长的文章""干部要少讲假话,少做坏事""反动的、黄色的书籍要尽量少给子女看,因为他们还缺乏批判能力"等,也是屡见不鲜的隐含着错误判断的病句。尽管这些病句的作者也表达了对"又臭又长的文章""假话""坏事""反动的黄色的书籍"所持的否定态度,但是"少登"就是也可以略登一点,"少讲"就是"也可以讲一点","少做"就是"也可以做一点","少看"就是"也可以稍看一点",这岂不大大有悖于作者的本意?

某报载《一张卡片揭出了三个罪犯》一文,说化验员周某拾到一张卡片,上有他所在单位党委书记、厂长、会计互相勾结大肆贪污的罪证,周某想去告发,其妻拦阻了他。文中这样写道:"善良的妻子劝他不要管这件事,她说:'他们都是你的顶头上司,鸡蛋怎能碰过石头!'"现实生活中的周妻,也许是很善良的吧!然而在这件事上,她是大大的错了。因此,叙及此事时,在"妻子"前加上"善良的"三字,就隐含着"周妻的这种态度是善良的态度"的判断。这样的推断,尽管看来似乎有点"吹毛求疵",但是,误使读者做这样的理解,作者无论如何都是难辞其咎的。

"狗的墓志铭"和《二郎庙记》
——关系判断

英国某地,有一个专门葬狗的公墓。其中有一块小小的墓碑,刻有一个老妇人为其爱犬写下的墓志铭:"这里葬着我的爱犬吉尔,比起我的三位丈夫,它对我更加忠实。"

四川某地,据说有一座二郎庙,内有一碑,刻着《二郎庙记》,全文如下:"为人莫如行善,行善莫如修二郎庙。二郎者,大郎之弟,三郎之兄,老郎之子也。庙前有树二株。人皆以为树在庙前,我独以为庙在树后。庙内有钟鼓二楼,钟声冬冬,鼓声嗡嗡,因为之记。"

这二则"铭""记"都是被传为笑谈的"奇文",但引发人们之"笑"的原因却大不相同:"狗的墓志铭",妙在十分幽默地反映了资本主义社会人与人之间的关系,还不如狗与人之间的关系亲密、"忠实";《二郎庙记》奇在十分啰唆地记述了一桩极为简单的事物。

《文汇报通讯》曾将《二郎庙记》作为"短而空一例",用以说明:"写文章要力求短,但短也不能如《二郎庙记》这样言之无物,废话连篇。"用《二郎庙记》作为"短而空一例",是颇有说服力的。需加说明的是,《二郎庙记》同时还包含着一种逻辑错误。两相比较,"狗的墓志铭"则不仅短而充实,言简意赅,发人深思,而且还避免了《二郎庙记》中的那种逻辑错误。

《二郎庙记》中的逻辑错误是在关系判断的运用上发生的。

关系判断是断定两个或两个以上事物之间存在着某种关系的判断。

无限复杂的大千世界中,每一事物不仅具有某些性质,而且还同其他事物发生种种关系,因此,既有断定事物是否具有某种性质的性质判断,而且有断定事物之间是否存在某种关系的关系判断。从公元前4世纪古希腊的亚里士多德起,就开展了对关系判断的研究。19世纪中叶,英国德摩根提出了关系逻辑的新理论,使这一方面的研究大大地前进了一步。

最基本的关系判断有对称关系判断和传递关系判断。与对称关系相对应的,有反对称关系与非对称关系。与传递关系相对应的,有反传递关系与非传递关系。

所谓对称关系,是指甲、乙两个事物之间,如果甲对乙有某种关系、乙对甲也有这种关系，那么，甲乙之间的关系就叫对称关系。例如，双胞胎的"相像"、两家的"相邻"、二物重量的"相等"之类，都是对称关系。所谓反对称关系，是指甲对乙具有某种关系，而乙对甲肯定不具有这种关系，那么甲乙之间的关系就叫反对称关系。上述《二郎庙记》中的"之弟""之兄""之子""在前""在后"等，都是反对称关系。所谓非对称关系，是指甲对乙具有某种关系，而乙对甲可能有，也可能没有这种关系，那么甲乙之间的关系就叫非对称关系。例如，"尊重""信任"等，都是非对称关系，因为甲尊重（或信任）乙，但乙不一定尊重（或信任）甲。

在《二郎庙记》中，"树在庙前"与"庙在树后"本已是"庙前有树二株"的同语反复，但这不过是啰唆冗杂、废话连篇而已。问题在于作者又分别加上了"人皆以为"与"我独以为"，这就造成了语意的冲突："我独以为"是对"人皆以为"的否定，但"庙在树后"又并不否定"树在庙前"。对于对称关系判断的否定，应当将用来表达"关系"的词语倒过来，而不改变关系项的位置。例如，要将"树在庙前"加以否定，应改成"树在庙后"。这样，使用"人皆以为……我独以为……"，才是文从字顺、辞气贯通的。然而，如果用"我独以为树在庙后"又悖于事实。要排除《二郎庙记》的逻辑错误而又不违反事实，唯一的办法是删去"人皆以为"与"我独以为"，即改成"庙前有树二株，树在庙前，庙在树后……"。当然，这仍然不免于"空"。

前面说过，"相像"关系属于对称性关系。对称性关系的关系项是可以交换位置的，但联结关系项的关系词却不能改变。例如，"这张图画与那张图画相似"，可以换成"那张图画与这张图画相似"，却不可以换成"……不相似"。唐朝的郑綮在《开天传信记》中，记了优人（优伶）黄幡绰的一个故事：

> 安西牙将刘文树口辩（口才好），善奏对，明皇每嘉之。文树髭生领下，貌类猴，上（皇上）令黄幡绰嘲之。文树切恶（十分厌恶）猿猴之号，乃密赂幡绰不言。幡绰许，而进嘲云："可怜好个刘文树！髭须共颔颐别佳。文树面孔不似猕猴，猕猴面孔强似文树！"上知其遗赂，大笑。

这个故事中，"文树面孔"与"猕猴面孔"有"相似"关系，可以组成"文树面孔强似猕猴""猕猴面孔强似文树"这两个意义一致的对称关系判断，而像黄幡绰那样说什么"……不似，……强似"，硬使两个对称性关系判断互生抵牾就违反逻辑了。

有的同志也许会说，这是笑话，现实生活中不会有这类违反逻辑的问题。其实不然。让我们看一则从大量现实生活中概括出的"俏皮话"吧：

> 风俗之日趋于下流，而不知自爱，有在于不知不觉之间者。世俗骂儿女，动曰畜生，吾不知彼之骂子女为畜生者，其自视为何物？尤不知其亲祖宗父母为何物？（〔清〕

吴趼人《俏皮话》)

现在"五讲四美"蔚然成风，骂人话听见得少了。但是曾几何时，"动曰畜生"的骂人话不是盈耳皆是吗？其中的逻辑错误就在于：忘记了骂者与被骂者同为人，有"相同"关系，被骂者既为"畜生"，那么根据对称关系判断的道理，骂者也就难免不是"畜生"了。

当然，骂人话常常包含逻辑病句，逻辑病句却并不仅仅存在于骂人话之中。例如：

①该院领导在十一届三中全会前的精神状态和现在相比有了一百八十度的大变化。
②他总是那么用功，一有空就啃"数论"什么的，电影、电视和他接触的机会是少得可怜的。

例①，作者的原意是"该院领导现在的精神状态比十一届三中全会前好"，但却表达成了"比十一届三中全会前坏"，将反对称关系判断表达得颠倒了。

例②，物是死的，人是活的，"接触"是人的行为，物不可能有"接触"人这种主动的行为。"他"与"电影、电视"间存在着"接触很少"的反对称关系，不能采取对称关系的表达方法，随意颠倒成"电影、电视"与"他""接触很少"的判断。

所谓传递关系，是指甲、乙、丙三事物间这样一种关系，即甲与乙有某关系，乙与丙也有某关系，那么甲与丙也有此关系。例如，"好人莫如行善，行善莫如修二郎庙"就有传递关系，如用"<"代替"莫如"，就可以连成一个公式"好人<行善<修二郎庙"。这时，单独说"好人<修二郎庙"也是成立的。但是，假使甲与丙肯定无此关系，或可能有，也可能没有这种关系，就分别成了反传递关系或非传递关系了。如"张国华是李瑛的母亲，李瑛是王凤华的母亲"，这是反传递关系判断，因为这时张国华就肯定不是王凤华的母亲。而"张三认识李四，李四认识王二麻子"，就是一个非传递关系判断，因为张三与王二麻子可能认识，也可能不认识。

违反传递关系构成句子，也是一种常见的逻辑病句，例如：

③谚语说得好：朋友的朋友是我的朋友，敌人的敌人也是我的敌人。
④老子英雄儿好汉，老子反动儿混蛋。

例③中的"朋友"关系是非传递关系，因此，"朋友的朋友"可能是"我的朋友"，也可能不是。将"朋友的朋友"当作"我的朋友"，就是犯了把非传递关系当作传递关系的逻辑错误。"敌人"关系则是反传递关系，因此，"敌人的敌人"不但不是"敌人"，反而往往是"朋友"。鲁迅说："帝国主义和我们，除了它的奴才之外，那一样利害不和我们正相反？我们的痈疽，是它们的宝贝，那么，它们的敌人，当然是我们的朋友了。"(《南腔北调集·我们不再受骗了》)把"敌人的敌人"当作"我的敌人",就是犯了把反传递关系当作传递关系的逻辑错误。

例④,是林彪、"四人帮"横行时毒被九州的反动对联,其中除赤裸裸的反动血统论外,还包含着明显地将非传递关系当作传递关系的逻辑错误。印度影片《流浪者》也鞭挞了法官拉贡拉达的类似信条:"好人的儿子是好人,贼的儿子也是贼。"

许多由于忽视关系判断的正确表达而造成的病句,如吴趼人在《俏皮话》中所说的那样,是在"不知不觉之间"产生的。因其"不知不觉",所以,我们更不能等闲视之,掉以轻心。

关于火星的十二种断定
——模态判断

　　火星是地球的近邻，从许多方面来看，它与地球都非常相似。人们曾观察到火星表面存在着一些好像是蜘蛛网一样的东西，当时人们推测这是运河，是火星上的居民为了灌溉田地而开凿的。人们又曾了解到火星有一层稀薄的大气层；中午时，火星表面温度可达摄氏三十度左右。人们还对火星上一些叫作"海"的阴影进行了研究，看见"海"的颜色随着季节不断变化：春天，"海"的颜色是棕褐色；夏天渐渐转青，变成绿色；秋天又渐渐转成棕黄色。这和植物的生长、枯萎很相似。但又有人认为那不过是类似月球上的环形山结构。近年来，根据宇宙飞行观察所得，人们又得出了新的结论。我们没有必要在本书里详述人类对火星的认识过程，这里仅就人们对火星做过的十二种断定，谈谈逻辑学中的模态判断问题。这十二种断定如下：

　　① 火星上可能有生命。
　　② 火星上可能没有生命。
　　③ 火星上未必有生命。
　　④ 火星上未必没有生命。
　　⑤ 火星上必定有生命。
　　⑥ 火星上必定没有生命。
　　⑦ 火星上不可能有生命。
　　⑧ 火星上不可能没有生命。
　　⑨ 火星上有生命。
　　⑩ 火星上没有生命。
　　⑪ 火星上不会没有生命。
　　⑫ 火星上难道没有生命吗？

　　一颗火星，十二种断定，简直令人眼花缭乱！

但是我们如果略加条分缕析、综合归纳，就会发现它没有超出三种模态判断的范围。

在判断的分类上，根据判断所断定的对象与属性之间联系的紧密程度，可以把判断分为或然判断、必然判断和实然判断。

或然判断是一种属性可能属于或可能不属于某一对象的判断。显然，在或然判断中，对象是否具有某种属性尚处于未知状态，属性与对象之间的关系只是一种可能性，一种推测。这种推测可以是肯定性的，也可以是否定性的。关于火星的①②③④种断定，就都是推测性的，因此，都属于或然判断。其中③④两例中的"未必有"和"未必没有"，实际上分别是"可能没有"和"可能有"的另一种表述方式。鲁迅在《〈出关〉的"关"》中说："纵使写的是妖怪，孙悟空一个筋斗十万八千里，猪八戒高老庄招亲，在人类中也未必没有谁和他们精神上相象。"意思就是人类中"可能有"和孙悟空、猪八戒的精神相像的。

必然判断是断定一种属性必定属于或必定不属于某一对象的判断。关于火星的断定例⑤⑥⑦⑧，都是必然判断。其中例⑦⑧对火星上"有"或"没有"生命的"可能"，都明确地用"不"做了否定，无疑也属于必然判断。

实然判断就是通常接触到的性质判断，它仅断定对象有无某种属性，而不涉及对象"可能"还是"必然"具有这种属性。关于火星的断定例⑨⑩⑪⑫都是实然判断。其中例⑪的"不会没有"是双重否定，表达的是肯定判断；例⑫是用反问句表达的肯定判断，"难道……吗"与"没有"各为一重否定。

综上所述，关于火星的十二种断定，其实只有或然、必然、实然三类。

不过，要把这三类判断表述好，却也并不是很容易的。例如：

⑬ 福建今年风调雨顺，晚稻必定大丰收。

⑭ 此人从小多病，势必活不长久。

⑮ 时令已属晚春，万物可能复苏了。

⑯ 小不点儿体温上升到39℃，可能是生病了。

⑰ 这个过程可能而且一定会发生许多痛苦，许多摩擦，但只要大家有决心，这些要求是能够达到的。

例⑬⑭⑮⑯都把判断的模态表述错了。例⑬，风调雨顺仅仅是一种有利的客观条件，如果不加上其他的主客观条件，是难达到丰产的，而且，丰产也不等于丰收。因此，可以表述成或然判断"……可能大丰收"或"……很有可能大丰收"，而不能表述成必然判断"……必定大丰收"。例⑭也将或然判断表述成了必然判断。许多"从小多病"的人，后来经过坚持不懈地锻炼成了体魄强健的运动员，这是事实。俄国的著名将军苏沃洛夫儿时就曾是羸弱多病的人，他的父母对他能否活过十岁都无把握，但他坚持锻炼，后来成了刚毅、健康、精力充沛的猛将。例⑮⑯都将必然判断表述成了或然判断。我们平常都说"春回地暖，万物复苏"，那么，"时届晚春"，已经是"欣欣向荣"了，怎么还"万物可能复苏"呢？人的正常体温是37℃，超出37℃就应看作是生病了，上升到39℃则是病重的标志，怎么还表述作"可能是生病了"呢？这四个例子都属于判断的模态不符合事物的模态的错误。任何判断都必须符合客观事实，只有这样才是真实的判断。同样，判断的模态是事物模态的反映，其真假归根结底取决于是否如实地反映事物的模态。我们在做出模态判断时，必须十分注意它的表述符合事物的模态。

例⑰将"或然"与"必然"放在一起使用。有人做了这样的解释："'一定'表示必然性。'可能'只指出有某种可能性，但同时也包含着某种不可能性，单说'可能'，未必就是'必然'，当'可能'与'一定'联用的时候，那就是说不仅是可能而且侧重必然性，说明一件事一定会怎么样了。"但这一解释并不能排除例⑰中的自相矛盾：如果是"必然"，就不是什么"可能"。因此，句中用的"可能"，是多余的，如果把"可能而且"几个字去掉，句子的意思反而清楚了。

在单句中联用或然判断与必然判断会导致自相矛盾。在一篇文章中，或者在句群中，时而使用必然判断，时而使用或然判断，同样会犯自相矛盾的逻辑错误，而这种错误比单句中联用不同模态的判断更为多见，因此要特别注意。1981年11月9日《文汇报》曾摘编了一篇文章，题为《蒙阳大会纯属子虚乌有》，这是一个实然判断。但文中又有"所谓蒙阳大会恐怕也属于子虚乌有"句，是一个或然判断。这样，就发生了"实然"与"或然"的自相矛盾。

模态判断表述的错误，在许多情况下是由于表示模态的逻辑联结词（或称"逻辑标志"）使用不当造成的。尤其是使用否定式的模态逻辑联结词时，更容易造成表述的错误。

在日常语言中，或然判断的逻辑联结词有"可能""大概""也许""说不定""恐怕是……"等；必然判断的逻辑联结词有"必定""势必是""一定""肯定""终将""终究""无论如何……都"等；实然判断的逻辑联结词有"是""确实是""存在""属于"等。当对或然判断或必然判断进行否定时，表示否定的词语由于词序的变化，会引起判断模态的变化，这种变化，与实然判断的否定是不相同的。对实然判断的否定，仅仅改变判断的质，不会改变判断的模态。但对或然判断或必然判断的否定，却往往会改变其模态。如果加以概括，可以得到如下公式：

　　……不一定是……＝……可能不是……
　　……不一定不是……＝……可能是……
　　……不可能是……＝……一定不是……
　　……不可能不是……＝……一定是……

这里，前两个公式说明对必然判断的否定，就得到了或然判断；后两个公式说明对或然判断的否定，能得到必然判断。因此，当对或然判断与必然判断做否定时，或者加上多重否定词时，要特别注意判断模态是否起了变化，起了怎样的变化，变化了的模态判断是否与事物的模态相符合。

"疥疮五德：仁、义、礼、智、信"
——同一律的运用

无名氏撰《事林广记》辛集下卷《风月笑林》中，有"滑稽笑谈"二十六则，其中有一则为《疥疮五德》：

>陈大卿患疥疮，上官者笑之。公曰："君无笑，此疾有五德可称，在众疾之上。"其人询之，曰："何谓五德？"公曰："此未易言。"上官曰："君试言之。"公曰："不上人面，仁也；喜传于人，义也；令人叉手揩擦，礼也；生髈指节骨间，智也；痒必以时，信也。"上官闻此语，大笑之。

陈大卿在谈谈笑笑之间讽刺了嘲笑他的上司，把有特定含义的"仁、义、礼、智、信"等概念，扯到疥疮这种可恶的皮肤病上去，而且以"在众疾之上"影射了"上官者"。他所使用的方法，在逻辑学上叫作偷换概念。

逻辑思维要求人们在思维的过程中保持确定性。同一律、矛盾律、排中律等逻辑思维基本规律，都是从必须保持思维的确定性这条要求衍化出来的。

其中，同一律的具体要求是：在同一思维过程中，人们所使用的概念或判断必须保持同一个确定的含义，不得任意变更。同一律可以用"A 是 A"这个公式表示。公式中的字母"A"，是逻辑变项，可以用来表示任何一个概念或判断。

所谓"同一思维过程"，不一定是指"同一时间"内所进行的思维活动，或"同一个人"的思维活动，而是指人们对概念反映的同一对象所展开的思维活动过程。例如，"仁、义、礼、智、信"等，是千百年来已经形成，明确肯定了的反映人的道德、修养的概念，不论什么人，不论什么时间，当使用这些概念的时候，都不能离开"人的道德、修养"的范围。如果在"同一思维过程"中任意改变概念的含义，就叫作"偷换概念"；如果任意变更判断的内容，则叫作"转移论题"。陈大卿故意改变"仁、义、礼、智、信"的含义，所以我们说他偷换概念。

隋初的侯白所写的《启颜录》记载：北齐皇帝读到《文选》中郭璞的《游仙诗》时，

称赞不已。这时滑稽艺人石动筩在旁打趣说:"这有什么了不起?如果叫我写,一定胜过他一倍!"皇帝听了不高兴,命令他一试笔墨。石动筩说:"如果不胜过他一倍,处死也心甘!郭璞诗中说'青溪千余仞,中有一道士。'我就写作'青溪二千仞,中有二道士'。这不是胜过他一倍了么?"说得皇帝不由得笑了。

明代"浮白主人"撰集的《笑林》和明代江盈科撰集的《雪涛谐史》记有同一个笑话:

年旱,太守令法官(主持祭祷事项的官)祈雨(求雨),雨不至,太守怒,欲责法官。法官禀云:"小道本事平常,不如某裁缝好。"太守曰:"若何?"答曰:"他要落一尺,就是一尺。"

明人冯梦龙的《广笑府》中有"有钱者生"的笑话:

园翁种茄不活,每以为患,因(因此)问计于老圃(老菜农),老圃曰:"每茄苗一株,旁埋铜钱一文,则活矣。"园翁问何故,答曰:"汝不闻'有钱者生,无钱者死'?"

从诗文来说,"胜过……一倍",只能质量而言;"一尺"是数量词,从裁缝来说,是指"一尺布",不是"一尺深的雨水";"有钱者生,无钱者死"的"生"与"死"是指人的生路与死路。在上述三个笑话中,这些概念的本来含义都被偷换了。

笑话中故意偷换概念,有引起人们一笑的特殊作用,还时而隐含着深刻的寓意。这种手法,在广大群众喜闻乐见的相声里,现在还经常可见。但是,如果不是在有意运用的笑话、相声里,而在日常写文章、发议论中犯了偷换概念之忌,那就要闹出真正的笑话,甚至有时还会造成始料未及的严重后果。

同一律在思维中的作用,在于保证思维的确定性;只有保持思维的确定性,人类的思想交流才能正常地进行。偷换概念违反同一律,妨碍思想交流,所以必须反对,必须防止。请看:

① 辩证法就是讲变的,不变,怎么可能?我们还是耐心等待招工吧,搞个体户,谁知道会不会倒霉?!

② 与会者都是各方面的代表人物,有科学院,有编辑部,有高校,有艺术团体,有体育队,所以会议开得很有内容,而且生动活泼。

③ (指导员给战士上课时)问:"谁知道长城是谁修的?"

少顷,一位战士答道:"毛主席修的。"见有人笑,他竟理直气壮地笑辩:"笑什么!'四人帮'不是要毁我长城吗?长城就是解放军,解放军不是毛主席缔造的?"

他的逻辑是这样严密!

④他自己也承认嘛——那本书里尽是恋爱故事，卿卿我我，哭哭啼啼！这种看黄色书籍的人不严肃批评还了得？！

例①中的"不变"，从前后文可以看出，既指辩证法关于物质运动的观点，又指党对个体经营的政策规定的稳定性。物质运动是绝对的，不可能"不变"；党的政策在一定的时期里却必须稳定，必须"不变"。例中的"不变"，"一身而二任"，却又水米无干、水火不容，于是发生了冲突。其毛病就出在用物质运动的"变"偷换了政策的"不变"，同时又把不可能存在的物质运动的"不变"与政策的"不变"混淆起来。

例②，本来要说的是"与会的代表人物"，后来却以这些"代表人物"的所在单位来代替，也就是以"单位"的概念调换了"人物"的概念。

例③为《解放军文艺》所载报告文学《河那边升起一颗星》中的一小节。指导员所问的是闻名世界的中国古代建筑"万里长城"，战士偷换成了政治概念"中国人民解放军"这一钢铁"长城"。可叹的是，作者还赞之以"他的逻辑是这样的严密"！如果这样的"逻辑"也算是"严密"的话，那么，"疥疮五德""胜过一倍"之类的笑话，也就可"理直气壮"地宣传了。

例④，讲恋爱的书，并不就是"黄色书籍"。由于"左"的余毒还未肃清，指"恋爱"为"黄色"，指"母爱"为"人性论"，指"富"为"资"，以后者偷换前者的情况，还时有所见。对诸如此类的问题，我们不仅应该具体情况具体分析，也可以从逻辑上辩明。

和偷换概念一样，转移论题也会影响思想交流的正常进行。节外生枝，牵丝拔藤，东拉西扯，添油添醋，不保持思维的同一性，都会导致"转移论题"。例如：

⑤宜林荒山多，集体无力经营的社队，要大胆放手包给社员绿化，绿化是造福子孙后代的百年大计。而且，只要搞得好，三两年内就可以大见成效，使我们的环境变得更美。这也是符合"五讲四美"要求的。总之，把承包的范围扩大到荒山上去，国家、集体、个人都有利，是当务之急。

⑥《陌生的朋友》在西柏林国际电影节上获得"特别提名奖"。而有的西方影片，描写一些不堪入目的内容，被观众报以口哨与嘘声。《陌生的朋友》放映时，博得观众长时间的热烈鼓掌。消息传到国内，北影的同志都禁不住内心的喜悦。

例⑤，显然应该围绕"承包荒山"来写，但二、三、四三句却扯到别的事上去了。例⑥，第二句插叙了"西方影片……"，离开了"特别提名奖"这个"谱"。诸如此类"转移论题"的语句，不能清楚表达作者的思想，又容易搅乱读者（听者）的思路，应该注意防止。

龚自珍《题王子梅资诗图》云：

清词勿须多，
好句亦须割。
剥蕉层层空，
结穗字字实。

这是对作诗为文的较高要求，我们要向这个要求靠拢，当然就更要避免出现像上面那样的偷换概念、转移论题的语句了。

"好好先生"错在哪里?
——判断不能自相矛盾

生活中不乏"好好先生",见人面带三分笑,谈吐温文气不粗,见好说好,见不好也说好。其祖师爷是明朝冯梦龙《古今谈概》中所记的司马徽:

> 后汉司马徽,不谈人短,与人语,美恶皆言好。有人问徽安否,答曰:"好。"有人自陈子死(说自己的儿子死了)答曰:"大好。"妻责之曰:"人以君有德,故此相告,但闻人子死,反亦言好?"徽曰:"如卿之言亦大好。"今人称好好先生本此。

"好好先生"错在哪里?除品质上的是非不分、投机取巧外,逻辑上的错误在于违反了矛盾律。

矛盾律是逻辑思维的基本规律之一,它要求在同一思维过程中,思想要无矛盾性。也就是说,在同一时间内,对于同一个对象,不能既肯定它具有这个属性,又否定它具有这个属性。正因如此,所以有的同志又称矛盾律为"不矛盾律""毋矛盾律"。"好好先生"如司马徽者流,别人告诉他死了儿子,他说好,妻子责备他不该如此说,他亦说好,这就把互相矛盾的两个判断同时做了肯定,违反了矛盾律。

同一思维过程中应该排除逻辑矛盾,这一点早就为人们所掌握,并利用其进行社会斗争和生产斗争。《五代史记》中记录了这样一件事:

> (后唐)庄宗好田猎(打猎),猎于中牟,践民田。中牟县令当(挡)马切谏,为民请(请求庄宗不要糟蹋民田)。庄宗怒,斥县令去,将杀之。伶人(陪侍皇帝的滑稽艺人)敬新磨(伶人名)知其不可,乃率诸伶走追县令,擒至马前,责之曰:"汝为县令,独不知吾天子好猎?奈何纵民稼穑,以供赋税?何不饥汝县民,而空此地,以备吾天子驰骋?汝罪当死!"因前,请亟行刑。诸伶共唱和之。庄宗大笑,县令乃得免去。

庄宗要靠收取赋税供自己享用,所以承认"民应稼穑"是对的。但他斥责县令的"当马切谏"，并要杀县令，就等于说"民不应稼穑"。两个判断是互相矛盾的。伶人敬新磨等欲纵故擒，巧妙地揭露了庄宗的逻辑矛盾，达到了救县令之命的目的。

写作中违反矛盾律的情况并不罕见。电影剧本《不是为了爱情》的开头，写了女主人公因极度愁闷而投湖自杀。但后来却又追叙女主人公数年前与男朋友在湖中戏水，泳术甚高，水性颇好，姿势优美，令人赞叹。我们知道，会水的人是绝不会投水自杀的，除非把自己的手脚捆起来或绑上沉重的石头等。因此，开头写她投水自杀就与后来写她善于游泳相矛盾了。

唐代诗人卢纶在《塞下曲》中写道：

　　月黑雁飞高，
　　单于夜遁逃。
　　欲将轻骑逐，
　　大雪满弓刀。

华罗庚谈到此诗时，发现了其中的逻辑矛盾，提笔写道：

　　北方大雪时，
　　群雁早南归。
　　月黑天高处，
　　怎得见雁飞？

在写作中，明显"出尔反尔"地做出两个截然相反的判断，比较常见的是在同一个判断中，既包含对某事物或某事物的属性加以肯定，又加以否定。这等于做出两个互相矛盾的判断，自己打自己耳光。

例如，一篇题为《中国映画祭》的文章中写道："高峰秀子赠给我们一本她新写的以人物为题的回忆录，写的均是日本人，包括最后一篇是关于她自己的夫君；但也有一篇写的是中国人，写的是他们夫妇的老友赵丹同志，多年生死未卜，在'四人帮'粉碎后的热烈重逢。"——既说"写的均是日本人"，又说"也有一篇写的是中国人"，显然是相抵牾的。

《荒凉山庄》的"译本序"中写道："因为是亲戚关系，老约翰就把这两个无亲无故的青年人收留在自己家里"。——既是"亲戚关系"，又是"无亲无故"，互相矛盾了。

一本介绍罗曼·罗兰的书中写道："（罗曼·罗兰）发表过的十五个剧本之中，也有几个早已绝迹，一般不易见到。"——既然"绝迹"，当然不可能见到；而"一般不易见到"，又肯定了还可以见到，因此并未"绝迹"，前者与后者也是"势不两立"的。

许多文学作家、文学批评家都十分重视判断不自相矛盾的问题。清朝沈德潜在《说诗晬语》中指出："写景写情，不宜相碍，前说晴，后说雨，则相碍矣。"作家冰心谈到写作要有科学态度时，举例说：

> 有一篇描写夜景的文章，是这样开头的："我走出门来，抬头一看，呵，月圆如镜，繁星满天，这光明灿烂的夜景使我发生了无穷的喜悦。……""月圆如镜""繁星满天"分开来写都很好，但放在一起就矛盾。

更为多见的是所谓"两面对一面"的逻辑矛盾的判断。"两面对一面"，是指判断的主项（或谓项）涉及互相反对的两方面，而判断的谓项（或主项）仅仅涉及一个方面，例如：

①是否能够实现农业机械化，对于提高农业产量有决定性的意义。
②对于能否把"五讲四美"活动搞好，大家有很高的积极性。
③提高教育质量是关系到"四化"建设成败的关键问题。
④写好小说的条件在于作者有无丰富的生活基础，能否把握一定的写作技巧。

例①②，判断的主项是"能"与"否"两方面，但谓项只讲到一个肯定性的方面，这就产生了矛盾：不能实现农业机械化，对于提高农业产量有什么"决定性的意义"可言呢？不能把"五讲四美"活动搞好，又怎能与"大家有很高的积极性"联系起来呢？

例③④，判断的主项是肯定性的一面，宾项却不然，涉及两方面，也造成了问题，"提高教育质量"怎么会是使"四化"建设成败的关键呢？写好小说的条件又怎么可能在于"无丰富的生活基础"，不能"把握一定的写作技巧"呢？

判断中的逻辑矛盾还往往表现为不合情理。例如，一篇文章写道："接到炮兵连队的来信，打开一看，就看出是几天前离开的杜同志。""杜同志"竟在"来信"中，这"信"封该多大啊！《文汇报》1983年2月6日一篇文章的标题为《把汉语拼音推向新的高潮》。怎么能把"汉语拼音"推向"新的高潮"呢？这些都是不合情理的，可以看作判断本身的矛盾。

以上所说的判断不能自相矛盾，是指思维和表述上要排除逻辑矛盾。但事物本身是矛盾的对立统一，按照事物的矛盾本性去认识事物，同违反矛盾律是两回事。鲁迅在《准风月谈·前记》中说："古话里也有过：柳下惠看见糖水，说'可以养老'，盗跖见了却道可以粘门闩，他们是兄弟，所见的又是同一的东西，想到的用法却有这么天差地远。'月白风清，如此良夜何？'好的，风雅之至，举手赞成。但同是涉及风月的'月黑杀人夜，风高放火天'呢，这不明明是一联古诗么？"同一事物有多种属性，也就有多种用途，据此做出不同的判断，这并不矛盾。而如果既说糖水"可以养老"，又说"不可以养老"，那就违反矛盾律了。同理，帝国主义既有"纸老虎"的属性，又有"真老虎"的属性，如实地认识并加表述，说帝国主义既是"纸老虎"又是"真老虎"，是千真万确的真理，而对这一真理时而肯定，时而又加否定，那就违反矛盾律了。

"HEHE！HE，HEHEHEHE！"
——排中律

鲁迅曾作《立论》一文，极其形象而辛辣地嘲讽了一些城府高筑、明哲保身的人，兹录如下：

> 我梦见自己正在小学校的讲堂上预备作文，向老师请教立论的方法。
> "难！"老师从眼镜圈外斜射出眼光来，看着我，说，"我告诉你一件事——
> "一家人家生了一个男孩，全家高兴透顶了。满月的时候，抱出来给客人看，——大概自然是想得到一点好兆头。
> "一个说：'这孩子将来要发财的。'他于是得到一番感谢。
> "一个说：'这孩子将来要做官的。'他于是收回几句恭维。
> "一个说：'这孩子将来是要死的。'他于是得到一顿大家合力的痛打。
> "说要死的必然，说富贵的许谎。但说谎的得好报，说必然的遭打。你……"
> "我愿意既不谎人，也不遭打。那么，老师，我得怎么说呢？"
> "那么，你得说：'啊呀！这孩子呵！你瞧！多么……阿唷！哈哈！Hehe！he，hehehehe！'"

《立论》中的老师，除腐朽的处世哲学应该批判外，还应指出的是，他犯了违反排中律的逻辑错误。

排中律要求在同一思维过程中，思想必须明确，在是非、真假之间要做出非此即彼的选择，不得模棱两可。毛泽东同志在《对晋绥日报编辑人员的谈话》中指出："我们必须坚持真理，而真理必须旗帜鲜明。我们共产党人从来认为隐瞒自己的观点是可耻的。我们党所办的报纸，我们党所进行的一切宣传工作，都应当是生动的、鲜明的、尖锐的，毫不吞吞吐吐。这是我们革命无产阶级应有的战斗风格。""模棱两可"和"旗帜鲜明"是完全对立的。《立论》中的老师，教学生在是非、真假之间以"阿唷！哈哈！Hehe！"来回避，同排中律的要求是背道而驰的。

搞模棱两可的祖师，是唐朝宰相苏味道。据《新唐书》记载，他常对人说："决事不欲明白，误则有悔，摸棱持两端可也。"意思是摸着棱角的两边，既不是上，也不是下；既是上，又是下；说上有利，就算是上；说下有利，就算是下；看风使舵，随机应变，不容易"失误"。所以当时的人们讽刺他是"摸棱手"。这样看来，"模棱两可"最初是应写作"摸棱两可"的。这"摸棱两可"，如果从它的核心思想"决事不欲明白"来看，就是在互相矛盾的判断之间避不抉择，也就是违反了排中律。

在无可回避的、"二者必居其一"的两个判断之间不明确表态，往往使人无所适从。《立论》中的学生，听了老师的那番高论之后，难道会有什么"立论"方面的长足进步吗？显然不可能。

《庄子·山木》中有这样一个故事：

> 庄子行于山中，见大木，枝叶茂盛，伐木者止其旁而不取也。问其故，曰："无所可用。"庄子曰："此木以不材得终其天年。"
>
> 夫子出于山，舍于故人之家。故人喜，命竖子杀雁而烹之。竖子请曰："其一能鸣，其一不能鸣，请奚杀？"主人曰："杀不能鸣者。"
>
> 明日，弟子问庄子曰："昨日山中之木以不材得终其天年，今主人之雁以不材死，先生将何处？"庄子笑曰："周将处乎材与不材之间。"

这里，学生提出的问题，实际上已使庄周处于进退两难的尴尬境地。因为庄周一向宣传保命养身的道家思想，同时又要教学生成"材"，而要"终其天年"就得像山中巨木那样"不材"，但真的"不材"又有像不会鸣叫的雁那样成为刀头鬼的危险。因此，庄周答曰"周将处乎材与不材之间"。幸好没有学生追问"材与不材之间"究竟是怎么回事，不然，任凭庄周怎么善辩，都是无法自圆其说的。

违反排中律，在人民内部也会发生。群众谴责某些干部对什么事都"不肯担肩胛""睁一只眼闭一只眼"，往往与这些干部在是非、对错之间态度暧昧有关。且看，有人说："开放农村、城镇的集市贸易吗？有的同志认为大有好处，可以调动农民的积极性，可以活跃市场。另一些同志又认为弊病甚多，会使资本主义自发势力泛滥起来，最终会挫伤农民的积极性，破坏市场。这两种意见吗，我都不赞成。实践是检验真理的标准嘛，让我们用实践来检验吧！"这是何等的圆滑，又何等的冠冕堂皇啊！诚然，实践是检验真理的标准。但是，一事当前，你要么支持，要么不支持，起码支持试一试，或反对试一试，不然，实践的"检验"又从何谈起呢？

掌握排中律，在文艺创作中可用作塑造反面人物的一种手法，以暴露他们的处世哲学。不掌握排中律，则往往使有的作者在发议论时，犯模棱两可的错误。例如，有一篇文艺短论，开宗明义即提出要注意文艺战线上的"不良倾向"，接着列举了别的作者对"朦胧诗"的两种不同意见，然后谈"古诗""外国诗"中也有"朦胧诗"，人们也有不同的看法，等等。至于作者本人的态度，则不置可否，"暂付阙如"。读者不禁要问："朦胧诗"究竟好不好呢？是不是"不良倾向"呢？结果当然是无限"朦胧"，不得而知。这类错误虽然不是存在于单句或复句中，但写作时注意避免违犯排中律的错误，"旗帜鲜明"地提出问题，表明观点，对遣词造句，同样是有启发的。

赫尔岑的高见

——换位法

被列宁称为"已经走到辩论唯物主义跟前，可是在历史唯物主义面前停住了"（《列宁选集》第 2 卷）的赫尔岑（1812—1870），是俄国著名的革命民主主义者，天才的哲学家和作家。他年轻时，有一次被朋友邀请去欣赏沙龙音乐，朋友特意为他留了最好的座位。可是音乐会开始不久，赫尔岑就用双手捂住耳朵，打起瞌睡来。女主人很奇怪，推推他，问道："先生，你不爱听音乐？"赫尔岑摇摇头，朝演奏的地方指指说："这种轻佻、低级的东西有什么值得听的呢？"女主人惊叫起来："天哪！你说什么？这可是社会上最流行的乐曲啊！"赫尔岑平静地问道："流行的就一定高尚吗？""不高尚的东西怎么能流行？"女主人不服气地反问。赫尔岑笑起来了，说："那么，依你的高见，流行感冒也是高尚的吗？"说罢，就告辞了。

赫尔岑对女主人的谈话，是颇有哲学意味的，其中涉及逻辑推理的换位法。女主人的逻辑错误在于不能正确运用换位法进行直接推理。类似女主人的错误，日常生活中屡见不鲜。例如，我们常常会发现一些在争辩中输了理的人，脸红脖子粗地嚷嚷："你好！你好！你怎么不去当中央委员！？""我不对！我不对！你叫警察来捉我去！"

对于这样地嚷叫的人们，回敬以声调更高的嚷叫是无济于事的。可以像赫尔岑那样反请一句："中央委员是好的，但好的就一定要当中央委员吗？""被警察捉去的人总有不对之处，但有不对就一定要给捉去吗？"如果可能，还应诲之以换位法推理的 ABC。

换位法推理，就是把判断主项和谓项的位置加以调换的直接推理。

用换位法进行推理时，判断的质不能改变。例如，将判断"书籍是人类进步的阶梯"换位，不可以得出"人类进步的阶梯不是书籍"的结论。

用换位法进行推理时，原来不周延的概念不能变成周延的概念。例如，不能将判断"有些人是科学家"换位成"有些科学家不是人"。因为原判断中的"有些人"是不周延的，换位后的判断中的"人"，却成周延的了，所以得出了十分荒唐的结论。

懂得换位法，可以帮助我们正确思维。

鲁迅在《文艺与革命》一文中，对文艺与宣传、文艺与革命等问题做过精辟的论述。

在谈到文艺与宣传的关系时，他引述美国作家辛克莱《拜金艺术》一书中提出的"一切文艺是宣传"的论点说："我以为一切文艺固是宣传，而一切宣传却并非全是文艺，这正如一切花皆有色（我将白也算作色），而凡颜色未必都是花一样。革命之所以于口号、标语、布告、电报、教科书……之外，要用文艺者，就因为它是文艺。"

在鲁迅的这段话里，指出了两个错误的换位法推理，即如果将"一切文艺都是宣传"换位成"一切宣传都是文艺"，那么原判断中的不周延的"宣传"，换位后就成了周延的了，违反了换位法的逻辑要求；同样，如果将"一切花皆有色"换位成"有色皆为花"，那么原来不周延的"有色（的东西）"，换位后成周延的了，也违反了换位法的逻辑要求。

懂得换位法，还可以帮助我们从逻辑上检查、辨析、纠正一些病句。

有人这样评价一首诗："这首诗写得真好，你看，押韵有多自然！"

如果说者的原意仅仅是赞扬"这首诗"好在"押韵自然"，那当另作别论。但说者显然是着眼于"这首诗写得真好"。这样，除"押韵自然"之外，至少还应点明"这首诗"的思想性强、构思巧、意境远、有新意、语言凝练等。蒋孔阳同志在《诗的艺术特征》一文中指出："有些诗是押韵的，但是押了韵的不一定是诗。这正好像诸葛亮是穿八卦袍的，但是穿了八卦袍的并不就等于是诸葛亮。"仅凭"押韵多自然"就断言是"好诗"，岂不是类似于说"穿了八卦袍的就是诸葛亮"吗？

谚语中："金子是闪光的，但闪光的不一定都是金子。"列宁曾引用这句谚语来痛斥托洛茨基："闪光的东西不一定都是金子。托洛茨基的词句虽然灿烂夺目，娓娓动听，可是没有丝毫内容。"（《列宁选集》第2卷）这就是说，真理的语言是美好的语言，但美好的语言并不就是真理的语言。谁如果认为"灿烂夺目，娓娓动听"的"词句"就是真理，无疑是做了错误的换位推理。

靠"造反"起家的李国才窃居高位后，曾经唆使人写了《春蕾初绽》为他捧场。粉碎"四人帮"后，李国才的问题被揭发了。这时，有人写了《"御用……"之类》一文，就李国才一案发表了自己的看法。后来，刘金同志写了《〈"御用……"之类〉异议》（《人民日报》1981年4月1日）与之商榷，其中有一段话十分集中地批评对方误用换位法推理，兹录如下：

×××同志把吹嘘李国才的京剧《春蕾初绽》与歌颂光明的作品混为一谈，等量齐观，似乎凡是歌颂"为四化做贡献的正面人物"的作品，都是"李国才之流指定作者制作出来的""御用文学"，作者便都是"御用文人"。其实，出了一个靠造反和弄虚作假爬上高位的李国才，并不等于所有在高位者都是靠弄虚作假和造反起家的。曾经被吹成"锅炉史上的创举"的"国才式锅炉"是一场骗局，并不等于中国所有工人技术人员的创造发明都是吹牛骗人。一出京剧歌颂了李国才，并不等于所有歌颂"为四化做贡献的正面人物"的作品都是"虚假的歌德派文学"即"御用文学"。这个道理不言自明。

刘金同志的这段文学所批评的，依次是对方的如下五个错误的换位法推理。

一、李国才之流指定作者制作出来的"御用文学"作品《春蕾初绽》是歌颂"为四化做贡献的正面人物"的作品。所以，歌颂"为四化做贡献的正面人物"的作品都是"御用文学"作品。

二、李国才的"御用文人"是写了"为四化做贡献的正面人物"的作品的作者。所以，写了"为四化做贡献的正面人物"的作品的作者都是李国才之流的御用文人。

三、靠造反起家的李国才之流是居高位者。所以，居高位者都是靠造反起家的李国才式人物。

四、"国才式锅炉"这一骗局是有关创造发明的。所以，凡有关创造发明的都是"国才式锅炉"一类的骗局。

五、同一。

刘金同志所批评者是知名的大手笔。那么，对于正在习作的我们来说，就更要谨慎小心，力求在文句中少犯不当换位的逻辑错误了！

两个笑话，一种错误
——推理的前提必须正确

明代浮白主人所选《笑林》中，有这样一个笑话：

有持银入市籴者，失叉袋于途，归谓妻曰："今日市中闹甚，没得好叉袋也。"妻曰："你莫非也没了（丢了）？"答曰："随你好汉，便怎么？"妻惊问："银子何在？"答曰："这倒没事，我紧紧缚在叉袋角上。"

明代冯梦龙所撰《古今谭概》中，也有一个笑话：

昔有越人善泅，生子方晬（周岁），其母浮于水上，人怪问之，则曰："其父善泅，子必能之。"

两个笑话，一种错误：笑话中的蠢人都做了前提不正确的错误推理。

恩格斯曾说："如果我们有正确的前提，并且把思维规律正确地运用于这些前提，那么结果必定与现实相符。"这里指出了正确推理的两个基本要求，其中首要的就是：推理的前提必须正确。

笑话中的蠢人实际上是这样推理的：

① 只要将银子缚在叉袋上，即使丢了叉袋也没事，
   "我（将银子）紧紧缚在叉袋角上"，
   所以，"这倒没事"。
② 凡父亲善泅的，儿子也一定善泅，
   "其父善泅"，
   故"子必能之"。

显然，这两个推理的大前提是十分荒谬的。因此，尽管推理的小前提真实（"我紧紧缚在叉袋角上""其父善泅"），推理过程中也没有违反推理的规则，推出的结论却令人发噱。

有的同志认为，形式逻辑只管形式，不管内容。这从思维形式化的要求来看，诚然是不错的。毛泽东同志曾就此与周谷城做过风趣的交谈，肯定了这一点。

但是，第一，思维形式不可能离开思维内容，因此，联系内容来学习逻辑是无可非议的。第二，更重要的是，学习逻辑是为了应用，一应用，就不能不联系思维的内容。恩格斯指出首先要有"正确的前提"，主要就是从这个意义上来认识的。

当我们联系一些千古流传、众口交誉但却似是而非的格言来看时，就更感到不能完全脱离思维内容去闭门"思辨"，不能不管前提是否正确而贸然进行推理论证。

例如，"人非圣贤，孰能无过？"这一"千古名言"，是一个省略式推理：

圣贤无过，
人非圣贤，
人皆有过。

除了别的逻辑错误外，其中被省略的大前提就是错误的。用这样的前提推出结论来，不管作为结论的判断本身是否正确，整个推论过程应该说就是错误的。这样推论，不足为法。

又如，老子说："信言不美，美言不信；善者不辩，辩者不善；知者不博，博者不知。"（《老子·八十一章》）这段话中，包括六个判断。古往今来，有多少人拿这六个判断作为大前提进行了错误的推理啊！甚至有人硬说墨子之言为"信言"，因此墨子之文"不美"。其推理是：

信言不美，
墨子之言皆为信言，
故墨子之言不美。

接着就将墨子之"信言"未能流传广远，归咎于其言之"不美"。其实，这是不符合事实的。墨子之言未能流传广远，原因在于当时的社会条件。也有人至今仍反对"博览群书"，理由之一便是"老子说过：博者不知"。其推理是："'博者不知'，谁想博学，谁就不可能学深。"其实，老子的六个判断虽然包含着部分真理，但却过于绝对化，因此，是失之偏颇的。《文心雕龙》的作者刘勰说："凡操千曲而后晓声，观千剑而后识器。故圆照之象，务在博观。"（《文心雕龙·知音》）这个观点和老子就很不一致。鲁迅曾要求青年像蜜蜂采蜜那样"博采众长"，也与老子的观点不同。上述情况告诉我们，引用"千古名言"作为推理的前提时，首先要研究一下，这些"名言"是否正确。

用错误的判断作为大前提进行错误的推理，曾经是，现在仍然是某一类人的"特伎"。鲁迅在《半夏小集》中，曾对一些强词夺理的人进行过尖刻的嘲讽，揭露了他们的"特伎"。鲁迅采取的是"纯客观"的写法，让强词夺理者"B""C"和"C太太"自我揭露：

  A：你们大家来品评一下罢，B竟蛮不讲理的把我的大衫剥去了！
  B：因为A还是不穿大衫好看。我剥掉它，是提拔他；要不然，我还不屑剥呢。
  A：不过我自己却以为还是穿着好……
  C：现在东北四省失掉了，你漫不管，只嚷你自己的大衫，你这利己主义者，你这猪猡！
  C太太：他竟毫不知道B先生是合作的好伴侣，这昏蛋！

"B"的推理是：

  ① 凡穿着不好看的衣服都该剥掉它，
   A穿着的大衫不好看，
   所以，我剥掉它。
  ② 剥掉穿着不好看的人的衣服就是提拔这个人，
   我剥掉A的穿着不好看的衣服，
   所以，我是提拔A。

"C"的推理是：

  失掉东北四省时还关心自己大衫的都是利己主义者，
  现在东北四省失掉了，你还嚷你的大衫，
  "你这利己主义者，你这猪猡！"

"C"太太的推理是：

  凡不知"B先生是合作的好伴侣"者都是昏蛋，
  "他竟毫不知道B先生是合作的好伴侣"，
  "这昏蛋！"

鲁迅的时代已经一去不复返了，但这不等于鲁迅所鞭挞的可恶思想及荒唐逻辑也会立即随之绝迹。且看：

①"我又不是共产党员,我干吗要带头?"
②"这么重的病,给我吃这么便宜的药?哼!"

这类言论,在日常生活中不是经常可以听到吗?说这类话的同志,往往是"气壮如牛""振振有辞"的,他们多半没有想到,其中还有逻辑错误。让我们把这些话恢复成完整的逻辑推理,就可以对其失足之处"一目了然"了。

①一切非党员都不必带头,
   我是非党员,
   我干吗要带头?
②凡是重病都应吃贵重的药,
   我患的是重病,
   所以,我应吃贵重的药!

显然,这里所"推"的是歪"理"。拿例②来说,众所周知,药以对症为佳,癞痢头用不着吃人参,发高热也不必用鹿茸。往往是几分钱的膏药、几粒便宜的退烧片就可对付了。难道"重病"非用"贵重的药"不可吗?用"凡是重病都应吃贵重的药"作大前提,是难以得出正确结论的。

说话写文章时,如果用不正确的前提进行推理,就会使语句犯逻辑错误。例如:

③我是知识分子,所以我应当努力改造自己。
④我们是在搞"四化",怎能考虑个人的志趣?
⑤他是多年的市先进了,这个案子与他无关!

这些例子中,分别包含"知识分子要改造""搞'四化'就不能考虑个人志趣""市先进就与这个案子无关"等被省略的大前提,而这些大前提又是错误的,所以结论不可能正确。

英国著名地质学家海光斯曾对著名物理学家汤姆逊说:"数学像磨盘一样,把撒在下面的东西磨碎。撒下莠草,就不可能得到面粉。同样地,写下整页整页的公式,也不能从错误的前提中得到真理。"文学家的思维活动和数学家以及地质学家、物理学家等的思维活动,都必须遵守同样的思维规律;进行推理时,都必须遵守"推理前提应正确"的规则。否则,必定得不到真理;弄得不好,还会流为笑料。

痴人的笑话
——四概念问题

明代无名氏所撰的《时尚笑谈》中，有这样一则笑话：

> 有一痴人出街，遇一相士（看相的人），论人手足云："男人手如绵，身边有闲钱。妇人手如姜，财谷满仓箱。"痴人闻言，拍掌大笑曰："我的妻子手如姜也！"相士曰："何以见之？"痴人曰："昨日被她打了一下嘴巴，到今日还辣辣的。"

痴人做了一个错误的推理，所以闹了笑话。他的推理是：

> 有"手如姜"的妻子的人是要发财的，
> 我是有"手如姜"的妻子的人，
> 所以，我是要发财的。

这个推理，不仅错在大前提不正确，而且错在犯了"四概念错误"。

在一个三段论式中，必须有而且只能有三个不同的概念。这是因为只有当三个概念构成互相联系的两个判断时，才能充作前提以便推理。如果只有两个概念，那么只能构成一个判断，无法进行三段论式的推理。而如果有四个概念，组成两个不相干的判断，如"天是蓝的""猪是脏的"，由于缺少一个共同的概念把两个判断联系起来，因此，"风马牛不相及"，同样无法进行三段论式的推理。

但痴人的推理中不是只有"有'手如姜'的妻子的人""要发财的"和"我"三个概念吗？

毛病就出在：这里表面上是三个概念，实际上是四个概念。因为相士所说的"手如姜"，是指"手的形状、肤色如姜"，痴人所说的"手如姜"却是指"巴掌很重"，所以，是两个不同的概念。这样，前提中就有四个概念所组成的两个不同判断，它们"井水不犯河水"，无法进行推理。

湖北省黄冈县城（现黄冈市）西北，长江之滨，有座赤鼻山，山形峻峭如壁，有赤色,故又名赤壁山。这一带风光旖旎,景物秀丽,山水相映,气象万千,大诗人苏东坡曾邀游至此。他误以为这个赤壁就是孔明借东风,黄盖、周瑜火烧曹操八十万水军的古战场,思古幽情油然勃发,浩然慨叹世道沧桑,写下了千古绝唱《念奴娇·赤壁怀古》和《赤壁赋》。后来的许多人也以讹传讹,将黄冈的赤壁当成了三国古战场。他们的推理是:"赤壁是刘蜀曹魏决定命运的战场,黄冈的赤鼻山就是赤壁,所以,黄冈的赤鼻山就是刘蜀曹魏决定命运的战场。"其实,"火烧亦壁"大破曹军的地方,在武昌县(现江夏区)西的赤矶山。南朝宋盛弘之的《荆州记》和北魏郦道元的《水经注》对此都有明确的记载。上述推理中的两个"赤壁",不是同一个概念,而是两个不同的概念,"水牛角,黄牛角,各管各",用它们组成的上述判断作前提,只能推出错误的结论。

　　史学界至今仍为"宋江是不是投降派"争论不休。有说宋江是投降派的,根据是《东都事略》《张叔夜传》等史籍都记载了宋江投降宋王朝的事,《三朝北盟汇编》还记载了宋江投降后参加了攻打方腊的事,等等。有说宋江从来没有受过招安,历史上的宋江不是投降派,所谓"投降"云云,不过是南宋的"编造"。现在又有第三种意见,认为历史上的宋江有两个,一个是"草寇宋江",另一个是"横行河朔"的宋江,"草寇宋江"并无投降当叛徒的丑史。根据第一种意见可以推论:"投降派是应鞭挞的,宋江是投降派,所以宋江是应鞭挞的。"根据第二种意见可以推论:"起义英雄是应颂扬的,宋江是起义英雄,所以宋江是应颂扬的。"根据第三种意见,却又可以推出"'草寇宋江'应颂扬","'横行河朔'的那个宋江应鞭挞"的不同结论。

　　哲学界对"真理""实践""过渡时期""人""异化"等概念有不同的理解;经济学界对"生产目的""劳动力所有制""竞争""按劳分配的'劳'"等概念有不同的理解;文学、美学界对"人性""人民性""典型""共同美"等概念有不同的理解……

　　不解决诸如此类对概念的不同理解,就会像关于宋江的推论那样,或者推出截然相反的结论,或者推出完全错误的结论。甚至还会像"痴人"那样,推出可笑的结论。

　　谓予不信,请看下例:

　　①实践(是能)出真知(的),任何人的活动都是实践,所以,任何人的活动都能出真知。
　　②人们的社会实践是检验真理的标准,每个人的活动都是实践,所以,每个人的活动都是检验真理的标准。
　　③未经实践检验的一切都不应该加以肯定,共产主义未经实践检验,所以共产主义不应该加以肯定。
　　④人性论必须批判,现在许多作品写了爱情、母爱之类的"人性",所以应该批判。
　　⑤多劳多得是符合社会主义分配原则的,他加了班,所以他多得报酬是应该的。

以上五例是从理论界的一些意见和生活中某些人的做法、看法中提炼出来的，其中都犯了"四概念错误"。

如例①，两个"实践"，含义不同。第一个"实践"是指"变革现实的生产斗争或阶级斗争活动"。第二个"实践"泛指人的一切活动，这种理解是不正确的。以包括这两个不同含义的概念构成的判断为前提，推出了一个错误的结论。如果按这个结论去看问题，那么，抽鸦片烟、赌博、卖淫等都可以出"真知"了，岂不荒谬？

例②，"人们的社会实践"与"每个人的活动都是实践"的"实践"是不同的概念。例③，第一个"未经实践检验的一切"与第二个"未经实践检验（的东西）"是不同的概念，后者不过是"未到来的"同义语罢了；同时，共产主义作为社会制度和作为社会运动也是有区别的。例④，"人性论"与"人性"不是一个概念。

例⑤，社会主义分配原则中所说的"多劳多得"的"劳"，是指直接或间接为社会创造了价值的活动，"他加了班"中的"加了班"是不是"多劳"呢？这要具体分析。如果这里的"加了班"，是因生产了废品而返工，那么，前提中实际上是出现了四个概念，因此结论应推翻。1982年9月5日的《讽刺与幽默》上，载有这样一出微型独幕剧剧本，题为《到底谁先进？》，这说明：某些人将"加了班"理解为"多劳"，实在是大错特错的。这出独幕剧全文如下：

> 时间：1982年8月初
> 地点：某市郊人口普查登记站
> 人物：普查员，普查指导员，普查协助员甲、乙等（幕启）
> 指导员：同志们，经过一个多月的紧张战斗，我们的人口普查工作胜利结束了！上级要我们推选一位同志去市里参加普查工作先进代表会，选谁呢？请大家发言。
> 协助员甲：我选普查员小邹，她登记得又多又快又好又省劲，每张表都是清清楚楚、干干净净的，从来不出错，也没浪费过一张表格纸。
> 协助员乙：我建议选普查员小张，她虽不及小邹那么利索，但人家每天晚上加班加点，星期天也不休息，她流的汗水可比小邹多得多呢！
> 指导员：对！对！大家有目共睹，论能力嘛，小邹的确很强，但毕竟不如小张辛苦呀！还是选小张吧！
> 普查员小张：（脸红）感谢大家……我一定……
> 协助员甲：（低声对小邹）你怎么不加班呢？
> 普查员小邹：（疑惑不解）加班？我没有返工的必要呀！（幕落）

这样的"指导员"，这样的"指导员"的这样的判断和推理，我们不是见得并不很少吗？这与"痴人的笑话"难道有什么区别吗？

"鬼魅"的"逻辑"

——中词至少要周延一次

"四一二"反革命政变以后，国民党反动派的文化"围剿"日趋猖獗，到1934年达到了前所未有的凶残地步。面对黑暗与暴力的进袭，鲁迅大义凛然，毫不畏惧，英勇地回击。他在《中国文坛上的鬼魅》一文中，向全世界揭露了旧中国文坛鬼魅横行的现状，痛斥了国民党的反动统治，鞭挞了文坛鬼魅的无耻言行。读一读这篇光辉著作，可以使我们得到多方面的教益。其中，鲁迅所揭露的文坛鬼魅的荒谬"逻辑"，是一种不可多得的反面教材。

鲁迅所斥责的"中国文坛上的鬼魅"，是指那些紧紧追随军阀的卑劣文人。他们竟至把"学校的风潮""恋爱的纠纷"中为自己所不喜的某一方"指为共产党"，定为"罪人"，轻易地予以"解决"（投入监狱甚至处以死刑）。而这个时候，"如果有谁和有钱的诗人辩论，那诗人的最后的结论是：共产党反对资产阶级，我有钱，他反对我，所以他是共产党"。

"有钱的诗人"之类"中国文坛上的鬼魅"，其"逻辑"推理极为荒唐，却又甚为隐晦，层层剖析，才能明白个中"奥妙"：

① 资产阶级是有钱的，
　我是有钱的，
　所以，我是资产阶级。
② 我是资产阶级，
　他反对我，
　所以，他反对资产阶级。
③ 共产党是反对资产阶级的，
　他反对资产阶级，
　所以，他是共产党。

"鬼魅"的"逻辑"推理之例②，下一节再予分析，我们先来看例①与例③。这是两个结构完全一样的推理，可以用同一个公式表达，即：

  P 是 M，
  S 是 M，
 ∴ S 是 P。

  在这个公式中，"P 是 M"为大前提，"S 是 M"为小前提，"S 是 P"为结论。大、小前提中两次出现的"M"起联结"S"与"P"的作用，如纽带，似桥梁，逻辑上称作中词，也有称为媒概念的。中词在前提中至少要周延一次，即至少有一次涉及其全部外延。如果一次也不周延，就不能把"S"与"P"必然地联系起来，只能得出"S 可能是 P"，也"可能不是 P"的结论。如果像上面那样得出"S 是 P"的结论，就不合逻辑。

  "中国文坛上的鬼魅"所犯的逻辑错误，就是在中词一次也不周延的情况下，做出了唯一的结论，排除了另一些可能的结论。如例①，大、小前提中两次出现的概念"有钱的"是中词，它一次也不周延，因为"有钱的"不仅有"资产阶级"，更不仅有"我"。这样，"我"就可能是"资产阶级"，也可能不是。"鬼魅"们一口咬定"我是资产阶级"，当然不合逻辑。又如例③，"反对资产阶级的"这个概念是中词，同样一次也不周延，因此，"他"既可能"是共产党"，也可能不是。因为我们知道，反对资产阶级的，不仅有共产党；在旧中国，广大劳动人民都是反对资产阶级的；在一定的条件下，甚至一部分地主也是反对资产阶级的。所以，鲁迅把硬说反对资产阶级就是共产党，反对"我"就是共产党，斥为"鬼魅"的"逻辑"。

  这种"鬼魅"的"逻辑"，可以从下列结构雷同的例子中看得十分清楚：

  ④ 鸡是动物，
   狗是动物，
   所以，狗是鸡。
  ⑤ 面粉是白的，
   砒霜是白的，
   所以，砒霜是面粉。

  "难道我们也会犯这样的逻辑错误吗？"有人也许会不屑地问。

  一个人从小到大，天天在思考，天天在说话，也就是经受了无数次的逻辑思维的训练。假使不是如同鲁迅所斥责的"鬼魅"那样别有险恶的用心，也不是发高烧到热昏的程度，通常是不会做出诸如"砒霜是面粉"之类明显荒谬的推理来的。但是，逻辑错误的产生，并不仅仅由于立场的反动或脑袋的发昏。由于逻辑思维训练的欠缺，由于粗枝大叶，

表达不妥,都可能造成语句的逻辑错误。而比较隐蔽的逻辑错误,那几乎是极少有人能够完全避免的。且看:

⑥现在有些青年人工作总是吊儿郎当。嗨!听说这次分配到我们车间来的尽是小青年,倒霉了!

⑦这本书收的都是伤痕文学,许多伤痕文学都很受欢迎,这本书畅销没问题!

⑧谦虚的人常常想到自己有不足之处,这些同志不也是经常想到自己的不足之处吗?谁说他们算不上谦虚的人呢?

像例⑥一类的话,前些年几乎盈耳皆是,现在也远未绝迹,略加"翻译",它是这样一个推理:

有些青年人是工作吊儿郎当的人,
这次分配到我们车间来的是青年人,
所以,这次分配到我们车间来的都是吊儿郎当的人。

如前所说,在这个推理中,两次出现的概念"青年人"是中词,它一次也不周延,即每次出现的"青年人"都只是"青年人"中的一部分。尽管"青年人"中确有一些是"工作吊儿郎当的人",但是也必定有许多青年人并非如此。因此,贸然断言"这次分配到我们车间来的'都是'吊儿郎当的人",就不合逻辑了。

例⑦中的小前提是笔者补上的,补上它,是为了易于看出整个推理的"庐山真面目"。在这个推理中,充作中词的"伤痕文学"(作品)一次也不周延,因此推理的结论不具有必然性。例⑦做出了唯一的结论,就是武断。

我们假定例⑧的小前提是符合实际的,并且,假定实际调查证明"这些同志"确是"谦虚"之至。同时,根据常识,我们可以断定大前提并无纰漏。总之,分开来看,例⑧所包含的三个判断,都是正确的。但是,当它们组成如同例⑧这样的推理时,却仍然不是一个合乎逻辑的推理。为什么?因为它是以一次也不周延的概念"常常想到自己有不足之处(的人)"充作中词而推出结论的。我们知道,"经常想到自己有不足之处的人",可能是一个谦虚的人,也可能只是一个妄自菲薄的人,而二者是难以相提并论的。

从上述例子我们看到,这些"似曾相识"的逻辑病句,确实常常遇到,或者曾从我们的嘴边、笔底流出过的,要注意的是,在例①②④至例⑧里,中词的位置不尽相同。这说明,不管大、小前提里中词处在什么位置上,只要"一次也不周延",推出的结论就不合逻辑。

明朝人刘元卿所撰的《应谐录》中有这样一个笑话:

一里尹（公差）管解（押解）罪僧（犯罪的和尚）赴戍（去戍地服刑）。僧故黠（狡猾），中道（半路上），夜酒里尹（夜里请里尹喝酒），致沉醉酣睡；已取刀髡（剃光）其首，改绁（缚）己索（绳索），反绁尹项而逸（逃走）。凌晨，里尹寤（醒来），求僧不得，自摩其首髡（光光的），又索在项，则大诧惊曰："僧故在是（仍在此），我今何在耶？"

这个笑话后来传到日本，被改编成了童话故事。笑话中，公差的推论是：和尚是剃光头的，我摸到的这个人（实际上就是他自己）是剃光头的，所以这个人就是和尚。既然和尚在，那么，公差不禁"大惊诧"问"我今何在耶"了。这是何等可笑啊！

这个公差的推论，显然也是在"中词一次也不周延"的情况下做出的。

笑话往往是大量经验、教训的概括，只不过涂了一些文学描写、艺术夸张的油彩罢了。笑话有"寓教于笑"的积极作用。看来，我们的祖先也着实担心过"和尚"式的错误推理呢！

行文至此，本可搁笔了。但笔者还是有点担心，也许有的同志会问：本文标题是"'鬼魅'的'逻辑'"，但说到头来，不仅笑话中的公差，而且连我们也会犯这种逻辑错误，这岂不是把我们与"鬼魅"相提并论，把我们也看成"鬼魅"了吗？

如果真有这样的同志发出这样的责难，那么应当说，他虽然大体懂得了有关的逻辑道理，但还不会应用。为了使之销嫌释憎，只要把他们的责难列成如下推论式，大概就可明白错误所在了：

（你说）鬼魅们犯了如此这般的逻辑错误，
（你又说）我们也犯了如此这般的逻辑错误，
（你就是说）我们即鬼魅。

这不也是一个"中词一次也不周延"的错误推理吗？

貌似有理　其实荒唐
——结论不得超出前提范围

报载：上海市监狱为三千余参加文化学习的犯人举行开学典礼，市教育局局长杭苇向罪犯讲话并宣布，罪犯只要学习态度端正，成绩优良，通过市统一文化考核后，由教育领导部门正式颁发单科结业证书或毕业文凭，国家正式承认他们的学历。

这是新时期劳改工作的一项改革。可以肯定，这对做好改造罪犯、造就新人的工作，意义重大。真心改悔的新人，今后将能运用从监狱这所特殊学校学得的知识，为国家建设贡献力量。但是报载之日，笔者却听到这样的议论：

甲：嗨！都是些判了刑的罪犯，还学什么文化！
乙：（不同意地）建设精神文明嘛，包括学文化啊！
甲：他们——哼，杀胚！有什么精神文明！
乙：（语塞）这……

甲和乙的对话，可以列成这样一个三段论：

乙：现正建设精神文明的人是应学文化的，
甲：犯人不是在建设精神文明的人，
甲：所以，犯人不必学文化。

从逻辑学的角度看，甲的推理貌似有理，其实荒唐。他所犯的逻辑错误，叫作"结论超出了前提的范围"。

形式逻辑有一条关于直言三段论的推论规则：前提中不周延的概念，在结论中也不得周延。

在直言三段论中，结论中的主项叫"小项"，结论中的谓项叫"大项"。上述推理的形式，可以用如下公式表示：

$$M 是 P,$$
$$S 是 \overline{M},$$
$$\therefore S 是 \overline{P}。$$

公式中的"$\overline{M}$",表示对"M"的否定,"$\overline{P}$"表示对"P"的否定。从公式中我们可以看到,"P"在大前提中是不周延的,因为大前提表达的是"M是P的一部分"的意思。这就是说只有一部分"P"是"M",而另一些"P"则不是"M"。小前提"S是$\overline{M}$"表明:所有的"S"都不是"M"。那么,不是"M"的一部分"P",同"S"是什么关系呢?显然,无法根据前提断定。但结论却断言"S是$\overline{P}$",即"所有的S都不是P",反过来看即"所有的P都不是S"。这个结论当然是根据不足的。结合上述甲的言论来看,"应学文化的人"不周延,他们仅有一部分是"正在建设精神文明的人"。所有的"犯人"虽然不包括在"正在建设精神文明的人"中,却有一部分可以包括在"应学文化的人"中。因此,结论把他们排斥于全部"应学文化的人"之外,是不合理的。

上一节所列出的"鬼魅"的第二个推理中,"反对"相当于"否定"。整个推理正好是"M是P,S是$\overline{M}$,∴S是$\overline{P}$"这样的"结论超出了前提范围"的错误推理。

明人江盈科所撰《雪涛小说》中,录有这样一个故事:

有医者,自称善外科,一裨将(副将)阵回(从战阵上归来),中流矢,深入膜内,延使治(请医者治疗)。乃持并州剪剪去矢管(箭杆),跪而请谢(请赏)。裨将曰:"镞(箭头)在膜内者须亟治(紧急治疗)"。医者曰:"此内科事,不意(想不到)并责我(竟要我管)!"

这个"医者"真是荒唐透顶。但他自己却嘟嘟哝哝,似乎还挺有道理。略加分析,他的推理与甲及"鬼魅"可谓"异曲同工":

内科医生是要管体内之病的,
我不是内科医生,
所以,我不必管体内之病。

根据"医者"的"逻辑",仅仅剪去箭杆,把箭头留在膜内不管,也就"理所当然"了。不过,如果这种"逻辑"成立的话,那么我们"即以其人之道还治其人之身"一下,可就够瞧了:

植物是需要空气、水和阳光的,

你不是植物，

所以，你不需要空气、水和阳光！

上述几个例子，都是前提中不周延的大项在结论中变成周延，我们称之为"大项不当周延"。

与此相类似的是"小项不当周延"，即小项在前提中本不周延，结论中却变成周延了。例如，议论建设精神文明的过程中，有人发表文章，认为精神文明建设不包括文化建设，其理由是雷锋、赵春娥等同志都是精神崇高的人，而他们的文化水平却很低，也就是说，没有文化照样可以建设精神文明。这个"理由"可以列成一个推论式：

某某是精神崇高的人，

某某是没有文化的人，

所以，没有文化的人是精神崇高的人。

既然如此，没有文化照样"建设社会主义精神文明"也就成了"顺理成章"的事了。但是我们知道，"只有用人类创造的全部知识财富来丰富自己的头脑，才能成为共产主义者"（列宁《青年团的任务》），没有文化是无法建设高度的社会主义精神文明的。上述推理的逻辑错误在于：小项（"没有文化的人"）在前提中是不周延的，而在结论中却变成周延的了。用这种推理形式，可以列出这样的推论：

鸡是可以杀来吃的，

鸡是两只脚的，

所以，两只脚的都是可以杀来吃的。

这是何等的荒唐？！

其实只要留心一下，这种荒唐的"推理"我们并不陌生，例如：

①资产阶级讲利润，我们不是资产阶级，怎么能讲利润？

②阶级敌人要斗，他们都是好逸恶劳的家伙！所以，好逸恶劳就该斗！

③他们不是三好学生，成绩肯定不灵。

④参加工作的要储蓄，我干吗要储蓄？！

⑤改革是开创新局面的必须，改革要突出一个"包"字，所以，突出一个"包"字是开创新局面的必须。

⑥书是应当好好钻研的，书是作家毕生呕心沥血写成的东西，所以，作家的这些

书应好好钻研。

例①，反问句"怎么能讲利润？"是结论，表达了"我们不能讲利润"的意思。"讲利润（的人）"是大项，在大前提中是不周延的，在结论中变成周延了，所以，犯了"大项不当周延"的逻辑错误。

例②，小项"好逸恶劳（的人）"在小前提中不周延，在结论中变成周延了，犯了"小项不当周延"的逻辑错误。

例③，省略了大前提"三好学生成绩是灵的（即好的）"。在这个省略了的大前提中，大项"灵的"不周延，它到结论中变得周延了，也犯了"大项不当周延"的逻辑错误。

例④，省略了小前提"我不是参加了工作的（人）"。结论"我干吗要储蓄？！"这一反问句，表达的是否定判断"我是不要储蓄（的）"。显然，也犯了"大项不当周延"的逻辑错误。

例⑤，分开来看，作为大、小前提和结论的三个判断都正确。但作为推理，它犯了"小项不当周延"的逻辑错误。

例⑥，结论中的"作家的这些书"代指"作家呕心沥血写成的东西"。这个推理，除大前提有问题外（有些书不值得"好好钻研"），还犯了"小项不当周延"的逻辑错误。

"你的瞌睡就是最好的批评"

——充分条件假言推理

果戈理是一个对自己要求十分严格的作家。他的每一部作品都要经过反复推敲,一再修改。他对自己不满意的作品,即使是多年辛勤劳动的结晶,往往也付之一炬,毫不惋惜。

有一次,他请当时著名的诗人茹科夫斯基来评价一部新剧作。一吃完午饭,他就开始朗读起来。年老的诗人有午睡的习惯,无法抗拒"睡魔",静静地打起盹来。过了一会儿,才又睁开眼。

"你看,华西里·安特里维奇,"果戈理向诗人说,"我希望听到你的意见,你的瞌睡就是最好的批评。"说完话,果戈理就把刚才读的新剧作投入火炉中,一焚了之。

在这个故事里,果戈理做了一次充分条件假言推理:

如果新剧本是引人入胜的,那么茹科夫斯基就能战胜"睡魔",
茹科夫斯基睡着了,
所以,新剧本是不吸引人的。

正是根据这个推理,果戈理赞许茹科夫斯基的瞌睡"就是最好的批评"。

假言推理是以假言判断为大前提,并根据假言判断前、后件之间的关系而推出结论的推理。由于假言判断有充分条件假言判断、必要条件假言判断和充分而且必要条件假言判断之分,相应地,假言推理也可分为充分条件假言推理、必要条件假言推理和充分而且必要条件假言推理。果戈理所做的推理,由于大前提是充分条件假言判断,即前件"新剧本是引人入胜的"是后件"茹科夫斯基就能战胜'睡魔'"的充分条件,所以是一个充分条件假言推理。

充分条件假言推理必须遵守以下规则。

第一,肯定前件就要肯定后件,否定后件就要否定前件。

这条规则是由充分条件的性质决定的。根据充分条件的性质,只要有前件,就一定有后件,因此肯定了前件,就要肯定后件。同时,又因为有前件必定有后件,所以,没有后件一定是由于没有前件,这样,否定后件当然要否定前件。

第二,否定前件不能否定后件,肯定后件不能肯定前件。

这条规则也是由充分条件的性质决定的。充分条件的另一性质是没有某一前件不一定没有后件,因此否定前件不能进而否定后件。同理,没有某一前件不一定没有后件,是由于后件可根据其他条件得出,就是说,同一后件可由不同的条件得出,所以,不能从肯定后件进而肯定某一前件。

违反充分条件假言推理的规则,从否定前件得出否定后件的结论,或者从肯定后件得出肯定前件的结论,都是错误的。果戈理不能用"新剧本不是引人入胜的"作小前提,推出"茹科夫斯基不能战胜'睡魔'"的结论,因为还有其他原因可以导致这一结果,如服了安眠药等。果戈理也不能用"茹科夫斯基能战胜'睡魔'"作为小前提,得出"新剧本是引人入胜的"结论,因为茹科夫斯基还可能服了兴奋剂或别的原因而未入睡。因此,果戈理说"你的瞌睡就是最好的批评"是正确的。

当然,果戈理的推理必须建筑在大前提正确的基础上,如果大前提本身成问题,那么,即使推论过程遵守规则,结论仍然可能错误。这样,就提出了大前提的前件与后件要有必然联系的要求。如果客观上前件与后件不存在充分条件的关系,是难以推出正确结论的。

方志敏同志在《清贫》一文中,记叙了他受伤被俘时的"一桩趣事"。当两个国民党兵士从他"上身摸到下身,从袄领捏到袜底,除了一只时表和一支自来水笔之外,一个铜板都没有搜出"时,"他们于是激怒起来了……威吓地吼道":

"赶快将钱拿出来,不然就是一炸弹,把你炸死去!"

"哼!你们不要做出那难看的样子来吧!我确实一个铜板都没有存,想从我这里发洋财,是想错了。"我微笑淡淡地说。

"你骗谁!象你当大官的人会没有钱!"拿榴弹的兵士坚不相信。

于是他们再过细地捏,过细地搜,结果当然仍旧一无所获。

这两个国民党兵士做的推理是:

只要是当大官的,就一定有很多钱,
他是当大官的,
所以,他一定有很多钱。

在这个推理中,大前提的前件与后件的关系要具体分析,如果所指的"大官"是国民党的,那么前、后件之间确有必然联系,而如果是指共产党的"大官",过的是"清贫,洁白朴素的生活"，那么前、后件之间就无必然联系了。所以方志敏同志向他们解释说："你们要相信我的话，不要瞎忙吧！我不比你们国民党当官，个个都有钱……我们革命不是为着发财啦！"两个国民党兵士错把适用于国民党大官的假言判断用在共产党"大官"身上，是必定要做出错误推理的。

明人赵南星在《笑赞》中写了这样一则笑话和一段"赞"：

> 卜者子不习本业，父怒谴之，子曰："此甚易耳。"次日，有从风雨中求卜者，父命子试为之，子即问曰："汝东北方来乎？"曰："然。"曰："汝姓张乎？"曰："然。"复问："汝为尊正（妻子）卜乎？"亦曰："然。"其人卜毕而去，父惊问曰："尔何前知如此？"子答云："今日乃东北风，其人面西而来，肩背尽湿，是以知之；伞柄明刻清河郡，非张姓而何？且风雨如是，不为妻谁肯为父母出来？"
>
> 赞曰：卜者子甚是聪明，可惜不曾读《孟子》，若读了《孟子》时，便知人性皆善，岂有视父母反轻于妻之理？

卜者之子做了三个充分条件假言推理：

① 如东北方来，那么肩背尽湿，
　　此人肩背尽湿，
　　所以，此人东北方来。
② 只要是清河郡的人，就一定姓张，
　　此人伞柄明刻清河郡，
　　所以，此人一定姓张。
③ 只要是冒风雨来求卜的，一定是为妻子，
　　此人冒风雨来求卜，
　　所以，此人一定是为妻子。

赵南星的"赞"，推翻了卜者之子的第三个推理，从逻辑学的角度看，其理由就在于大前提不真实。赵的这一反驳是有道理的。但是，他在"赞"中肯定"卜者子甚是聪明"，却大成问题。

拿推理①来看，首先，大前提的前、后件并无充分条件关系，因为来者是打着伞的，所以即使"从东北方来"，也不一定"肩背尽湿"。其次，假定大前提成立，但推理过程却违反了规则，即从肯定后件进而肯定前件。我们知道，尽管"从东北方来""肩背必湿"，但还有可能是别的条件（如摔了一跤等）造成"肩背尽湿"的，不能从"肩背尽湿"倒推"从东北方来"。总之，"卜者之子"的推理结论无必然性。此外，"卜者之子"所说的"其

人面西而来,肩背尽湿",在表达的逻辑顺序上也不严密,因为"面西而来"只能是根据"肩背尽湿"推论的结果,应放在"肩背尽湿"后面。

再看推理②,首先,清河郡人未必都姓张,大前提不能成立;其次,"伞柄明刻清河郡"未必就是清河郡的人,因为还可能是借别郡人的伞。这样,"卜者之子"就犯了以"伞柄明刻清河郡"偷换了"清河郡人"的逻辑错误。用作小前提的,实际上并非肯定前件,推论也无从做出。

上述一大堆逻辑错误,赵南星都没有看出。至于"卜者"及"卜者子"更不用说了。由此可见求卜、问卦之类迷信活动纯属虚妄之一斑。笃信神鬼,实在可笑之至!

明显违反充分条件假言推理规则的病句虽然不多,但是比较隐蔽的,却所在多有。例如:

④"巧妇难为无米之炊。"一个工厂,如果没有原料,就谈不上改革。因此,他们那儿改革之事一筹莫展。

⑤"世上无难事,只怕有心人。"只要刻苦学习,就能取得好成绩,他就是一个十分刻苦的人。

⑥"一个碗碰不响,两个碗叮叮当。"团结关系没搞好,工作就会出错。他们工作又出错,可见闹不团结。

⑦谁要觉得人物"成熟"而故事还没有成熟,他首先应当做的,不是找人讲故事,而是到生活中再"找人"。他那样做了,因此写出了群众喜闻乐见的佳作。

⑧经常看报,可以得到很多知识。他怎么可能知道很多呢?

⑨只要不断改良品种,总能不断增加产量。公社了解到,这个队近几年一直种矮脚南特(水稻品种),但上报的产量却年年增加,由此发现了问题,顺藤摸瓜,终于揭出了这个队虚报产量的严重问题。

例④⑤的大前提都不能成立,因为有无原料同改革有关,却不能决定能不能改革;而仅仅刻苦学习也未必就能取得好成绩,还要讲究方法。大前提不能成立,结论就会错。

例⑥⑦都犯了以肯定后件进而肯定前件的方式进行充分条件假言推理的错误。例⑥,"工作出错"的结果,可以由许多原因造成,肯定后件"工作出错",不能进而肯定前件"闹不团结"。例⑦,第一句话是茅盾说的,在其中起大前提的作用,意思是"只要故事不成熟,那就应当先去熟悉你所要描写的人物"。但是,熟悉了所要描写的人物是否等于故事成熟了呢?当然,并非如此,更不等于就能写出"群众喜闻乐见的佳作"来。

例⑧⑨都犯了以否定前件进而否定后件的方式进行充分条件假言推理的错误。例⑧,小前提被省略了。把它恢复出来是"他不经常看报"。这是对前件的否定。但我们知道,知识的来源是多方面的,从"不经常看报"不能必然地推出"不可能知道很多"的结论。

例⑨，增产的方法很多，"水、肥、土、种、密、保、工、管"，改良"种（子）"仅仅是增产的一种措施，所以不能从"这个队一直种矮脚南特"（否定前件）必然地推出"（他们）不能增加产量"（否定后件）的逻辑结论。必须指出的是，例⑧⑨的结论，确是符合实际的，但这并不能弥补逻辑推理中的错误。在说话、写文章中，最容易犯的，就是这种"结论符合实际"而推理不合逻辑的错误，因为它的错误特别隐蔽，被"符合实际"的"结论"所掩盖着。

他们能成为"家"吗?

——必要条件假言推理

有人想象力特别丰富,想当个小说家。

有人嗓子格外好,想当个歌唱家。

有人手指修长细巧,想当个钢琴家。

有人父母亲都是作家,认为自己长大了也一定能当个作家……

他们能成为"家"吗?

有人认为"能",并且羡慕他们"得天独厚"。

有人认为"不能",理由是:他们仅仅具备了成"家"的必要条件。

我们认为又"能"又"不能",要做具体分析。

十一届三中全会以来,我们伟大的社会主义祖国蒸蒸日上,阔步前进。在党中央的正确领导下,全国人民精神振奋,意气风发,满怀豪情地为"四化"而奋斗。展望前程,光辉灿烂!这为每一个人充分发挥他的聪明才智,创造了空前有利的客观条件。憧憬未来,渴望成为对人民贡献特别大的红色专家,这是当代青年的共同理想。完全有把握预言:我国青少年的美好愿望、远大理想,是一定能够实现的。

但是,对每一个具体的人来说,是不是都"能"呢?

我们先来分析"父母亲是作家,孩子一定……"的观点。

古今中外,父子都是著名作家的例子倒是有的:中国古代三国时期的"三曹"(曹操与儿子曹丕、曹植),北宋的"三苏"(苏洵与儿子苏轼、苏辙),法国的"两仲马"(大仲马和小仲马),等等。但是,父子各执其业,并非都是作家的,却要多千百万倍。鲁迅在《作文秘诀》中说:"作文却好象偏偏并无秘诀,假使有,每个作者一定是传给子孙的了,然而祖传的作家很少见。"所以,认为父母亲都是作家,自己也一定能成为作家,无法用事实求得证明。至于认为父母亲都是作家,因此儿子就具备了成"家"的"必要条件",也是很成问题的。按照这种"逻辑",就会得出如下"推理":

只有父母亲是作家,孩子才能成为作家,

> 他的父母不是作家，
> 所以，他不能成为作家。

从实践上看，这个"推理"，不符合客观实际。李白的父亲是商人，母亲织过布，大概是个"家庭妇女"。鲁迅的父亲是会稽生员，数应乡试未中，愁居在家，那就是"无业"；母亲也是"家庭妇女"。即使拿"三曹""三苏""两仲马"来看，曹操、苏洵、大仲马的父母亲也不是作家。因此，从逻辑上说，这个"推理"的大前提虚假，"父母亲是作家"与"孩子成为作家"之间，没有必要条件的关系。

和充分条件假言推理一样，如果必要条件假言推理的大前提虚假错误，是不可能推出正确结论的。

那么，"想象力特别丰富，想当个小说家"行不行呢？当然，仅仅是"想"，有什么不行？但如果说是"……一定能成为小说家"，就大谬不然了。

诚然，小说家是必须有丰富的想象力的。司各特在《小说家的传记》中说过："每一位成功的小说家多少总得是个诗人，即使他没有写过一首诗。想象力对于他是绝对必要的。"但是司各特紧接着又说："他的检验和体现人的性格、人的情感以及外貌的精确能力，也要同样必需的。对于他所敏锐地感觉到的事物加以很好描述的这种才能，再加上上述的那些条件，这就充分具备了诗人的特色。"这里，司各特还没有谈到小说家必须具有坚实的生活基础、驾驭语言的熟练技巧、从整体上有机地安排故事情节的逻辑能力等必要条件。仅仅凭"特别丰富的想象力"，怎么就能成为小说家呢？不要说小说家，就是一篇"微型小说"也难以写成啊！

有人也许会认为：

> 必须有丰富的想象力，才能成为小说家，
> 他有丰富的想象力，
> 所以，他能成为小说家。

这不是一个肯定前件进而肯定后件的假言推理吗？

是的，这是一个假言推理，因为大前提是假言判断。而且，小前提肯定了前件，结论则肯定了后件，与充分条件假言推理的规则相符。

但是问题在于：大前提不是充分条件假言判断，而是必要条件假言判断，因此这是一个必要条件假言推理；必要条件假言推理的规则，恰恰与充分条件假言推理的规则完全相反。

必要条件假言推理的规则是：

第一，否定前件就要否定后件，肯定后件就要肯定前件。

这条规则是由必要条件的性质决定的。根据必要条件的性质，没有前件就没有后件。例如，有丰富的想象力，是成为小说家的必要条件；没有丰富的想象力，就不能成为小说家。这就是说，否定前件就应否定后件。又由于没有前件就没有后件，因此，有了后件就一定是有了前件。例如，只要是小说家，他的想象力肯定是比较丰富的，小说家绝不会是个"阿木灵"。所以，肯定后件就要肯定前件。

第二，肯定前件不能肯定后件，否定后件不能否定前件。

这条规则也是由必要条件的性质决定的。必要条件的另一性质是有了前件不一定有后件，因为还必须加上其他一些必不可少的条件才能得出后件。这就决定了肯定前件不能肯定后件。同时，许多个条件加在一起才能产生某个结果，因此，没有某个结果，并不一定是由于缺少某一个条件，因为完全有可能是由于缺少其他条件。这就决定了否定后件不能否定前件。

违反上述规则，采取肯定前件进而肯定后件，或者否定后件进而否定前件的推论方式，即使大、小前提本身毫无问题，也会推出不合逻辑的结论来。前面所说的"……他能成为小说家"，就是一个肯定前件进而肯定后件的错误推理。明白了这一点，关于"……想当个歌唱家""钢琴家"的问题，想来读者能够自行分析了。

德国 19 世纪著名作家台奥尔多·冯达诺在柏林当编辑的时候，一个青年作家寄给他几首拙劣的"诗"，并在信中说："我对标点是不大在乎的，请您自己填上吧。"台奥尔多·冯达诺很快就退还了那些"诗"，在退稿信中写道："下次来稿，请先寄些标点来吧，诗由我自己来填好了。"

文字的表达和标点的使用，都是现代文学作品不可或缺的要素，也就是我们说的"必要条件"。台奥尔多·冯达诺的讽刺性的退稿信，实际上是一个必要条件假言推理：

必须有正确的标点，才能成其为诗，
你不在乎标点，
所以，你这不是诗。

这个推理，回敬了"青年作家"的错误推理：

（必须有正确的标点，才成其为诗，）
我这是诗，
所以，我不在乎标点。

台奥尔多·冯达诺的推理，采取否定前件进而否定后件的形式，是一个正确的必要条件假言推理，而"青年作家"却采取了肯定后件进而否定前件的方式，违反了"肯定后件就要肯定前件"的规则。

违反必要条件假言推理规则的病句,往往不容易一目了然地看出,例如:

①要明确地把人的多样的变化写出来,同一个人,有时是恶棍,有时是天使,有时聪明,有时愚骏(傻),有时坚强有力,有时十分脆弱。只有这样,艺术作品才是完美的。《水浒传》这样做了,所以,它成为中国古典文学史上一颗璀璨的明珠。

②人物不得不在一定的环境中活动,因此,作品中就必须写到环境。只有用一定的环境来烘托,人物才能写活。这部作品的人物没有写好,其环境描写也就可想而知了。

例①的第一句话,是俄国著名作家列夫·托尔斯泰说的。他的这一观点未必正确,因为每个人的思想发展是有一定的规律性的,时而是"恶棍",时而是"天使",有悖于一般的思想和行动的规律。例①引进这句话,可能是指要把人物性格发展中的矛盾斗争写出,如果做这样的理解,还勉强说得过去。但是接踵而来的推理却很成问题:"只有这样,艺术作品才是完美的。"这是大前提,是一个必要条件假言判断。其中"这样"是前件,"艺术作品才是完美的"是后件。因为是必要条件,所以,不"这样","艺术作品"不可能"完美";但仅仅"这样",不加上其他条件,"艺术作品"还是不可能"完美"的。例如,一部作品中的人物性格的矛盾发展写得不错,但是语言干瘪,或者结构混乱,等等,都会使这一作品失败。因此,小前提仅仅肯定了《水浒传》"这样做了",结论断定它"成为中国古典文学史上一颗璀璨的明珠",说服力不强。从逻辑上说,就是以肯定前件进而肯定后件的形式做了一次必要条件假言推理,违反了有关的推理规则。

例②的第一句话,是我国著名作家茅盾说的。"只有用一定的环境来烘托,人物才能写活",这是大前提,也是一个必要条件假言判断。小前提否定了后件,指出"人物没有写活"。结论的语意是"环境没有写好",即否定了前件。但"人物没有写活"的原因可能并不在于环境没有写好,而在于对话、心理、肖像没有写好等,所以结论同样是武断的。从逻辑上看,就是违反了必要条件假言推理的规则,以否定后件进而否定前件的方式,做出了错误推理。

猜谜中的排除法

——不相容选言推理

我国的谜语，在古代称为廋（sōu，隐藏、藏匿之意）辞、隐语、灯虎、春灯、灯谜等。猜谜活动在我国有极为广泛的群众基础，古往今来，东西南北，男女老幼，贵贱贫富，爱好猜谜者大有人在。《红楼梦》中还有专门描写贾府老小猜灯谜的生动篇章。有的人猜谜的本领很强，几乎百猜百中；有的人则每见灯谜便皱眉蹙额，束手无策。这里有一个科学方法问题。说是猜谜，其实一点也不能瞎猜，只有依循一定的科学方法，才能"得心应口""手到谜除"。猜谜的主要方法有：会意法、别解法、象形法、增损离合法、拟人法、排除法，以及分扣、反射、假借、连环等方法。由于所有这些方法都是人的思维活动的规律性表现和概括，因此，都同逻辑有关。其中，排除法就是选言推理的直接运用。

例如，谜语"目字加两点，不作贝字猜（打一字）"，"一木口中栽，非杏也非呆（打一字）"，《谜语大全》一书认为可以运用排除法分别猜出是"贺"与"束"字。其逻辑思维过程是：

第一个谜语，"目字加两点"，或作"贝"字，或作"贺"字，谜底排除了"贝"字，那就是"贺"字。

第二个谜语，"一木口中栽"，有猜作"杏""呆""束"等字的可能，谜底排除了"杏"与"呆"，那就是"束"字。

这种逻辑思维过程，在逻辑上叫不相容选言推理。

选言推理是大前提为选言判断，并且根据选言判断选言肢间的关系而进行推论的推理。由于选言肢有相容与不相容之分，因此，选言推理也可分为相容选言推理与不相容选言推理。

不相容选言推理就是大前提为不相容选言判断的选言推理。

要做出正确的不相容选言推理，通常首先要求大前提列出全部不相容选言肢，否则就可能造成推理结论的错误。第一个谜语是猜得对的，因为在汉字里"目字加两点"，只有"贝"与"贺"两个字，既不能猜作"贝"字，就只有猜作"贺"字了。第二个谜语却值得商榷了，因为"一木口中栽"除"呆""杏""束"外，还可能是"困"字。由于大前提未列出全部选言肢，推出的结论不可靠，猜作"束"字就会引起纠葛。

不相容选言推理有两种推论形式。

一为肯定否定式，即小前提肯定大前提的部分选言肢，结论否定其他选言肢的形式。这种形式可用如下公式表示：

S 或是 P_1，或是 P_2，或是 P_3，或是 P_4，
S 是 P_1、P_2，
∴ S 不是 P_3，不是 P_4。

一为否定肯定式，即小前提否定大前提的部分选言肢，结论肯定其他选言肢的形式。这种形式可用如下公式表示：

S 或是 P_1，或是 P_2，或是 P_3，或是 P_4，
S 不是 P_1，不是 P_2，
∴ S 是 P_3、P_4。

猜谜中的排除法，就是不相容选言推理否定肯定式的具体应用。

《太平广记》卷一六四引了一则故事：

> 秦优旃（优伶，名旃）善为笑言，然合于道。秦始皇尝（曾）议（议论）欲大苑囿（想扩大养禽兽的园林），东至函谷，西至陈仓。优旃曰："善，多纵禽兽于其中，寇贼从东方来，令麋鹿触之，足矣。"始皇乃止。

优旃用来劝阻秦始皇扩大苑囿的推理表面上是：

或扩大苑囿（以便纵情打猎取乐），或不扩大苑囿（以便抵御），
"善"！（即可扩大之）
所以，不应不扩大。

优旃表面上完全赞成秦始皇"欲大苑囿"之议，从而可以博得秦始皇的欢心。这是一个肯定否定式的不相容选言推理。但是，扩大苑囿的结果，必定使边防空虚，"寇贼"易于乘虚而入。苑囿中除珍禽异兽外，别无他者可以抵挡"寇贼"，而实际上禽兽是不可能御敌的。"令麋鹿触之，足矣"，其实无"足"可谈，这是秦始皇心中一清二楚的。所以，优旃实际上否定了"欲大苑囿"之议。他的聪明，"合于道"也正在这里。他所做的推理实

质上为：

> 或扩大范围，或不扩大，
> 扩大范围是不行的，将导致"寇贼"入侵，
> 所以，应不扩大。

这又是否定肯定式的不相容选言推理了。

要做出正确的不相容选言推理，除要求大前提列出全部选言肢外，还要求遵守下列规则：其一，小前提肯定大前提的一部分选言肢，结论就要否定另一部选言肢；其二，小前提否定大前提的一部分选言肢，结论就要肯定另一部分选言肢。

这里所说的小前提对大前提部分选言肢的肯定或否定，都必须是明确的、毫不含糊的，不能模棱两可，否则结论就不可靠。同样，如果小前提对大前提部分选言肢的肯定或否定是明确的，结论对大前提另一些选言肢的否定或肯定也应当是明确的。

《少年报》721期曾载一则"智力测验"，题为《奇怪的风向》，全文如下：

> 大雨过后，在一座滨海城市的郊外，麻雀、海鸥、喜鹊遇到了刚刚放飞的鸽子，他们四个歇在田野上闲聊。
>
> 鸽子说："今天可算是东风劲吹。下雨时，主人正带我乘在向东驶的电车上，雨像瓢泼似地迎着车头斜打下来，好猛啊！"
>
> "不对，那时我在窝里，看到对面墙上芦苇的梢头是朝东北方向弯的，所以，下雨时是刮西南风。"麻雀争着说。
>
> 海鸥听了哈哈大笑，说："都错啦！当时我正掠过海面向北飞，看到迎面开来的船，它的旗帜都是向船尾飘的。很清楚，下雨时一定刮北风。"
>
> "唉！其实今天下雨时风并不大，可惜我没有注意风向。"喜鹊叹息着说。
>
> 少年朋友们：如果他们的感受都是确实的话，你说下雨时究竟刮什么风呢？它们当中谁说对了？

后来刊出的"答案"是这样的："大家都有这样的经验，下雨天坐在行驶的车子里，雨一般都是迎着车头下的，这是因为电车朝前行驶的结果，并不能判断风是从前方刮来的，因此鸽子的判断不一定正确。海鸥的情况也同样如此。所以麻雀的话是对的，因为麻雀在窝里，而墙上芦苇是在不受干扰的自然风的吹动下，产生倾斜的。"

这个"答案"表述成了不相容选言推理的否定肯定式。但对"鸽子""海鸥"的判断，并非明确的否定，而是"不一定正确"。"不一定正确"，那就既有"不正确"的可能，也有"正确"的可能。这样，"所以，麻雀的话是对的"中的"所以"就十分牵强。如果"答

案"将肯定"麻雀的话是对的……"移到前面,然后一一否定"鸽子""海鸥"的话,表述成肯定否定式,那就文通字顺、合乎逻辑了。

有人这样写道:

①对于西方资产阶级的东西,或是继承,或是借鉴。我们当然不能全盘照抄资产阶级的东西,所以,正确的态度是借鉴,以求"洋为中用",创出我们自己的新东西来。

②他们毕业以后,可以选择当教师、翻译、工程技术人员这三种职业。李成刚可能不想当教师,所以,他一定选择当翻译,或者做技术人员。

③要么退休,要么再干几年,得决定下来了。他想,"退休无论如何不干,在家多憋气啊!"何况单位里也很需要他。所以,他也许会再干几年。

④赤、橙、黄、绿、青、蓝、紫,非此即彼,还有什么可说的?你不是爱红的、黄的,就是爱蓝的、绿的、紫的。

这些语句都违反了不相容选言推理的要求。

例①,孤立地看,结论并不错,我们正是应该采取"借鉴"的态度。但是作为一个不相容选言推理,大前提没有列出全部选言肢,如果全部列出,即"对于西方资产阶级的东西或是继承,或是借鉴,或是批判",结论除"借鉴"外,就还可以是"批判"。当比较笼统地议论"对西方资产阶级的东西……"时,例①的错误不那么明显。如果比较具体地议论"对西方资产阶级的生活方式"等时,错误就会明显地暴露出来。

例②,小前提对大前提部分选言肢既非肯定,也非否定,而是一个"倾向性"的"可能不想……",因此,结论断言"一定……"就不合逻辑。例③与例②相反,小前提明确否定了大前提的一个选言肢,结论的表述却是"也许……",即不肯定。

例④的逻辑错误在于:小前提否定了大前提的两个选言肢,结论应该肯定其余的选言肢,而例中漏写了"橙的"与"青的"两个选言肢。尽管例中的"赤、橙、黄、绿、青、蓝、紫"可能是一种比喻,作者所要表达的只不过是非"此"即"彼"、"二者必居其一"的意思,然而逻辑所追求的是思维的严密性。我们必须时时、处处都训练自己,努力做到逻辑严密。

龚自珍《鸣鸣硁硁》诗云:"智亦未足重,愚亦未可轻。鄙夫较量愚智间,何如一意求精诚?……寄言后世艰难子,白日青天当奋行。"

"精诚所至,金石为开。"抓紧时间,奋力学习,注意实际应用,是可以使我们由愚到智,练就一副逻辑严密的头脑的。

从模特儿谈起

——相容选言推理

鲁迅在《〈出关〉的"关"》中说:"作家的取人为模特儿,有两法。一是专用一个人,言谈举动,不必说了,连微细的癖性,衣服的式样,也不加改变。……二是杂取种种人,合成一个,从和作者相关的人们里去找,是不能发见切合的了。"

鲁迅所说的作家"取人为模特儿"的两法,即"专用一个人"与"杂取种种人",是互不排斥的,因此,这是一个相容的选言判断。也就是说,作家既可"专用一个人",也可"杂取种种人",还可在同一部作品中"专用一个人"为某一人物的模特儿,同时"杂取种种人"为其他人物的模特儿。

在谈到自己的创作经验时,鲁迅说自己"一向取后一法":

> 所写的事迹,大抵有一点见过或听到过的缘由,但决不全用这事实,只是采取一端,加以改造,或生发开去,到足以几乎完全发表我的意思为止。人物的模特儿也一样,没有专用过一个人,往往嘴在浙江,脸在北京,衣服在山西,是一个拼凑起来的角色。

有人根据鲁迅"一向取后一法"的事实,贬低"专用一个人"的方法,认为"专用一个人"作模特儿的写法是不存在的、不可取的。其推理是:

> 或"专用一个人",或"杂取种种人",
> 鲁迅是"杂取种种人"的,
> 所以,不能"专用一个人"。

这个推理是错误的。它的大前提是相容选言判断,因此,它是一个相容选言推理。相容选言推理由于大前提各选言肢是相容的,互不排斥,因此肯定其中一部分选言肢,不能随之否定其他的选言肢。这决定了相容选言推理只有一种形式,即否定肯定式,可以用下列公式表示：

S 或是 P_1，或是 P_2，
S 不是 P_1，
所以，S 是 P_2。

例如：

小张成绩好，或者是由于他花了大量的时间，或者是由于他学习得法，
小张花在学习上的时间并不多，
所以，他的学习方法肯定比较好。

这就是一个相容选言推理，大前提为相容选言判断，小前提否定了大前提的一个选言肢，结论则肯定大前提的另一个选言肢。

根据大前提各选言肢互不排斥、可以并存的性质，进行相容选言推理时必须遵守以下两条规则。

第一，小前提否定大前提的一部分选言肢，结论就要肯定大前提的另一部分选言肢。

第二，小前提肯定大前提的一部分选言肢，结论不能否定大前提的另一部分选言肢。

前面所说的推理"鲁迅是'杂取种种人的'，所以，不能'专用一个人'"，就违反了第二条规则。事实上，"专用一个人"作模特儿的，文学史上不乏其例。《儒林外史》里马二先生的模特儿就是吴敬梓的好友冯粹中。

除以上两条规则外，大前提的选言肢必须全部列出，否则，即使遵守上述规则，推出的结论仍旧可能错误。例如，关于"小张成绩好……"的推论，结论说"他的学习方法肯定比较好"就有商榷余地。因为一个人的学习成绩好坏，不仅有主观因素，而且有客观因素。"小张成绩好"，还可能是由于"小张的老师教得好"或"家长辅导有方"，等等。这样，如果大前提将各种可能的原因全部列出，当小前提否定部分选言肢，结论肯定其余选言肢时，推理的正确性就不成问题了。

1983 年 2 月 20 日的《讽刺与幽默》载有一则"外国幽默"：

书店里一位顾客："我想买本书，里面没有凶杀，没有爱情，没有侦探，没有百万富翁，也没有妙龄女郎。您能为我推荐这样一本书吗？"

"全国火车运行时刻表。"

这则故事，不能说没有"幽默"，但逻辑却很不足。既不谈"凶杀"，也不谈"爱情"

等的书籍，即使是腐朽的西方国家里，也还是有的。书店老板的答话，实际上是根据选言肢不全的大前提推出的。当然，其责任不在书店老板，而在这则幽默故事的杜撰者。正是他做了一次违反逻辑的推理。

进行选言推理时，不管大前提是否列出了全部选言肢，小前提都不能把大前提中已经列出的选言肢全部否定。否则，结论就无从推出。

鲁迅曾经揭露一些自封的青年"导师"指给青年的道路是"不可向东，不可向南，不可向西，不可向北"。这些"导师"无异于骗子，因为他们否定了一切可能的选择，妄图让青年们在原地等死。

新疆维吾尔族人民中广为流传的阿凡提故事中，有这样一个否定全部选言肢的例子：

阿凡提开了个小染坊，乡亲们都夸阿凡提手艺好。巴依听了很不高兴，就来故意刁难。有一天，他挟着一块布到染坊里来，大声嚷嚷道："阿凡提，给我把这匹布好好染一染，让我看看你的手艺！"

"您要染什么颜色呀，巴依？"

"我要染的颜色普通极了，它不是红的，不是蓝的，不是黑的，又不是白的，不是绿的，也不是青的，你明白了吗？"

"明白了，明白了！"阿凡提把布接过来说，"我一定照你的意思染。"

"什么？你能染？那我哪一天来取？"

"你就到那一天来取吧，"阿凡提顺手把布锁到柜子里，对巴依说，"那一天不是星期一，不是星期二，不是星期三和星期四，又不是星期五和星期六，连星期天也不是。我的巴依，到了那一天，你就来取吧！"

狡猾的巴依企图用否定全部选言肢的办法来难倒阿凡提；阿凡提"即以其人之道，还治其人之身"，也用否定全部选言肢的办法回敬了巴依。巴依是愚蠢的，因为除"红、蓝、黑、白、绿、青"之外，还有其他许多种颜色，阿凡提即使不采取上述办法，也可对付巴依的刁难。但阿凡提故意违反逻辑，那是为了长穷人的志气，灭巴依的威风。

"东、南、西、北""红、蓝、黑、白……""星期一、二、三……"这些都是互相排斥、不能并存的。即使各选言肢可以并存，而小前提全部予以否定，也推不出结论来。例如，如果谁认为作家写人既不可"专用一个人"，也不可"杂取种种人"，还不可将二者结合起来，那就只好不写了。

根据以上认识，我们来看一看下列句子：

①这些同志离开了领导岗位，是因为年事已高。所以，有些人背后议论，说某某水平低、某某能力差、某某知识欠缺，这是不应该的。

②根据上级指示，内容反动、黄色，或者印刷质量太差的书籍，都不允许发行。这些书内容反动、黄色，不许发行，因此，就印刷质量来说，倒是不成问题的。

例①的毛病出在"所以"二字上。如果把"所以"去掉，那么，不管某某是否真的"水平低""能力差""知识欠缺"，都不成问题，因为"背后议论"总是"不应该的"。但一加上"所以"二字，整个例子就成了推理。既是推理，就要研究一下"推"得是否合"理"。由于"年事高"与"水平低"等是相容的，互不排斥，因此，"这些同志"的"离开了领导岗位"，既可能仅仅由于"年事高"，也可能兼有"水平低"等。这样，加上"所以"，例①成了相容选言推理，采取的是肯定一部分选言肢进而否定另一部分选言肢的形式，违反了相容选言推理的规则。

同样，例②的毛病出在"因此"二字。"这些书"完全可能仅仅因为内容问题而不许发行。如果是并列的两个判断，是不成问题的。但加上"因此"二字，例②就成了推理。因为选言肢相容，整个推理与例①一样，采取肯定否定式，违反了相容选言推理的规则。

这两个例子还告诉我们：切忌乱用"所以""因此"之类的词语。关于这一点，在归纳推理和类比推理中更要注意。

"辛亥革命的著名人物是小凤仙"
——简单枚举归纳推理

有人写了这样一篇《师生对话》：

老师：辛亥革命的著名人物孙中山先生……
学生：（打断）不，老师，辛亥革命的著名人物是小凤仙。
老师：（气愤地）谁告诉你们的？
学生：好多好多纪念辛亥革命的电影和戏都是这么演的呀！（如数家珍地）有京剧小凤仙、电影小凤仙、话剧小凤仙……

其实，又何止电影和戏呢？如果翻阅一下书刊，不难得出印象：许多文艺作品也是这样写的呀！

当然，"学生"的推论是违反逻辑的，但责任并不完全在他们，而是首先在于某些作家。这许多个作家合在一起，自然而然地导演了一条逻辑错误：轻率归纳。

逻辑学上有所谓归纳推理。归纳推理是由特殊性判断推导出一般性判断的推理，有完全归纳推理与不完全归纳推理之分，后者又可分为简单枚举归纳推理与科学归纳推理。

简单枚举归纳推理，指的是根据关于某类事物中的一些（并非全部）对象具有某种属性的简单判断，进而推导出关于该类对象的全体都具有这种属性的普遍性判断，例如：

浙江农村推行责任制，获得了大丰收，
福建农村推行责任制，获得了大丰收，
贵州农村推行责任制，获得了大丰收，
辽宁农村推行责任制，获得了大丰收，
四川农村推行责任制，获得了大丰收，
所以，凡推行了责任制的地方，都获得了大丰收。

简单枚举归纳推理可以概括成如下公式：

S_1——P
S_2——P
S_3——P
……
S_n——P
S_1、S_2、S_3……S_n 都是 S（而非 S 全部）
∴ S——P

简单枚举归纳推理的特点是结论所断定的范围，超出了前提所断定的范围。通过简单枚举归纳推理，可以揭示出关于一类事物全体的知识，帮助人们探求具有普遍规律性意义的新知识。

文学创作中有"文贵有情"的原则，意思是作家对于他所塑造的人物，特别是他着力塑造的主人公，必须有真情实感，只有这样，才能创造出有血有肉、栩栩如生的人物形象。"文贵有情"的原则，就是通过简单枚举法得出来的。我国明代作家汤显祖写《牡丹亭》至"赏春香还是你旧罗裙"句，当代作家姚雪垠写小说《李自成》至李自成之死，都禁不住为人物的命运失声痛哭。巴尔扎克写到《高老头》中的高老头死时，"心里难受得很，一下子就昏过去了"。有一次，朋友去看福楼拜，见他正坐在地上，泪如雨下，还不断地抽搐。朋友问他为什么，福楼拜不胜悲痛地说："包法利夫人死了！"朋友问他包法利夫人是谁，他指指桌上一大堆稿纸，原来是小说《包法利夫人》的主人公。歌德写的《少年维特的烦恼》，使无数的人为之倾倒，是因为歌德与维特有过相同的遭遇，他把自己的心血都倾注到作品中去了。许多事实说明，有"情"，"文"才精彩、动人。当人们通过简单枚举归纳推理得出"文贵有情"的原则时，就可用来指导文学创作、文学欣赏和文学批评，也就是得到了新的知识。

由于简单枚举归纳推理的结论超出了前提所提供的知识的范围，因此，从总体上看，它只具有或然性，即不是绝对可靠的。为了提高简单枚举归纳推理结论的可靠性程度，必须在前提中尽可能地多"枚举"关于个别事物属性的特殊性判断。否则，就容易犯"轻率归纳"的逻辑错误。篇首《师生对话》中"学生"就犯了"轻率归纳"的错误，因为毕竟还有许多电影、戏剧、文学作品不是那样以宣扬小凤仙为主的啊。

曾经有人认为语言起源于模拟自然界事物的声言。理由是：把某种动物叫作"猫"，是因为它的叫声为"miao"；把某种动物叫作"鸭"，是因为它的叫声为"ya"；而牛、喜鹊、布谷的叫声分别为"niu""que——que""bugu——bugu"……唐朝诗人韩偓还写下了"时有幽禽自唤名"的诗句；《山海经》里写精卫鸟则有"其鸣自詨（xiào）"句；等等。

还曾有人认为诗人都是喜欢喝酒的,而且都是在喝酒之后,才诗兴勃发,泼墨挥毫,写下千古不朽的佳句的。据说,这是从曹操、贺知章、陈子昂、孟浩然、李白、柳宗元、苏东坡等人的事例中归纳得出的结论。如若有人不以为然,他们还会援引"李白斗酒诗百篇"之类的传闻来与你辩论。

这些都是"轻率归纳"的结果。其实,摹声词在任何民族的语言里都只占极少数。诗人中,滴酒不进的也不乏其人。

"轻率归纳"有程度的不同,"轻率"至极,仅凭一二实例,辄加"归纳",就成了"以偏概全"。

有人从陶渊明诗中摘出"采菊东篱下,悠然见南山"句,认为陶渊明只写"田园诗"。这就犯了"以偏概全"的错误。鲁迅在《题未定草(六)》中,对此做过批评。他指出,陶渊明诗中也有"金刚怒目"式的,如"刑天舞干戚,猛志故常在"(《读山海经》)等就是。

有一个笑话,说一个富翁,自己是文盲,请了个先生教儿子识字。先生教他认得了"一""二""三",他便欣然弃书,说自己"字义全晓"了。于是,谢退了先生。这时来了个姓万的客人,富翁要儿子一显身手,将客人的姓名写出来,儿子也兴冲冲地全力以赴。但是,从红日高照写到夕阳西下,还没有写成。富翁催儿子快写,儿子说:"百家姓,百家姓,有这么多的姓,他偏姓万,我写到现在才写完五百画呢!"在这个笑话中,富翁的儿子所犯的就是"以偏概全"的逻辑错误。

英国的菲尔丁在《汤姆·琼斯》中谈到人物描写时说:"我确实认识一个人,他具备我以上所描写的全部美德,但是仅仅根据一个孤立的实例,理由是不充足的。因为我们的作品是要给千千万万读者看的,他们都从来没有听说过有这么个人,或类似这样的人,那我们如何能取得人们的信任呢?这种人间罕物,只有留给墓志铭作者去写……"菲尔丁这样做,是为了避免在文学作品中犯类似"以偏概全"的错误。

"轻率归纳"的错误,有时是由于"枚举"过少造成的,有时则由于前提本身有错误。例如:

①法国有司汤达、巴尔扎克、大仲马、福楼拜、罗曼·罗兰、纪德,英国有乔叟、莎士比亚、拜伦、雪莱、狄更斯、哈代,德国有歌德、席勒、海涅。他们驰名文坛,享誉全球,不但是他们祖国的骄傲,而且也说明,欧洲国家都是世界第一流的文学巨匠的摇篮。

②《于无声处》《伤痕》《班主任》《大墙外的白玉兰》……粉碎"四人帮"以来涌现的作品,无一不饱蘸作家的心血。

③家家点上了电灯,队队通进了汽车,社社办起了工厂,塞北、江南,处处如此,这使观光的侨胞无限感奋。

例①，法、英、德三国确实造就了许多文学巨匠，也可以说欧洲大部分国家都造就了一些文学巨匠，但说到"世界第一流的文学巨匠"，就是另一回事了。因此，从法、英、德三国的情况推导所有的"欧洲国家都是……"，就失之于"轻率归纳"了。

例②的错误同例①。诚然，有不少作品的确是"饱蘸作家的心血"，但也有一些是粗制滥造的。周扬同志在一次优秀作品授奖大会上就曾指出过："今天得奖的作品仅仅是目前文学创作的一小部分。"我们不能以偏概全，认为我们所有的作品都已达到同样的水平了。

例③，前提是"塞北家家……队队……社社……，江南家家……队队……社社……"，结论是"处处如此"。虽然祖国三十多年来发展迅速，尤其是党的十一届三中全会以来，广大农村日新月异，但是"家家点电灯""队队通汽车"终究还未做到。所以，推理的前提是不真实的，结论"处处如此"，也就虚假。

苍蝇被逐的教训
——类比推理

清人吴趼人的《俏皮话》中,有一则"苍蝇被逐"的故事:

> 蝉高鸣树颠,其声嘒嘒,熏风(和风)吹来,甚觉清越可听也。苍蝇闻之,讶曰:"此声何自而来者?"随其声以寻之,见蝉抱叶迎风,扬扬自得。苍蝇自念曰:"彼之庞然而大者,苟得(如能)引为同类,殊足为宗族光。"于是前而致辞曰:"子之身黑,吾之身亦黑;子具薄纱之翼,吾亦具之;子能鸣,吾亦能鸣;吾之于子,所谓具体而微(全体各部分都具备而体形微小)者也。吾愿与子认为同类,可乎?"蝉允之,蝇大喜,以为非常之荣幸。一日,蝇集厕上食粪,蝉见之大怒,驰书绝蝇(急逞绝交书给苍蝇)。蝇不知何故,躬往谒蝉,请(请教)开罪(见怪)之由。蝉急挥之退,曰:"若去休(你滚吧)!吾清洁高尚之士也,胡可(怎能)引此逐臭之夫为同类也!"

苍蝇攀亲,想引蝉为同类,做了一个结论错误的类比推理。

类比推理是根据两个对象在一系列属性上的相同,从而推论其他属性也相同的推理。其推论方式可以这样表示:

对象A具有属性a、b、c、d,
对象B具有属性a、b、c,
所以,对象B也具有属性d。

类比推理的结论是或然性的,原因如下。

第一,客观事物的属性,有本质属性与非本质属性之分,只有本质属性才能决定该事物的其他属性,非本质属性则没有这种决定性的作用。因此,如果用以类比的是事物的本质属性,那么推出其他属性的相同,就比较可靠;如果用以类比的是一些非本质属性,结论的可靠性就差些。例如,根据甲、乙两国都是没落时期的奴隶制国家,推断乙国像甲国那样阶级矛盾比较尖锐激烈,是比较可靠的;而如果根据两国都在亚洲,都处在温带,进而推论乙国像甲国那样都以盛产大米著称于世,就不很可靠了。

第二,事物的非本质属性中,有一些相互联系比较紧密,当在这些联系紧密的属性范围内推论时,结论就较可靠;否则,就极不可靠。例如,两地同样多山、多雨、气候温暖,据此推断乙地与甲地一样都盛产茶叶,是有一定的可靠性的,而如果据此推断乙地像甲地那样,人民大多信奉佛教,就极不可靠了。

第三,某些客观对象之间存在着相同属性的同时,往往还存在着差异性。例如,书和杂志,都有记载文字、传播知识、装订成册等相同的属性,但杂志有连续刊出的属性,书却没有。因此,如果根据二者的其他属性相同,而推断书也有"连续刊出"的属性,就错了。

第四,客观对象的许多属性中,往往有一些是偶有的属性。例如,庐山位于鄱阳湖畔、长江之滨;栾平有"一撮毛";格林娜特别胖,重达四百多公斤;等等。如果根据上述偶有属性推论出"黄山也在鄱阳湖畔、长江之滨";"刁德一也有一撮毛";"卡洛娃也特别胖,重达四百多公斤",当然不可能正确。

由于上述种种原因,当人们根据非本质属性,尤其是根据联系不紧密的非本质属性进行类比推理时,往往就会推出错误的结论;而根据客观对象的差别性或偶有属性进行类比推理时,更容易推出荒唐的结论。

苍蝇被逐的教训就在于:苍蝇据以进行类比的,不是它和蝉所共同的本质属性,而是一些非本质属性,并且只是一些与蝉之成为蝉几乎没有什么联系的非本质属性。这种以相互间几乎没有什么联系的非本质属性作为根据的类比,实质上是机械地把根本不同的事物当作同类事物来比较,因而被人们叫作机械类比。

《庄子·至乐》篇中,有一则"鲁侯养鸟"的寓言:一只海鸟飞到鲁国都城的郊野,鲁侯把它捉来养在庙堂里,献酒让它喝,奏《九韶》的乐曲给它听,还备办了牛、羊、猪三牲齐全的膳食给它吃。但这样一来,反而使海鸟头昏目眩,吓得不敢吃一块肉,不敢喝一点水,不过三天,就一命呜呼了。

鲁侯的错误就在于他机械地把鸟和人这两种根本不同的动物,当作同类来推论,以为人之所好,必定是鸟之所好,结果弄巧成拙,把海鸟活活折腾死了。

有这样一则幽默故事:

> 拉伯托苏问售票员:"从坦默福斯到赫尔辛基要多长时间?"
> 售票员回答之后他又问:"从赫尔辛基到坦默福斯要多久?"
> "唉,你这个死脑筋,来回都一样。"
> "不见得,圣诞节到新年是一周,可新年到圣诞节长得多。"

拉伯托苏的错误也在于将时间与距离做了机械类比。

类比不当，妨碍正确地思考问题、办理事情，也会造成语句表达的毛病，影响思想的交流。例如：

①实行联产承包，责任到田，责任到人，田分了，人单干，同解放初不是一个样吗？难道不会重新出现两极分化的严重问题吗？

②日本耕地少，人口多，人口密度极高。相比之下，我国耕地虽少，人口虽多，人口密度还不到日本那么严重。他们能成为工业大国，为什么我们不能？要有信心嘛！

③这两只表是同一个牌子，出厂时间也相同。他的这只表戴了一个月就坏了，我的这只也危险，你们给换一只吧！

④你不见他爹那副"尊容"吗？别看他现在还眉清目秀、四方八正的，日后肯定也会落个酒糟红鼻子。

这些都是类比不当的病句。

例①，我国农村实行各种形式的责任制后，田地"包"给农民去种，但生产资料的所有权仍属国家，农民只有使用权，和新中国成立初将田地分归农民个人所有是两回事。新中国成立初曾经出现过的两极分化，现在不会再普遍出现。实践已证明，现在一部分先富起来的农民，正带动其他的农民走向共同富裕。总之，"两极分化"与私有制相联系，与公有制无必然联系，不能撇开已经实现了生产资料公有制这一最本质的情况不看，把今天的农村同尚未实现公有制的昔日的农村进行机械的类比。

例②，如果单是为了解决"信心"问题，尽可以拿中日两国不同的社会制度进行比较，其中所做的比较，表面上是谈"信心"，实际上却等于认为中国人口再多一点也无碍于实现"四化"。我国的领土面积是日本的二十五倍多，人口是日本的十倍多，依例②的观点进行推论，中国人口即使增长到二十五亿也不要紧。但我们知道，日本之成为工业大国，有其特殊原因，与"耕地少，人口多，人口密度极高"无联系。像例②这样推论出来的"信心"，显然是建筑在错误类比的沙滩上的。

例③要做具体分析。同一牌子，同一时间出厂的表，有可能由于同一原因而失灵，但也有可能仅仅一只表由于特殊原因而失灵，还可能是买者自己造成的。如果是前者，这一类比成立，实际上因质量欠佳而大批退货的事是发生过的。但是，从类比推理的要求看，不能认为例③是逻辑严密的。如果同时确切指出两只表有同样的机件质量问题或装配质量问题，那就是逻辑严密的类比推理了。

例④，儿子的"眉清目秀，四方八正"，完全可能是"爹妈给的"。父亲的酒糟红鼻子如果是"祖传"，那么也可能再传给儿子；如果是后天得的，即"偶有属性"，就未必传给儿子了。因此，例④"肯定"地推断儿子"也会落个酒糟红鼻子"，就不恰当了。

原来如此
——变态的逻辑语病

"云想衣裳花想容。"朴素的思维内容,常常披着美丽的语言外衣;简单的逻辑语病,也就往往因为有形形色色的变态,而迷惑了人们。

《啊哈!灵机一动》一书中有这样一个"诡题":

> 你是一名出租汽车司机,你的汽车是黄黑色的,已经用了七年。一块挡风玻璃上的雨刷已坏,汽化器亦需要调整。油箱可装二十加仑汽油,但此时只装了四分之三。请问,汽车司机有多大岁数。

答案惊人地简单:因为一开始就讲了你就是这位司机,所以你本人的岁数就是这位司机的岁数!

还有一个"诡题":

> 一个汽车司机送一位住在纽约城沃尔多夫旅馆里的顾客,顾客要去肯尼迪机场。此时交通比较拥挤,汽车一路上的平均速度是每小时三十公里,行程共花了八十分钟,顾客按此付了车费。在肯尼迪机场,司机又搭送另一位旅客,正巧他想去沃尔多夫旅馆。汽车司机就沿着开来时的路线返回该旅馆,而且平均速度也一样。但是这次行程花了一小时又二十分钟。你能解释这是为什么吗?

答案同样惊人地简单:八十分钟同一小时又二十分钟是一样的!

"你"与"汽车司机"、"八十分钟"与"一小时又二十分钟"是"同一概念",原来如此!但不少人对诸如此类的问题往往要花上片刻时间思索一番。如若不信,你可以试一下你的朋友。

不少逻辑病句有点像上述"诡题",并不复杂的错误,却为许多"枝叶"所掩盖,在你面前若隐若现,闪闪烁烁,影影绰绰,使你眼花缭乱,一下子分辨不出真伪。这就是变态的逻辑语病。这样，为了便于辨析与修改病句，就必须做一番"去粗取精，去伪存真"的工作。这种工作可称之为"翻译"，即把自然语言"译"成典型的逻辑语句。

有些判断和推理中包含着多重否定，不将这些多重否定简化，就难以判明判断或推理中可能存在的错误。例如，"中国人民说话是算数的，既然我们答应了人家的要求，就应当坚决实现自己的诺言。难道我们不应当拒不实行自己的诺言吗？"这样的语句，很容易从我们的眼皮底下滑过去。而仔细一分析，"难道……吗"加上"不应当""拒不"，共三重否定，它和单重否定在逻辑上是等值的，表述的是"我们不应当实行自己的诺言"的意思，恰恰把语意颠倒了。

有些句子中，用不同的语词表达相同的概念，用不同的语句表达相同的判断，不掌握它们的"相同"性，往往有碍检查逻辑错误。例如，"知识分子是应当重视的，可他又没喝过几滴墨水，别理他！"其中，"喝过几滴墨水"与"知识分子"是被说话者当作同一概念来使用的，"别理他"是被当作判断"他是不应当重视的"来使用的。经过这样一番"翻译"，就成了一个典型的三段论，"知识分子是应当重视的，他不是知识分子，他是不应当重视的"。这就比较容易发现其逻辑错误在于"结论超出了前提范围"，再具体些，就是"大项不当周延"。又如，"留过洋的，外语呱呱叫，他外国人影子都压根儿没见到过，外语却也呱呱叫，真是神童！"其中，"他外国人影子都压根儿没见到过"等于说"他没有留过洋"；而"真是神童"四个字，实际上表达了"如果不是神童，那么不留洋就学不好外语"或"只有神童，才能不留洋而学好外语"的意思。这样一"翻译"，就便于用多种逻辑方法去检查其中的逻辑错误了。

有些语句，似乎"颠三倒四"，完全不是像典型的推理那样按大前提、小前提、结论的顺序排列。这也是有碍于辨析其逻辑错误的。例如，"毫无疑问，小张一定是个共青团员，你没见他这次救火中不顾个人安危抢救国家物资吗？共青团员都是这样'毫无自私自利之心'的啊！"其中，第三句话是推理的大前提，第二句话是小前提，第一句话是结论。"删夷"去"枝叶"，扶之使正，是一个明显地犯了"中词一次也不周延"的错误推理："团员是无私的，小张是无私的，所以小张是团员。"当我们碰倒这类"颠倒"的语句，同时觉察到其中似乎有毛病而又不大清楚时，就应当把语句"爬梳"一番，使之成为典型的推理形式，以便于检查。

有些语句极为简略，往往省略了大前提，或小前提，或结论，甚至在一定的语境中，同时略去了三者之二。在这样的情况下，就更不容易发现其逻辑错误。例如，一篇文章中记叙了这样一段对话：

　　甲：这家伙够朋友！
　　乙：嗯，嘴巴紧！

这样记叙，符合生活实际。在实际生活中，不可能有这样的对话：

  甲：凡嘴巴紧的都是够朋友的。
  乙：他嘴巴紧。
  甲：所以，他是够朋友的。

  自然语言中的推理绝大多数都不是这样刻板、这样完整的。为了帮助我们辨析自然语言中可能存在的逻辑语病，就必须做一番"还原"的工作，把被省略的部分加以恢复，并且判明何者为前提，何者为结论。如果是演绎推理，还须判明何者为大前提，何者为小前提。

  为了做好"还原"工作，首先应分析现有的语句。通常的情况下，带有"因此""所以""可见""总而言之"等语词的判断，是推理的结论，表述一般性判断的语句，是大前提；表述个别性判断的语句，是小前提。找出现有语句在推理中的作用后，接着应补上被省略的部分。其次，则排列出典型的三段论来。这时，就可以对照有关推理的规则来检查其是否有错误，或是什么错误了。

  有时，许多个不同种类的推理复叠在一起，互助纠结，互相牵扯，这个推理的结论是那个推理的前提，那个推理的前提又兼作另一个推理的前提，再加上省略了一些判断，就更不容易分辨了。例如，鲁迅在《论辩的魂灵》中所概括的当时社会上的一些奇谈怪论就是如此。兹举其中一例：

  你说甲生疮。甲是中国人，你就是说中国人生疮了。既然中国人生疮，你是中国人，就是你也生疮了。你既然也生疮，你就和甲一样。而你只说甲生疮，则竟无自知之明，你的话还有什么价值？倘你没有生疮，是说诳也。卖国贼是说诳的，所以你是卖国贼。我骂卖国贼，所以我是爱国者。爱国者的话是最有价值的，所以我的话是不错的，我的话既然不错，你就是卖国贼无疑了！

  这一段话中，有许多个推理，依次分别犯了"小词不当周延""大前提虚假""小前提虚假""中词一次也不周延"以及"循环论证"等逻辑错误。可以想见，如果不细加分析，怎么可能揭露上述逻辑错误呢？而如果面对复杂的交错复叠的变态的逻辑病句，冷静地细加分析，是可以"拨开云雾见青天"，使复杂的变得简单，把交错的分开，将变态的还原，从而比较容易地辨析语病并加以改正。

  "啊哈！灵机一动：原来如此！"让我们多多开动脑筋吧！

"瓦砾可为珠玉"
——再谈逻辑与病句修改

清朝李沂在《秋星阁诗话》中说:"作诗安能落笔便好?能改则瑕可为瑜,瓦砾可为珠玉。"这是符合辩证法的,事实也正是如此。

我国著名诗人臧克家在《写诗过程中的点滴经验》中说:"对于锤炼字句,我一向是不放松的。为了一个字的推敲,总是付出许多时间和心血。我是这样想的,诗人对于自己的诗句绝不能象浪子手中的金钱,相反的,应该象一个悭吝的老妇人叮叮当当地敲着她不容易挣得来的一个铜元。"

司蒂芬·支魏格在《巴尔扎克传》中这样记述巴尔扎克认真修改文稿的故事:"巴尔扎克对工作中每一件事都是苛刻而迂执的。他坚持一定得按照他定下的规则打样:纸张必须特别长特别宽……上下左右都有广大的空白让他校改。""对于若干部作品,巴尔扎克重新修改校样多至十五六次。而二十年中,他不仅写了七十四部小说,许多短篇和别的文章,并且在这些作品最后印成问世以前,他还一次又一次地重新修改。"

美国作家海明威"每天开始写作时,先把前一天写的读一遍,写到哪里就改到哪里。全书写完后又从头到尾改一遍;草稿请人打字誊清后又改一遍;最后清样出来再改一遍。他认为这样三次大修改是写好一本书的必要条件"(《译林》1979年第1期)。

几乎每一个著名作家都有类似的故事。正因为他们如此谦虚、严肃地对待自己的作品,因此,他们创作出了脍炙人口的传世佳作,如珍瑜,似珠玉,在人类文化史上永放光芒。

"瑕疵"变成"珍瑜","瓦砾"化为"珠玉"的关键之一,就是从逻辑方面进行修改。首先是将有逻辑错误的病句改正,其次是进而把文句改得逻辑性更强一些。

为了做到这两点,我们认为必须做到以下三点。

第一,熟练掌握和运用逻辑知识。

掌握是运用的基础,因此,首先必须尽可能地熟悉逻辑学的各项要求,对逻辑学的基本原理应谙熟于心。大家都非常钦佩鲁迅著作中逻辑的严密性。鲁迅在成为著名作家之前,就曾深入钻研过逻辑学(当时叫"名学""论理学""理则学")。鲁迅早在留学日本的时候,就写过《科学史教篇》(1907),对笛卡儿偏重于"外籀"(演绎法)而忽视"内籀"

（归纳法），培根偏重于"内籀"而忽视"外籀"提出了批评，认为"二术并用，真理始昭"，要把演绎法与归纳法结合起来。在《文化偏至论》及其他文章中，鲁迅也多次谈到过一些逻辑问题，评论了不少逻辑学家。可见在这之前，鲁迅一定认真学习、钻研过逻辑学，不然，就写不出这样的文章来。正因为他早年如此认真地钻研过逻辑，所以他后来所写的杂文，逻辑性特别强。我们要向鲁迅学习，努力掌握逻辑理论。要理解，也要记忆。基本的逻辑概念、术语和原理，都要理解。有一些逻辑知识，则要背出来，如推理的规则等。

掌握是为了运用，因此要多练习，特别是结合文章的修改来检查逻辑知识的掌握程度，促进更好地学习逻辑。鲁迅曾经这样说过："'急不择言'的病源，并不在没有想的工夫，而在有工夫的时候没有想。"（《华盖集·忽然想到·十一》）如果我们能常常针对作文中的语病多多结合逻辑来思考，运用逻辑多做修改病句的练习，那么，写起文章来就可以少犯逻辑错误了。

第二，扩大知识领域，掌握多方面的科学知识。

几乎所有的语病中，都可以找出逻辑问题来，但仅仅有逻辑知识，往往还不能看出逻辑错误究竟何在。根据日常生活的经验和逻辑知识，我们可以知道"劈劈啪啪的眼泪直掉"是概念限制不当。但是，"所有的细菌都有害""蛇是有毒的""少数非洲国家属于第三世界"的错误在哪里呢？如果仅有逻辑知识，我们还不可能指出其毛病所在。还必须具备有关"细菌""蛇""非洲国家"的知识，我们才能指明，这些判断的量都表述错了。

1963年3月，郭沫若、翦伯赞同志游桂林等地。翦老写了《游灵渠》诗："一统中原迈禹汤，雄才千古说秦皇。帆樯北转湖湘粟，楼橹南通岭海航。死去三君真典范，飞来一石太荒唐。灵渠好似银河水，流到人间灌稻粱。"又作《桂林纪游》诗，内有"不到灵渠岸，无由识始皇"句。后来他将这些诗作寄请郭老修改，郭老于当年4月3日复信说："诗很好。'雄才千古说秦皇'句，建议改为'雄才今日识秦皇'。因为古来都是骂秦始皇的，由毛主席的《沁园春》才把他肯定了。这样说，也和老兄的'不到灵渠岸，无由识始皇'扣合起来了。如何？请酌。'好似'似可改为'胜似'。'流到'似可改为'流入'。"显然，从"千古说秦皇"改为"今日识秦皇"，从逻辑上看，是概念内涵方面的问题，但不具备有关的历史知识，都无法做这样的修改。这个例子启示我们：扩大知识领域，掌握多方面的科学知识，可以帮助我们更好地理解和运用逻辑。

第三，不仅要注意句子中是否有逻辑错误，而且要注意全篇的逻辑性。如果整篇文章的逻辑结构不严密，那么即使从每个单句或句群来看没什么问题，但从全篇来看，仍然是败笔。这一点，我们的古人早就有过论述。宋人胡仔在《苕溪渔隐丛话》中说，为文"当如常山之蛇，救首救尾，不可偏也"。张炎在《词源》中也说："命意既了，思量头如何起，尾如何结……过片不要断了曲意，须要承上接下，……词既成，试思前后之意不相应，或有重叠句意，又恐字面粗疏，即为修改；改毕净写一本，展之几案间，或贴之壁，少顷再观，必有未稳处，又须修改；至来日再观，恐又有未尽善者；如此改之又改，方成无暇之玉。"他们虽然没有提及逻辑，但实际上是同逻辑的严密性问题紧密相关的。直接点明篇章结构的逻辑性的，是毛泽东同志，他说："写文章要讲逻辑。就是要注意整篇文章、整篇说话的结构，开头，中间、尾巴要有一种关系，要有一种内部的联系，不要互相冲突。"（《农业合作化的一场辩论和当前的阶级斗争》，《毛泽东选集》第5卷）互相冲突，就违反矛盾律，不仅要做到不互相冲突，而且要做到详略得当、段落清楚、过渡自然、前后照应、首尾相顾，这些都涉及逻辑思维的基本规律。

鲁迅有一篇杂文《死》，从手稿来看，其中给亲属写的"遗嘱"，曾做过层次的调整。初稿是：

一、不得因为丧事，收受任何人的一文钱，——但老朋友的不在此例。
二、不要做任何关于纪念的事情。
三、赶快收殓，埋掉，拉倒。
…………

定稿时，"二""三"两条交换了位置。这样定稿，按时间的先后排列，符合客观事物本身的发展进程，文章条理更为清楚，层次更为妥帖。

司蒂芬·支魏格说巴尔扎克修改文章时，"他的笔象佩刀一样一挥，一个句子便从上下文中割开，被抛向右方；一个单字被刺中了猛掷于左方；整整一段被拉了出来，另一段填了进去……"

这些例子，都说明大作家是很注意篇章结构的逻辑性的。

第四，要向典范作家学习，从他们对文章的修改中揣摩逻辑的运用问题。

鲁迅曾总结自己的创作经验，写了《不应该那么写》一文，用以指导写作。他在文中引述了惠列赛耶夫《果戈理研究》中的一段话：

应该这样写，必须从大作家们的完成了的作品去领会。那么，不应该那么写这一面，恐怕最好是从那同一作品的未定稿本去学习了。在这里，简直好象艺术家在对我们用实物教授。恰如他指着每一行，直接对我们这样说——"你看——哪，这是应该删去的。这要缩短，这要改作，因为不自然了，在这里还得加些渲染，使形象更加显豁些。"

鲁迅认为，学习大作家的手稿，"这确是极有益处的学习法"。其中当然包括学习作家怎样使自己的作品的逻辑性更趋严密。

我们试以毛泽东同志《给陈毅同志谈诗的一封信》的手稿为例做些说明。

这封信的手稿，包括信末签署的姓名，日期在内，总共539个字，但其中做过改动的地方，却有27处之多。这27处修改，除5处似可看作挥毫泼墨"激扬文字"随写随改之外，其余22处，或添一字而使所表达的意义更为完整，或改一词而使逻辑更为严密，片言之移，只字之易，都反映出毛泽东同志注意文句逻辑性的负责精神。

例如，原稿"宋人……一反唐诗规律，所以味同嚼蜡"句，定稿改为"宋人……一反唐人规律……"，把"唐诗规律"改为"唐人规律"。"唐诗规律"，是指后人所分析的唐诗在用韵、对仗等方面的一些共同特点；"唐人规律"，则是指唐代诗人创作诗歌的共同特点，如讲究"诗要用形象思维"，用"比"，用"兴"，也用"赋"的手法，等等。这是两个不同的概念。而且，改为"唐人"可以和前面的"宋人"相对应，以"宋人"比"唐人"，文通辞顺，以"宋人"对"唐诗"，就无法比较。又如，毛泽东同志把陈毅同志写的诗句"海酿千斛酒"改为"海酿千钟酒"。"千斛"与"千钟"都是虚指，极言酒量之多。但"千斛"是从人倒酒次数之多看酒量，"千钟"则是从盛酒器皿的角度看酒量之多。由于句中是"海酿"，而非"人饮"，因此，这一改更为确切了。从逻辑上看，一为运用概念更准确；二为用"千钟"保证了与"海酿"的一致，也就是贯彻了逻辑思维的同一性规律。这两个例子，都是从概念内涵的把握上看的。下面我们再看几个通过修改，正确把握概念外延的例子。

手稿中，原来有"宋人不懂诗是要用形象思维的"一句，定稿时改为"宋人多数不懂诗是要用形象思维的"，加了"多数"二字。对"宋人"这一判断主项做了概念的限制。"宋人不懂"，是指宋代所有的人都"不懂"，这不符合客观实际。"宋人多数不懂"，是指部分宋人"不懂"，这才符合客观实际。信中，毛泽东同志指出："韩愈以文为诗，有些人说他完全不知诗，则未免太过。"这里批评了"有些人"的错误，对韩愈做了恰如其分的评价。又如，"但用白话写诗，几十年来，迄无成功""民歌倒是有一些好的""又李白只有很少几首律诗，李贺除有很少几首五言律外，七言律他一首也不写"等，都力求准确地表达判断的量，使有关概念的外延符合实际。

毛泽东同志《给陈毅同志谈诗的一封信》手稿中的修改，涉及许多逻辑问题，如能从中细加揣摩，是会有所收获的。

我国现在出版的著名作家的手稿还极少。但是，目前"转载文章"却是较多的。地方报刊的文章为中央报刊转载，一些范文被收入教材，不少作家的单篇被收进集子，在这些场合，大多经过作者或编者的精心修改，饱蘸着作者和编辑的心血，其中必定有许多修改与逻辑有关。如果我们做个有心人，收集有关资料，进行分析、研究，对我们运用逻辑辨析语病、修改病句，一定"是极有益处的学习法"。

每一种逻辑错误都可能表现为语病，同时，几乎每一种语病都可以找出其逻辑方面的错误根源。把学点逻辑与分析语病、修改病句结合起来，无疑可收事半功倍之效。只要我们勤学苦练，持之以恒，一定能得到长足的进步。

宋代诗人陆游从四川的夔州调往南郑任职，在匹马北上途中，曾作《鹧鸪天》一首，内云：

> 秘传一字神仙诀，
> 说与君知只是"顽"。

语病，是写作中的一种"顽症"。但是，只要我们下苦功、找窍门，以"顽"抗"顽"，是不难战而胜之的！

"瓦砾可为珠玉。"把学习逻辑和辨析语病、修改病句结合起来，相互促进，相辅相成，既增强逻辑思维的能力，又提高遣词造句的水平，让我们化"瓦砾"为"珠玉"，为写出"最新最美的文字"而努力吧！

后 记

通常认为，语病源自语法、修辞和逻辑错误，但语法和修辞错误也与逻辑密切相关，所以，集中地从逻辑角度分析语病，是改正语病的基础。本书编写目的，即在促进读者重视逻辑对改正语病的作用，帮助读者打好逻辑基础，同时学会运用逻辑来辨析与改正语病。为了引人入胜，笔者力求以生动浅显的故事从各个不同的侧面说明逻辑道理，并附以语病实例，做比较通俗的分析。由于水平有限，以上意图未必兑现，敬祈读者批评指教。

本书的一些试写章节在《长江日报通讯》上刊载时，曾得到《通讯》编辑同志的鼓励与指导。后应福建人民出版社之约请增写成本书。值此成书之际，对于《长江日报通讯》编辑部，特别是对福建人民出版社和其他有关同志，谨表示崇高的敬意与衷心的感谢！

倪正茂

1985 年 3 月 27 日

逻辑辨谬集锦

前 言

祸福相依、陵谷交替、虚实互补、成败转易……万事万物的这种生灭转化，人们早已司空见惯因而熟视无睹。至于从中悟出探求真理的妙诀来，包括从中悟出掌握和运用逻辑的妙诀来，则鲜有所见。

其实，"错误常常是正确的先导"，学习成功的经验、公认正确的知识固然可以增长见识，而剖析谬误，也可以同样达到发扬智慧之光的目的。苏轼《凌虚台记》有云："废兴成毁，相寻于无穷。"事物的交替变化是无穷无尽的。"流水淘沙不暂停，前波未灭后波生"（〔唐〕刘禹锡《浪淘沙》），如果我们穷究事物发展的底蕴，那么，往往可以从先人的谬误中得到启示，从对先人的谬误的剖析中，探寻被掩埋日久的真理，或者帮助我们巩固地掌握真理。

有鉴于此，笔者在参加撰写《逻辑推理集锦》之后不久，即开始旁求博采，搜集古今中外的种种谬误，以期作为逻辑分析的素材，撰著《逻辑辨谬集锦》，帮助读者从"辨谬"的角度，更好地学习和掌握逻辑知识，提高运用逻辑的能力。

然而，囿于繁重的法学研究业务和大量的社会工作，更囿于力薄能鲜、才疏学浅，而长期友好合作的郑伟宏同志又一头钻进了印度古代因明逻辑的研究且乐而忘返，笔者单枪匹马、时断时续地，直到今天，才勉强地在业余时间里写成三十余篇不像样的东西。由于篇幅甚少，本拟束之高阁，以待日后寻暇，补写若干，再做处理。但延边大学出版社的同志得此信息，盛情恳请先行印发以飨读者。情词恳切，却之不恭，且亦难以料定何年何月可以忙里偷闲重操"旧业"搞点逻辑，也就不惮"名为辨谬却谬误百出"之可能，交付出版了。当然，将来如有可能，还是要陆续补写的。而现在，则恳请读者诸君卒读拙作之后，给予批评指正！

"反改革"者的"祖传""逻辑"

改革是一场深刻的革命，于是有反改革者，于是又有反改革者的种种奇谈怪论。这一点，中外古今，概莫能外。

中国近代史上的改革和革命，影响最大的有太平天国农民起义、戊戌变法、义和团运动、辛亥革命和五四运动。五四运动发生在俄国十月社会主义革命以后，工人阶级登上了中国的政治舞台，提出了反帝反封建的战斗口号，因此，五四运动以后，改革的涛声不绝于耳，改革的风浪此伏彼起，但"一从大地起风雷，便有精生白骨堆"，反改革的奇谈谬论也嚣然尘上。1925年3月12日，鲁迅写信给北京大学哲学系教授、《猛进周刊》的主编徐炳昶（1888—1976，字旭生），愤慨地指出："看看报章上的论坛，'反改革'的空气浓厚透顶了，满车的'祖传'，'老例'，'国粹'等等，都想来堆在道路上，将所有的人家完全活埋下去。'反改革'的人们的论调，简直和'戊戌政变'时候的反对改革者的论调一模一样。"（《华盖集·通讯一》）为了反击他们的奇谈怪论，在这封信寄出以后，鲁迅接连写了《论辩的魂灵》《牺牲谟》等别具一格的杂文，将"反改革"者的"逻辑"赤裸裸地揭露出来，给了他们以有力的打击。在《论辩的魂灵》的开头，鲁迅写道：

> 二十年前到黑市，买得一张符，名叫"鬼画符"。虽然不过一团糟，但贴在壁上看起来，却随时显出各样的文字，是处世的宝训、立身的金箴。今年又到黑市去，又买得一张符，也是"鬼画符"。但贴了起来看，也还是那一张，并不见什么增补和修改。今夜看出来的大题目是"论辩的魂灵"，细注道："祖传老年中年青年'逻辑'扶乱灭洋必胜妙法太上老君急急如律令敕。"

接着，鲁迅就将"鬼画符"上的"逻辑"妙论"摘录数条，以供同好"。用让"反改革"者现身说法的办法，将他们的谬误暴露于光天化日之下。我们且来辨析其中的几条。其一：

洋奴会说洋话。你主张读洋书，就是洋奴，人格破产厂！受人格破产的洋奴崇拜的洋书，其价值从可知矣！但我读洋文是学校的课程，政府的功令，反对者，即反对政府也。无父无君之无政府党，人人得而诛之。

其中包含着如下的推理和判断：

①推理：
  洋奴会说洋话，
  你主张读洋书（说洋话），
  你就是洋奴。

②推理：
  洋奴崇拜洋书，
  洋奴是人格破产者（即无价值），
  所以，洋书无价值（"其价值从可知矣"）。

③判断：
  我读洋书是无可非议的（因为这是"学校的功课，政府的功令"）。

④判断：
  凡反对我读洋文的就是"反对政府"者。

⑤推理：
  反对我读洋文的就是"反对政府"者，
  "反对政府'者'人人得而诛之"，
  所以，反对我读洋文者"人人得而诛之"。

略具逻辑知识者都不难辨析这些推理和判断的谬误。推理①大小前提里两次出现的"说洋话（者）"应起中项的桥梁作用，但由于它一次也不周延，所以不能将大前提的主项"洋奴"与小前提的主项"你"联结起来。这样，结论强行将大小前提的主项联结起来，就得出了不合逻辑的结论。推理②的逻辑结构与逻辑错误与①是雷同的，同样得出了不合逻辑的结论，判断③本身并无逻辑错误，但它与推理①对"读洋书"的否定，构成了逻辑矛盾，违反了矛盾律。判断④的逻辑结构虽无毛病，但其内容不符合客观实际，是一个内容不正确的判断，推理⑤以错误的判断④为大前提，尽管推论过程遵守了规则，仍旧推出了错误的结论。

其二：

你说甲生疮。甲是中国人，你就是说中国人生疮了。既然中国人生疮，你是中国人，就是你也生疮了。你既然也生疮，你就和甲一样。而你只说甲生疮，则竟无自知之明，你的话还有什么价值？倘你没有生疮，是说谎也。卖国贼是说谎的，所以你是卖国贼。我骂卖国贼，所以我是爱国者。爱国者的话是最有价值的，所以我的话是不错的，我的话既然不错，你就是卖国贼无疑了！

这里包含着八个推理：

⑥ 推理：

"你说甲生疮"，

"甲是中国人"，

"你就是说中国人生疮了"。

⑦ 推理：

"中国人生疮"，

"你是中国人"，

所以，"你也生疮了"。

⑧ 推理：

甲生疮，

你也生疮，

"你就和甲一样"。

⑨ 推理：

如无自知之明，他的话就无价值，

你"无自知之明"，

"你的话还有什么价值"？

⑩ 推理：

"卖国贼是说谎的"，

你也说谎，

"所以你是卖国贼"。

⑪ 推理：

凡骂卖国贼的都是爱国者，

"我骂卖国贼"，

"所以我是爱国者"。

⑫ 推理：

"爱国者的话是最有价值的"，

"我是爱国者"，

"所以我的话是不错的"。

⑬推理：

"我的话是不错的"，

我说你是卖国贼，

所以，"你就是卖国贼无疑了"。

其中，推理⑥的小前提"甲是中国人"的谓项不周延。根据推理规则，前提中不周延的概念，在结论中也不得周延，否则就要犯"结论超出前提范围"的逻辑错误。推理⑥中，结论"中国人生疮"的主项"中国人"为周延，犯了"结论超出前提范围"的错误。推理⑦以推理⑥的错误结论为大前提，从而又推出了错误结论。推理⑧，大小前提中相同的概念"（是）生疮（的人）"一次也不周延，不能起中项的作用，强行推出的结论"你就和甲一样"无必然性，不合逻辑。推理⑨的小前提是从以上错误推理得出的错误判断，因此，使这个推理的结论也错了。推理⑩与前述推理①②⑧一样，犯了"中项一次也不周延"的逻辑错误。推理⑪的大前提不正确。骂卖国贼的人，出发点不同，目的各异，有的确为爱国者，有的自己也是卖国贼。鲁迅的《好东西歌》写道：

南边整天开大会，北边忽地起烽烟，

北人逃难南人嚷，请愿打电闹连天。

还有你骂我来我骂你，说得自己蜜样甜。

文的笑道岳飞假，武的却云秦桧奸。

相骂声中失土地，相骂声中捐铜钱。

失了土地捐过钱，喊声骂声也寂然。

后来知道谁也不是岳飞或秦松桧，声明误解释前嫌，

大家都是好东西，终于聚首一堂来吸雪茄烟。

《好东西歌》非常深刻、生动地揭露了"你骂我来我骂你"的不过都是一丘之貉。由此可知，"凡骂卖国者的都是爱国者"这一大前提是不正确的，由此推出"我是爱国者"，也属荒诞不经的结论。推理⑫的小前提错误，因而结论也错误。推理⑬的大前提是由推理⑫错误地推出的结论充当的，所以，由此而推出的结论也不合逻辑。

其三：

你自以为是"人"，我却以为非也。我是畜类，现在我就叫你爹爹。你既然是畜类的爹爹，当然也就是畜类了。

这里,"我"以为"你"不是"人"的依据是两个推理:

⑭ 我如果叫你爹爹,你就是我的爹爹,
　"现在我就叫你爹爹",
　　所以,你就是我的爹爹。
⑮ 畜类的爹爹是畜类,
　"你既然是畜类的爹爹",
　"当然也就是畜类了"。

推理⑭的大前提是一个假言判断。假言判断的前件与后件必须存在有机联系,从前件能推出后件。否则就是一个错误的假言判断。推理⑭的大前提就是一个错误的假言判断,因为从"我叫你爹爹"推不出"你就是我爹爹"来。大前提既错,结论也就错了。推理⑮的小前提是推理⑭的结论,因此,推出⑮的结论自然不正确。

此外,《论辩的魂灵》中还有许多条诸如此类的"祖传""逻辑"。鲁迅将"反改革"者的"逻辑"精髓加以提炼,极为生动地让他们自我暴露,极尽冷嘲热讽之功,读者从中可以得到深刻的启发:"反改革"者的嘴脸原来如此!

总结历史经验是为了给今天的实践提供借鉴。今天的"反改革"者的谬论,有不少是与"鬼画符"如出一辙的,切切不可上他们的当!

漫评对改革的一种议论

我国城市经济体制改革正稳步地向前发展。改革得到了全国人民的衷心拥护，也受到世界进步舆论的赞扬。但是，如同党的十一届三中全会以来我国所走的每一步路一样，总是有人指手画脚、说三道四。溯其原因，心怀嫉恨者有之，闭目塞听者有之，推理不合逻辑者亦有之。例如，有的人专门在党和国家领导人发表的文章中，从字里行间寻觅言外之意。你提倡"这个"，他就说你必定反对"那个"，你强调理想、纪律，他就说你不要改革了，要"收"了，等等。这种人的推理是很不合逻辑的。这使人不由得想起《战国策·魏策》中的一段故事：

> 魏文侯与田子方饮酒而称乐。
> 文侯曰："钟声不比乎左高。"田子方笑。
> 文侯问曰："奚笑？"
> 子方曰："臣闻之，君明则乐官，不明则乐音。今君审于声，臣恐君之聋于官也。"
> 文侯曰："善！敬闻命。"

这类故事在史籍中比比可见，"见惯不怪"，大家习以为常，不加究诘。其实，是很值得一议的。

田子方的推论是：

> 国君或乐于办理政事，或乐于欣赏音乐，
> 您（魏文侯）乐于欣赏音乐，
> 所以，您在政务上怕是一个聋子。

凡事都有一定的度量关系，"过度"，就会出毛病；不"过度"，则不成问题。欣赏音乐与办理政事也有度量关系。一年三百六十五天，每天从清晨到深夜都在那里欣赏音乐，

连办政事的时间都不存在了，当然不行。即使是把大量时间花在欣赏音乐上，对于一个日理万机的国君来说，也是不适当的，难免"聋于官"。但是，如果在政务之余，稍事休憩，听听音乐，看看戏剧，不但不影响政务，反而能收积极休息之益，使人在工作时精神更加饱满。魏文侯是在什么度量关系上接受田子方的谏议呢？从《魏策》的上述记载中是看不出来的。因此，只能就事论事地对这段文字进行分析："办理政事"与"欣赏音乐"二者并不绝对排斥，一般地说，是相容的；以相容选言判断为大前提，不能采取小前提肯定一部分选言肢而结论否定另一部分选言肢的形式进行推论，因此，田子方担心魏文侯"聋官"是不合逻辑的。

不过魏文侯却赞之曰"善"。这一"善"非同小可，后世的帝王都一齐标榜起自己是个"宵衣旰食"地勤于政事的好皇帝来了。也许是受这种宣传的影响吧，古往今来的文化名人，大多被渲染成"两耳不闻窗外事，一心只读圣贤书"的怪物。其实，这种怪物是极少的。

一见中央领导人强调理想、纪律，就说不要改革了，这与田子方的逻辑如出一辙。可列成如下推论式：

或抓理想、纪律，或抓改革，
你强调理想、纪律，
所以，你不要改革了。

须知"理想、纪律"与"改革"是并不矛盾的，"抓理想、纪律"不但不会削弱改革，反而有助于改革的顺利进行。上列推论式中，大前提是相容选言判断，小前提肯定大前提的部分选言肢，结论否定另一部分选言肢，违背了相容选言推理的规则。

善于分析这类逻辑错误，十分重要。现实生活中，不知不觉中犯这类逻辑错误的，实在太多了。例如，一个姑娘出全勤、守纪律、生产任务完成得比别人好，可是，仅仅因为她好打扮，就不能被评为先进生产者。其实，打扮得漂漂亮亮的，根本不影响生产。穿着与生产二者是相容的，把二者对立起来进行推论，显然错误。又如，有些同志出于好心，却错误地把恋爱、结婚与学习、工作对立起来：

或努力学习（工作），或与人恋爱（结婚），
你与人恋爱（结婚），
你就不能搞好学习（工作）。

这样的说教，用心诚然不错，但说服力总是很差的，其原因就在于不合逻辑：既不符合现实生活的逻辑，也不符合思维的逻辑。

宋朝诗人卢梅坡曾写过《雪梅》诗,其中第一首是:

  梅雪争春未肯降,
  骚人搁笔费评章。
  梅须逊雪三分白,
  雪却输梅一段香。

  梅、雪争春,这是诗人的想象。它所揭示的道理,却有普遍意义:相容的两物,不应对立看待。有些同志见别人有某些长处就嫉妒,有些领导不愿看到下属比自己高明。其实,同志之间不但不相排斥,而且可以互相促进、相辅相成、相得益彰。当然,要做到这一点,必须改变一下思维方法,使之合乎逻辑。小而至于生活琐事,大而至于国家大事,莫不如此!

"奇文共欣赏，疑义相与析"

晋代大诗人陶渊明《移居》诗中的"奇文共欣赏，疑义相与析"句，长期以来，曾被人片面地引释为对谬论的批驳剖析，其实，陶渊明这两句诗的原意是写良友过从之喜、促膝恳谈之乐，大意是：有了珍奇的文章则共同欣赏，遇到疑难的道理就一起剖析，这哪里是什么对谬论的批判剖析！陶渊明读书绝非"不求甚解"，而不过是不愿穿凿附会，由此可见一斑。

古往今来，"奇文"不少，"欣赏"者更多，但精研细读，聚众详析，从而深得作者之本意者却不太多，倒是常常发现有粗枝大叶地望文生义、断章取义以至曲解作者原意的情况。

笔者曾多次见人引录《国语·叔向贺贫》与柳宗元之《贺进士王参元失火书》，并从中得出"贫不足畏，穷且可贺"的谬论，就是一例。

《叔向贺贫》与《贺进士王参元失火书》，堪称奇文。

《叔向贺贫》的大意是：韩宣子忧贫，叔向非但未寄同情，给予"赞助"，反而向他表示热烈的祝贺。叔向说："从前栾武子没有百人的田产，以致管祭祀的官连祭器都不齐全。可是，他德行高尚，遵守法度。因此声名远扬，诸侯亲近他，戎狄归附他，免除了种种磨难。郤昭子则不然，家私倾国，恃钱仗势大摆架子，结果被人陈尸在朝，同族也被杀灭，原因就在没有道德。现在你有栾武子的穷苦，必能仿效栾武子的德行，所以来庆贺你。若是不忧道德的不立，却愁钱财的不足，那要吊你还来不及，还要贺你什么呢？"韩宣子听了扑地跪拜，连连顿首道："我快灭亡了，全仗你的开导。这等恩惠，我和家族将永远拜受！"

《贺进士王参元失火书》的大意是：得知失火，本要吊慰，现在改作庆贺；如果烧得精光，则要格外庆贺，为什么？因为你有才华，写得一手好文章，但又富贵异常，所以使得人们不敢赞扬你、提拔你，怕被人说是得了你的贿赂。现在幸而被天火烧了您的财富，众人的疑虑也一同变作了灰尘，你的才能也就可以显示出来了。这不是不必吊慰而可庆贺的吗？

《叔向贺贫》，题目就以奇取胜；《贺进士王参元失火书》，更是令人惊诧莫名。

"奇文共欣赏，疑义相与析。"《贺贫》与《贺失火》不仅是"奇文"，且大有"疑义"。这"疑义"主要在于："贺贫"是表，实则"贺"因"贫"而重"立德"，"贺失火"也是表，实则"贺"因失火而显出了有才。许多人不知"贫之可贺，全在有德"，"失火之可贺，全在显才华"，却把"贫"与"失火"当作"贺"之根本原因，就不免大错特错了。

从《叔向贺贫》《贺进士王参元失火书》得出"贫不足畏，穷且可贺"的结论的人，首先犯的逻辑错误就是不当归纳。其归纳推理是：

从《叔向贺贫》可知贫穷可贺，
从《贺进士王参元失火书》可知贫穷可贺，
…………
所以，贫穷可贺。

这个推理包含两个逻辑错误。

一为前提不正确，两篇"奇文"虽然标题上有"贺贫""贺失火"之词，但其真意却在"贺"立德、"贺"有才。这一推理的前提把表面言词当作作者真意，并用以推理，结论是不免错误的。

二为把并无必然性意义的简单枚举归纳推理结论当成了必然性判断，从而认定"贫不足畏，穷且可贺"。

从"奇文"得出"贫不足畏，穷且可贺"结论的人，其次所犯的逻辑错误是：以"贫不足畏"为前提，推出越穷越好的结论。其推论过程，运用的是关系推理，按传递关系推理来推论，可以得出这样的公式：

$$A > B$$
$$B > C$$
$$\therefore A > C$$

在这个公式中，"A＞B""B＞C"这些前提，必须真实正确。如果不真实正确，结论"A＞C"也就不可能正确。我们已经知道，"贺贫""贺失火"只是"奇文"之表，并非作者的真意，作者的真意是"贺"立德、"贺"有才。这样，把"贺贫"当作作者的真意，从"贫"比富好，"大贫"比"小贫"好，从而推出"越贫越好"，是难免不错的。

可叹的是，党的十一届三中全会以前的相当长时间里，社会上流行的一种"穷光荣"观念，是十分广泛、十分顽固的，以至于"越穷越革命""宁要社会主义的草，不要资本主义的苗"之类谬论，居然也能迷惑许多人。现在，党拨乱反正，我们懂得了"贫穷不是社会主义"的道理。如果谁还不思改革,不承认我们还只是处在社会主义的初级阶段,不积极推进生产力的发展,尽快改变贫穷落后的状态,我们可要与之"析""疑义",请他们靠边了!

主教的胡言和律师的乱语

这是一桩轰动美国的诉讼案：

原告叫海伦，33岁，天主教徒。1981年10月的一天傍晚，她途经巴尔的摩郊区的一片树林时，被一个黑人歹徒强奸了。她在报警后去见牧师，问他为了防止怀孕而吃堕胎药是否违反教规。牧师援引主教的话说："在受到强奸的情况下，一切避孕和防止怀孕的方法都是允许的，但是堕胎药阻止一个受精的卵子着床，结果是导致了一个生命的流产，这在道德上是不能接受的。"海伦无法可想，最后还是找著名的医生诺沃亚。医生给她开了堕胎药"艾斯特拉斯"，然而海伦仍然怀了孕，生下了极为活泼可爱的丽贝卡。海伦钟爱小生命丽贝卡，却又怕回忆起可咒的往事。为了其他的受害者，她决定起诉，要求追究那个黑人和医生诺沃亚的法律责任。刚巧那个黑人歹徒因在别处作案而落网，于是被带到了法庭上，那个黑人的律师在为他辩护时说："海伦当时没有呼救，才使得强奸的事情发生，所以她对强奸的后果也应该负责。"这把海伦气得发疯，她当场就在法庭上大哭起来，幸而法庭做出了比较公正的判决，那个黑人被关进监狱，服苦役20年；而诺沃亚也因为失责而被判处罚款25万美元，作为支付给海伦的赔偿费。

这个案件虽然大体了结，但是主教的胡言和律师的乱语却未受谴责。也许，这就是所谓"言论自由"吧。不过，对这些胡言乱语做点逻辑分析，倒是不无益处的。

我们先来看主教的胡言。

他说使用堕胎药"在道德上是不能接受的"这与"……不允许的"并无不同；但他又说"在受到强奸的情况下，一切避孕和防止怀孕的方法都是允许的"。这不是明显的自相矛盾吗？避孕、防止怀孕是在性交之前采取的措施。堕胎是在胎儿形成以后的节育措施。受精的卵子未着床，不能认为胎儿已经形成。海伦被强奸后的几小时内就见到了牧师，这时至多只有一个受精的卵子存在于她的体内，因此，牧师援引的主教所说的话，等于对海伦提出两个完全相反的判断：你要使用堕胎药是允许的，你要使用堕胎药是不能允许的。

形式逻辑要求思维具有确定性，在同一思维过程中不能改变所使用的概念的含义，也不能偷换所论断的论题，要遵守同一律、矛盾律和排中律，从这三条逻辑思维的基本规律方面进行分析，主教的胡言都经不起推敲。

按同一律关于思维过程保持同一性的要求来看，主教用"阻止一个受精的卵子着床"偷换了"避孕""防止怀孕"的概念。按理，这三个概念有相同的内涵，然而，主教实际上是将"阻止一个受精的卵子着床"当作"堕胎"的同义语，从而为他乱下判断开了方便之门。

按矛盾律关于同一思维过程中不得做出相反的判断的要求来看，主教的胡言恰好完全违反了。时而说"允许"，时而说"不能接受"，同矛盾律的规定是格格不入的。

排中律要求在同一时间、同一关系下，对同一对象的两个互相矛盾的判断，必须承认其中一个是真的，不能含糊其词，骑墙居中。主教的胡言在经过我们的分析以后，可以明显地看出其中的自相矛盾，但从对海伦的指教来看，他并没有用言词明确表态，而是让海伦自己去捉摸。所以海伦指出："这位上帝的代言人含含糊糊地说，他不知道这些药的作用是什么，让我自己拿主意。这种回答使我不知所措。"

海伦事后才明白过来，对主教的胡言只能做这样的解释：为了遵循教会的这番教导，被强奸的妇女应事先就采取措施。

显然，谁会被强奸的问题是不可能预先解决的，因此所有的女人都得"事先采取（避孕）措施"，大概这就是资本主义世界妇女的唯一出路了。

现在我们再来看律师的乱语。

律师的话，可以看成是这样两个推理：

①如果女人不呼救，那么强奸的事就会发生，
　海伦当时没有呼救，
　所以，强奸的事发生了。

②凡没有呼救而被强奸的都应对强奸的后果负责，
　海伦没有呼救而被强奸，
　所以，海伦自己应对后果负责。

据报道，当海伦穿过树林时，"突然从树后闪出一个黑人，手里摇晃着手枪，低声对我（海伦）说：'不许出声！'他把我推到一个陡坡下边。当时我什么办法都用过了，甚至还告诉他我有性病，但这些都没起作用。我怕急了，我想他也许要杀了我。他一直用他的衣服蒙着我的头……"可怜的海伦，一个体弱的女人，在傍晚，在杳无人迹的树林中，对手是一个强暴的歹徒，手里拿着枪……然而律师却抓住海伦没有呼救一事进行狡辩。上述两个推理包含在律师的话中，其大前提都是根本不能成立的。拿推理①的大前提来说，"女人不呼救"的前件，应随之以"强奸的事可能会发生"的后件，后件是一个或然判断。采用必然判断作为后件，不能同前件构成必然的条件关系。强捏在一起，所构成的是虚假

的假言判断，不能据以推出正确的结论。更重要的是，律师的推理大前提把事物的因果关系颠倒了。实际上是发生了强奸的事，才导致女人呼救或不呼救的结果，而不是相反。律师倒因为果，将前、后件的位置都弄颠倒了。再拿推理②来说，其大前提也是一个虚假的判断，因此，推出的结论也是荒谬的。

从律师的乱语中可以看出，他参与诉讼不是从事实出发，不以法律为根据，而是用包括诡辩在内的一切手段开展辩护活动，唯辩护费是图，这同主教的胡言如出一辙。

"神助""鬼祸"论可以休矣

事物发展中的偶然反映必然、必然寓于偶然的辩证机制,为马克思、恩格斯所深刻揭示、透彻阐明。

在马克思、恩格斯之前,多少学问家皓首穷经而不得其解;即便在唯物主义理论方面做出了杰出贡献的一些思想家,也往往在偶然与必然的关系的问题上,陷入形而上学、唯心主义说教的泥潭而不能自拔。其表现之一,就是当他们解释不了一些偶然现象时,便求助于"天命"论。

王充这位赫赫有名的东汉卓越朴素唯物主义思想家,在人事际遇问题上,就大事宣扬过"神助""鬼祸"的"天命"论。每提及此,无不使为王充戴上"无神论思想家"桂冠的学者头痛彻骨。

当然,规避是于事无补的,白纸黑字的《论衡》,谁也无法抹去;需做的事情是,要了解王充是怎么滑入唯心主义的陷阱的。毋庸细索,在《论衡·命禄篇》中便可找到答案:在很大的程度上,王充是失足于逻辑推理的谬误上的。

《论衡·命禄篇》劈头提出的命题是:"凡人遇偶及遭累害,皆由命也。"这种既定而不可能以人力改变的"命",人皆有之。"自王公逮庶人,圣贤及下愚,凡有首目之类,含血之属,莫不有命。"这种"命"使有的人"死",有的人"生",有的人长寿,有的人短命;有的人富贵,有的人贫贱。命中注定贫贱者,即使给他富贵的条件,还是会涉祸罹患,命中注定富贵者则相反,即使让他处于贫贱的境地,也会逢福遇善。总而言之,"富贵若有神助,贫贱若有鬼祸",命由天定,神鬼使之。这就是王充的"神助""鬼祸"论。

为了论证他的"神助""鬼祸"论,王充做了多角度的推理。这些推理,大致可分为三类。

一类是演绎推理。

王充举了一个例子:汉高祖攻打黥布,为流矢击中,流血如注,疼痛难当。吕后请来名医扁鹊,扁鹊说:"不要紧,可以很快治好。"汉高祖听后大骂:"我刘邦布衣出身,提三尺剑而取得天下,这不是命中注定的吗?命由天定,扁鹊对我的病有什么益处!"

王充实际上是借汉高祖之口，做了这样一个三段论式的推理：

命是由天定的，
箭伤好不好都是命，
所以，箭伤好不好是由天定的。

既然如此，扁鹊无助于病愈也就是绝无疑义的了。
在这个明示的例子后面，隐含着王充灵魂深处的如下推理：

汉高祖说的都是对的，
汉高祖说"命乃在天"，
所以，"命乃在天"是对的。

王充在心里先树起一个偶像作为真理的化身，然后以这个偶像来裁判万事万物，包括自己的言论。殊不知"汉高祖说的都是对的"以及"命是由天定的"这些演绎大前提本身就包含着明显的错误，"偶像"的真理性也就不值得一提了。因此，王充用演绎法未能做出有力的论证。

第二类是归纳推理。王充大量运用的是简单枚举归纳推理。

例如，他以孔子的际遇做了说明。他说："有才不得施，有智不得行，或施而功不立，或行而事不成，虽才智如孔子，犹无成立之功。"诚然，孔子的"才""智"是空前广博精深而其生前却是仕途坎坷的。如鲁迅所嘲讽的那样，他生前穿着褴褛的衣衫，坐着破旧的牛车，在山东、河南、河北一带颠来跑去的，很不得意，很为狼狈；只是在他死后，才"被抬到吓人的高度"，成为"时髦"的"圣人"。

但孔子的遭遇能说明什么问题呢？像孔子这样生前不得志的"才""智"非凡的知识分子，古今中外可以找出一大堆来。以孔子一人或以许许多多个"孔子"归纳得出结论，作为简单枚举归纳推理，有极大的片面性，"以偏概全"的逻辑错误是十分明显的。王充接着还以"明如匡雅圭""深如鲍子都""说若范雎"及"蔡泽"为例归纳，但所得出的结论"死生有命，富贵在天"，仍然是苍白无力的。因为它仍囿于简单枚举归纳推理的非必然性。

第三类是类比推理。

《论衡·命禄篇》中用以类比的例证有三。

其一："日朝出而暮入，非求之也，天道自然。"

其二："才力而致富贵，命禄不能奉持，犹器之盈量，手之持重也。器受一升，以一升则平，受之如过一升，则满溢也；手举一钧，以一钧则平，举之过一钧，则颠仆矣。"

其三："命富之人，筋力自强；命贵之人，才智自高，若千里之马，头目蹄足自相副也。"

日出日落、升斗手足、马首马目……用这些自然现象来类比社会现象，二者之间并无本质联系，实为风马牛不相及者。这样的类比只能说是机械类比，根本不能说明问题。

总之，王充用来论证其"神助""鬼祸"的天命论的一系列逻辑方法，都是违反逻辑要求的。

科学发展到了今天，"神""鬼"之类已很少有人相信了。但是，对人民改造自然、改造社会的伟大力量，对自己把握自己命运的力量的认识，并不是千人一律、高度一致的。其实，人类在客观条件的既定舞台上，充分发挥自己的主观能动性，是可以演出许多"威武雄壮的活剧"的。世界在前进，中国在改革，每一个炎黄子孙都应鄙弃"神助""鬼祸"论，为中华的腾飞而贡献力量，坚定不移地、满怀豪情地大步前进。

"小心求证"的"小心"

著名学者胡适曾提倡"大胆假设,小心求证"。撇开这一倡言的实质性内容不谈,也姑且不论"大胆假设"的科学抑或虚妄,他所说的对"假设"要做"小心求证",该是无可非议的。"试玉要烧三日满,辨材须待七年期"(〔唐〕白居易《放言五首·之三》),"求征"而不"小心",当然不可能"求"得确"证"。

胡适的倡言"大胆假设,小心求证",曾影响过相当多的一批人。可惜的是,他自己在"求证"某些"假设"时,却往往很不"小心",而使"大胆"与狂妄"一色","假设"共胡言"齐飞"了。他论述王安石变法的历史渊源便是一例。

在《李觏的学说》一文中,胡适断言"李觏是一个不曾得君行道的王安石","是王安石的先导"。其理由有二:其一,李觏、王安石都讲《周礼》;其二,李觏、王安石同为江南西路人。

这些"理由"站得住脚吗?胡适的"求证"是"小心"的吗?

按胡适的第一个理由来看,可以列出以下推理:

> 凡在王安石之先而讲《周礼》的人,都是王安石的先导(被省略的大前提),
> 李觏在王安石之先而讲《周礼》,
> 所以,李觏是王安石的先导。

这个推理的推论过程是合乎逻辑的。但是,隐含的即被省略的大前提本身虚假错误,因此,尽管小前提真实正确,结论仍是错误的。

事实上,"在王安石之先而讲《周礼》的人",又何止李觏一个?鼎鼎有名的"大成至圣先师"孔子就是一个"在王安石之先而讲《周礼》的人"。隋代有个王通,号"文中子",也是个大讲特讲《周礼》的人。"在王安石之先而讲《周礼》的人"可以列出一大串,编成几个旅团。难道这些人都是王安石的先导吗?

《周礼》作为一种思想资料丰富的典籍,可为后人汲取,促成他们形成一定的政治观点。但是，一个人的政治观点的形成，是诸多方面的因素的"合力"作用的结果。社会条件、阶级影响、学识水平、心理素质等，都是人们形成这样那样的政治观点的重要因素。李觏与王安石虽然同属地主阶级出身，都生活在封建制度的条件下，也都具有深湛的关于《周礼》的学识，但是，他们各自的生活实践大不相同，再加上其他的条件，他们的政治观念是有明显差异的。例如，在对待豪强兼并的问题上，李觏有浓厚的妥协色彩，王安石却力主抑制，因此，李觏充其量不过有改良的愿望，王安石却是历史上著名的改革家。总之，无论从逻辑上看，还是从实际上看，李觏都不是王安石的先导。

按胡适的第二个理由来看，也可以列出以下推理：

凡同为江南西路人者都可能成为王安石的先导（被省略的大前提），

李觏与王安石同为江南西路人，

所以，李觏是王安石的先导。

这一推理的荒谬是十分显然的，其源盖出于粗浅可笑的大前提。

也许是为了掩饰这个推理的粗浅荒诞，胡适还把另一个江西人拉出来充当"媒婆"，以便撮合王、李的师承关系。这个人就是欧阳修。胡适认为，欧阳修也主张过改革，是江西人，其思想来源于李觏学说，而王安石是主张改革的，也是江西人，所以其思想与欧阳修同出一辙，都来源于李觏。胡适常常吹嘘他的历史研究方法是所谓"明变求因"的"科学方法"。其"科学"性在这个例子中令人大开眼界，这个例子可列成推论式：

欧阳修主张过改革，是江西人，与李觏有师承关系，

王安石主张改革，是江西人，

所以，王安石与李觏也有师承关系（即李是王的先导）。

这是一个不当类比。类比推理结论的可靠性，得力于前提所确认的相同属性尽可能多、尽可能本质。即使有足够多、足够本质的属性相同，类比推理的结论仍旧是或然性判断。胡适推理前提所确认的属性既少得可怜，又非本质性，其结论也就很不可靠了。

略具宋史常识的人大多知道，庆历年间，并非江西人的范仲淹〔江苏吴县（现已撤销）人〕主持改革时，欧阳修曾给予过热情支持与帮助。熙宁年间，江西人王安石主持变法改革时，欧阳修却起而反对，上疏指陈青苗法之弊，两人的关系糟糕得一塌糊涂。所以，胡适把欧阳修拉来帮忙，实在是很不高明、很不"小心"的办法，不但无助于"求证"，反而帮了倒忙，把他的"假设"的虚妄暴露无遗了。

黑格尔曾冷嘲过："历史上常有人搜集了许多奇闻轶事当作大事件的小'原因'——而事实上这只是一种导因，只是一种外部刺激，《事件的内在精神完全可以不需要它》。"

（转引自[俄]列宁《哲学笔记》）胡适"求证"他的"大胆假设"时所用的上述方法，相当于黑格尔所嘲笑的"搜集奇闻轶事当作大事件的小'原因'"的方法，毫不足取。

"变白以为黑兮，倒上以为下；凤凰在笯兮，鸡鹜翔舞。"（〔战国〕屈原《楚辞·九章·怀沙》）"求证"如不"小心"，"大胆"的"假设"往往成为导向"变白以为黑兮，倒上以为下"的原因。因此，我们既要讲求谨慎的科学的假设，也要致力于小心的合乎逻辑的求证。

"大脚色"的"逻辑"的"奥义"

鲁迅的《狗·猫·鼠》(《朝花夕拾》)一文的开头,有这样一段话:

> 从去年起,仿佛听得有人说我是仇猫的。那根据自然是在我的那一篇《兔和猫》;这是自画招供,当然无话可说,——但倒也毫不介意。一到今年,我可很有点担心了。我是常不免于弄弄笔墨的,写了下来,印了出去,对于有些人似乎总是搔着痒处的时候少,碰着痛处的时候多。万一不谨,甚而至于得罪了名人或名教授,或者更甚而至于得罪了"负有指导青年责任的前辈"之流,可就危险已极。为什么呢?因为这些大脚色是"不好惹"的。怎地"不好惹"呢?就是怕要浑身发热之后,做一封信登在报纸上,广告道:"看哪!狗不是仇猫的么?鲁迅先生却自己承认是仇猫的,而他述说要打'落水狗'!"这"逻辑"的奥义,即在用我的话,来证明我倒是狗,于是而凡有言说,全都根本推翻,即使我说二二得四,三三见九,也没有一字不错。这些既然都错,则绅士口头的二二得七,三三见千等等,自然就不错了。

在这段话里,鲁迅将"名流""名教授""负有指导青年责任的前辈"之类"大脚色"们的"逻辑"公诸光天化日之下,即使丝毫没有逻辑理论知识的读者,也立刻会从"绅士口头的二二得七,三三见千等等,自然就不错"中,领悟到这些"大脚色"的"逻辑"是荒谬绝伦的。当然,"知其然"不等于"知其所以然",一眼看穿"大脚色"们的"逻辑"的荒诞不经,也不等于对他们的"逻辑"的"奥义"一目了然。那么,"大脚色"们的"逻辑"的"奥义"是什么呢?

为了分析的方便,我们先介绍一下有关的背景情况。

1925年12月29日,鲁迅写了著名的杂文《论"费厄泼赖"应该缓行》(《坟》),提出了"打落水狗"的论点,认为"反改革者对于改革者的毒害,向来就未放松过,手段的厉害也就无以复加了",因而如果"反改革者"成了"落水狗",就应与之"作彻底的战斗",决不姑息,非"从而打之不可"。鲁迅的"打落水狗"论,既有所指,也具有普遍意义。

于是，不但当时的"落水狗"汪汪乱叫，而且"一班被触着了痛处"的"叭儿狗""候补叭儿狗"也猖猖狂吠。但鲁迅的立论是那么正确，论证是那么严密，论敌几无空子可钻。理屈词穷，无计可施，这些"大脚色"就祭起了诡辩的"法宝"，企图以攻代守，反败为胜，他们绞尽脑汁，从鲁迅已发表的文章中找出了一篇《兔和猫》，作为进攻的炮弹。

《兔和猫》是鲁迅在1922年10月写的。文中，鲁迅说："而我在全家的口碑上，却的确算一个猫敌。我曾经害过猫，平时也常打猫，尤其是在他们配合的时候。但我之所以打的原因并非因为他们配合，是因为他们嚷，嚷到使我睡不着，我以为配合是不必这样大嚷而特嚷的。"从其他文章中我们还可以知道，鲁迅从小仇猫的原因之一，是他小时候的一只心爱的隐鼠据说是被猫吃掉了。

《兔和猫》是一篇极具生活情趣的散文。然而"大脚色"们却牛头不对马嘴地拉来作为攻击鲁迅的材料。现在让我们分析一下他们是怎样攻击的，其"逻辑"错误何在。

"看哪！狗不是仇猫的么？鲁迅先生却自己承认是仇猫的，而他还说要打'落水狗'！"——"大脚色"们的这段话中，包含有三个"推理"、四个逻辑错误。

第一个"推理"是：

"狗不是仇猫的么？"
"鲁迅先生却自己承认是仇猫的"，
"……我倒是狗。"

用更清楚的推理式表达是：

狗是仇猫的，
鲁迅是仇猫的，
所以，鲁迅是狗。

在这个"推理"中，前提里两次出现的概念"仇猫的"是起桥梁和纽带作用的中项，它至少应周延一次。但是，"狗是仇猫的"和"鲁迅是仇猫的"都是肯定判断，肯定判断的谓项不周延，因而"仇猫的"也不周延。这样，这个"推理"的中项一次也不周延，结论就不具有必然性。这是第一个逻辑错误。

第二个"推理"是：

狗的话是错的，
鲁迅是狗，
所以，鲁迅的话是错的。

显然，这个"推理"的错误在于小前提是一个虚假判断。这是第二个逻辑错误。

第三个"推理"是：

> 鲁迅的话是错的，
> 打"落水狗"是鲁迅的话，
> 所以，打"落水狗"是错的。

同样的道理，由于前提（"鲁迅的话是错的"）虚假，这个"推理"的结论也不正确。这是第三个逻辑错误。

此外，还有第四个逻辑错误：鲁迅说要打"落水狗"的"狗"，是一种比喻，指那些"反对改革"的反动派；"大脚色"们从"狗是仇猫的，鲁迅是仇猫的"中推出的结论"鲁迅是狗"即使不错，其中的"狗"也只能是作为动物的"狗"，与"反对改革"而被打落水中的"狗"即反动派，是完全不同的概念。"大脚色"们有意将这两个不同的概念混淆起来胡推乱论，不但暴露了他们的立场反动，也暴露了他们的不学无术。"黔驴技穷"的"大脚色"们，实在只是"搬起石头砸自己的脚。"因此，鲁迅按照他们的"逻辑"进一步"推论"，让他们自己将其"'逻辑'的奥义"更为明显地暴露出来：

> 鲁迅的话是错的，
> "二二得四，三三见九"是鲁迅说的，
> 所以，"二二得四，三三见九"是错的。

或

> "二二得四，三三见九"，或"二二得七，三三见千"，
> "二二得四，三三见九"是错的，
> 所以，"二二得七，三三见千""自然就不错"。

前一个"推理"的大前提错误，后一个"推理"的小前提错误。"自然就不错"吗？南无阿弥陀佛！

"智者千虑，必有一失"

谚语有云："智者千虑，必有一失；愚者千虑，必有一得。"这是为成千上万条经验所证实的结论。

"智者千虑"为何"必有一失"呢？如果假定"智者"的逻辑思维能力极强，绝不会发生推论错误，那么，无论如何，他不可能对任何事情都了解得一清二楚，在这种情况下妄加议论，也就"必有一失"。北宋著名文学家、史学家欧阳修妄议唐代张继《枫桥夜泊》诗，就是一例。

张继字懿孙，襄州（今湖北襄阳）人，唐代武则天时的进士，曾官盐铁判官、检校祠部郎中，以诗著称。其诗多登临纪行之作，不易雕琢。其中《枫桥夜泊》传为千古佳作：

  月落乌啼霜满天，
  江枫渔火对愁眠。
  姑苏城外寒山寺，
  夜半钟声到客船。

这首《枫桥夜泊》意境高远，文笔清新，发人遐思，读来意味无穷。著名的明代书画家文徵明曾行书《枫桥夜泊》，刻石立碑于寒山寺内。后来清人俞樾又加重刻。现在，这首诗被中国、日本和东南亚许多国家的中小学采用为教材，而且远播欧美，深受喜爱。

但是，欧阳修却对此诗有所指责，他说："唐人有云：'姑苏台下寒山寺，半夜钟声到客船。'说者亦云：句则佳矣，其如三更不是打钟时！"

此处"说者"即欧阳修自己。他的这番话，见诸《六一诗话》。欧阳修是北宋古文运动的领袖，所作散文说理畅达，抒情委婉，为"唐宋八大家"中的佼佼者；其诗风与散文近似，语言流畅自然；其词婉丽，承袭了南唐余风。他还曾与宋祁合修《新唐书》，并独撰《新五代史》，是一个知识十分渊博的人。他所说"三更不是打钟时"，也似乎是很有道理的，半夜三更还打什么钟呢？

但"智者"欧阳修此"虑",却大谬不然。

"三更不是打钟时",这是一个全称判断,断定所有的地方三更都不打钟。

欧阳修是江西吉水人,他后来曾官居枢密副使、参知政事,到过不少地方,也许他所到过的地方三更都不打钟,也许虽打钟他却不知道。而其实,不但确有一些地方半夜三更是打钟的,而且典籍上也不乏有关的记载。例如,唐代皇甫冉《秋夜宿严维宅》有"夜半隔山钟"句;唐代陈羽《梓州与温商夜别》中有"隔水悠扬午夜钟"句。这就证明,"三更不是打钟时"的判断犯了以偏概全的逻辑错误。

归纳推理中的简单枚举归纳推理,最忌以偏概全。由于简单枚举归纳推理的前提是若干经验事实,而不是如完全归纳推理那样列出全部经验事实作为前提,因此,它的结论常有或然的性质。如果存在着与所列出的若干经验前提相反的客观事实,那么这一简单枚举归纳推理的结论就会被否定。以偏概全就属于这种被否定了的简单枚举归纳推理的结论。关于"三更不是打钟时",曾长期居住苏州的南宋人叶梦得,在他所著的《石林诗话》中批评说:

> 盖公未尝至吴中,今吴中山寺实以夜半打钟。……《唐诗记事》卷二十五曰:此地有夜半钟,谓之无常钟,(张)继志其异耳。欧公以为语病,非也。

还有一个南宋人,叫张邦基,他在《墨庄漫录》卷九也指出"夜半钟声""此盖吴郡之实耳。今平江城中从旧承天寺鸣钟,乃半夜后也。余寺闻承天寺钟罢,乃相继而鸣,迄今如是,以此知自唐而然。枫桥去城数里,距诸山皆远,书其实也。"南宋胡仔的《苕溪渔隐丛话》后集卷十五也证实苏州可闻半夜钟声。不过,他的话却有点毛病。他说:

> 尝过苏州,宿一寺,夜半闻钟声。因问寺僧,皆云:分夜钟何足怪乎!寻闻他寺皆然。始知半夜钟惟姑苏有之。

胡仔说"半夜钟惟姑苏有之",虽然批驳了欧阳修,但同样犯了以偏概全的错误,因为除姑苏以外,别的地方也不是全没有"半夜钟"。如前所述,皇甫冉和陈羽分别提到浙江会稽和四川的一些地方,也有"夜半钟""午夜钟"。

当然,我们不能因为欧阳修和胡仔有此谬说,而认为他们不值得推崇,否则,我们自己也犯以偏概全的错误了。"智者"虽有"一失",但仅"一失"而已。以"一失"而概言"千虑皆失",不是以偏概全又是什么呢?同样的道理,"愚者千虑,必有一得",这"一得之见"固然是值得重视的,但它不能改变"愚者"之为"愚者",否则,也会落入以偏概全的泥潭。

南辕北辙，"谅"而无"必"

常见书刊行文中有"谅必"如何如何的措辞，往往见惯不怪。但细细品味，"谅"与"必"却大多南辕北辙，连不到一块。"谅"，意为料想。既是"料想"，何来"必定"之有？《京本通俗小说·冯玉梅团圆》曰："承信到临安，自谅前事年远，无人推到。"后来却以被人"推到"而证明"谅"得不确。"谅"而无"必"然性的可靠结论，由此可以悟及一二。

钱穆在《国史大纲》里提出南北地域之说，来解释宋代王安石变法派与反对派斗争的原因与实质，屡屡用"谅必"之类来推论，结果成了史学上的一个典型谬误。

钱穆的南北地域之说的论点是：变法派与反对派的思想冲突，原因在于"南北地域的区分上"；而"南北地域的区分"则在于"地形、气候、物产"的不同。他的论据之一是："新党大率多南方人，反对派则大率是北方人"。论据之二是："当时东南之役，谅必较重于北方"，因此"王安石新法有些似在南方人特见有利，而在北方人或特见为有害"。

由这种"大率"的论据"谅必"性地推定的论点，是否能令人信服呢？我们来略做辨析。

关于"大率"。钱穆以"新党大率多南方人，反对派则大率是北方人"来证明变法派与反对派是由"地形，气候、物产"不同的"南北地域"区别造成的。由"大率"而推出结论，在逻辑上属于简单枚举归纳推理。钱穆的推论是：

① 新党甲是南方人，
  新党乙是南方人，
  新党丙是南方人，
  ……
  （新党大率多南方人）
  所以，新党产生于（"地形、气候、物产"与北方不同的）南方。

② 反对派甲是北方人，
  反对派乙是北方人，
  反对派丙是北方人，

……

（反对派大率为北方人）

所以，反对派产生于（"地形、气候、物产"与南方不同的）北方。

这两个推理的结论都是全称性的，前者断定新党都产生于南方，后者断言反对派都产生于北方。但简单枚举归纳推理的结论是或然性的，如果在实际生活中存在相反的例子，就会被推翻。逻辑学上著名的例子是：

人血是红色的，
狗血是红色的，
猪血是红色的，
……
所以，动物的血都是红色的。

这个推理曾被一度认为是千真万确、无可辩驳的，但后来发现虾等动物的血并非红色，也就被否定了。

那么，事实上是不是所有的"新党都是南方人"而"反对派都是北方人"呢？非也。史籍记载，宋代的庆历、嘉祐之世，地主士大夫不分地域之南北，不论"地形、气候、物产"之不同，都纷纷要求改革。在庆历党争中，支持范仲淹、欧阳修改革主张的尹洙、韩琦、富弼、杜衍、石介、王质，都是北方人，而非南方人。连范仲淹本人，虽然生于南方的苏州（原江苏吴县，现已撤销），却自幼即随改嫁的母亲来到山东，在北方的"地形、气候、物产"条件下长大。实际上，王安石变法过程中的两派里，都各有南方人与北方人。钱穆由"大率"而推得的结论，是明显错误的。以此证明论点自然软弱无力。

关于"谅必"。钱穆武断"当时东南之役，谅必较重于北方"，是从罗从彦所说实行王安石推行的《免役法》"东南人实利之"得出的；他说"王安石新法……在北方人或特见为有害"是引用了《韩琦家传》所载西川四路"大姓"反对《青苗法》后得出的。

如前所说，简单枚举归纳推理的结论不具有必然性。那么，只"枚举"一个实例就想"归纳"出具有一般性的结论来，其"必然性"之不可靠，就更可想而知了。翻一翻宋史，不难发现：差役之重，地无分东南西北，人无分老幼男女，当时都是相当重的。司马光曾在《衙前札子》中记载道："臣尝于村落见农民生具之微，而问其故，皆言不敢为也。今欲多种一桑，多置一牛，蓄二年之粮，藏十匹之帛，邻里已目为富矣，指抉以为衙前，洗敢益田畴、葺庐舍乎？"（《温国文正司马公文集》）这里，司马光记的是北方的情形。《通考·职役政一》记载京东当役的一户农民，父亲为使儿子免于冻饿，自杀而死。所以，"谅""东南之役""必""重于北方"，只是一种不合逻辑、不孚实际的臆断。至于各地

"大姓"高利贷剥削都十分严重、十分猖獗，同样说明了"谅必""王安石新法……在北方或特见为有害"的武断。

总之，钱穆以个别的事实推断出一般性的结论的方法，只能得出或然性的判断，得不出必然性的判断。也就是说，"大率"只是"大率"而已，越出"大率"之界，拔高到"所有"，就会弄巧成拙；"谅"只是"谅"而已，超出料想而强行武断出什么"必"来，就会北辙南辕，导致更严重的错误。

《诗·小雅·巧言》云："蛇蛇硕言，出自口矣。巧舌如簧，颜之厚矣。""蛇蛇"，大言欺世的样子；"巧言"，指空谈误国、欺人骗世的诗。大意是：骗人的大话说出口了，把顺耳的假话讲得像吹奏笙簧般动听，脸皮可算太厚了。"大率""谅必"之类逻辑谬误如果是无意间偶尔为之，还不过是缺乏训练罢了；如果是有意地、经常地用以推断政治问题，就难逃"巧舌如簧颜之厚"之咎了。

"咬定青山不放松"

墙上芦苇,头重脚轻根底浅。刮东风时往西边倒,刮西风时往东边倒。如果风刮得猛,就可能被连根拔起。所以,历来都有人告诫:为人处事,绝不要学墙上芦苇。那么,学什么呢?一般的中国老百姓都知道,要学"岁寒三友"的松、竹、梅。松、竹经冬不凋,梅花凌寒怒放,故有"岁寒三友"之称。明代程敏政还专门作了《岁寒三友图赋》,诗情画意,极尽对松、竹、梅的赞誉。如果翻一翻古今诗画,也许会发现对松、竹、梅三者所用的笔墨是最多的。不过,笔者在万千盛赞松、竹、梅的诗赋中,最偏爱的还是郑板桥的《竹石》:

> 咬定青山不放松,
> 立根原在破岩中。
> 千磨万击还坚劲,
> 任尔东西南北风。

瘦竹咬定青山,立根破岩,坚定、挺拔、苍劲,俨然是诗人的自我写照。郑板桥早年家贫,应科举为康熙秀才,雍正举人,乾隆进士,曾任山东范县、潍县知县,后以助农民胜讼及办理赈济得罪豪绅而罢官。罢官后以卖画为生,丝毫不改高洁的志向,不随俗浮沉,不同流合污,"任尔东西南北风",兀自保持独立不羁的人格。

封建士大夫如郑燮(板桥)者尚且如此,生为20世纪社会主义国家的工人阶级知识分子,岂能更下一筹,如同墙上芦苇,"见风使舵",随风倾倒?但社会是复杂的,"芦苇"照样还有,"东西南北风"时时还刮,这就有认真对待的必要了。

中国曾经长期闭关锁国,作茧自缚,裹足不前,发展缓慢。自从改革大潮涌起,国门大开,八面来风,令人耳目一新,心旷神怡。然而,随着风起青草,也就使得墙上芦苇岌岌可危起来。这里且举一例。

国内理论界的一篇文章、一种说法,为海外所赞同,于是就会有人攻之曰"大错特错"。为什么？凡是敌人拥护的，我们必须坚决反对。

倘若情况倒过来，一篇文章、一种说法，为海外所反对，事情也不会变得妙些，总会有人斥之曰"荒谬绝伦"。又为什么？"连海外的人都不敢苟同，还不足以证明其荒谬吗？"

那么，海外舆论既不说对，也不说错呢？还是摆脱不了被指责的命运：人家不屑一顾，不置臧否，岂不是说明老兄本事不过尔尔，大作观点平平、无一可取？

总之，一切都随海外之风而转移。

但这在逻辑上是错误的。

大家都知道，"凡是"派的思想方法是形而上学，其逻辑错误在于以偏概全。上述随海外之风而转移的学术评论，就犯了与"凡是"派相同的错误。

"你的文章为海外所赞同，所以大错特错"这种推断是一个省略了大前提的三段论：

凡为海外所赞同的文章都大错特错，
你的文章为海外所赞同，
所以，你的文章大错特错。

其实，"大错特错"的不是别的，而是大前提本身。首先，"海外所赞同的"本就有对有错，赞同得对，又何错之有？即便是赞同得不对，也还要加以分析。中国实行开放，改计划经济为有计划的商品经济，"海外"赞同之声不绝于耳，其中有一些人是认为中国要"复归"资本主义因而表示赞同的，我们能因此而改变自己的进军道路或者在前进途中犹豫彷徨起来吗？显然不能。其次，对"海外"不能一概而论，混沌不分。"海外"三教九流各色人等意见纷纭，各持殊见，怎么能一闻"海外"便骤然推断，视形形色色的"海外"为一物呢？

"你的文章海外有人反对，所以荒谬"这更离奇，其推理是：

有的海外有人反对的文章是荒谬的，
你的文章海外有人反对，
所以，你的文章荒谬。

在这个推理中，作为中项的"海外有人反对的文章"，在大前提里由于冠有"有的"，表示特称，不周延；在小前提里，由于是肯定判断的宾项，也可视为不周延。这样，在中项两次不周延的情况下进行推论，结论就失去了必然性。文章为"海外有人"所"反对"，即可能荒谬，也可能正确，贸然断言必定"荒谬"，是悖情悖理违反逻辑的。

至于"海外舆论既不说对，也不说错"呢？读者谅已能从上述分析中懂得，以"既不说对，也不说错"作为评判是非的理由，作为推理的大前提（"凡海外舆论既不说对也不说错的，就是……"），其本身就站不住脚，用以推论，当然只能因错而错、大错特错了。

以"海外"如何如何为转移，不仅在逻辑上是错误的，而且首先在立场上就是错误的。中国的事情，当然应该听听人家如何评说，但听了人家的评说要加分析。检验理论的唯一标准是千百万群众的社会实践。"咬定"实践这座万古不朽、宏伟屹立的"青山"，"立根"于千百万群众的改革实践的坚硬"岩石"之中，任凭"东西南北风"的"千磨万击"，把马克思列宁主义基本原理与中国的具体实际相结合，这是全中国的改革者，也是理论研究者的正确态度与方向。

宋玉的诡辩

古人常把屈原与宋玉并称"屈宋",这无论从德行人品,或者从文学才华上看,都是很不恰当的。诚然,宋玉的《九辩》《风赋》《神女赋》等文辞优美,手笔纤细,古人曾誉之为"千古绝唱",对汉赋颇有影响。但是,他的《登徒子好色赋》与《对楚王问》等,虽然不乏优美的文句,却包含了大量的诡辩,细细分析,都是违反逻辑的,其思想水平也就可见一斑。

据《对楚王问》载:宋玉为楚襄王文学侍臣,为人毁谤。楚襄王问道:"先生难道有行为不检点之处吗?何以旁人颇多议论呢?"宋玉答道:"有人在国都唱歌,开始唱俗曲《下里》《巴人》,都城中应和者数千人;再唱高深一点的《阳阿》《薤露》,都城中应和者数百人;到唱更高深的《阳春》《白雪》时,都城中应和者不过数十人;乃至唱最高深最美妙的歌曲时,都城中应和者仅数人而已,所以曲越高,和者越少。鸟类之中有凤,鱼类之中有鲲。凤凰高飞九千里。隔绝了云霓,背负了苍天,拨乱了浮云,翱翔于杳冥之上,那藩篱之间的鹌鹑怎能与它议论高低呢?鲲鱼早晨从昆仑出发,露出鱼须于碣石,傍晚歇宿在童诸的大泽,那浅水中的小鲵鲵,怎能同它议论江海的大小呢?可见,不独鸟有凤,鱼有鲲,士子之中也是如此。圣人之志宏远,行为超俗,离群独处,那些世上的老百姓又哪里知道臣之所作所为呢?"

楚襄王本就极为昏聩,被宋玉这么花言巧语地一说,当然就不加究诘了。仅此而已,倒还罢了,因为即使是真实的情况,也早已成了历史的陈迹。问题在于,《对楚王问》一出,后世即以"曲高和寡"比喻言行、作品高超,知音稀少或难以企及,并以此为自己的种种缺点辩护。梁实秋就曾借此大放谬论,幸亏鲁迅及时地做了驳斥。

宋玉《对楚王问》其实是满纸诡辩,通篇充满了逻辑错误,撮其大者,主要有三。

其一,答非所问,违反了同一律。

同一律要求对同一思维对象保持同一性、确定性。楚王所问是"行为有无不检点之处",宋玉所答却"弯弯绕"到别的事情上去了。究竟有无不检点的行为?宋玉避而不答,所答与所问不是在同一个方面,因而违反了同一律。

其二，风马牛不相及，违反了假言判断关于前后件应有必然联系的要求。

一个真实正确的假言判断，不管前件是充分条件或是必要条件，都应与后件存在有机的联系。否则，作为判断，它是虚假错误的；作为假言推理的大前提，只能推出错误的结论。

《对楚王问》实际上做了这样一次假言判断：如果曲高和寡，那么德高谤多。全篇又隐含着以此为大前提的假言推理：

如果曲高和寡，那么德高谤多，
曲高和寡，
所以，德高谤多。

既然如此，宋玉自己即使有"不检点的行为"，也可以轻而易举地开脱了。后来唐代的韩愈在《原毁》中也说了类似的话："事修而谤兴，德高而毁来。"还为此感慨万千地大嚷"呜呼！"如果说韩愈不过是反映了当时社会的一个侧面，还有其正确性可言的话，那么，宋玉的判断与推理无论怎么都是错误的。道理很简单："曲高和寡"与"德高谤多"并无必然联系。

其三，类比不当。

宋玉避开楚襄王的问题，列举了歌者、凤凰、鲲鱼三者与自己的被人毁谤进行了隐含的类比。然而，类比推理的结论仅仅具有或然性，因此不能从歌者、凤凰、鲲鱼的可加肯定，必然性地随之肯定宋玉的一切德行。为了使类比推理结论的可靠性增强，最重要的两点，一是用来类比的属性应当是本质属性，二是进行类比的事物属于同类，有可比性。拿这两点一衡量，宋玉的"类比"就无一是处了。

比出了"曲高和寡"这一典故的《对楚王问》更出名的，是出了"好色之徒"这一成语的《登徒子好色赋》。全文不长，谨录如下：

大夫登徒子侍于楚王，短宋玉曰："玉为人体貌闲丽，口多微辞，又性好色，愿王勿与出入后宫。"

王以登徒子之言问宋玉。

玉曰："体貌闲丽，所受于天也；口多微辞，所学于师也，至于好色，臣无有也。"

王曰："子不好色，亦有说乎？有说则进，无说则退。"

玉曰："天下之佳人莫若楚国，楚国之丽者莫若臣里，臣里之丽者莫若臣东家之女。东家之女，增之一分则太长，减之一分则太短；着粉则太白，施朱则太赤；眉如翠羽，肌如白雪，腰如束素，齿如含贝。嫣然一笑，惑阳城，迷下蔡。然此女登墙窥臣三年，至今未许也。登徒子则不然。其妻蓬头挛耳，齞唇历齿，旁行踽偻，又疥且痔。登徒子悦之，使有五子。王熟察之，谁为好色者矣？"

毫无疑问，宋玉的《登徒子好色赋》文采绮丽，条理井然，足可糊弄昏庸的楚王。但如果从逻辑上分析一下，却可发现许多错误，足以使其诡辩破产。这些逻辑错误，主要也有三点。

其一，宋玉说"此女登墙窥臣三年，至今未许也"，隐含了一个错误的推理：

凡未许可美女之追求者皆非好色，
"此女登墙窥臣三年，至今未许也"，
故臣非好色。

这个推理的大前提是一个全称否定判断，但不符合客观实际，应当改为特称否定判断："有些未许可美女之追求者非好色之徒"。众所周知，"未许可美女之追求"的原因是多方面的，美色、经济条件、性格、兴趣、志向、才能、体质……都可以成为决定"许可"与否的条件，所以只能以特称否定判断表示，而一改为特称否定判断，推理前提中的中词就一次也不周延，结论也就无从推出了，"臣非好色"当然站不住脚。

其二，宋玉攻击"登徒子悦之，使有五子……"，等于做出这样一个推理：

凡悦于丑妻者皆为好色之徒，
"登徒子悦之，使有五子"，
故登徒子为好色之徒。

和前一个推理一样，这个推理的大前提也是错误的，"悦于丑妻"与"好色之徒"根本无必然性的联系。由此推出的结论，应予推翻。

数千年来，登徒子蒙受了不白之冤，至今"登徒子"还是"好色之徒"的同义语。幸亏毛泽东同志为他翻了案，这才使登徒子在一部分同志中改变了形象。1958年1月上旬，毛泽东同志在杭州同上海的几位老教授和新闻工作者彻夜长谈。席间，毛泽东同志谈到了《登徒子好色赋》。他幽默地指出：登徒子娶了个丑媳妇，但对她忠贞不贰，他是模范地遵守《婚姻法》的……

其三，宋玉在文末请"王熟察之，谁为好色者矣"？这里隐含一个错误的肯定否定式相容选言推理：

或登徒子好色，或宋玉好色，
登徒子好色，

故宋玉非好色。

　　"或登徒子好色,或宋玉好色",这是一个相容选言判断。由于其中两个选言肢相容,当它成为选言推理大前提时,只能以否定肯定式进行推论。上述推理以肯定否定式进行推论,违反了选言推理的规则。我们知道,即使肯定了"登徒子好色",仍然可以同时肯定宋玉也好色,这二者是不排斥的。

　　宋玉的诡辩曾经行之数千年之久,助其力者,全在文辞。由此可见,对以优美文辞掩盖着的诡辩,要特别注意分析,努力将其中的逻辑错误一一剔出,使诡辩者不能轻售其奸。

"李白斗酒诗百篇"说明什么？

世界著名的我国唐代大诗人李白，是一个才华横溢的多产作家。据说他性格豪放，喜欢饮酒，常常以酒助兴，酒后赋诗，所以，后人有"李白斗酒诗百篇"的赞语。

"李白斗酒诗百篇"说明什么？

有人这样说：

宋人谓作诗贵先立意。李白斗酒诗百篇，岂先立许多意而后措辞？盖意随笔生，不假布置。

宋人必先命意，涉于理路，殊无思致。

这无异于把"李白斗酒诗百篇"当作写诗不必先立意的立论根据了。

持这种观点的，在明朝特别多。上述说法，就是明代"后七子"之一的谢榛的高论，可见诸他的《四溟诗话》（一名《诗家直说》）。谢榛认为，为文要学西汉，赋诗应师法盛唐，像"李白斗酒（诗）百篇"那样，"意随笔生"，而不是"贵先立意"。

无须怀疑，略有文学理论知识的人，都会说谢榛所见大谬不然。但是这要做些分析。从逻辑角度看，谢榛的错误大致有三点。

其一，判断错误。

谢榛说："李白斗酒（诗）百篇，岂先立许多意而后措辞？"这是一个以反问句式表达的判断，"翻译"成典型的判断语句是：李白赋诗不是先立意而后措辞的。

判断有真假之分。凡与客观实际相符的判断，都是真判断；凡是与客观实际不符的判断都是假判断，谢榛的上列判断，就是一个假判断。

众所周知，李白诗歌不仅有高度的艺术性，而且有高度的思想性。他在诗里曾一再吐露出他的政治理想和抱负，他向往传说中尧舜时代举贤授能、公天下的社会；他立下了"解世纷""济苍生""安黎元"的大志，渴求自己有机会"申管婴之谈，谋帝王之术，奋其知能，愿为辅弼，使寰区大定，海县清一"（《从代寿山答孟少府移文书》）。甚至到了晚年，他虽然受尽了挫折和打击，却还"中夜四五叹，常为大国忧"，质问"白骨成丘山，苍生竟何罪？"

诚然，李白也有一些诗反映了他的消极出世的思想，如《古风》其九所吟"庄周梦蝴蝶，蝴蝶梦庄周，一体更变易，万事良悠悠"，《将进酒》所唱"高堂明镜悲白发，朝如青丝暮成雪，人生得意须尽欢，莫使金樽空对月"，等等。但是，第一，在李白的全部诗作中，这类消极颓废的诗仅占少数；第二，即便是这类诗歌，也还是"意在笔先"，虽然其"意"不"佳"。

其二，推理错误。

谢榛实际上做了这样一个推理：

凡斗酒百篇者皆非先立许多意而后措辞，
李白斗酒百篇，
所以，李白非先立许多意而后措辞。

这个推理的大前提，在谢榛的论断中被省略掉了，不容易被发现。因而，当他仅仅给读者以小前提与结论时，就比较能迷惑人。实际上，谢榛的论断必定有那么一个大前提，而这个大前提则是错误的，尤其是当我们把它表达得更通俗些时，其错误也就十分明显："凡写得快的都不是先立意而后措辞的。"有谁还会怀疑这一判断的虚假性吗？用虚假的大前提，又怎么能推出真实的结论来呢？

其三，以偏概全。

现在我们退一步看。假定"李白斗酒诗百篇非先立许多意而后措辞"这一判断成立，那么能不能由此推定"盖意随笔生，不假布置"呢？还不能。

"李白斗酒诗百篇非先立许多意而后措辞"，这是对"李白"做的判断，而"盖意随笔生，不假布置"是对所有作家的断定。要从对李白的判断跃进到对所有作家的判断，还必须考察李白之外的其他许多作家。例如，应列出如下推论式：

李白非先立意而后措辞，
杜甫非先立意而后措辞，
白居易非先立意而后措辞，
苏东坡非先立意而后措辞，
汤显祖非先立意而后措辞，
……
所以，作家们皆非先立意而后措辞。

但文学常识告诉我们，上列推论是无论如何也不可能形成的。这样，我们就必须面对如下选言推理：

  或非先立意而后措辞，或先立意而后措辞，
  事实否定了非先立意而后措辞，
  所以，该肯定先立意而后措辞。

既然如此，我们又可推论：

  先立意而后措辞是正确的，
  宋人谓作诗贵先立意，
  所以，宋人是正确的。

当然，这同样宣告了谢榛观点的谬误。

其实，诗文贵先立意，并不是宋人首先发明，早在他们之前，就有许多文学家和文学评论家都强调了这一点。

南朝梁的著名文学批评家刘勰在《文心雕龙·诠赋》中说："铺采摛文，体物写志也。"认为写作上的铺陈描述，是为了抒写情志的。

唐代的杜牧在《答庄充书》中说："凡为文以意为主，以气为辅，以辞采章句为之兵卫。……苟意不先立，止以文采词句绕前捧后，是言愈多而理愈乱……"

唐代的王昌龄也曾说过："凡作诗之体，意是格，声是律。意高则格高，……用意于古人之上，则天地之境，洞为可观。"（《诗歌》）

这些都是先于宋人而倡言诗文"贵先立意"的。

宋代以后，元代陈秀明有"不得意不可以用事（指写作素材），此作文之要也"之说（《东坡文谈录》）；明代黄子肃有"大凡作诗，先须立意"之说（《诗法》）；清代王夫之有"无论诗歌与长行文字，俱以意为主。意犹帅也。无帅之兵，谓之乌合"之说（《薑斋诗话》）；等等，谢榛把"贵先立意"说得似乎仅仅是宋代人的谬见，可谓大大背离了事实。现活剥古诗一首，以见赠予谢榛："前不见古人，后不见来者，念文坛之悠悠，该怆然而涕下！"

"诗圣"和"书橱"

唐代大诗人杜甫，人称"诗圣"。他写的诗，极为生动，深刻地反映了唐代由盛变衰的历程，因而被称为"诗史"。韩愈作诗赞曰："李杜文章在，光焰万丈长。"有人问王安石编诗集为什么把杜甫放在第一位，王安石说：杜甫的诗"悲欢穷泰，发敛抑扬，疾徐纵横，无施不可。故其诗有平淡简易者，有绵丽精确者，有严重威武若三军之帅者，有奋迅驰骤若泛驾之马者，有淡泊闲静若山谷隐士者，有风流酝藉若贵介公子者……此甫之所以光掩前人，而后来无继也。"（《避斋闲览》）又有人问王安石，杜甫的诗为何能"妙绝古今"，他答曰："老杜固尝言之，'读书破万卷，下笔如有神。'"（《东皋杂录》）

"读书破万卷，下笔如有神"句，出于杜甫三十七岁时在长安所写的《赠韦左丞丈（济）二十二韵》一诗。这是他学习写作的宝贵经验。许多后人心领神会，身体力行，孜孜不倦，毕生不懈，也取得了光辉的成就。但是，也有人误解成了"读书破万卷，下笔必有神"，虽然皓首穷经，却一事无成，结果老死牖下，流为笑柄。

杜甫倡言"读书破万卷，下笔如有神"，他的意思是，若要"下笔如有神"，必须"读书破万卷"，"读书破万卷"是"下笔如有神"的必要条件。如果理解作"读书破万卷，下笔必有神"，就是将"读书破万卷"当成了"下笔如有神"的充分条件。我们知道，在一个假言判断中，充分条件与必要条件是截然不同的。连类而及，充分条件假言推理和必要条件假言推理的推论规则，恰恰完全相反。因此，正确理解杜甫的"读书破万卷，下笔如有神"的经验之谈，十分重要。

正确理解的关键是如实地把"读书破万卷"当作"下笔如有神"的必要条件，从而把握"读书破万卷"的正确方法。

东汉王充在《论衡·超奇篇》中说，读书贵通，"凡贵通者，贵其能用之也"，就是说要学以致用，把书读通、读活，否则，"即徒诵读，读诗讽术虽千篇以上，鹦鹉能言之类也"。他还说："好学勤力，博闻强识，世间多有，著书表文，论说古今，万不耐一。""夫通览者，世间比有；著文者，历世希然。""读书破万卷"者比比皆是，不计其数，然而著书表文的，却寥若晨星。

怎么算是"读通"了呢？怎么才真正是"读书破万卷"呢？元代的程端礼在《读书分年日程》中曾经打过一个很好的比方：

> 读书如销铜，聚铜入炉，大鞴（bèi，风箱）扇之，不销不止，极用费力。作文如铸器，铜既销矣，随模铸器，一冶即成，只要识模，全不费力，所谓劳于读书，逸于作文者此也。

"极用费力"地读书，取其精华，据为己有，才能"全不费力"地作文，得心应手，下笔有神。

据说，苏东坡曾批评唐代诗人孟浩然，说他的诗虽不错，只可惜"作料"少；清初诗人施愚山与苏东坡意见相左，于是反嘲苏东坡的诗虽然不错，只可惜"作料"太多。施愚山认为，诗如人的眼睛，容不得金屑，因而"作料"之类不能在诗里出现得太多。这里的"作料"是指诗中用的典故。那么，诗既然不能多用典故，"读书破万卷"又有何益呢？清人袁子才在《随园诗话》中针对这个问题，结合苏东坡与施愚山的歧见回答道：人们不懂得"破"与"有神"三字，全是教人读书作文的方法，"盖破其卷，取其神，非囫囵用其糟粕也。蚕食桑而吐者丝，非桑也。蜂采花而酿者蜜，非花也"。郭沫若先生认为袁子才"这几句话说得很不错"，因此欣然命笔，"扩充其意而成六言八句"：

> 蚕食桑而吐丝，蜂采花而酿蜜。
> 牛吃草而出奶，树吸壤而生漆。
> 破其卷而取神，吮其精而去粕。
> 融宇宙之万有，凭呕心之创作。（《读〈随园诗话〉札记》）

"破卷取神""吮精去粕"是读通、读活的良好读书方法，但这也只是"下笔如有神"的众多必要条件之一。仅有这一条件还不够，还不可能"下笔如有神"。要达到"下笔如有神"的境界，还要加上"融宇宙之万有"，即打好厚实的生活基础；"凭呕心之创作"；即精心构思、不断锤炼、反复修改；等等。勤"读万卷""取神""融宇宙之万有""凭呕心之创作"等，都是"下笔如有神"的必要条件，缺一不可。

如果把其中的任何一点当作充分条件，都不可能得到"下笔如有神"的结果。当然，仅有"读书破万卷"一个条件，是不可能"下笔必有神"的。不仅如此，如前所说，"好读书而不求甚解"，往往是书读得越多而人变得越蠢。所以，史籍中不乏"书呆子"的可笑行迹，《南史》所载南朝宋的陆澄就是一例。

陆澄字彦深，"少好学博览，无所不知，行坐眠食，手不释卷"，可算得上头等的勤奋，"读书破万卷"不成疑问。但是，他虽然博得了"硕学"之名，却"读《易》三年，不解文义，欲撰宋书竟不成"。他当官时间不长，但由于不通世务，迂腐不堪，竟然"积前后罚凡至千数"，可能是当官而受罚次数方面世界最高纪录的创造者和保持者。当时有个王俭，嘲笑他说："陆公，书橱也。"

如同颂扬杜甫为"诗圣"十分恰当一样，把陆澄比为"书橱"也是无可非议的。陆澄的悲剧，就在于把"读书破万卷"这一必要条件当成了充分条件，殊不知"书橱"只能藏书而不会"下笔"写出"如有神"的佳作来的。有鉴于此，一切想"下笔如有神"的"莘莘学子"，务必不要把"读书破方卷"当作充分条件，以致为书海所淹没，或成为陆澄那样的"书橱"。

白璧之瑕

韩愈作《获麟解》曰:"圣人者必知麟,麟之果不为不祥也","若麟之出不待圣人,则谓之不祥也亦宜"。意谓圣人知麟,如伯乐识千里马;麟出不待圣人,如千里马碰不到伯乐而埋没,对千里马来说是不祥。韩愈以此作譬,感叹贤人碰不到英明的君主和宰相,只好埋没。这是有感而发,有的放矢,针对当时君主和宰相昏庸,不能任用贤才写的。

《获麟解》寓意深刻,文字流畅,是一名文。但犹如白璧之瑕,这篇名文有多处败笔,而这多处败笔,都是逻辑错误。

《获麟解》中有一段是模仿《史记·老子传》写法的。《老子传》云:"孔子去,谓弟子曰:'鸟,吾知其能飞;鱼,吾知其能游;兽,吾知其能走。走者可以为网,游者可以为纶,飞者可以为矰。至于龙,吾不能知其乘风云而上天。吾今日见老子,其犹龙耶?'"说鸟能飞,鱼能游,兽能奔跑;飞鸟可用箭射,游鱼可用钩钓,走兽可用网捕;而龙无法对付,以此比喻老子高出一般人,孔子自己无法对付他。韩愈在《获麟解》里模仿了《老子传》的这段写法:

> 角者,吾知其为牛;鬣者,吾知其为马;犬豕豺狼麋鹿,吾知其为犬豕豺狼麋鹿;惟麟也不可知。不可知,则其谓之不祥也亦宜。

可惜的是,短短一段文字,为数不到五十,却有三个逻辑错误。

其一,中词一次也不周延。

文中的"角者,吾知其为牛",是一个省略了大前提的三段论:

> 牛是有角的(被省略的大前提),
> 这是有角的(小前提),
> 所以,这是牛(结论)。

在这个三段论中,"有角的"这个概念在大、小前提里都是肯定判断的宾词,都不周延。作为中词而一次也不周延,推理的结论就无必然性,"吾知其为牛"("这是牛")的"知",就不可靠。现实生活中,除牛以外,羊有角,鹿也有角,从"这是有角的",怎么就能断定"这是牛"呢?

同理,"鬣者,吾知其为马",犯了相同的逻辑错误,也是一个省略了大前提的中词一次也不周延的三段论:

马有鬣,
此有鬣,
故此为马。

有"鬣"的动物又何止是马呢?狮子、狗也有带鬣的,从"鬣狗"之称即可知。在鬣狗中,就有鬣狗(hyaena hyaena)、褐鬣狗(hyaena brunnea)和斑狗(crocuta crouta)三种。如果扩大一点看,人的髭须也有称为鬣的,《聊斋志异·辛十四娘》有"惟两长鬣奴扛一扑满",《左传·昭公七年》有"楚子享公于新台,使长鬣者相",就是明证。

其二,同语反复。

文中的"犬豕豺狼麋鹿,吾知其为犬豕豺狼麋鹿",说了等于没有说,因为这是同语反复,与"人是人""什么叫国家?国家就是国家"是一回事。

同语反复是逻辑学上的定义错误。给概念下定义,是为了揭示概念的内涵。循环定义、同语反复都违反了定义的规则。

其三,推理大前提虚假。

文中的"惟麟也不可知。不可知,则其谓之不祥也亦宜",可以看成是一个省略了结论的三段论:

如不可知,则谓之不祥也亦宜(大前提),
麟也不可知(小前提),
麟则谓之不祥也亦宜(被省略的结论)。

显然,这个三段论的大前提是不能成立的:"不可知"与"不祥"之间,有什么必然性的联系呢?如果"不可知"就会"不祥",那"不可知"正多,"不祥"也就时时、处处都存在了。将无必然联系的两种情况捏在一起,构成从前件推不出后件的假言判断;又用这样的假言判断充作推理的大前提,自然只能推出错误的结论来。

上述不合逻辑之处,正是《获麟解》的重大败笔。说"重大",是因为全文立论的依据,就是从"谓之(麟)不祥也宜"生发开来加以比喻说明的。这一败笔,有如白璧之瑕。

散文大师韩愈，尚且会有"白璧之瑕"，我们这些才疏学浅的秉笔者，该怎样谨慎地耕耘啊！清代李渔《闲情偶记》云："文章出自己手，无一非佳；诗赋论其初成，无语不妙。迨易日经时之后，取而观之，则妍媸好瑰之间，非特人能辨别，我亦自解雌黄矣。"李渔认为，"当于开笔之初，以至脱稿之后，隔日一删、愈月一改，始能淘沙得金，无瑕瑜互见之失矣"。"雌黄""沙""瑕"之中，不少是逻辑谬误，一定要斧削净尽而后罢！

一字之差论短长

千里莺啼绿映红，
水村山郭酒旗风。
南朝四百八十寺，
多少楼台烟雨中。

这是晚唐著名诗人杜牧的杰作《江南春》。杜牧，字牧之，京兆万年（今陕西西安）人，以济世之才自负。感于晚唐藩镇跋扈和吐蕃、回纥贵族的攻掠，诗文中多指陈时政之作。以写作清丽生动的抒情小诗见长，《江南春》是其中最为著名的一首。《江南春》将烟雨迷蒙、山水掩映、色彩斑斓、春光明媚的江南水乡栩栩如生地做了描摹。

但对这首诗，明代文学家杨慎却非议横生。在他的诗话集《升庵诗话》中，有这么一段评论：

唐诗绝句，今本多误字，试举一二。如杜牧之《江南春》云："十里莺啼绿映红"，今本误作"千里"。若依俗本，"千里莺啼"，谁人听得？"千里绿映红"，谁人见得？若作"十里"，则莺啼绿红之景，村郭、楼台、僧寺、酒旗皆在其中矣。

杨慎，字用修，号升庵，四川新都人。诗、词、文、散曲都有建树，对民间文学也颇重视，其论证考据之作范围甚广，但也时有疏失。他评《江南春》的上述谬见，即为疏失之一。不过，也有人认为这不是杨慎的考评之误，而是想改杜牧之诗，却借口杜牧本作"十里"，错在俗本。周振甫先生在《诗词例话》中就持这种观点。但不管采取哪种说法，改"千里"为"十里"，总是错了。这一点，何文焕在《历代诗话考索》中做了精辟的述评：

升庵谓"千"应作"十"，盖"千里"已听不着看不见矣，何所云"莺啼绿映红"？

余谓即作"十里",亦未必尽听得着、看得见,题云《江南春》,江南方广千里,千里之中莺啼而绿映焉,水村山郭无处无酒旗,四百八十寺楼台多在烟雨中也。此诗之意,意既广,不得专指一处,故总而命曰《江南春》,诗家善立题者也。

"千里"与"十里",仅一字之差,但杜牧认为"千"为误字,何文焕却认为是"善立题"。显然,一字之差有短长,孰优孰劣费思量。何文焕从立意、立题方面做了分析说明,我们还可以从逻辑学的角度做一点补充论证。我们认为,这个问题涉及概念的外延和逻辑语境。

每一个概念都有其内涵与外延,内涵指概念所反映的事物的特性,外延指概念所反映的事物的范围。诗中"千里莺啼绿映红"句,省略了"江南"二字,"千里"应是指"千里江南"。"千里江南"这一概念,"千里"是外延,指诗中所写"江南"的范围。与"十里"相比,"千里"的范围当然大得多,也就是说,"千里(江南)"的外延比"十里(江南)"的外延大。

形式逻辑要求准确使用概念,从外延与内涵两方面看都是如此。从毛泽东同志《和陈毅同志谈诗的一封信》手稿中,可以看到毛泽东同志为使概念准确而做的许多修改。如他将"宋人不懂诗是要用形象思维的"一句,加了"多数"二字,变成了"宋人多数不懂……"。这一改,将全体"宋人"变成了部分"宋人",比原稿准确了。这里就是改在外延方面。按照准确使用概念的要求,概念的外延必须如实反映事物,不能随意扩大,也不可随意缩小。从这个角度看,"千里"也好,"十里"也好,要听得着"莺啼"、见得到"绿映红",显然都不可能,也就是说,即使改为"十里",概念的外延仍然不准确,因此,改也徒然。以错改错,以偏纠偏,殊途同归,错误依旧。以上所说,是将概念从判断中抽取出来分析的结果。但在诗文中,概念并不是独立存在的,它存在于语境之中,因此,又必须同语境的要求联系起来研究概念的准确性问题。

《江南春》作为一首诗,描写的是地广千里的整个江南,诗中涉及的"莺啼绿映红"的见闻,完全可以不是亲见、亲闻,它是诗人思想的驰骋,心中的想象,也是激情的抒发,意境的升华。在这种情况下,所使用的概念,不是实指,而是虚指,不是实有概念,而是模糊概念。这样,它的内涵往往不是字面直解的含义,而当别有所喻;它的外延也并不确指,如字面所显示的那样一分不多、一分不少,而是虚拟,仅仅夸张其多,铺陈其大,概指其广,或者相反,极言其少、小、窄,等等。

据此来看,"千里莺啼绿映红"句,作者用了"千里"作为省略掉的概念"江南"的外延,恰恰是正确地反映了客观;而如果拘泥于目力与听力改作"十里",反而不能正确表达作者所要描摹的整个江南。

古诗话中,这类涉及概念外延的长短之争、优劣之辩还有很多。例如,杜甫的《古柏行》,描写诸葛亮庙里的古柏树"霜皮溜雨四十围,黛色参天二千尺"。著名的宋朝学者沈括在《梦溪笔谈》中却非议说：四十围是直径七尺，高却二千尺，不是太过细长吗？南宋的胡仔在《苕溪渔隐丛话》中指出："某按子美《潼官吏》诗曰：'大城铁不如，小城万丈余。'岂有'万丈城'耶？姑言其高。'四十围'、'二千尺'者，亦姑言其高且大也。诗人之言当如此，而存中乃拘以尺寸校之，则过矣。"存中，即沈括。胡仔说沈括以算术方法来看待诗中的数字，是一种错误。这种错误，用逻辑语言来说，就是将特殊语境中的概念外延与孤立存在的概念外延相混淆了。不澄清这类混淆，那么，李白诗中的"白发三千丈"以及"燕山雪花大如席"之类，就完全不可解了。

苏东坡冤枉了陶渊明

陶渊明，又名陶潜，字元亮，浔阳柴桑（今江西九江）人，是著名的东晋大诗人。他的《桃花源记》和《归去来辞》脍炙人口，传为千古绝唱。历代不少文学评论家常引他的"采菊东篱下，悠然见南山"（《饮酒》）诗句，说他是飘逸闲散的"田园诗人"。北宋大诗人、大书画家苏东坡说他"欲仕则仕，不以求之为嫌；欲隐则隐，不以去之为高；饥则扣门而乞食，饱则鸡黍以迎客"。还有些人又因此而以为陶渊明种花养草，饮酒赋诗，游山玩水，是整天整夜的飘飘然。这些，实在是对陶渊明的莫大冤枉。鲁迅先生说自己"每见近人的称引陶渊明，往往不禁为古人惋惜"（《"题未定"草》，下同）指的就是对陶渊明的冤枉。

评价一个人，不应"攻其一点，不及其余"；评论一件事物，不能"只见树木，不见森林"。否则，就会犯以偏概全的逻辑错误。

逻辑学上的归纳推理，是从个别性的前提得出一般性结论的推理。它不允许只根据不充分的事实（前提）轻率地推出一般性的结论。例如，我们不能根据"铁""钢""铜""锡""铅""银""镁""钾""铝""锰""镍""钠"这些带有"金"字偏旁的汉字都表示金属，就认定一切带有"金"字偏旁的汉字也都表示金属，原则就大错特错了。因为"钱""钏""锅""钟""钥""钩""铲""铧"等汉字，虽然带有"金"字偏旁，却不过是用金属制成的物品；而"铭""铸""销""镘""镢"等，则用来表达动作；还有不少带"金"字偏旁的汉字，或表示声音，或表示地名，或表示重量，等等。根据不充分的事实（前提）轻率地推出一般性的结论，就是"以偏概全"。根据陶渊明的部分诗作断言他是整天整夜飘飘然的"田园诗人"，或如苏东坡那样评述他，就犯了"以偏概全"的逻辑错误。

其实，综观陶渊明的全部诗作，他远不是那么飘逸闲散的。诚然，陶渊明留下的一百多首诗作，几乎都是抒情诗，直接描写社会事件的诗极少。但是，他通过抒情诗作曲折、隐晦地反映了社会现实，抒发了自己对社会现实的种种情感，其中不乏慷慨激昂的情调和对统治阶级的排击。

在写有"采菊东篱下，悠然见南山"的《饮酒》（共二十首）诗中，有不少诗篇的攻击矛头,是明显地指向统治阶级的。所以,南朝梁的文学家萧统说:"有疑陶渊明诗篇篇有酒,吾观其意不在酒,亦寄酒为迹者也。"(《陶渊明集》"序")

在《咏荆轲》中,陶渊明采取借古讽今的影射方式来揭露当时社会的黑暗,抒发自己的满腔悲愤:"雄发指危冠,猛气冲长缨。……萧萧哀风逝,淡淡寒波生,商音更流涕,羽奏壮士惊。……"

在《感士不遇赋》中,陶渊明用"密网裁而鱼骇,宏罗制而鸟惊"描写了封建社会的阴森可怕;用"闾阎懈廉退之节,市朝驱易进之心"揭露了当时社会风气的败坏;用"雷同毁异,物恶其上。妙算者谓迷,直道者云妄。坦至公而无猜,卒蒙耻以受谤;虽怀琼而握兰,徒芳洁而谁亮"写出了封建社会的是非不分、压抑人才。

此外,在许多诗作中,陶渊明还记录了自己的劳动生活和贫困潦倒。《归园田居》写自己"种豆南山下,草盛豆苗稀。晨兴理荒秽,举月荷锄归";《癸卯岁始春怀古田舍》歌吟"耕种有时息,行者无问津。……长吟掩柴门,聊为陇亩民";《怨诗楚调示庞主簿邓治中》描述了自己的困苦:"炎火屡焚如,螟蜮恣中田,风雨纵横至,收敛不盈廛。夏日长抱饥,寒夜无被眠,造夕思鸡鸣,及晨愿乌迁。"

更为令人感奋的是,陶渊明在《读〈山海经〉》中,以如椽大笔写下了"精卫衔微木,将以填沧海,形天舞干戚,猛志固常在"的豪迈诗句。鲁迅称这是"金刚怒目"式的,"在证明着他并非整天整夜的飘飘然"。

据郭沫若先生说,陶渊明的《读〈山海经〉》写的不是"形天舞干戚",而是"形夭无千岁","形"与"志"为对,"形"指肉体,"志"为精神,肉体虽然夭折了,没有活到一千岁,但勇猛的精神却可长垂不灭。郭沫若先生认为把"形夭无千岁"改为"形天舞干戚",是宋人曾纮的"节外生枝"、牵强附会,"万万说不通""断不可从"(《郭若沫读诗札记四则》,《文艺报》1982年第11期)。

也许郭若沫先生是对的吧,但这丝毫不妨碍鲁迅先生的以下结论的正确性:"这'猛志固常在'和'悠然见南山'的是一个人,倘有取舍,即非全人,再加抑扬,更离真实。"为了论证以偏概全的错误,鲁迅先生紧接着打了一个饶有趣味的比方,他说:"譬如勇士,也战斗,也休息,也饮食,自然也性交,如果只取他末一点,画起像来,挂在妓院里,尊为性交大师,那当然也不能说是毫无根据的,然而,岂不冤哉!"这样看来,苏东坡之冤枉陶渊明,虽不能与称勇士为性交大师相提并论,但其逻辑错误,却是如出一辙的。

写作快慢"不妨兼美"乎?

明代嘉靖年间的进士、著名文学家王世贞,与李攀龙同为"后七子"的首领。他主张文必秦汉,诗必盛唐,倡导复古模拟,并喜与同道相标榜,在当时产生了不良影响,他的谬见颇多,下录其一:

> 才有工而速者,如淮南王、祢正平、陈思王、王子安、李太白之流是也。然鹦鹉一挥,子虚百日,煮豆七步,三都十年,不妨兼美。(《文体明辨序说》)

这就是说,写作速度不管快慢,只要写得好,都一样值得称赞。这个看法现在仍很流行,几乎成了定论,其实是值得商榷的。

"鹦鹉一挥",典出《后汉书·祢衡传》。汉末文学家祢衡,是个才思敏捷的人。据说他清高傲慢,孤芳自赏。曹操想见他,他却装疯不见,后来还侮辱过曹操。刘表与人一起草奏章,祢衡见了,拿过来看,未及看完,就一撕掷地,使刘表等大骇不已。这时祢衡提笔展纸,"须臾立成",而且"辞义可观",博得了刘表的赏识。后来在江夏太守黄祖那里参加一次宴会,席间有人献上鹦鹉,黄祖的长子黄射举杯敬请祢衡以鹦鹉为题作赋,以娱宾客。"衡揽笔而作,文无加点,辞采甚丽。"这篇《鹦鹉赋》一挥而就,一气呵成,借物抒情,辞采明丽,被文坛誉为佳作,广为传诵。作赋的地方,据说就是今天汉阳的鹦鹉洲头。

"子虚百日",典出汉代著名辞赋家司马相如。他所写的《子虚赋》,假托子虚、乌有、亡是公三人互相问答。《子虚赋》也是被人们久久赞诩的佳作,"子虚乌有"一语即从此出。司马相如作《子虚赋》,前后达百日之久。据《汉书》说,他"善为文而迟"。《西京杂记》也说他"制作淹迟而尽延誉"。

"煮豆七步"说的是三国时魏国的诗人曹植为其兄文帝所逼,要他在行走七步的时间内作诗一首,如写不出就要以军法严惩,但曹植毫不畏怯,应声吟出传为千古美谈的《七步诗》:

煮豆燃豆萁，豆在釜中泣。

本是同根生，相煎何太急！

"三都十年"，指的是晋代著名文学家左思为作《三都赋》，前后花了十年的时间。据《晋书·左思传》载，他写《三都赋》的十年间，门庭藩溷，皆置笔砚，遇得一句，即便疏之。呕心沥血写成的《三都赋》，使"豪贵之家，竞相传写，洛阳为之纸贵"，真是盛况空前，世所罕见！

"一挥"与"百日"，"七步"与"十年"，差距如此之大，但仍"不妨兼美"，这能令人信服吗？显然不能。不过很少有人去想这个问题，许多人都因《鹦鹉赋》《子虚赋》《七步诗》《三都赋》之精彩、之为世人所美誉，而被迷惑了。现在让我们用逻辑武器挑开谜团分析一下。

赞美一个作家的成就，有时是根据他才思敏捷、写得快，有时是根据他文采绮丽、构思精巧、写得好，有时则是根据他既写得快又写得好。这里有三个不同的标准：一为速度快慢，快者可加赞美，慢者不能赞美；一为质量优劣，优者可加赞美，劣者不能赞美；一为速度加质量，既快又优者可加赞美，快而劣或慢而优或慢而劣都不能赞美。

按第一个标准，《鹦鹉赋》与《七步诗》的作者可加赞美。

按第二个标准，《鹦鹉赋》《七步诗》《子虚赋》《三都赋》的作者都可加赞美。

按第三个标准，只有《鹦鹉赋》与《七步诗》的作者可加赞美。

但王世贞却认为"不妨兼美"，都加赞誉。这"不妨兼美"的标准，既不是速度，也不是速度加质量，而只是一个质量标准。既然只有一个质量标准，王世贞应写成"鹦鹉华丽，子虚精巧，煮豆悲怆，三都堂皇"之类，即只从其优劣方面评论，予以褒奖。但他却又把行文的重点放在速度上，给读者的主要印象就是"一挥""百日""七步""十年"之类时间概念。也就是说，王世贞的结论（"不妨兼美"）是从质量的优劣上得出的，而其根据却是推不出结论的前提——速度的快慢。

形式逻辑要求思维具有确定性。王世贞"不妨兼美"论实际依据的是质量优劣，行文依据却是速度快慢，违反了思维确定性的要求。

形式逻辑要求概念划分每一次只得采取一个标准。王世贞"不妨兼美"论同时采取了"质量"与"质量加速度"两个标准，以《子虚赋》《三都赋》质量之优加以"美"誉，又以《七步诗》《鹦鹉赋》质量之优加速度之快予以"美"誉，违反了概念划分的逻辑规则。

王世贞早已作古，自然无从知道他的意见如何。生当今日信息大爆炸时代，以生活节奏的加快为乐事的人们，想来会同意笔者的意见：质量同优，还是写得快些的多产作家值得赞美，而一步三摇、迟若蜗牛，是不可取、不必"兼美"的。

一个丧心病狂的二难推理

《民主与法制》1987年3月号刊载的《受欺凌的不仅是一个弱女子》,读来令人义愤填膺!

广西壮族自治区柳州市知青刘敏回城后,被安排到粮食部门工作,为买一辆自行车,请粮店主任在供应券上盖了个公章。因事后未按店主任暗示的"这个公章至少值二十元钱"作孝敬,被调到另一家粮店去了。调店后,发现店主任勾结家属盗取数千斤粮食,要求查账,结果被店主任所指使的两个职工揍了一顿,又调到另一家杂粮店。正直的刘敏走到哪里,斗争到哪里,但处处失败。紧接而来的是,满城风雨地传扬她是"精神病"。"流言杀人",她不得不上告。然而招来的却是粮食局派汽车去追捕她,连柳州市委出面阻止都无效,说是干扰了他们"扩大自主权"。在疯狂的迫害面前,刘敏不得不上告,上告不成则不得不逃难。从1983年上告到1986年,逃难也一直逃到1986年。这年秋冬之交,她逃到自治区首府南宁,向全国人大代表、广西艺术学院院长甘宗容求救。甘院长立即把她介绍给另一位全国人大代表、广西医学院教授熊君福。熊教授请神经科副教授王集科做了反复三次、长达五小时的检查,结论是"刘敏目前未发现精神病症状"。

熊君福教授满怀悲愤地表了态:如果刘敏是精神病人,这样对待她,是不人道的;如果不是精神病人,这样对待她,属侵犯人身自由和人格尊严。

然而,刘敏所在单位柳州市粮油议购议销公司获悉后,却振振有词地表了态:如果刘敏是精神病人,要把她关进精神病院;如果不是精神病人,则根据有关规定,要开除她,因她四处告状连续旷工已超过除名天数。

这是两个截然不同的二难推理,前者主持了正义,维护了公民的宪法权利;后者丧心病狂,推出了放纵继续迫害无辜弱女子的结论。

如果我们暂时按捺下心头的怒火,分析一下这两个截然不同的二难推理,会惊奇地发现,从逻辑上看,并没有不符合推理规则的地方。

上述两个二难推理都是由肯定前件到肯定后件的"构成式"省略性二难推理。"构成式"二难推理的公式是:

如果 A 则 B，
如果非 A 则 B，
A 或者非 A，
总之，B。

说上述两个二难推理都是省略性的，是因为前者或后者都把小前提"A 或者非 A"及结论"总之，B"省略掉了。如果把这些被省略的部分加以恢复，可以很明显地看出，二者都是得出了"总之，B 或 C"的结论的"构成式"二难推理。

熊君福教授的二难推理：

如果刘敏是精神病人（A），这样对待她，是不人道的（B），
如果不是精神病人（非 A），这样对待她，属侵犯人身自由和人格尊严（C），
刘敏或是精神病人（A），或非精神病人（非 A），
总之，这样对待她，或是不人道，或是侵犯人身自由和人格尊严（B 或 C）。

刘敏所在单位领导的二难推理：

如果刘敏是精神病人（A），要把她关进精神病院（B），
如果刘敏不是精神病人（非 A），要把她开除（C），
刘敏或是精神病人（A），或非精神病人（非 A），
总之，或应把刘敏关进精神病院，或应把刘敏开除出去（B 或 C）。

显然，两个二难推理的逻辑结构完全一致，同样地没有违反推论规则。

"黔驴技穷"。逻辑在这里几乎成了"黔驴"。问题何在？问题在于：逻辑作为一种思维方法，具有工具性，可以被不同的人所利用。毛泽东同志在与周谷城谈逻辑时曾说："formal logic，本来就是 formal 的，要把它同辩证法混同，甚至说成辩证法，是不可能的。""formal logic 本来就是 formal 的"，意思是"形式逻辑本来就是讲形式的"。

刘敏所在单位的某些领导，就是利用了形式逻辑的"形式"来为他们对刘敏的迫害做论证。从这里，我们可以看到，对谬误的辨析，在许多情况下，还必须与实际联系起来，不然，逻辑将蹈"黔驴技穷"之覆辙。

一联系实际，我们就很容易发现。刘敏所在单位做的二难推理，反映了他们已到了丧心病狂的地步。

第一，因为丧心病狂，所以根本不顾事实——他们是明明知道熊君福教授请王集科副教授检查刘敏后所写的科学鉴定的，鉴定上写道：刘敏"仪容整洁，表情自若、情绪稳

定,对答切题,无破裂性思维,未发现幻觉妄想,定向力正常。思维、情感、行为之间尚协调,与环境接触良好。智能无障碍。结论:目前未发现精神病症状"。

第二,因为丧心病狂,所以颠倒黑白——他们根本不谈刘敏为什么"四处告状连续旷工"。一个被迫害到不得不逃进市委请求保护的弱女子,竟在市委里被粮食局派来的"四条大汉,分别扭住四肢,横抬着,从楼上硬拽下来,塞进汽车,直奔柳州精神病院",怎么能不"四处告状"呢?

鞭靴之小"受亦无妨"乎？

唐代的陆贽（754—805），字敬舆，大历进士。德宗时为翰林学士，贞元八年（783）官至中书侍郎，同平章事，勇于指陈弊政，揭露两税法实施后的各种积弊。后被裴延龄谗毁，贬官忠州而死。陆贽所作奏议，多用排偶，条理精密，文笔流畅，选著《翰苑集》为后世文坛盛赞。

陆贽为官清廉正直，从不接受贿赂，唐德宗认为他"清慎太过"，曾派人向他宣示一道"密旨"。大意说：你对别人的馈赠一概拒绝，办起事来怕不方便的。如果不愿接受更多的财物，那么，马鞭、鞋靴之类的小物件，则"受亦无妨"。圣旨在上，陆贽完全可以"奉旨受贿"、心安理得了吧！

但鞭靴之小，果真"受亦无妨"吗？

不然！我们可以从以下四方面做逻辑辨谬。

第一，"鞭靴之小，'受亦无妨'"，从这一命题本身来看，是不真实的。判断的首要逻辑要求是合乎客观实际，即具备真实性，"鞭靴之小，'受亦无妨'"本身就是一个假命题。

第二，从"鞭靴之小，'受亦无妨'"可以推论一切"小"物"受均无妨"：

> 马鞭小物，"受亦无妨"，
> 鞋靴小物，"受亦无妨"，
> ……
> 马鞭、鞋靴……均为小物，
> 所以，一切小物，"受均无妨"。

这是一个合乎逻辑的归纳推理。既然如此，按"集腋成裘，聚沙成塔"的方法，积无数个"小物"之"受"，与"受""大物"是没有什么重大区别的。

第三，"小物"，是一个内涵与外延都难以确定的概念，因为"小"不过是与"大"相对而言的，马鞭为"小物"，"鞋靴"为"小物"，那么车舆是否为"小物"呢，舟船是否为

"小物"呢？参茸是否为"小物"呢？以"密旨"诏告陆贽"小物""受亦无妨"，也违反概念要明确的逻辑规定。

第四，从"鞭靴之小，'受亦无妨'"可以合乎逻辑地列出这样一个二难推理：

> 如果收受鞭靴非受贿，那么"受亦无妨"的"密旨"毫无意义，
> 如果收受鞭靴为受贿，那么"受亦无妨"的"密旨"无异于宣告"受贿无妨"，
> 收受鞭靴或为受贿，或非受贿，
> 所以，德宗皇帝的"密旨"或者等同废纸，或者宣告"受贿无妨"。

以上是我们的逻辑分析。从史籍可知，陆贽对德宗的"密旨"曾做了委婉而严正的答复。他指出：为官者无耻受贿，大而言之，是"忘忧国之诚"，即与国家离心离德；小而言之，是"速焚身之祸"，即招来杀身之祸。既已贪赃，就必然枉法。"货贿上行"，则"善恶不分，功过无辨"，甚至"释罪买荣"，靠行贿来减免罪行，获取荣誉，长此以往，国家就会被葬送了。陆贽还条分缕析，层层剖解道：

> 贿道一开，展转兹甚。鞭靴不已，必及衣裘。衣裘不已，必及币帛。币帛不已，必及车舆。车舆不已，必及金璧……

陆贽的这段话，可以列成一个连锁推理：

> 鞭靴不已，必及衣裘，
> 衣裘不已，必及币帛，
> 币帛不已，必及车舆，
> 车舆不已，必及金璧，
> 所以，鞭靴不已，必及金璧。

这是一个前进式的连锁推理，分解开来看，由以下众多三段论联合组成（其中前一个三段论的结论为后一个三段论的大前提）：

> 鞭靴不已，必及衣裘，
> 衣裘不已，必及币帛，
> 所以，鞭靴不已，必及币帛。
> 币帛不已，必及车舆，
> 所以，鞭靴不已，必及车舆。

车舆不已，必及金璧，

所以，鞭靴不已，必及金璧。

这个推理的逻辑结构可以公式表示：

$S —— M_1$

$M_1 —— M_2$
$S —— M_2$

$M_2 —— M_3$
$S —— M_3$

$M_3 —— P$
∴ $S —— P$

陆贽所说，完全合乎逻辑，对德宗的"鞭靴小物，'受亦无妨'"是一逻辑有力的反驳。

"今天天气哈哈哈"

1934年8月9日,鲁迅以笔名"焉于"在《申报·自由谈》上发表《看书琐记(二)》,对当时某些人待人接物的"万应灵药"做了抨击。这"万应灵药"就是,当遇到相互矛盾的事物应该表态而又有可能危及自己的利益时,就以"今天天气……哈哈哈!"来对付。

关于这种"万应灵药",鲁迅曾专门撰写了一篇杂文,做了淋漓尽致的暴露,题为《立论》,谨录如下:

我梦见自己正在小学校的讲堂上预备作文,向老师请教立论的方法。
"难!"老师从眼镜圈外斜射出眼光来,看着我,说,"我告诉你一件事——
"一家人家生了一个男孩,合家高兴透顶了。满月的时候,抱出来给客人看,——大概自然是想得一点好兆头。
"一个说:'这孩子将来要发财的。'他于是得到一番感谢。
"一个说:'这孩子将来要做官的。'他于是收回几句恭维。
"一个说:'这孩子将来是要死的。'他于是得到一顿大家合力的痛打。
"说要死的必然,说富贵的许谎。但许谎的得好报,说必然的遭打。你……"
"我愿意既不谎人,也不遭打。那么,老师,我得怎么说呢?"
"那么,你得说:'啊呀!这孩子呵!您瞧!多么……。阿唷!哈哈!Hehe!he,hehehehe!'"

这个"老师"教学生的处世"妙诀",与前面提到的"万应灵药"如出一辙,毫无二致。但是"妙"则"妙"矣,却违反了逻辑思维的基本规律——排中律。

形式逻辑告诉我们,排中律的基本内容是:在同一思维过程中,两个互相矛盾的思想必有一个是真的。排中律的公式是:或者A或者非A。这个公式中的"A"和"非A"是相互矛盾的判断,"或者"表示严格的排斥。"或者A或者非A"说的是在"A"或"非A"这两个判断中,必有一个是真的。因此,这个公式又可读为:或者是"A"真,或者是

"非A"真。二者必居其一，绝无第三者。既然如此，骑墙居中、含糊其词、"模棱两否"，都是违反排中律的。所谓"模棱两否"，是笔者生造的词，指的是对相互矛盾的两种思想都予否定。几乎所有的逻辑书都认为"模棱两可"是违反排中律的，其实不对。"模棱两可"指的是对相互矛盾的两种思想都予以肯定，因此，它的逻辑错误在于违反矛盾律，而不是违反排中律。有鉴于此，笔者生造"模棱两否"来表示违反排中律，或能得到读者的原宥吧。

话说回来。前述"今天天气哈哈哈"与"he！hehehe……"之类"万应灵药"，就是骑墙居中、含糊其词、"模棱两否"的表现，所以我们说它违反排中律。

在鲁迅生活的时代里，不少人出于各种不同的动机，都把违反排中律当作护身法宝或处事妙术。鲁迅在许多杂文中对此做了深刻的揭露。

在《华盖集·这个与那个》中，鲁迅对一些自称"导师"者做了揭露："我也曾有如现在的青年一样，向已死和未死的导师们问过应走的路。他们都说：不可向东，或西，或南，或北。但不说应该向东，或西，或南，或北。"方向只有东南西北，"不可向东，或西，或南，或北"，简直比"模棱两否"还要"模棱两否"了。所以鲁迅接着批判道："我终于发现他们心底里的蕴蓄了：不过是一个'不走'而已。"当时的社会上，这种心底蕴蓄着"不走"二字，还要阻拦青年去寻求真理的伪"导师"，比比皆是。如果拜倒在他们的案前，就会毁灭青年的前程，毁灭民族的未来。所以，鲁迅在《导师》一文中，旗帜鲜明地指出："青年又何须寻那挂着金字招牌的导师呢？不如寻朋友，联合起来，同向着似乎可以生存的方向走。你们所多的是生力，遇见森林，可以辟成平地的，遇到旷野，可以栽种树木的，遇见沙漠，可以开掘井泉的。问什么荆棘塞途的老路，寻什么乌烟瘴气的鸟导师！"

在《花边文学》"序言"中，鲁迅抨击当时反动当局搞文化围剿，实行书报检查的恶劣行径："那时可真厉害，这么说不可以，那么说又不成功，而且删掉的地方，还不许留下空隙，要接起来，使作者自己来负吞吞吐吐、不知所云的责任。"鲁迅指出，这是一种"明诛暗杀"，在这种"明诛暗杀"下，只能造成"奴隶文章"。在《且介亭杂文》"附记"中，鲁迅揭露当时的书报"检查官""不说不准登，也不说可登，也不动贵手删削，就是一个支支吾吾……"，鲁迅称这是"文艺上的暗杀政策"。这里所抨击和揭露的反动派的"暗杀政策"，所凭借的逻辑手法就是故意违反排中律，而且迫使作者违反排中律。

但排中律作为逻辑思维的基本规律，是不能违反的。"今天天气哈哈哈"之类，绝不是"万应灵药"。它可以搪塞一时，却不能敷衍一世。诚如鲁迅所说："'今天天气……哈哈哈'虽然有些普遍，但能否永久，却很可疑……"（《花边文学·看书琐记二》）违反排中律，终究是要作为逻辑谬误被从思维的殿堂里剔除的，更不用说作为"暗杀政策"必定要被历史审判了。

扑朔迷离的"谜"

偶见一张小报，很为它所载《翁美玲自杀之谜》吸引。浏览一过，混混沌沌。也许是这"浏览"太马虎吧，于是认认真真再看了一遍，结果竟使原先的"混沌"变成了"大惑不解"。再三细阅，才发现这"谜"被作者写得扑朔迷离，其中不乏逻辑谬误，必须予以剖析。否则，真要为"谜"所迷，如堕五里雾中去了。

翁美玲是香港著名影星，于1985年5月14日自杀。一年以后，香港传出一条耸人听闻的消息：权威人士推测，翁美玲是中了"蛊毒"之后，于神志迷惘中饮煤气自杀的。

《翁美玲自杀之谜》的作者在引录上述消息后，以《辞源》和《本草纲目》的解释对"蛊毒""蛊""中蛊"等概念做了说明，这里且不说所引《本草纲目》的解释有出入（作者写到，据《本草纲目》记载：造蛊者，以百虫置皿中，相互噬食，取其存者为蛊。但《本草纲目·虫部四》"蛊虫"条李时珍集解引陈藏器为："取百虫入瓮中，经年开之，必有一虫食尽诸虫，即名此为蛊。"），也不说所谓"《辞源》的解释"其实是《左传·昭公元年》孔颖达疏（《左传·昭公元年》"何谓蛊"孔颖达疏，"以毒药药人，令人不自知者，今律谓之蛊毒。"）；仅想引录有关"翁美玲自杀之谜"的文字，做一些逻辑辨析。作者写道：

> 在东南亚各国，常有当地土著和巫师之流，暗行此道（即蛊道），他们收集蜈蚣、毒蜘蛛、蛇、蝎、毒蚁、毒蚊、毒蜂之类毒物，和各种剧毒植物，捣碎混合在一起，再杀公鸡取血，以盛器熬煮数日，便可用以蛊人，向人"蛊"时，最简单的是将毒药灌入被害人口中。此外便是将浸过毒的药品转到被害人手中，一经接触便要"中蛊"。"中蛊"者面目黄肿，头发变黄脱落，身上出现红斑，脸上颈上出现青条斑，神智迷惘……这正和翁美玲临死前的症状和表现相仿。
>
> 那么，谁会对翁美玲"下蛊"呢？

这两段文字，是大可细嚼的。

第一，"东南亚各国"的"土著和巫师之流"所制之"蛊毒"，究竟是否有致人"面目黄肿，头发变黄脱落……神态迷惘"之效？或是或否，二者必居其一。如为"否"，则推不出下文。如为"是"，那么——

第二，"这正和翁美玲临死前的征兆和表现相仿"的表述，颠倒了逻辑关系。显然，作者想说的是"翁美玲临死前的征兆和表现"与"东南亚各国"巫师行蛊造成的后果"相仿"，而不是"东南亚各国"巫师行蛊造成的后果与"翁……相仿"。这里的逻辑关系，是表现在事物关系的时态逻辑顺序方面的，作者的表述方法，无异于说李白很像他的儿子，杜甫很像他的女儿，无须做逻辑分析，凭日常的生活习惯经验，我们都知道，"李白像他的儿子……"之类说法，是要被作为笑料的。不过这一点倒还不至于造成"谜"的扑朔迷离，令人"迷惘"的是——

第三，"谁会对翁美玲'下蛊'呢？"这一疑问句，包含下列判断：

其一，有一个确实存在的"谁"，是对翁美玲"下蛊"的人。

其二，翁美玲是被"谁""下蛊"了的人。如果将这一疑问句与它前面的文字联系起来，那么，它实际上还包含着下列推理：

> "中蛊"者是呈面目黄肿，头发变黄脱落……症状的，
> 翁美玲自杀前是呈面目黄肿，头发变黄脱落……症状的，
> 所以，翁美玲是"中蛊"者。

但上述判断与推理都经不起逻辑分析：没有任何论据可以证明"有一个确实存在的'谁'，是对翁美玲'下蛊'的人"这个论点，也没有任何论据可以证明"翁美玲是被'谁''下蛊'了的人"。至于上述推理，我们可以指出：大小前提的宾项是充作推理中词即起桥梁、媒介作用的，但由于是宾项而不周延，因此，整个推理犯了"中词一次也不周延"的逻辑错误。推理的结论无必然性，一句话，不合逻辑。我们知道，翁美玲的种种死前"征兆"既可能是"中蛊"（我们姑且假定有所谓"蛊"，而且有"蛊"之"毒"效）引起的，也可能是别的原因引起的。有什么理由一口断定是"中蛊"引起的呢？

更耐人寻味的是，接着上述引文之后，还有一段文字：

> 1983年底翁美玲赴泰国登台演唱，一炮打响。在台上，她曾春风得意地向观众说："不招人妒忌者是庸才，我招人忌妒，不正说明我不是庸才吗？不过，幸而至今，还没有人'整蛊'我。……"也许，正是这一番话，启发了一些别有用心的人。

翁美玲的话可列成推理：

> 不招人妒忌者是庸才，

我招人忌妒，

所以，我不是庸才。

"庸才"在大前提里是肯定判断的宾项，不周延；而在结论里，作为否定判断的宾项，又成周延的了。这就犯了"大词不当周延"即"结论超出前提范围"的逻辑错误。也就是说，翁美玲自己已经犯了逻辑错误。对此，作者不但没有指出，反而顺着她的话，说"正是这一番话，启发了一些别有用心的人"，从而"加强"了"确实有个'谁'对翁'下蛊'"的荒谬论断。

如果作者竟如此这般地一错到底，倒也罢了，问题却又在文章的结尾，作者来了这样一句："但到底谁与翁美玲有如此大的仇恨，必欲置其死地而后快？还是香港舆论界的又一次蛊惑人心？这就不得而知了。"

真是曲折复杂，扑朔迷离！看来，要不为《谜》所迷，不堕入五里雾中，除做上述逻辑分析外，还应请作者与编者行文时注意分清：哪些是"香港舆论界"的"舆论"，哪些是作者的分析推断，否则，读者是只好永远"谜"下去的。

"玫瑰花悬案"的"平息"

1984年底,卢森堡对法国提出了巨额赔款的要求,酿成了轰动世界的"玫瑰花悬案"。有趣的是,这一悬案竟是将近两百年前由拿破仑夫妇引起的。

1797年,拿破仑偕同夫人一起去参观卢森堡大公国第一国立小学。踌躇满志的拿破仑辞别小学校长时,慷慨地向该校献上一束价值三个金路易的玫瑰花,洋洋自得地说:"为了答谢贵国的盛情款待,我不仅今天呈上一束玫瑰花,而且,在未来的日子里,只要我们伟大的法兰西国家存在一天,每年的今天,我将亲自派人送给贵校一束价值相等的玫瑰花,作为法兰西与卢森堡友谊的象征!"然而时过境迁,拿破仑信口许下的这一诺言并未兑现。疲于连绵不断的战争与此起彼伏的政治事件,最终因滑铁卢一战惨然败北,拿破仑被送到了大西洋上的圣赫勒拿小岛过囚徒生活。自然,上述"玫瑰花"许诺即使没有被忘到九霄云外,也不可能兑现了。可是,卢森堡这个友邦小国却把这段"欧洲巨人与卢森堡孩子亲切相处的一刻"载入了他们的史册。

事隔一百八十七年之后的1984年底,卢森堡忽然通知法国政府,提出了"玫瑰花悬案"的索赔要求:要么自1797年起,用三个金路易作为一束玫瑰花的本金,并以五厘复利计息结算,全数清偿这笔"玫瑰花悬案"的外债;要么法国各大报承认你们的一代伟人拿破仑是个言而无信的小人。

起先,法国政府认为:"我国的一代天骄之荣誉岂可被一件区区小事给诋毁?"他们打算不惜重金来赎回法兰西的声誉。但是,财政部官员瞧见电子计算机输出的数据时,不禁面面相觑,叫苦不迭,原来,本金三个金路易的"玫瑰花债项"经过一百八十七年利滚利合算,本金竟高达一百三十七万五千五百九十六法郎。

这样,法国政府便陷入了进退维谷的两难境地,这可见诸下列二难推理:

如果拿破仑所许诺的可信,那么法国应赔款一百三十七万五千五百九十六法郎,
如果拿破仑所许诺的不可信,那么法国应承认拿破仑是个言而无信的小人,
拿破仑所许诺的或可信,或不可信,

总之，法国或赔款一百三十七万五千五百九十六法郎，或承认拿破仑是个言而无信的小人。

据说，法国政府官员经过一番苦思冥想之后，以如下措辞取得了卢森堡的谅解："今后，无论在精神上还是物质上，法国将始终不渝地对卢森堡公国的中小学教育事业予以支持与赞助，来兑现我们的拿破仑将军那一诺千金的'玫瑰花'信誓。"

轰动一时的"玫瑰花悬案"终于"平息"了。

显然，卢森堡人是出于外交的考虑才"谅解"法国政府的上述"平息"方案的，如果认真起来坚持原议，法国的结案措辞不但不能达到目的，反而会被卢森堡人进一步加以利用。且看：

① 如果拿破仑将军之一诺重于千金，那么1797年以来的本息无疑应当偿付，
如果拿破仑将军之一诺轻于铢两，那么法国应当承认拿破仑是个言而无信的小人，
拿破仑之一诺或重于千金，或轻于铢两，
所以，法国政府或偿还1797年以来的本息，或承认拿破仑是个言而无信的小人。

② 如果拿破仑将军之一诺重于千金，那么法国政府应偿付1797年以来的本息，
法国当局认为拿破仑将军一诺重于千金，
所以，法国政府应当偿付1797年以来的本息。

③ 如果拿破仑将军之一诺重于千金，那么1797年以后他应当坚持如期兑现他的许诺，
1797年以后拿破仑并未兑现他的许诺，
所以，拿破仑并非一诺千金。

上述推理①是一个二难推理，大前提中的两个假言判断合乎逻辑，小前提的两个直言判断构成了穷尽全部选言肢的不相容选言判断，整个推论式合乎逻辑，所以结论无可指责。据此，法国政府仍然不能摆脱进退失据的尴尬境地。

推理②是一个充分条件假言三段论，前提无懈可击，推论合乎逻辑，结论言之成理。这样，法国政府不但得承担"今后，无论在精神上还是物质上，法国将始终不渝地对卢森堡公国的中小学教育事业予以支持和赞助"的新的许诺，而且仍然得支付那巨额索赔。

推理③，是一个否定式充分条件假言三段论，前提真实正确，推论过程无逻辑错误，结论无可怀疑。这样，与法国政府当局断言拿破仑"一诺千金"恰好矛盾。孰对孰错，世人自然容易判别，其结果，不过是法国政府徒然背了个"死要面子"的倒霉评价。

这真是"天下本无事，平地起风波，头儿夸大口，子孙无奈何"！

其实，拿破仑是否"一诺千金"，法国是否有必要背着拿破仑的死尸活受罪，都是不难回答的问题。而且，法国完全可以对卢森堡的索赔要求充耳不闻、置之不理，让异想天开的人自讨没趣。

"日有所思,夜有所梦"乎?

据《文汇报》(1985年6月12日)载,上海某棉纺厂女工惠芬和黄兴结婚八载,和睦亲密,她的工友刘康也有一个幸福的家庭。两家平时你来我往互相照应,关系一向不错。谁知有一天这两家同时狂澜突起,闹得天昏地暗。这天黄兴下班回家,脸色铁青,晚饭时故意寻找茬子。惠芬还口几句,黄兴更是暴跳如雷,大吵大闹,最后竟提出离婚,吓得惠芬面如土色。与此同时,刘康家也祸起无端,刘妻碧芳口口声声要他"交代",惹得刘康火冒三丈,大打出手。

平地风波,从何而起?原来黄兴和碧芳都一口咬定惠芬和刘康关系不正当,其根据是:一天晚上,碧芳在睡觉时隐约听见熟睡身边的丈夫在说梦话。她听人说,"日有所思,夜有所梦",梦话必是一个人心灵的流露。于是打起精神,竖耳谛听刘康那断断续续的呓语。忽然,她听到梦话中似有惠芬的名字,顿时醋意油生,如此这般地推理了一番,气得一夜未合眼。第二天,碧芳悄悄找到惠芬的儿子,想从他口中"突破",但一无所得。她仍不死心,又找到惠芬的丈夫,编了一通情节,说自己的丈夫和惠芬有不正当关系。黄兴一听,心想妻子告丈夫还会有假?也就风风火火赶回家去演出了一场闹剧。

事情的来龙去脉经过妇联调查,终于水落石出,真相大白。结果碧芳认错,赔礼道歉;黄兴检讨,差惭万分。两人都说,自己好像经历了一场噩梦。

两家后来是否和好如初,笔者未经深究,值得细省的是如何避免诸如此类好笑的悲剧重演。除此之外,还有必要分析一下碧芳和黄兴所犯的逻辑谬误,以便从中吸取教训,杜绝认识方法上的弊端。

"日有所思,夜有所梦",流行于群众口头的这一说法,不无科学根据。按照巴甫洛夫的生理学说,"日"之"所思",是所见、所闻、所行这些客观的、具体的活动在大脑皮层引起的反应即条件反射。它在大脑皮层留下了或深或浅的"印记",事后还可能重新浮现,也就是所谓"记忆"。人在睡眠时,大脑皮层的活动趋于抑制状态,但并未停止活动。因此,"日"之"所思"往往就时隐时现地映现出来,有时也会流出舌端,成了梦话。

但是,"日有所思"与"夜有所梦"之间有没有必然的逻辑联系呢?没有。人在日间一秒不停地进行思维活动，"所思"可谓多矣。如果夜里都"有所梦"一番，那可真是一场奇灾大难！也就是说，不能以"日有所思"与"夜有所梦"构成一个真实的充分条件假言判断：如果"日有所思"，就会"夜有所梦"。这样，碧芳据以为推的前提就成问题，推出的结论当然难免错误。

更成问题的是，碧芳的推论不但前提有误，而且推论过程本身也不合逻辑。

以充分条件假言判断为大前提的假言推理，是充分条件假言推理。充分条件假言推理的规则是：肯定前件即可肯定后件，但否定前件却不能否定后件；否定后件即可否定前件，但肯定后件却不能肯定前件。例如，以"只要太阳下山，飞鸟就会入林"为大前提，可以构成下列正确的推论：

> 只要太阳下山，飞鸟就会入林，
> 太阳下山了（肯定前件），
> 所以，飞鸟入林了（肯定后件）。

> 只要太阳下山，飞鸟就会入林，
> 飞鸟没有入林（否定后件），
> 所以，太阳没有下山（否定后件）。

如果不遵守上述规则，就会出现结论成问题的下列推论：

> 只要太阳下山，飞鸟就会入林，
> 太阳没有下山（否定前件），
> 所以，飞鸟不会入林（否定后件）。

> 只要太阳下山，飞鸟就会入林，
> 飞鸟入林了（肯定后件），
> 所以，太阳下山了（肯定前件）。

我们知道，飞鸟入林与否，虽然同日出日落有关，但也受其他因素影响。在平川旷野觅食的鸟儿，如果被猎人"砰"地一枪惊吓，只要有林可入，是一定会争先恐后地避入林中去的，但太阳却依然高挂。

碧芳的推理正同"飞鸟入林了，太阳下山了"一样，从肯定后件进而肯定前件，推出了错误的结论：

"日有所思，夜有所梦"，

刘康"夜有所梦"（叫惠芬之名），

所以，他"日有所思"（对惠芬）。

不仅如此，碧芳还把对惠芬"日有所思"向"日有关系"→"日有暧昧关系"→"日有奸情"逐层推进，得出了荒唐得可怕又可笑的结论，从而挑起了一场横祸。

在这场闹剧中，碧芳演的是"主角"。配角是黄兴。我们来看看黄兴的逻辑：

"妻子告丈夫还会有假？"

刘妻碧芳告了丈夫，

所以，碧芳所告不假。

黄兴的推理，从推论过程看，倒没有什么逻辑错误。但要使推理正确，还必须加上另一个条件：前提正确。如果前提虚假，那怎样能推出正确结论来呢？恩格斯说："如果我们有正确的前提，并且把思维规律正确地运用于这些前提，那末结果必定与现实相符。"（《马克思恩格斯全集》第 20 卷）恩格斯是把"正确的前提"作为推出"与现实相符"的正确结论的第一要件的，黄兴恰恰运用了不正确的前提进行推论。"妻子告丈夫还会有假？""译"成典型的逻辑判断是："凡妻子告丈夫都不会有假"或"只要妻子告丈夫，就不会有假"。这些判断都难以经受检验。例如，《水浒传》中，卢俊义的老婆与李固勾搭成奸，为了实现其淫乱目的，她向官府告发卢俊义要"谋反"。"有假"吗？当然"有假"。社会生活太复杂了，黄兴的头脑太简单了。"天下本无事，庸人自扰之。"头脑简单的"庸人"碧芳、黄兴，"庸"在"醋意"太浓、疑心太重，也"庸"在逻辑谬误太大、太荒唐。

"仲尼不知善赏也"

春秋时期晋楚城濮之战,在历史上是很出名的,《左传·鲁僖公二十八年》《吕氏春秋·义赏》《淮南子·人间训》《说苑·权谋》以及《新序·杂四》等典籍都有记载。

大战之前,晋文公因敌众己寡,召见舅父狐偃求教对策。狐偃说:"我听说:繁礼君子不厌忠信,战阵之间不厌诈伪。大王您使用诈术即可取胜。"接着,晋文公又召见儿子雍季问对策,雍季对答道:"烧林而猎,虽可获取许多野兽,可是以后就没有野兽可打了;以诈术对待百姓,苟且取利于目前,却会失信于民,以后不能复行。"晋文公听后点头称善。

大战之中,晋文公用狐偃的诈敌之计,大败楚人,胜利后论功行赏,雍季获头奖,狐偃次之。群臣于是议论纷纷:"城濮之战,全靠狐偃计谋。用其计而降等奖赏,怕不合适吧!"晋文公解释道:"这不是你等所知啊!狐偃所说,是权宜之计;雍季之言,有万世之利也!"

孔仲尼听说这件事后感慨地说:"晋文公称霸一时,确有其高明之处啊!他既知一时权宜之计,又知道万世之利也。"

对此,韩非子在《难一》中表示了完全相反的意见。他认为"雍季之对,不当文公之问";文公则"不知一时之权,又不知万世之利";至于孔子,更是"不知善赏"之徒。

韩非子为什么说"雍季之对,不当文公之问"呢?韩非子说:"凡对问者在因小大缓急而对也。所问高大,而对以卑狭,则明主弗受也。今文公问'以少遇众',而对曰'后必无复',此非所以应也。"一句话:雍季是答非所问。

答非所问,文不对题,牛头不对马嘴,都是违反逻辑思维基本规律之一的同一律的。同一律的基本内容是:在同一思维过程中,每一思想的自身都具有同一性。同一律要求人们在同一思维过程中,保持概念的同一性,不任意变换;保持判断的同一性,不随便转移。晋文公所问,是敌众我寡的急迫战争对策问题,雍季所答却是关于将来老百姓是否信任政府的问题。答非所问,没有保持思维的同一,违反了同一律。

韩非子又为什么说晋文公"不知一时之权,又不知万世之利呢?"他是怎样驳难的呢?

韩非子首先指出:战而胜,则国安而身定,兵强而威立,万世之利还怕得不到吗?

战而不胜，则国亡兵弱，身死名息，又哪里来万世之利呢？这里，韩非子用设问的方式提出了一个省略了结论的带证式的选言推理：

　　或战而胜，或战而不胜，
　　战而不胜应予否定（因为它会招来身死名息）。
　　所以，应战而胜。

这个被省略的结论，是不言自明的。因此，虽然没有明白说出，却为读者了然于胸，这就为韩非子的后文做了很有力的铺垫。

接着，韩非子说："万世之利，在今日之胜；今日之胜，在于诈敌；诈敌，万世之利也。"这是一个逻辑严密的三段论：

　　诈敌则得今日之胜，
　　今日之胜则导致万世之利，
　　所以，诈敌，万世之利也。

韩非子还指出了文公不知狐偃之言的错误：狐偃"所谓'不厌诈伪'者，不谓诈其民，谓诈其敌也。敌者，所伐之国也；后虽无复，何伤哉！"这就是说，晋文公和雍季犯了相同的违反同一律的逻辑错误。所不同者，雍季的表现形式是答非所问，晋文公的表现则是言非其意。

为了进一步说明晋文公的错误，韩非子对他重奖雍季而轻奖狐偃做了分析。

韩非子指出：重奖雍季的理由是什么呢？因其有功吗？"所以破楚军者"，乃狐偃"之谋也"；因其"善言"吗？答非所问的"后之无复"并非"善言"也。这实际上是一个将了晋文公一军的带证式二难推理：

　　（重奖雍季）如同其功，则因功为狐偃所有，雍季无功，晋文公判断错误，如因其"善言"，则因雍季无善言，晋文公判断错误，
　　或因其功，或因其"善言"，
　　总之，晋文公都判断错误。

狐偃怎么样呢？狐偃却是兼有战胜之功与"善言"之德。韩非子说：狐偃"曰'繁礼君子不厌忠信'者，忠所以爱其下也，信所以不欺其民也，夫既以爱而不欺矣，言孰善于此"！这样，韩非子就用归纳推理的方式认定狐偃应该重奖：

有战胜之功者应重奖，

有"善言"之德者应重奖，

狐偃有战胜之功且有"善言"之德，

所以，狐偃应重奖。

经过这样一番条分缕析，韩非子最后指出"仲尼不知善赏"，就十分合乎逻辑、十分有力了。

用逻辑方法辨析、驳斥谬论，如果面对的是一个比较复杂的谬论，像韩非子这样锤钉剥笋一般，步步为营又层层进逼，是可以收得将论敌驳得体无完肤之效的。

精彩的寓言，错误的类比

韩非子关于矛盾之说的寓言，在我国是男女老少人尽皆知的。《韩非子·难一》写道：

> 楚人有鬻盾与矛者，誉之曰："吾盾之坚，莫物能陷也。"又誉其矛曰："吾矛之利，于物无不陷也。"或曰："以子之矛陷子之盾，何如？"其人弗能应也。

这是一个精彩的寓言，成语"自相矛盾"就是由此而来的，形式逻辑关于思维基本规律之一的矛盾律的概念，可以用这一个寓言做形象的解释。《难一》一出，这个寓言就不胫而走，广传天下，经久不衰。但是，浏览《难一》，研读矛盾故事的上下文，我们却发现，韩非子做了一个错误的类比。

《难一》开头写道：

> 历山之农者侵畔，舜往耕焉，期年甽亩正。河滨之渔者争坻，舜往渔焉，期年而让长。东夷之陶者器苦窳，舜往陶焉，期年而器牢。
>
> 仲尼叹曰："耕、渔与陶，非舜官也，而舜往为之者，所以救败也，舜其信仁乎！为躬亲处苦而民从之。故曰：圣人之德化乎！"

以仲尼为代表的儒家竭力赞颂尧、舜时期的德化、仁政。舜"躬亲处苦"，解决了"历山之农者""河滨之渔者""东夷之陶者"的争端或困难，孔子称赞舜"信仁"（真正的仁）、"德化"（以德化民）。

韩非子是法家，对儒家的观点截然反对。他责问"儒者"说："当舜那样做时，尧在哪里？""儒者"说："尧为天子。"韩非子接着展开了连珠炮式的进攻：既然如此，仲尼怎么又以尧为圣人呢？圣人明察秋毫，身居高位，使天下无奸诈之事。如果耕者、渔者、陶者无争端或困苦，舜又哪里去实行德化呢？舜既有德化可行，那就是尧有过失的表现。所以，说舜贤能，则尧不能明察；说尧神圣，则舜无德化；二者必居其一，尧、舜之圣、贤是不可两得的。

为了说明尧、舜之圣、贤不可两得，他以寓言矛盾的故事作比，认为："不可陷之盾与无不陷之矛不可同世而立，今尧、舜之不可两誉，矛盾之说也。"

韩非子对儒家的上述驳难，似乎是颇为有力的。但仔细分析，却有不少逻辑谬误，主要的有两条。

其一，假言选言推理不当。

韩非子说尧、舜之圣、贤不可两誉时，他实际上提出了两个假言选言推理：

（尧为天子时）如天下无争端，则舜无德化可行，
如天下有争端，则尧不能明察，
（尧为天子时）天下或有争端，或无争端，
所以，或舜无德化可行，或尧不能明察。

如舜无德化之行，则舜不能称贤，
如尧不能明察，则尧不能称圣，
或舜无德化之行，或尧不能明察，
所以，或舜不能称贤，或尧不能称圣。

这两个以假言判断为大前提、以选言判断为小前提从而推出选言结论的假言选言推理，是互相连贯的。其中，第一个假言选言推理的结论被用作第二个假言选言推理的小前提。整个推论过程并无违反逻辑规则之处。因此，由第二个假言选言推理的结论可以直接导出的"尧、舜之圣、贤不可两誉"的判断，似乎无懈可击。

那我们为什么说"假言选言推理不当"呢？

问题在于第一个假言选言推理的小前提："（尧为天子时）天下或有争端，或无争端。"这是一个选言判断，一个过于简单化的选言判断，实际上犯了未穷尽全部选言肢的逻辑错误。

形式逻辑要求人们做出选言判断时要穷尽全部选言肢，即将可能发生的情况——列举出来。例如，有人死了，往往会推测此人"或因天灾，或因人祸"而死，这就不全面，因为还可能是因为享尽天年、精力耗净、"寿终正寝"而逝的。毛泽东同志说过，客观世界是复杂的，我们的脑子也要复杂一点。这样来看，做出"天下或有争端，或无争端"的断定，就过于简单化了。"天下"之大，无奇不有。此处无争端，彼处有争端，彼处无争端，此处有争端；今天无争端，明天有争端；基本无争端，偶有小争端……既然如此，我们如果如实地将第一个假言选言推理的小前提换成"天下有的地方有争端，有的地方无争端"，结论就难以推出了。连类而及，第二个假言选言推理也不能成立。也就是说，韩非

子所做的两个假言选言推理都不恰当。

其二，类比推理错误。

韩非子把"不可同世而立"的矛盾与尧、舜加以类比，得出了尧、舜"不可两誉"的结论。

矛和盾作为两种兵器被战士同时使用时，构成了统一的整体。作为统一的整体，矛盾既可用之于攻，又可用之于守，同时，绝不会有人在战阵上以己之矛攻己之盾。韩非子寓言中的矛与盾，却是在"鬻盾"的楚人分别加以吹嘘后互相对立起来，不成其为统一的整体了。这样，等于事先把被类比的尧与舜也对立起来、分割开来。表面上的类比，是建立在实际上的根本不能类比的基础上的。所以，这是一个错误的类比。

尧、舜的圣、贤问题，如果把二者作为一个统一的整体来看待，是不难解决的。东汉王符在《潜夫论·释难》中，就曾驳斥韩非道：

> 且夫尧舜之德，譬犹偶烛之施明于幽室也，前烛即尽照之矣，后烛入而益明。此非前烛昧而后烛彰也，乃二者相因而成光大，二圣相德而致太平之功也。

王符认为尧好比明烛照暗室，一支烛照一间暗室光度不强，后来舜又添一支，使光度加强；尧的一支烛不能明察远处，加上舜的一支烛，就可以明察远处了；因此，儒家兼赞尧、舜，并不矛盾。王符的观点，无疑是正确的，他把尧、舜看作统一的整体，相辅相成、相得益彰，成就了圣贤的伟业。

樛留谬对韩宣王

战国时期，七雄争霸，各国十分重视人才和策略。有一次，韩宣王问谋士樛留："我想同时重用公仲、公叔两人，可行与否？"樛留对答道："从前魏国同时重用楼缓、翟横两人，结果魏地西河沦丧于秦国；楚国同时重用昭、景二姓，结果楚都鄢、郢先后为秦昭襄王侵夺。大王现在想同时重用公仲、公叔，必将内争事权，外与邻国私交以市己利，国家就可忧了。"

樛留对韩宣王之问，运用了归纳推理和直言推理：

魏国两用楼、翟而亡西河，
楚国两用昭、景而亡鄢、郢，
所以，两用重臣必致国忧。

两用重臣必致国忧，
韩王将两用公仲、公叔，
所以，韩国前途可忧。

樛留对韩宣王之问，貌似有理，其实荒谬。他所运用的直言推理的大前提，是上列归纳推理的结论。我们知道，归纳推理的结论，只有或然性，不具必然性。但樛留却用了必然判断作为结论。

归纳推理是从个别前提推出一般知识的结论的推理。为了提高归纳推理结论的可靠程度，要尽可能多地考察同类事物的有关对象。否则，就很容易犯"以偏概全"的逻辑错误。樛留谬对韩宣王之问，正是犯了"以偏概全"的逻辑错误。为了反驳这种错误，可以列举与结论相矛盾的现象来说明。

韩非子在《难一·九》中，就是采用了列举与樛留的推理结论相反的事例来驳斥的。

韩非子指出：从前齐桓公同时重用管仲、鲍叔，齐国变得十分强大，称霸天下；成汤同时重用伊尹、仲虺，汤国城池巩固，世所称颂。他说："夫两用臣者国之忧，则是桓公不霸、成汤不王也。"韩非子在这里运用了归谬法，他的推理是：

  两用重臣必致国忧，
  桓公两用重臣，
  所以齐国必忧。

  两用重臣必致国忧，
  成汤两用重臣，
  所以成汤必忧。

这两个推理的大前提是樛留通过归纳推理得出的。韩非子假定这个大前提真实正确，用以进行推论；但得出的结论却与事实完全不符，从而反过来说明了大前提是谬论。

为了加强说服力，韩非子又考察了一用重臣的情况，他指出："湣王一用淖齿而身死乎东庙，主父一用李兑，减食而死。"齐湣王与秦争霸，后败于燕将乐毅，出逃到了莒地。楚国派淖齿带兵救齐，淖齿得到齐湣王重用，做了齐国的宰相，但后来不久淖齿杀掉了齐湣王，抽他的筋，还把他悬挂在庙堂的廊柱上。"主父"，即赵武灵王，任用李兑为司寇。但李兑却反戈相击，把赵武灵王围困在沙宣宫，前后三月，直至赵武灵王饿死。

樛留认为两用重臣必致国忧，无疑是认为一用重臣乃为良策，但韩非子用事实说明，一用重臣，也未必是良策。因此，韩非子得出这样的认识："主有术，两用不为患；无术，两用则争事（内争事权）而外市（外与邻国私交而谋己利），一则专制而动劫弑。"这里包含着一个二难推理：

  （无术）如两用，则争事而外市，
  如一用，则专制而动劫弑，
  或两用，或一用，
  总之，（无术）则或争事而外市，或动劫弑。

韩非子在做了上述论述之后，把论辩的锋芒直指樛留的谬论。他说："今留无术以规（劝谏）上（指韩宣王），使其主去两用一，是不有西河、鄢、郢之忧，则必有身死减食之患。是樛留未有善知以言（其上）也。"这是一个以前面那个二难推理的结论作为大前提的选言推理：

  无术，则或争事而外市，或动劫弑，

樛留无术规上,

故或致争事而外市（如魏失西河，楚丧鄢、郢），或动劫弑（如浩王身死、赵武灵王饿死）。

这个选言推理的大小前提都是从前面的一系列推理合乎逻辑地得出的判断，推论过程完全符合规则，樛留是难逃"未有善知以言"之咎的。

郤献子"非分谤也，益谤也"

《韩非子·靡笄之役》是驳辩中的名篇，所驳者是郤献子的"分谤"说：

> 靡笄（山名）之役（战），韩献子将斩人。郤献子闻之，驾往救之。比（及）至，则已斩之矣。郤子因曰："胡不以徇（拿他示众）？"其仆曰："曩（先前）不将救之乎？"郤子曰："吾敢（我怎敢）不分谤乎？"

郤献子即郤克，当时是全军的统帅。韩献子即韩厥，是郤克手下的司马，主管军法。郤克要统帅晋国的大军去攻打齐国。为了团结将领，齐心杀敌，所以他想文过饰非，为韩厥"分谤"，使军士们不专门谤责韩厥。

但郤克真能达到"分谤"的目的吗？

韩非子说："郤子言，不可不察也。"他细察之后的结论是："郤子之言，非分谤也，益谤也。"

韩非子对郤子"分谤"说的辩析驳斥，分为两层。

第一层：

> 韩子之所斩也，若罪人，则不可救；救罪人，法之所以败也，法败则国乱。若非罪人，则不可劝之以徇；劝之以徇，是重不辜（两重冤屈）；重不辜，民所以起怨者，民怨则国危。郤子之言，非危则乱，不可不察也。

韩非子的这一层辩驳包括一系列推理：

① 如救罪人，则法败，
　 如法败，则国乱，
　 所以，如救罪人，则国乱。

②如救罪人，则国乱，
　郤子原先打算救的如是罪人，
　则将导致国乱。
③如劝徇无罪之人，则为重不辜，
　如重不辜，则民怨，
　所以，如劝徇无罪之人，则民怨。
④如劝徇无罪之人，则民怨，
　如民怨，则国危，
　所以，如劝徇无罪之人，则国危。
⑤如劝徇无罪之人，则国危，
　郤子劝徇无罪之人，
　则将导致国危。
⑥如救罪人，则国乱；如劝徇无罪之人，则国危，
　郤子或救罪人，或劝徇无罪之人，
　所以，郤子之言，非危则乱。

第二层：

　　且韩子之所斩，若罪人，郤子奚分焉（哪里用得分谤）？斩若非罪人，则已斩之矣，而郤子乃至，是韩子之谤已成而郤子且后至也。夫郤子曰"以徇"，不足以分斩人之谤，而又生徇之谤，是何言分谤也？

韩非的这一层辩驳，也包含若干个推理：

⑦韩子所斩如为罪人，则不必分谤，
　韩子所斩如非罪人，则因已斩而无法分谤，
　韩子所斩或为罪人，或非罪人，
　所以，或不必分谤，或无法分谤。
⑧韩子所斩非罪人而不徇，则因已斩而无法分谤，
　韩子如斩非罪人又徇之，则又生徇之谤，
　韩子所斩非罪人而不徇，或斩非罪人而又徇之，
　所以，韩子或无法分谤，或又生徇之谤。
⑨韩子或无法分谤，或又生徇之谤，
　郤克劝之以徇，

> 所以，郤克非分韩子之谤，而生徇之谤。

上述九个推理层层逼近，终于导出了"郤子之言，非分谤也，益谤也"的结论。

韩非子的这九个推理中，推理①③④为纯假言推理，推理②⑤为假言推理，推理⑥⑦⑧为二难推理，推理⑨为选言推理。所有这些推理，都符合逻辑，是无法反驳的。

吴闿生《古文苑》赞《韩非子·靡笄之役》曰："雄快骏厉，迅迈无前。郤子所为，本好名之徒，无可根据，故驳难弥觉得势。至行文悍鸷，则自韩子本色也。"韩非子驳辩之"雄快骏厉，迅迈无前……行文悍鸷"，自然与他文字驾驭自如分不开，但首先是得益于逻辑分析的条理性、严密性。这是我们作驳论文时应很好学习的。

逻辑基础与文章修改

歌德的经验之谈
——写文章要研究逻辑

德国文豪歌德（1749—1832），是著名的诗人、剧作家。他早期的重要作品、书信体小说《少年维特之烦恼》和后来的代表作、长达一万二千多行的诗剧《浮士德》，曾风靡世界，在中国也赢得了众多的读者，享有崇高的声誉。他曾经写过一首值得我们反复咀嚼的诗：

> 我劝你，亲爱的朋友，
> 首先把逻辑来研究。
> 你的精神受着良好的训练，
> 如在西班牙的长靴里一样紧衬。
> 它将小心谨慎地前进，
> 循着思想轨道，多么方便；
> 即使邪途歧路满眼前，
> 它也不会东奔西窜。

这首诗告诉我们：要写好文章，最好"首先把逻辑来研究"。因为只有这样，面对纷繁复杂、扑朔迷离的生活素材，才不致被满眼的"邪途歧路"所迷惑，才能"沙里淘金"、去伪存真，才能理清思绪，写出条理清晰、逻辑严密的佳作。读过《浮士德》的人一定会为歌德条理井然、精彩绝伦地抒写了极其众多的人物、繁复的事件、错综的情节而惊叹。显然，这大大得力于歌德高度严密的逻辑思维。逻辑对于写作的重要意义，由此可见一斑。

洋洋万言一挥即就，而纹丝不乱、章句有序、无懈可击的事，千古罕见。正因为如此，"文章不厌百回改"成了许多作者的座右铭。毛泽东同志在《反对党八股》中批评许多人"文章写好之后，也不多看几遍，象洗脸之后再照照镜子一样，就马马虎虎地发表出去"。同时，他还特意引述鲁迅"写完后至少看两遍"的经验，认为"重要的文章不妨看它十多遍，认真地加以删改，然后发表"。

列提纲，打初稿，固然要讲逻辑，修改时也不能忽视从逻辑上进行检查。作家老舍在《论短篇小说的创作》中说："有的作品文字色彩不浓，首先是逻辑性问题。我写作中有一个窍门，一个东西写完了，一定要再念再念再念，念给别人听（听不听在他），看念得顺不顺？准确不？别扭不？逻辑性强不？……看看句子是否有不够妥当之处。我们不能为了文字简练而简略。简练不是简略、意思含糊，而是看逻辑性强不强，准确不准确。只有逻辑性强而又简单的语言才是真正的简练。"这是一个很好的经验。郭沫若、茅盾、高尔基、法捷耶夫等大作家，都有一些类似的议论。这同样告诉我们："首先把逻辑拿来研究"，打好逻辑基础，对于文章修改是十分重要的。歌德的《浮士德》写了六十年，1773年至1775年写成初稿，1808年至1832年定稿，在这么长时间里，歌德做了反复的大量修改，终于使作品臻于高度完美。从许多著名作家的创作实践中，都可以找出这样的实例来。

古人谈写作，有所谓"遣词造句，布局谋篇"之论。其中"布局谋篇"自然离不开审题、立意、选材、结构等。这些方面，修改文章时都必须拿逻辑这根"尺子"来量一量。

就"遣词造句"来说，它同概念的明确、判断的恰当、推理的逻辑性关系很密切。这是由思维与语言的关系决定的。

思维是语言的实际内容，语言是思维的"物质外壳"。逻辑思维的基本形式是概念、判断和推理；语言表达的基本形式是语词、语句（包括句群）。概念是语词的内容，语词是概念的"物质外壳"。每一个概念都有一定的语词来表达，每一个实词也表达一定的概念。判断是语句的内容，语句是判断的"物质外壳"。每一个判断都有一定的语句加以表达，每一个语句也都明晰地或隐含地表达某些判断。一般说来，推理是句群的内容，句群是推理的"物质外壳"。通常，推理由句群表达，而许多句群也表达着一定的推理。"遣词造句"的正确无误，必须建立在概念明确、判断恰当、推理合乎逻辑的基础上。因此，修改文章时，就必须拿概念、判断、推理的"尺子"来衡量"遣词造句"方面是否有问题。

鲁迅的《〈坟〉的题记》初稿中有这样一段话（重点为笔者所加，下同）：

我的可恶有时自己也知道，即如我有时吃鱼肝油以望延长我的生命，倒不是为了我的爱人，大大半是为了我的敌人，给他说得冠冕一点，就是敌人罢——给他的好世界上留一些缺点。

定稿时，鲁迅把它改成：

我的可恶有时自己也觉得，即如我的戒酒，吃鱼肝油，以望延长我的生命，倒不尽是为了我的爱人，大大半乃是为了我的敌人，——给他说得体面一点，就是敌人罢——要在他的好世界上多留一些缺陷。

其中，将"知道""冠冕""留""缺点"改为"觉得""体面""多留""缺陷"，使所要表达的概念更准确了，将"不是"改成"不尽是"，变全称否定判断为特称否定判断，与"大大半"呼应，逻辑更严密了。鲁迅本爱喝酒，后经许广平劝阻戒了酒，加"的戒酒"三字，使"延长生命"的措施更全面一些，这同归纳推理有关。

再就"布局谋篇"来说，它与演绎推理、归纳推理、类比推理、关系推理关系颇密切，与同一律、矛盾律、排中律、充足理由律关系也很密切。毛泽东同志说："写文章要讲逻辑。就是要注意整篇文章、整篇说话的结构，开头、中间、尾巴要有一种关系，要有一种内部的联系，不要互相冲突。"（《毛泽东选集》第5卷）这里说的"要有一种关系，要有一种内部的联系"，就是指的遵守同一律等，"不要互相冲突"，就是指不要违反矛盾律。修改文章时，就要从逻辑上仔细检查推理是否恰当，整篇文章是否符合同一律、矛盾律、排中律和充足理由律。

著名的法国文豪巴尔扎克（1799—1850）一生为人类留下一百六十多部作品。他写作时爱用特别大的稿纸，上下左右都留有大片空白以便修改。司蒂芬·支魏格描述巴尔扎克修改文章时像一个骑兵向敌人巩固的方阵冲击一样，向排印好的初稿"猛烈进攻"，以致墨水四溅，纸面戳穿，"他的笔象佩刀一样一挥，一个句子便从上下文中割开，……整整一段被拉了出来，另一段填了进去……不要的章节被肢解、挪开，空缺上粘了新的纸。一个段落原先的起头被埋入文中，另一个新的起头写成了……"，在再次修改时，巴尔扎克"再度把这整个辛苦筑成的大厦拆散，使每一页从顶到底布满了更多的删改与墨迹……"（《巴尔扎克传》）。巴尔扎克喜欢把自己创作的作品原稿、修改稿妥善保存，装订成册，作为赠给知心朋友的珍贵礼物。这些修改稿的数量相当可观。据统计，他写一部二百页的小说，修改稿往往相当于原稿的十倍。他每写一部作品，少则修改几次，多则十五六次。如支魏格上面所说的修改，显然是从"布局谋篇"上考虑的。雨果、果戈理、海明威等著名作家也有这类同增强文章的逻辑性密不可分的修改文章的故事。

总之，掌握逻辑基础知识，对于修改文章的每一环节，都是必不可少的。

有人也许会问：难道每个作家都非学点逻辑不可吗？

回答是肯定的。

鲁迅就是一个熟谙逻辑的文学家。早在留学日本的时期，他就钻研过逻辑学（当时称"论理学""名学"）。在1907年发表的《科学史教篇》中，他认为把演绎法与归纳法二者结合起来，真理才能昭然若揭。后来他又读了不少逻辑著作，在写作中随时注意逻辑的严密性。他的许多杂文，极其巧妙地从逻辑上"一击"而"置敌于死地"，把"国粹家"的"逻辑"、"导师"的"逻辑"、帝国主义者及其走狗的"逻辑"驳得体无完肤。他还创造了运用逻辑武器与论敌斗争的独特方法。《论辩的魂灵》等十多篇杂文，就是纯用逻辑方法写成的。鲁迅的创作实践表明，不懂逻辑，就不可能成为好的作家，修改文章也无从谈起。

诚然，既可从书本上学逻辑，也可在语言实践中学逻辑。古往今来的作家，绝大多数都是在语言实践中学习的。但这不是一条捷径。现在已经有可能结合实践学习逻辑理论。我们应该充分利用这一有利条件，持之以恒，学好逻辑，为修改文章打下坚实的基础。清代李沂说："作诗安能落笔便成？能改，则瑕可为瑜，瓦砾可为珠玉。"(《秋星阁诗话》)愿人人学好逻辑，运用逻辑来修改文章，个个写出美如珠玉的佳作来！

须教"后世见之明白无疑"
——概念要明确

《安娜·卡列尼娜》《复活》等世界名著的作者、伟大的俄国文学家列夫·托尔斯泰（1828—1910）曾经说过："如果我是沙皇，便要颁布一项法令：凡作家用词，本人也不解其意者，便剥夺他的写作权，并给他一百大板。"他没有说"本人虽解其意而读者难解其意的"该怎样处理。笔者认为，文章是用来表达和交流思想的，即使作者"解其意"，而如果读者不解其意，那么，也是枉然为文。因此，概念明确，让人读得懂，是做文章的起码要求。

概念是反映事物特性总和的思维形式。任何概念都有其特定的内涵和外延。概念的内涵，指概念所反映的事物的特性；概念的外延，指概念所反映的那一类事物。概念的内涵与外延，正好与语词的含义和范围相当，这决定了概念与语词间存在对应关系。

所谓对应，是指每一个概念都有一定的语词来表达。遣词造句以及修改病句时，必须准确掌握每个语词所表达的概念。

传说乾隆皇帝游江南时，见一庙宇里的菩萨边题有"翁仲"二字，便问随从的翰林学士们是什么意思。他们回答说是"唯有仲翁，翁仲则冇（mǎo，没有）"。其实，既有"仲翁"，亦有"翁仲"。前者是周太王的次子，吴国的先君。后者是秦始皇的部将，功勋卓著，死后铸铜像立于咸阳宫司马门外，后来就称铜像、石像为"翁仲"。于是乾隆就写了一首打油诗，嘲笑那些翰林学士：

> 翁仲如何作仲雍，
> 只因窗下少夫功。
> 从今不许为林翰，
> 贬尔江南作判通。

诗里故意把"工功""翰林"两个语词颠倒过来，使它们不能正确表示原来的概念，用来讽刺翰林学士们不学无术，把"仲翁"和"翁仲"两个概念混淆了。乾隆的嘲讽是有力的，其中包含了概念与语词应当对应的道理。

但概念与语词又不完全是对应的。

所谓不对应，分两种情形。

一是指有的概念可以用几个不同的语词来表达。如"妻子的父亲"这个概念，还可用"丈人""岳父""泰山"等来表达。这一表示同一概念的不同语词，可视不同情况分别使用，或交替使用。例如，同是玉蜀黍，在科学读物中，应写作"玉米"；在文艺读物中，北方人称它为"包谷"，南方人则称它为"珍珠米"。又如，在诗歌中，常常交替使用"祖国的心脏""第一面五星红旗升起的地方""首都"等来称谓北京，为的是使语言多变，行文活泼，便于押韵。

二是指有的语词可以表达几个不同的概念。

浙江温州瓯江上的江心寺门口，至今仍有金碧辉煌的大字对联："雾朝朝朝朝朝朝朝朝散，潮长长长长长长长长消。"这里的"朝"字，一读 zhāo，一朝就是一天；一读 cháo，朝见、朝拜的意思。这里的"长"字，一读 cháng，经常的意思；一读 zhǎng，增长的意思。此联利用了这两个字所具有的不同概念，应该读作："雾 zhāo cháo，zhāo zhāo cháo，zhāo cháo zhāo 散，潮 cháng zhǎng，cháng cháng zhǎng，cháng zhǎng cháng 消"。

"浮白斋主人"的笑话集《雅谑》中有这样一则笑话：

> 长洲县丞马信，山东人，一日乘舟谒上官，上官问曰："船泊何处？"对曰："船在河里。"上官怒，叱之曰："真草包！"信又应曰："草包在船里。"

这则笑话里的"草包"，就表达不同的两个概念。

这种同一语词表达不同概念的情况，文言语词中比比皆是，白话语词中也是常见的。这就很容易因文句中某一语词的歧义而造成概念不明确，使读者理解起来有困难。修改文章时，应当注意避免使用有歧义的语词，使概念明确化。

1983年7月11日的《光明日报》摘登了《北京日报》一篇文章，以"在考场上，考生们要注意些什么问题"的设问开头，紧接着的答问"第一"点指出："要控制焦虑，具有泰然处之的心理状态。……只有这样，人脑的机能才能处于最佳状态，有利于问题的解决和已有水平的发挥。"这段话里前后两次出现的"问题"，表达的不是同一个概念。设问中的"问题"，指的是考生中常见的情绪紧张等现象；答问中的"问题"，指的是试卷上的题目。在一篇短文中，要尽量避免这种以相同语词表达不同概念的情况，否则就容易引起误解，起码会影响阅读与理解。读者在读到"有利于问题的解决"时，对这个"问题"指的是什么，就得费一番思索。如果改成"有利于试题的解答"，不是更清楚吗？

与此类似，1977年《光明日报》的一篇文章中，曾出现过这样的语句："'古为今用'

是毛主席为我们制定的正确方针……但在'四人帮'横行的年代,这个早有定论的问题却成为问题了。"两个"问题",含义迥异,前者指"古为今用"的方针,后者指值得怀疑的对象。而且,用"问题"指称"古为今用"的方针,本身就与后面的"成为问题"混淆起来了。《世界经济导报》1985年3月18日的一篇文章中写道:"不要以为物价越便宜越好,天下没有那么便宜的事。"这里两个"便宜",前者是价格低廉的意思,后者是容易、便利的意思,单独使用,通常不成问题,放在一起就使人费解了。1978年12月7日《人民日报》的一篇文章写道:"1978年,既有古巴彻底暴露于前,复有越南大暴露于后。这对难兄难弟用自己的行动证明,它们都是苏联拴在自己战车上的卒子。"在同一句话里两次用了代词"自己",第一次,作者用来代古巴和越南"这对难兄难弟"。第二次,作者想用来代苏联。但是这仅仅是作者的主观愿望。由于第二个"自己"是有歧义的,读者可能会把它理解作古巴和越南"这对难兄难弟"。这类运用概念不明确的情况,如果在修改文章时略加注意,是不难避免的。

鲁迅的《萧红作〈生死场〉序》初稿曾写有:

> 这本稿子的到了我的桌上,已是今年的春天,……但却看见了五年以前,以及更早的哈尔滨。这自然还不过是速写,叙事和写景,胜于人物的描写……

定稿时,"速写"二字改成了"略图"。为什么鲁迅要这样修改呢?"速写"可以理解为一种"作品的体裁",也可以理解成一种"作品的创作手法",还可以理解成"内容简略的作品",正因为用这个词有歧义,容易造成误解,改为"略图",概念单一,消除了歧义。从鲁迅手稿中,我们可以看到许多诸如此类的修改。

修改文章时还要注意去掉"生造"的语词,因为"生造"的语词,不可能表达约定俗成的明确的概念。宋人李耆卿在《文章精义》中说:"唐代宗时有晋州男子郇(huán)谟者,上三十字条陈利害,一字是一件事,如'团'字是说'团练使'之类,谟自知,他人不喻也。吾谓世之作文,务要崎岖隐奥,辞不达意者,皆郇谟之徒也。"我们可不能为贪图方便"生造"语词,弄得概念不明确,做了"郇谟之徒"。

语词表达概念是否明确,以一种语言在历史上形成的统一理解为根据,不能以某一地区少数人的理解为转移。因此,方言中的许多语词虽非"生造",但也会造成误解,所以不宜滥用。据说宋代有个人写了两句诗:"明月当空叫,黄犬卧花心。"大诗人王安石看到后,不明白明月怎么会叫,黄犬怎么能卧花心,提笔将这两句改成"明月当空照,黄犬卧花荫"。殊不知诗作者因他的家乡有一种小鸟名为"明月",又有一种小虫称作"黄犬",故而有此诗句。诗作者以只有当地人才用的鸟名、虫名入诗,与"明月""黄犬"通常所表达的概念迥然相异,以致造成了误解。这种情况,是亟应避免的。现在有不少作者喜欢以方言入文,这固然可以使作品富有乡土气息,但务使读者读得懂,在必要之处加注释,以防产生误解。

此外还应注意由于某些语句中指称混乱而造成的概念不明确的情况。笔者曾在上海街头看到一条浓墨大幅标语,上书:"妈妈只生一个好!"

在这幅标语前驻足的人,大多忍俊不禁,"'妈妈只生一个好!',这算什么话?"书写者的意思无疑是"每个妈妈只生一个孩子好"。但是,像标语上那样写,也可以理解为"只生一个妈妈好",显然不恰当。

某报在一篇题为《黄棹年过八十著述不已》的文章中写道:"几十年来,黄棹在精心培养本科生和研究生的同时,埋头钻研,不分昼夜地工作,撰写了《诗说》等六部近百万字的著作。"其中"六部近百万字的著作"既可理解为每部近百万字的六部著作,也可理解为六部著作总共近百万字,因而是语意不明的。

南宋的朱熹看了陈蕃叟的《同合录序》,针对该书文字晦涩的毛病,提出了"文章须正大,须教天下后世见之明白无疑"(《朱子语类》)的要求。这一点,对于我们是很重要的。

"芟繁剪秽""淘沙得金"
——概念的限制

怎样才能使概念明确化？

请先看莱辛的寓言《好斗的狼》：

> 一头小狼向一只狐狸说："我永远铭记不忘的父亲，真是一位英雄！它在这整个地方是多么令人生畏啊！它一个接一个地打败了二百多个敌人，并把它们污浊的灵魂送进了腐朽的王国。奇怪的是它最终竟败在另一个敌人手里！"
>
> "一个在葬礼上发表演说的人是会这样讲的，"狐狸说，"可是一个刻板的历史著作家却要予以补充：它一个接一个战胜的敌人都是羊和驴；而那个把它打翻在地的敌人，却是它敢于冒犯的第一头公牛"。

寓言中的狐狸用"羊""驴""公牛"这些比较具体的概念，代替"老狼的敌人"这个比较笼统的概念，一针见血地揭示了小狼所企图掩盖的真相。狐狸所使用的，是概念限制的逻辑方法。

形式逻辑所谓概念的限制，是指增加概念的内涵，使外延较大的属概念过渡到外延较小的种概念。这是使概念明确化的一种重要逻辑方法。例如，把"记者"当作外延较大的属概念，使之增加"在某报工作"的内涵，变成外延较小的种概念"某报记者"，就是进行了概念的限制。用这样的方法，还可以依次将"某报记者"限制为"某报女记者""写过不少作品的某报女记者""写过不少出色作品的某报女记者"……每一次限制，都使概念更加具体，更加明确。又如，在"漫画常借助成语反其意而巧用之，或顺其意而俏用之"中，以"巧""俏"限制"用"，揭示了属概念"用"的另一些内涵，使之过渡到外延较小的种概念"巧用""俏用"，表达了新的更具体的意思。

曹靖华同志在《关于文学翻译的若干意见》中说："汉语的表达，要做到文字通顺，力求……避免洋腔洋调、陈词滥调、油腔滑调。"（《大学生》第3期）用"洋""陈""滥""油""滑"来加以限制，具体而且生动，使人对应该鄙弃的腔调有比较明确的认识。刘波同志在一则采写体会中引述一位老编辑的话："花必须从泥土里长出来，才有真正的香味。要是假花，制作得再鲜艳，也放不出香味来。"并就此给这篇采写体会起了《真花要带泥土香》的题目。以"真"限制"花"，以"泥土"限制"香"，具体、明确，诗意盎然，逻辑严密。报告文学作品《在人的另一片世界——中国残疾人福利基金会纪事》的开头写道："车尔尼雪夫斯基曾经提出一个著名的美学命题：生活是美的。应该说，只有符合人性的生活才是美的。"(《文汇月刊》，1985年第12期)以"符合人性的"限制"生活"，其意义不仅在于阐明了"生活"的真实含义，而且从全句来看，正是由于恰当的限制，修正了车尔尼雪夫斯基的著名美学命题，揭示出了一个合乎马克思主义的美学科学命题。

该限制而不加限制，会造成概念不明确甚至错误。例如：

①一个红彤彤的新中国屹立在世界的东方，全人类都以惊喜的目光注视着这辉煌的光焰。(《我们爱韶山的红杜鹃》)

②废品回收是一件很有意义的工作，他十七年如一日地利用休息时间把所有的废物都收集起来，交给国家，从来不计报酬。(《一个人老心红的"官"》)

③美国斯坦福大学的医务人员，最近把一个十五岁男孩的心脏和肺，同时移植给一个女患者，两天以后，患者已能吃固体食物。这个患者名叫玛丽·戈尔克……

(《美国的一病人移植心肺成功》)

例①中的"全人类"未加限制，因而不符合客观实际。只有进步人类才会对新中国的诞生感到惊喜，应该给"全人类"加上限制语，改成"进步人类"。例②中的"废物"是指可以利用的废物，不以"可以利用的"来限制"废物"，显然不妥。例③令人骇怕，怎么可以把"十五岁男孩的心脏和肺"割下来"移植给一个女患者"呢？应改成"刚死的十五岁男孩"才是。

对概念是否加以限制，一要视必要，二务须正确。

不必限制而滥加限制，就会造成重复、哆嗦的语病。恩格斯说："重复，一部分是术语缺乏的结果，一部分是不习惯于逻辑训练的结果。"(《恩格斯致马克思(1868年11月6日)》)"年迈的老妪""有一定文化的知识青年""颇有危险的危房""什么也看不见的盲人""历史史册"等，就犯了不必限制而滥加限制的逻辑错误。某报为一篇报道制作了这样的标题《有书本知识的社会科学工作者要向社会实践学习》，其中限制语"有书本知识的"显然多余。

毛泽东同志《在中国共产党第八届中央委员会第二次全体会议上的讲话》中谈道："1956年国家预算报告中说过'稳妥可靠'这个话，我建议以后改为'充分可靠'。……稳妥和可靠，意思是重复的。用稳妥形容可靠，没有增加什么，也没有限制什么。形容词一面是修饰词，一面是限制词。说充分可靠，这就在程度上限制了它，不是普通可靠，是充分可靠。"这里所说的"没有增加什么,也没有限制什么",就是指不必限制而加了限制。如果说,必要的限制是"画龙点睛",那么,不必要的限制就是"画蛇添足"了,刘勰在《文心雕龙·镕裁》中说:"权衡损益,斟酌浓淡。芟繁剪秽,弛于负担。"我们在修改文章时,应当认真"权衡""斟酌",看看是否有"蛇足""繁秽"。如果有,就应毫不犹豫地加以"芟剪",减轻读者的"负担",更好地表达文义。

限制而不正确,结果必定事与愿违、以辞害意。例如:

④为了克服非辩证的形而上学作风,不能否认剥削阶级的秦可卿引用过的成语的真理性。(《艺术世界》,1982年第1期)

例④以"非辩证的"来限制"形而上学",反而模糊了"形而上学"的反辩证的性质;"秦可卿"为特定的个人,是《红楼梦》中所写的"剥削阶级"的一分子,而不是"剥削阶级",用"剥削阶级"限制也不妥。

某报的一篇文章写道:"张爱萍同志是一位业余摄影爱好者,年轻时在戎马倥偬中,他就运用缴获敌人的照相机,在战斗空隙中拍摄了许多战斗生活场面。"用"缴获敌人的"限制"照相机"是不正确的,应改作"从敌人那儿缴获的照相机"。

美国作者米切尔·柯达的《通向胜利的六个步骤》的中译本中,谈到"精力培养"时说:"培养和集中使用精力的最好方法是:把一天分成尽可能小的时间单位,把每一单位时间都当成独立的和有价值的来对待。"这里所说的"尽可能小的时间单位"指什么呢?诚然,我们应当"争分夺秒",但世界上很少有把一天分成一千四百四十分或八万六千四百秒来安排生活、工作、学习的。也就是说,以"尽可能小的"来限制"时间单位",不够妥当,如果改成"比较小的",就无此弊病了。

清代李渔论及文章修改时,深有体会地说:自己的文章刚写就,总觉得篇篇都好;诗赋刚写成,会感到无语不妙。但过几天翻出来一看,其中的高下优劣,不但别人能辨别,自己也能有所判断。因此,李渔认为,要写出佳作来,"当于开笔之初,以至脱稿之后,隔日一删,愈月一改,始能淘沙得金,无瑕瑜互见之失矣"(《闲情偶寄》卷三)。

"隔日一删,愈月一改"的一个重要方面,就是在概念限制上下功夫。从著名诗人李瑛对《滔滔涅瓦河》所做的修改中,可以看到这一方面的生动例子。在《滔滔涅瓦河·寄红场》中,有这样两行诗:

千万面腾过烈火的红旗,曾覆盖过你呀,
千万朵鲜艳的礼花,曾在你的夜空竞放……

其中"红旗"前面的"腾过烈火的"五个字是修改时加上的,强调了不是一般的"红旗"，而是经过严峻的战斗考验的红旗，不但增强了诗的形象性，而且通过限制使概念"红旗"更明确、具体了。在《滔滔涅瓦河·涅瓦河的怀念》里，李瑛将"漫天飘飞的大雪"，改成了"漫天斜飞的大雪"；将"听不见你的声音"改成了"听不见你的涛声"；将"从寒冷的波罗的海上吹来了凛冽的风"改成了"……吹来了白色的风"。在《滔滔涅瓦河·西伯利亚的记忆》中，诗人将"烈火般的泪滴"改成了"烈火般燃烧的泪滴"；将"这燃烧的感情"，改成了"这火辣辣的感情"。这些修改有如淘沙得金，或是避免了概念限制的重复，或是使概念限制更加具体，都对诗作语言的更加准确精湛，起了很好的作用，值得我们学习。

概念限制方面的语病，往往是由于堆砌辞藻、故弄玄虚造成的。有人以为形容词越多越雅，文句就越生动，殊不知常常因此而弄巧成拙。何晏《论语集解》谓："凡事莫过于实，辞达则足矣，不烦文辞之艳。"元好问《论诗三十首》有云："一语天然万古新，豪华落尽见真淳。"太平天国通告《戒浮文巧言谕》曰："文以纪实，浮文所在必删；言贵从心，巧言由来当禁。"这些，对修改好文句，使之符合概念明确化的要求是有益的。

洛巴诺夫的诡计

——概念的概括

沙皇俄国的外交官谢·尤·维特，在他的《回忆录》中记述过他同李鸿章进行的一次谈判。他说自己同李鸿章达成了口头协议，由洛巴诺夫－罗斯托夫公爵形成文字。口头协议中有一点原为："我们同中国结成对付日本的防御同盟，一旦日本进攻中国或者进攻我们的滨海领土，我们应当保卫中国或者中国保卫我们。"但在拿给他的草案中已经没有直接提到"对付日本"，而是说，一旦有某一方进攻中国或进攻俄国滨海地区时，中国有义务保卫俄国或俄国有义务保卫中国。

该款如此提法使维特大吃一惊，因为二者的差别很大：一个是同中国缔结防御条约单独对付日本，另一个则是对付所有强国，而中国同英法及其他国家也有着麻烦。协定一旦缔结，倘为某个大国得知，那就会招致许多欧洲国家反对俄国。

为此，俄国沙皇亲自找洛巴诺夫－罗斯托夫公爵谈话，要公爵修改。谈话后，被告知公爵已同意修改。但是在双方会集签署协定时，突然发现未做修改，原来是公爵"忘记对秘书讲了"。于是公爵借口时间已是十二时一刻，宣布先吃饭，再签约。待大家去吃饭时，由秘书重抄文件，改成初稿的样子。

这段"珍贵的"日记，真实地再现了沙俄利用卖国的清政府与其他帝国主义国家钩心斗角的往事，也暴露了俄国"公爵"的腐败和狡猾。"公爵"心不在焉地把"对付日本"错成了对付"某一方"，在逻辑上是犯了概念概括方面的错误。

概念的概括与概念的限制相反，是指通过减少概念的内涵从而扩大概念的外延，即由外延较小的种概念过渡到外延较大的属概念的逻辑方法。

概念的概括，有助于恰当地表达思想。现实生活中的许多情况下，过于具体明确地表达某一概念，反而会带来不便，这时就需要运用概念概括的逻辑方法。1971年美国总统尼克松访华和周恩来总理谈判时，在中美联合公报的一处，美国国务卿基辛格建议采用"台湾海峡两边的中国人……"，使公报得以顺利签署。这成了中美外交史上的一则佳话。基辛格采用的就是概念概括的逻辑方法。

运用概念概括的方法恰当地表达思想，通常都是出于某种特定情况下的特殊需要。基辛格建议这样措辞，是由于台湾还没有回到中华人民共和国的怀抱，而美国既要和中华人民共和国恢复外交关系，又要暂时维持同台湾当局的关系。

吴趼人的《俏皮话》中有一个讽刺故事：

> 凡县官去任，则百姓绅董，必送万民伞，几乎沿为成例。一知县去任时，阖属百姓，无有肯送万民伞者。县官方在懊恼，忽见有许多蛤蟆送来一顶万民伞，县官大喜而受之。因问蛤蟆道："你们何以肯送我万民伞呢？"蛤蟆道："自大老爷莅任以来，虽没有恩德及于百姓，却还循例出示，禁食田鸡，故我等亦循例送伞，以志德政也。"他日，县官即以此伞夸示于人，某狂生见之笑曰："老父台可谓今恩足以及禽兽。"

在这个讽刺故事里，吴趼人要借"狂生"之口含沙射影地痛骂清末的贪官污吏。如果让"狂生"老老实实地"笑曰"的是"老父台可谓今恩足以及蛤蟆"，就达不到"痛骂"的目的。所以，吴趼人将外延较小的种概念"蛤蟆"概括为外延较大的属概念"禽兽"，从而达到了嬉笑怒骂的目的。

当然，如果发现我们的论敌故意运用概念概括的方法来混淆是非，那就要加以揭露。在中美贸易中有过这样一个案例。

1982年5月14日，美国餐具委员会控告我国陶瓷餐具进口增长太快，价格太低，进口数量太大，声称"破坏"了美国同类或直接竞争产品的市场，要求美国政府对我国实行数量限制。为了炮制立案依据，美国陶器制造商把我国在美国市场上销售的陶器和瓷器加在一起计算数量。然而，按照美国法律规定，所谓"同类产品"就是指进口的产品同美国国内产品制造用的原料、商品外形、结构和特征等完全相同，否则不能算同类产品。所谓"直接竞争产品"，即虽然不是同类产品，但是用处相同或可以互相代替的商品。而我国对美国出口陶器数量并不大，因此对美国陶器不会造成严重损害；我国出口瓷器同美国陶器用处不同，不能互相代替，因此把我国陶器和瓷器加在一起说成是对美国竞争，也就根本不能成立。审理结果，我方胜诉。在这个案例中，我方之所以能够胜诉，就是由于揭露了美方运用概括性的概念来混淆视听的手法。

综上所述，我们可以知道，进行概念概括必须恰当。

所谓恰当，首先是要符合客观实际或客观上的合理要求。把美国进口的中国陶瓷餐具概括为"美国的同类产品"，就是不符合客观实际，当然也不能援引美国的有关法律来进行抵制。从这个意义上说，吴趼人把"蛤蟆"概括为"禽兽"，是有缺陷的，因为"蛤蟆"实际上不属于"禽兽"一类。不过，他是为了讥讽，实际上是把故事中的某县官概括为"禽兽"，而这是符合贪官污吏的本质这一实际的。

恰当地概括，其次还要求概括时逐级进行，不越级概括。概念是有层次性的。"人"这个概念，外延比"女人"大，但比"高等动物"小。从"女人"到"高等动物"，有三个层次。可以把"女人"概括到"人"这个层次,却不可以一下子概括到"高等动物"这个层次。否则,就有贬低"女人"之嫌。

概括不恰当的错误常常表现为口头说的"过于概括"。有人写道:"统治阶级都利用意识形态毒害人民。"这里有两处"过于概括"的错误:一为"统治阶级",把"反动统治阶级"和夺取了政权的革命领导阶级都概括进去了;二为"意识形态",把进步的和反动的意识形态都概括进去了。按作者的原意,应当修改为:"反动统治阶级都利用剥削阶级意识形态毒害人民。"

报刊文章中概括不恰当的错误屡见不鲜。例如:

①1962年春节,同志们都愉快地在一起搞各种文娱活动。雷锋和大家打了一会儿乒乓球,心里却觉得有件什么事没做似的。

②……剧中还出现廖仲恺、何香凝、宋美龄、汪精卫等著名正反面历史人物。

③近年来政府拨出大批款项,建造了许多居民住宅,在住宅群中,商场、菜场、银行、邮局、医疗门诊所、中小学校、托儿所等生活设施一应俱全,十分方便。

④当时,姐弟四人,大的才十六岁,小的还不到五岁,却无一例外地每天要挑水、煮饭、喂猪、喂鸡,为继母洗衣服、倒尿壶、捶骨……从早忙到晚。何拉珍稍不顺心,对他们姐弟不是臭骂,就是施以棍棒。

例①,打乒乓是体育活动,概括为"文娱活动"不恰当。例②,实际上是把廖仲恺、何香凝、宋美龄、汪精卫,同时概括为"正面历史人物"与"反面历史人物",不但自相矛盾,也不符合历史真实。例③,"中小学校"为文化教育设施,医疗门诊所为医疗卫生设施,虽然文化教育设施与医疗卫生设施可以进一步概括为"生活设施",但以逐级概括为好,越级概括为"生活设施",在逻辑上是不够严密的。例④比较特殊,"无一例外地"不能看作是概念的概括,但是,它同概念的概括相类似,因为它实际上将从"不到五岁"到"才十六岁"的"姐弟四人",都包括进必须完成"挑水、煮饭、喂猪、喂鸡"等繁重工作的人中去了。根据常识,无须深究,谁都可以想见,那"不到五岁"的小弟弟无论如何都不会被差去挑水的。因此,使用"无一例外"就不恰当。从例④可以得到启发,概括不当的错误,有时并不以典型的形式出现,这就要求活用逻辑知识,精心修改文章。

除上述之外,进行概念概括还应注意要有概括的客观必要性。

著名的宋代文豪苏轼曾著《艾子杂说》,根据传说写了许多关于艾子的故事。有一个故事说:

艾子行于海上,见一物圆而褊,且多足,问居人曰:"此何物也?"曰:"蝤蛑也。"既又见一物圆褊多足,问居人曰:"此何物也?"曰:"螃蟹也。"又于后得一物,状貌皆若前所见而极小，问居人曰："此何物也？"曰："彭越也。"艾子喟然叹曰："何一蟹不如一蟹也。"

"彭越"就是"蟛蜞"，蟹的一种。"一蟹不如一蟹"之意就是"一代不如一代"。艾子所见三种蟹，各有具体名称，如果不加以概括，"喟叹"再三，也无法表达他的思想。这是根据需要恰当概括的适例。

不必概括而任意概括，会导致表达错误。洛巴诺夫－罗斯托夫公爵任意地把"日本"概括为"某一方"，就犯了表达错误，而这会引起沙俄与美、英、法等帝国主义列强之间的重大外交冲突，所以他狡施诡计，借口时过中午要先进午餐，利用这个机会偷偷地修改了条约文本。

"词不工者不成文"
——同一概念和概念的同一关系

唐代的李翱在《答王载言书》中说:"义虽深,理虽当,词不工者不成文,宜不能传也;文、理、义三者兼并,乃能独立于一时,而不泯灭于后代,能必传也。"

讲究文采,刻意求工,就不能不掌握关于概念间相互关系的逻辑知识。

大千世界的万事万物间存在错综复杂的关系,反映在概念上,就有概念之间形形色色的关系。概念间的关系,就宏观而言,可分为相容关系和不相容关系两大类。

概念的相容关系,是指概念之间在外延上有所重复。概念的不相容关系,是指概念之间在外延上无所重复、互相排斥。

概念的相容关系有三种:同一关系、属种关系与交叉关系。

概念的同一关系,是指两个或两个以上的概念在外延上完全重复。

具有同一关系的概念和同一概念,在逻辑上不是一回事,不少同志往往将二者混淆起来。

同一概念,是指以不同语词表达的同一个概念。这就是鲁迅在《华盖集·咬文嚼字》中所说的"字面虽然改了,涵义还依旧"的情况。鲁迅写道:

> 在北京常看见各样好地名:辟才胡同、乃兹府、丞相胡同、协资庙、高义伯胡同、贵人关。但探起底细来,据说原是劈柴胡同、奶子府、绳匠胡同、蝎子庙、狗尾巴胡同、鬼门关。字面虽然改了,涵义还依旧。

鲁迅接着说:"这很使我失望;否则,我将鼓吹改奴隶二字为'弩理',或是'努礼',使大家可以永远放心打盹儿,不必再愁什么了。"

明代冯梦龙的《世说新语》中有嘲笑"噜哧先生"的一首诗:

> 一个孤僧独自归,
> 关门闭户掩柴扉。

半夜三更子时分，
　　杜鹃谢豹子规啼。

　　"一个""孤""独"，"关门""闭户""掩柴扉"，"半夜""三更""子时分"，"杜鹃""谢豹""子规"，这里每一组的三个词都是表达同一个概念的，"字面虽然改了，涵义还依旧"，所以成了笑谈。其实，只要"僧独归，掩柴扉。子时分，杜鹃啼"十二个字就可以表达"诗"意了。

　　鲁迅家的老仆妇"长妈"，曾经告诉鲁迅"对付皇帝的办法"："皇帝是很可怕的。他坐在龙位上，一不高兴，就要杀人，不容易对付的。所以吃的东西也不能随便给他吃，倘是不容易办到的，他吃了又要，一时办不到；——譬如他冬天想到瓜，秋天要吃桃子，办不到，他就生气杀人了。现在是一年到头给他吃波菜，一要就有，毫不为难。但是倘说是波菜，他又要生气的，因为这是便宜货，所以大家对他就不称为波菜，另外起一个名字，叫作'红嘴绿鹦哥'"。"波菜"即"菠菜"，叶绿根红。"红嘴绿鹦哥"与"菠菜"是同一概念，可以用这样的同一概念来哄骗"呆不可言的皇帝"（《华盖集续编·谈皇帝》），却不能流于笔下，成为我们的文章中使用的概念。

　　具有同一关系的两个概念，虽然外延是完全重合的，但内涵却不尽相同。例如，"工人阶级""无产阶级""资产阶级的对立阶级"与"社会主义革命的领导阶级"等，就是同一关系的概念。这四个概念的外延是完全重合的，但内涵却有差异，"工人阶级"的含义，重点在于这个阶级的劳动性质，以示与"农民阶级"等的区别；"无产阶级"突出的是它与生产资料所有制的关系；"资产阶级的对立阶级"着重指明它在阶级关系中的地位；"社会主义革命的领导阶级"则是就它在"革命"中的作用而言的。

　　与"月亮"具有同一关系的概念有"玉兔""冰轮""桂魄""婵娟""夜光""二水镜""顾菟""玉蟾"等十几种。传说月中有白兔，故以"玉兔"作月的代称，如傅咸的《拟天问》："月中何有？玉兔捣药。"月亮洁白如冰，状似圆轮，故称为"冰轮"，如陆游的《月下作》："玉钩定谁挂，冰轮了无辙。"传说月中有桂树，故又称月亮为"桂魄"，如苏轼的《念奴娇·中秋》："桂魄飞来光射处，冷浸一天秋碧。"月亮中有女神婵娟，故又以"婵娟"代月亮，如苏轼的《水调歌头》："但愿人长久，千里共婵娟。"月亮在夜里放光明，故又称为"夜光"，如屈原的《楚辞·天问》："夜光何德，死则又育？"传说中有"菟"（即兔）住在月的腹中，所以《楚辞·天问》中有句"厥利维何，而顾菟在腹。"王逸注解道："言月中有菟，何所贪利，居月之腹，而顾望乎？"后来便以"顾菟"作为月亮的代称。传说月中有蟾蜍，所以月亮又有"玉蟾"之称，如方千的《中秋月》诗："凉宵烟霭外，三五玉蟾秋。"

　　同一概念与同一关系的概念在逻辑上是不同的，必须注意区分。但二者在"外延完全重合"这一点上又有其共同性，所以，写作中又可"一视同仁"地对待，为使行文活泼，文采优美，有时可以交替使用同一概念或同一关系概念。

柳青在《创业史》中写道：

> 杨国华独自一个开玩笑，愉快的心情显示灯塔社和梁生宝问题对他不是那么严重。而这场大雪对春节后冬小麦返青的好处，却使负责互助合作事业的县委副书记，从心眼里头往外舒服，他回到农家小屋，非常满意地上炕睡觉，只是在入睡以前，两个孩子的父亲由于比较冷才想到在县城的小女儿会不会感冒？他们的母亲也下乡了。

称呼的是同一个人，即外延是完全重合的，但是着眼点不同，突出的内涵也不同。这样写，避免了重复和单调，使行文错落有致，做到了语言的艺术化，而又毫不违反逻辑。

《小二黑结婚》《三里湾》等名著的作者赵树理，在谈到短篇小说的创作经验时说："我既是个农民出身而又上过学校的人，自然既不得不与农民说话，又不得不与知识分子说话。有时候从学校回到家乡，向乡间父老兄弟们谈起话来，一不留心，也往往带一点学生腔，可是一带出那等腔调，立时就要遭到他们的议论，碰惯了钉子就学了点乖，以后即使向他们介绍知识分子的话，也要设法把知识分子的话翻译成他们的话来说，时候久了就变成了习惯。说话如此，写起文章来便也在这方面留神——'然而'听不惯，咱就写成'可是'；'所以'生一点，咱就写成'因此'，不给他们换成顺当的字眼儿，他们就不愿意看。"（《论短篇小说的创作·也算经验》）

交替使用同一概念或同一关系概念时，要注意避免下列错误。

第一，不能生造词语用来当作同一概念或无同一关系的概念使用。

20世纪20年代，正是新文化运动方兴未艾之时，一批"封建遗老遗少"一齐出笼，竭力反对新思潮的传播。1922年1月，南京创刊了杂志《学衡》，由吴宓主编，主要撰稿人有梅光迪、胡先骕等人。他们在《学衡》简章中标榜"昌明国粹、融和新知；以中正之眼光，行批评之职事"，实际是宣传复古主义和折中主义，反对新文化运动。《学衡》曾载萧纯锦所作《中国提倡社会主义之商榷》一文，文中说：

> 凡理想学说之发生。皆有其历史上之背影。决非悬空虚构。造乌托之邦。作无病之呻者也。

英国思想家、空想社会主义的创始人托马斯·莫尔于1516年写成《乌托邦》一书，全名为《关于最完美的国家制度和乌托邦新岛的既有益又有趣的新书》。"乌托邦"一词是英语"utopia"的音译，意即"理想国"。作为音译，不能随意拆合，如"葡萄""柠檬"不能拆合成"葡的萄""柠之檬"。所以"乌托邦"也不能以"乌托之邦"代替。同样的道理，汉语成语有固定的结构，一般都是四个字构成，不能随便在当中嵌字。如"狼吞虎咽""囫囵吞枣",不能写成"狼吞之虎咽""囫囵之吞枣"。"无病呻吟"当然也不能写作"无病之呻""有病之呻"等。对这些最粗浅的用词道理,号称"国粹家"的"学衡"派先生们竟然茫无所知,真是可笑之至。所以鲁迅紧接着极为辛辣地讥刺道:

  查"英吉之利"的摩耳(托马斯·莫尔),并未做 pia of uto,虽曰之乎者也,欲罢不能,但别寻古典,也非难事,又何必当中加楦呢。于古未闻"睹史之陀",在今不云"宁古之塔",奇句如此,真可谓"有病之呻"了。

  鲁迅的有力讥讽,就揭露了"国粹家"生造词语,并进而把这些生造的词语,当作"乌托邦""无病呻吟""睹史陀""宁古塔"的同一概念来使用。这就揭露了这些不学无术的"国粹家",既不懂逻辑,也不问日常用语,只不过是一些招摇撞骗的文坛小丑罢了。

  第二,不能把非同一概念或非同一关系概念当作同一概念或同一关系概念来使用。

  "对抗"和"矛盾"是两个互不相同的概念,二者之间也没有同一关系。但布哈林曾将二者混淆起来,当作同一概念使用。列宁批评布哈林说:"这是超等的不确切。对抗和矛盾完全不是一回事。在社会主义制度下,对抗将要消灭,而矛盾还会存在。"(《对布哈林〈过渡时期的经济〉一书的评注》)毛泽东同志在《矛盾论》中提到这一点时也曾指出:"对抗是矛盾斗争的一种形式,而不是矛盾斗争的一切形式。"

  像布哈林这样把并非同一概念当作同一概念使用,如果出于无知,可谓"混淆概念";如果明知故犯、别有用心,则为"偷换概念"。

  人们常常混用"忏语"与"谶语"。有人写道:"他的著作里不乏忏语,但哪一条是真正应验的呢?"其实,"忏"念"chàn","忏语"是"忏悔的话"的意思;"谶"却念作"chèn","谶语"是迷信的人以为将来会应验的话,或者事先无意说出而以后偶尔巧合的话。因此,把"忏语"与"应验"连在一起写,实际上就是把"忏语"与"谶语"这两个并非同一的概念当作同一概念使用了。这是混淆概念的例子。

  第三,不能把同一概念或同一关系概念当作非同一概念或非同一关系概念使用。

  《小说月报》上的一篇文章写道:"这一切,这绿色和金黄色的七月里所包含的全盛生气,都呈现出一种永存不朽的力量,使龙文中不由得感叹自己一生的须臾和短暂。"

  同是这个杂志上的另一篇文章写道:"结论是什么,且不必管它,反正老韩头既然有这段经历,足见此人不是凡人,更不是等闲之辈。""须臾"和"短暂"是同一关系概念,二者并用,不但不能起到加强语气的作用,反而多余,显得累赘,实则为逻辑错误,"凡人"与"等闲之辈"也是同一关系概念,虽然使用了递进语气,却因为属于同一概念,结果是"递"而不"进"。

  第四,不能无视文体要求而随意交替使用同一概念或同一关系的概念。

  列宁在《对普列汉诺夫的第二个纲领草案的意见》中指出:

"资本主义生产关系"这个术语在草案中没有一直使用下去。有时候把它改成了"资本主义生产方式"(第11节)。在我看来,为了减少理解纲领的困难,应该通篇使用一个术语,即后一个术语,因为前者侧重于理论性,而且不加上(关系的)"体系"等等字样,就不能指出某种完整的概念。

为什么列宁要求"一直使用一个术语"呢?因为这是在一个理论性很强的"纲领草案"里,而不是在要求文采优美的文艺作品里。如果在同一篇文章里时而使用"马克思主义哲学唯物主义",时而使用"辩证唯物主义哲学",那是要使人误解二者是不同的概念的。

写作要讲逻辑,文章要有文采,二者是统一的。懂得形式逻辑关于同一概念和同一关系概念的道理,恰当地交替使用同一概念或同一关系概念,可使文辞优美,文采动人。"词不工者不成文",词欲成文必求工。但清代陈廷焯说:"文采可也,浮艳不可也;朴实可也,鄙陋不可也;差以毫厘,谬以千里矣。"(《白雨斋诗话》)交替使用同一概念或同一关系概念时,不能不顾及文体和整篇文章的格调,更不能混淆概念或偷换概念,否则,就要会"谬以千里",不成其"文"了。

"不可拖泥带水"

——概念的属种关系和交叉关系

宋人严羽在《沧浪诗话》中谈及"诗法"时说:"意贵透彻,不可隔靴搔痒;语贵洒脱,不可拖泥带水。"

下列摘自报刊的语句,是很可责之以"拖泥带水"的:

①根据小学语文特级教师和骨干教师也要进一步提高自己业务能力的要求,上海市教育局有关处室特地举办了小学语文骨干教师读书班,为他们创造进修条件。

②所以,除了造风景林外,水杉还可以用来大量造林,作为木造纸的原料。

③教育战线和大专院校是培养无产阶级革命事业接班人的一支队伍。

④每天供应各种盖浇面、干湿点心、大小鲜肉馄饨、南翔小笼馒头。

⑤一些干部的不正之风表现在让自己的爱人、父母、家属、小孩甚至保姆用小车。

⑥从此,中国各族人民和青年争取解放的斗争,在党的领导下不断走向了胜利。

这些拖泥带水的语句,都是由于并列使用属种概念而造成的。

属种概念为什么不能并列使用呢?

在相容概念中,有一部分概念之间存在属种关系。所谓属种关系是指两个概念之间有包容关系。一个概念的外延大于另一个概念的外延,外延大的称为属概念,外延小的称为种概念,属概念包容着种概念。属概念的外延比种概念大,其内涵却比种概念小。因此,列举了属概念,等于列举了属于这个属概念的全部种概念;而列举了种概念,却不能认为列举了它的属概念。例如,"文具"与"笔","文具"外延大,是属概念,"笔"外延小,是种概念,"文具"与"笔"之间有属种关系。说"柜上文具一应俱全",当然包括了笔;而说"柜上的笔很多很多",不管"多"到什么程度,却包括不了砚、墨、纸张及其他文具。

1933年10月1日,鲁迅作《重三感旧》一篇,副题为《一九三三年忆光绪朝末》,鞭挞了一群"新式青年"以"新瓶装旧酒","躯壳里……埋伏下'桐城谬种'或'选学妖孽'

的喽罗"。10月6日《申报》发表了这篇文章，结果引出了一篇施蛰存先生的《〈庄子〉与〈文选〉》来，以为鲁迅的那些话，是为他而发的，但又希望并不是为他而发的。对此，鲁迅在《"感旧"以后》中说："我愿意有几句声明：那篇《感旧》，是并非为施先生而作的，然而可以有施先生在里面。""我的那一篇……内中所指，是一大队遗少群的风气，并不指定着谁和谁；但也因为所指的是一群，所以被触着的当然也不会少，即使不是整个，也是那里的一肢一节，即使并不永远属于那一队，但有时是属于那一队的。"

鲁迅所说的"遗少"是"一大队"，相对于"遗少张三""遗少李四"或"北京的遗少""上海的遗少"来说，外延较大，是属概念，后者则为外延较小的种概念。鲁迅"所指的是一群"，即鞭挞的是"属概念"，因而也就使"那里的一肢节""有时是属于那一队"的遗少，即"属概念"下的"种概念"统统"被触着"了。这是符合列举了属概念就不必一一列举其种概念的原则的。

本文开头所列的六个句子，都违背了属种概念不能并列使用的原则。

例①小学语文"骨干教师"与"特级教师"间有属种关系，前者是属概念，后者是种概念。句中只要说明"根据小学语文骨干教师也要进一步提高自己业务能力的要求"，就不应再说"特级教师"，因为"特级教师"必定属于"骨干教师"的范围之内。这个句子的后半部说"上海市教育局有关处室特地举办了小学语文骨干教师读书班"，之所以不说"举办了小学语文骨干教师和特级教师读书班"，也就是这个道理。

例②"林"与"风景林"有属种关系；例③"教育战线"与"大专院校"有属种关系；例④"干湿点心"与"盖浇面""大小鲜肉馄饨""小笼馒头"有属种关系；例⑤"家属"与"爱人""父母""小孩"有属种关系；例⑥"人民"和"青年"有属种关系，都不宜并列使用。

那么，有时行文需要在列出属概念之后，突出地点明其中的一些种概念，该怎么办呢？例如，例①的作者是想强调"骨干教师"中的"特级教师"也有"进一步提高自己业务能力的要求"，例④的作者认为必须点明"干湿点心"中的"佼佼者""鲜肉馄饨"与"南翔小笼馒头"等，该怎么办呢？这就要在文字上另做处理。例①可改为"根据小学语文骨干教师包括特级教师也要……"；例④可改为"每天供应各种干湿点心，有各种盖浇面、大小鲜肉馄饨……"。否则，句子就显得重复、啰唆、拖泥带水。

有一幅漫画，题为《管猫的部门》。画面上有齐齐整整的一排四个办公室，依次挂有"家畜管理局""灭鼠办公室""猫属动物科""哺乳动物处"的牌子，办公室前的地上躺着一只懒猫。"哺乳动物"与"猫"，"哺乳动物"与"家畜"，"家畜"与"猫"，有属种关系。"管猫的部门"要管的不过是"猫"而已，何必叠床架屋地设置这么多机构？漫画作者抓住这一点，尖刻、辛辣地讽刺了机构臃肿、人浮于事的现象。

在文章中频频地并列使用属种关系的概念，使句子叠床架屋、拖泥带水，不是与《管猫的部门》所嘲笑的现象有共同之处吗？

"拖泥带水"的毛病还可能由并列使用交叉概念造成。

相容概念间除同一关系、属种关系之外，还有交叉关系。概念的交叉关系，是指两个概念的部分外延有重叠关系。作家和共产党员，运动员和共青团员，资本主义国家和发达国家，新工具和铁器……每一组的两个概念之间都存在交叉关系，即部分作家是共产党员、部分共产党员是作家；有的资本主义国家是发达国家，有的发达国家是资本主义国家；有的新工具是铁器，有的铁器是新工具；等等。

由于交叉关系概念部分外延是重叠的，因此，要求在同一个语句中不并列使用交叉概念。

一篇题为《让生活给人以思索》的文章写道：

> 棒锤川，历史上盛产七品叶人参而名扬遐迩，而今以出产大量的木材而吸引了穷人、富人、买卖人、三教九流，汇聚一方，各谋其利。

这段话里的"穷人""富人"和"买卖人"存在着交叉关系：有的穷人（或富人）是买卖人，也有的买卖人是穷人（或富人）。同时列举出"穷人""富人"与"买卖人"，在逻辑含义上有重复。

另一篇题为《一本关于美国社会问题的专著》的书评写道：

> 在美国，那些掌权者和决策者控制着司法、经济和政治机构，他们往往是典型的白人、男人、中年人，属上中层资产阶级。

这段话里的"白人"和"男人"、"白人"和"中年人"、"男人"和"中年人"都有交叉关系，并列使用这些交叉关系概念，同样有逻辑含义重复之病，也会给人以三者互不相容的错觉。

1979年9月20日《中国青年报》的一篇文章写道：

> 真出乎意料，团总支发出一百三十一封信，大部分家长接信后都赶来了，有的是带病来的，有的是上班请了假来的，有的父母双双都来了。

其中"双双"而来的"父母"难免"有的是带病来的"或"上班请了假来的"，互有重复，为交叉概念，也给人以逻辑含义重复的拖沓之感。

据《译林》介绍，著名的美国作家海明威（1897—1962）每天早晨六点半就开始聚精会神地写作，一直写到中午十二点半，通常一次写作不超过六小时，偶尔延长两小时。他喜欢用铅笔写作，便于修改。有人说他写作时一天要用二十支铅笔。他说没这么多，写得最顺手时，一天只用了七支。他每天开始写作时，先把前一天的读一遍，写到哪里就改到哪里。全书写完后又从头到尾改一遍；草稿请人打字誊清后又改一遍；最后清样出来再改一遍。他认为这样三次大修改是写好一本书的必要条件。他的长篇小说《永别了，武器》初稿写了六个月，修改又花了五个月，清样出来后还在改，最后一页一共改了三十九次才满意。《丧钟为谁而鸣》的创作花了十七个月，脱稿后天天都在修改，清样出来后，他连续修改了九十六个小时，没有离开过房间。他主张"去掉废话"，把一切华而不实的词句删去。可惜的是，我国还未能较多地印制作家的修改稿供大家观摩学习。有朝一日，一定要大量印制古今中外著名作家的修改稿，使我们从中获得具体、生动、深刻的教益。

"循干理枝""依源整派"
——概念的划分

概念的划分也是明确概念的重要方法。

鲁迅将古代小说的主角划分为勇将策士、侠盗赃官、妖怪神仙、佳人才子、妓女嫖客、无赖奴才等(《南腔北调集·〈总退却〉》"序"),使人们对古代小说的"主角"有了明确、具体的印象。在《脸谱臆测》中,鲁迅还通过"优伶和看客公同逐渐议定"的脸谱"分类图",将当时社会的人们加以"分类"。鲁迅指出:富贵人全无心肝,只知道自私自利,吃得白白胖胖,什么都做得出,于是白就表了奸诈;红表忠勇,是从关云长的"面如重枣"来的;黑表威猛,是由于整年在战场上驰驱。通过这样的划分,使口头说的"好人""坏人"的概念明确化了。

所谓概念的划分,是指将一个外延较大的属概念,按一定的标准,分为若干个外延较小的种概念。由于一一列举出了属概念下的各个种概念,我们对属概念的认识就比较具体、明确。有一篇文章介绍版画与木刻,从头至尾采用的基本上是概念划分的方法。文章指出,版画分为批量印制与独幅原作两种;前者有木刻画、砖刻画、铜版画、石版画、石膏版画、麻胶版画等;后者有玻璃版画、胶水漏版画、纸版画等;版画的色彩处理上可分为黑白版画、套色版画;版画的印刷可分为水印和油印两种;其表现手法有阴刻、阳刻和阴阳结合三种;木刻的艺术处理要有刀味、木味、纸味;木刻作者常用的材料有梨木、白桃木、黄杨木、椴木、枣木、银杏木以及三夹板、五夹板等。再加上文章作者给版画所下的定义,读者对版画与木刻也就有个大概的了解了。只要稍微注意一下,几乎每篇略长的文章,都会涉及概念的划分。因此,掌握概念的划分,是修改文章必备的知识。

概念划分方面容易犯的错误有以下三种。

一为划分标准不一。

划分所依据的标准不一,会造成时而把一个概念划入甲类,时而又划入乙类的错误,不但不能使概念明确化,反而会造成新的混乱。

清末的吴趼人写过一则寓言:

海狗，兽类也，而能入水。一日，水大至，淹没山林，群兽尽逃。海狗游行水中，徜徉自得曰："我亦水族也。"他日，水退，龙宫将涸，诸水族咸大奔，趋入海洋深处。海狗立岸上，傲睨自喜曰："我兽类也，水虽尽退，幸能奈我何？"无何，猎者至，枪毙也，取其肾以配春药，服之大效。龙王闻之，叹曰："我早知道这依违两可的畜生，只会在此等下流事业上去逞能。"（《俏皮话》）

如果照海狗的"逻辑"，同时用能否入水与能否在岸上生活两个标准划分，那么，蛇、鼠、蟑螂、鹅、鸭等，就都既属兽类，又属水族。可见，海狗的"逻辑"是错误的，它违反了划分标准应一致的原则。

需加说明的是，科学分类既是逻辑划分，又与之不尽相同。科学分类所据以为"分"的标准，必须是有关概念的本质属性或与本质属性关系极为密切的特征。昆虫的形态与昆虫的性质有重大关系，所以形态学长期以来是昆虫分类的传统基础。为了找出昆虫种类间或种类内的区分特征，形态研究越搞越细。如蚊、蝇、蚤等昆虫的分类，往往以外生殖器的特征为标准。由于海狗据以划分的标准不是水族或兽类的本质属性，所以，即使统一了划分标准，分类的结果仍旧可能错误。但日常的逻辑划分，则不必如此严格，可以根据需要，以任何一种属性或特征为划分标准。

划分标准不一的逻辑错误，常见于书报。例如，"与会者有大学教授、学者及国外归来的专家五十多人"，这里有"是否在大学执教""是否学者""是否从国外归来"等不同的划分标准，会给人造成"大学教授"不是"学者"，"学者"也无一是"国外归来的专家"等错觉。又如，"'六一'前夕，书店里儿童读物、知识丛书、小说等比平时增加近五百种……"其实，有些"知识丛书"就是"儿童读物"，有些"儿童读物"也是"小说"。由于同时使用了多种标准进行划分，可以划分所得的各个概念就互相交叉重叠了。1982年1月4日《解放日报》市郊版所载《为儿童服务的商店》一文写道："根据儿童不同年龄的特点和爱好，分别提供各种塑料、吹气、发声、木制、机动、电动、惯性等棋类、球类玩具。"这里的划分标准有材料、性能等多种，显得十分混乱。

二为划分越级。

只能将属概念划分为它的种概念，而不能同时越过种概念划分出种概念的下一级概念来。例如，可将"通讯员"划分为"《光明日报》通讯员、《人民日报》通讯员"等；而不能同时划分为"《光明日报》通讯员、《人民日报》通讯员、《人民日报》男通讯员、《人民日报》女通讯员"，因为这样越级划分，造成了一个概念与另一个被包含的概念同时列举，也就重复了。《光明日报》1980年5月2日的一篇文章报道一次"蝶展"，内称："这次蝶展……回答人们感兴趣的一些问题。如蝴蝶为什么这样美？蝴蝶只吃花蜜吗？以及蝴蝶的恋爱、蝴蝶的旅行、蝴蝶的一生等等。"其中，"蝴蝶的一生"包括了"蝴蝶的恋爱""蝴蝶的旅行"。有一段新闻稿写道："面试主要看考生的身材、五官、体型、语言表达能力……"其中"体型"实际上包括一个人的高矮、胖瘦，或者是否有外部的残缺，自然也包括"身材"在内。因此，这段新闻稿也犯了一个概念包含另一个概念的划分越级的错误。

有时为了达到概念明确的要求，除将属概念划分为种概念外，还要进一步将已经划分出的种概念划分为它的下一级的概念。这时，应该分层次地分别进行划分，如先将"编辑"划分为"专职编辑"与"兼职编辑"等，然后将"专职编辑"划分为"专职男编辑"与"专职女编辑"，然后将"专职男编辑"划分为"青年专职男编辑""中年专职男编辑""老年专职男编辑"，如此等等。

三为划分不相称。

假定某一属概念有五个种概念，如果划分出五个以上的种概念来，就是划分多余；如果划分出的种概念不到五个，就是划分不足。划分多余或不足，都叫划分不相称。

近几年来，电视、广播、报刊大量出现各类广告，我们经常发现其中一些犯有划分不相称的逻辑错误。如某公司的广告中说："本公司批发供应各类农机，包括拖拉机、抽水机、马达、喷雾器、各种小农具、农药……"其中"农药"等并非"农机"，因此，犯了划分多余的逻辑错误。

从有些书刊中也可找到划分不相称的例子，如《诗词曲律常识》中写道：

> 唐以后的古体诗转韵的也不少，但基本上都是平韵转仄韵，仄韵转平韵，如白居易的《长恨歌》《琵琶行》就是这样。

由于使用了"基本上"三个字，人们就可以逻辑地认为，转韵除"平韵转仄韵，仄韵转平韵"外，还有其他的"转"法，而实际上并不存在这样的"转"法，因而犯了划分多余的逻辑错误。

划分不足的例子如：

> 女性是已婚妇女和未成年女子的共同属性；成年是已婚妇女和成年男子的属性；未婚是单身汉的共有属性。（《逻辑与语言学习》1981年第2期）

上例中共有三处划分不足：第一个分句将未婚妇女漏掉了；第二个分句也将未婚妇女漏掉了；第三个分句把单身妇女漏掉了。

1973年春天，周恩来总理逐字逐句地审阅了《体育报》复刊的请示报告，并做了几处重要的批示：在"宣传任务"第二项"宣传群众体育工作和青少年体育工作的先进经验，介绍群众体育锻炼知识"之后，加了"和卫生常识"五个字；在"推动群众体育活动的开展"一句后面加上了"并结合爱国卫生运动一起进行"；在"二版刊登群众体育、青少年体育"之后加上了"以及卫生运动的典型报道和图片"十四个字。(《牢记周总理教导,努力搞好体育宣传》,《体育报》1978年3月17日)从逻辑上看,周总理的上述批示,就是改正了"请示报告"对"宣传任务"的划分不足。

有些属概念有很多个甚至无数个种概念,划分时不可能一一列举。行文中,在列举出若干种概念之后,可加上"等""等等"或省略号。

在文章修改过程中,要对概念划分得恰当与否多加注意,谨防划分标准不一、越级划分和划分不相称等逻辑错误。

小而言之,概念划分对修改文章的个别字句有重要意义;大而言之,它对一种学说乃至一个学派的立论都有巨大影响。庞朴同志曾在《光明日报》上发表文章,论及对春秋战国时期的思想史研究,认为司马谈的论述最为精当。司马谈称得上第一个系统地整理了春秋诸子学说并指导了多年来学术分类的史学家,他把"百家之学"分为阴阳、名、道、儒、墨、法六家。司马谈是严格地按照"百家"的学术研究对象来进行划分的:阴阳家研究文天历数以及由此衍生出来的饥祥灾异;名家研究思维的形式和规律,属于逻辑学范围;道家研究形而上的"道",也就是世界观、人生观之类的问题;而儒、墨、法三家都研究治国平天下,可称为"治家"。司马谈这样划分,以一个统一的标准进行,大体不差;但是他按"治"的方法把"治家"一分为三,与另三家并列在一起,就犯了越级划分的错误。这样看来,究竟怎样更妥当地对"百家"进行划分,还有待在前人研究的基础上"修改"。

刘勰论文曰:"凡大体文章,类多枝派,整派者依源,理枝者循干。"(《文心雕龙·附会》)意思是:大概来说,文章类似树木一样有许多枝叶,像江河一样有许多支流。疏导支派必须依照江河的主流,整理枝叶必须遵循树木的主干。这对概念划分也是一种启示,在支派、枝叶纷繁复杂的情况下,务必循干理枝,依源整派,按统一的标准进行有条不紊、顺序分明的划分。只有这样,才能"使众理虽繁,而无倒置之乖,群言虽多,而无棼丝之乱",使文气贯通,文理井然。

"缺少一点'小东西'"的"雄壮""音乐"

——概念的定义

为了歪曲和篡改列宁主义，托洛茨基曾经故意使用一些含混不清的语词给"列宁主义"下了这样一个"定义"："作为革命行动体系的列宁主义，就是由思维和经验养成的嗅觉，这种社会领域里的嗅觉，如同体力劳动中肌肉的感觉一样。"

人们能通过托洛茨基的这个"定义"对列宁主义了解到什么吗？显然不能。这个"定义"不但没有使人对列宁主义的认识提高一步，反而使人如堕五里雾中。所以，斯大林在揭露托洛茨基做出这个"定义"所使用的手法时曾尖锐而幽默地指出："把列宁主义看作'体力劳动中肌肉的感觉'。这岂不是又新鲜，又奇特，又深奥。他们懂得一点什么了吧？（笑声）这些话都很漂亮，很象音乐，还可以说，甚至很雄壮。只是缺少一点'小东西'：简单而又人人懂得的列宁主义定义。"（《斯大林全集》第8卷）

给概念下定义，是揭示概念内涵的重要逻辑方法。因此，定义的语句必须精炼、简明，必须足以揭示出概念的内涵，即揭示出被下定义概念所反映的对象的本质属性。斯大林曾给列宁主义下定义说："列宁主义是帝国主义和无产阶级革命时代的马克思主义。"（《斯大林选集》上卷）这就是一个语句精炼、简明而又揭示了列宁主义的本质属性的定义。如果定义不能揭示概念的内涵，用来下定义的语句不精炼、不简明，那么，即使像托洛茨基那样耍手腕，把语句搞得很"漂亮"，很"雄壮"，像"音乐"，可是仍然会由于缺少一点"小东西"而贻笑天下。

写文章，尤其是写论说文，是离不开下定义这一点"小东西"的。因此，为了写好、修改好文章，必须了解有关定义的逻辑知识。

定义有一定的结构，由被下定义概念、下定义概念和联结词三个部分组成。被下定义概念是定义的对象，必须揭示其内涵以使读者了解该概念是什么。下定义概念是用来揭示被下定义概念内涵的概念。被下定义概念与下定义概念是定义的两个主要组成部分，这两个部分由联结词联结成定义。在"列宁主义是帝国主义和无产阶级革命时代的马克思主义"这一定义中，"列宁主义"是被下定义概念，"帝国主义和无产阶级革命时代的马克思主义"是下定义概念，"是"是联结词。在汉语中，定义的联结词除"是"以外，还常用

"即""乃"以及"所谓……就是……"等。

最常用的下定义方法,是揭示邻近的属概念和种差。列宁说:"下'定义'是什么意思呢?这首先就是把某一个概念放在另一个更广泛的概念里。"(《列宁选集》第 2 卷)这里说的"另一个更广泛的概念"指的就是被下定义概念的属概念。"首先"之后的"其次",就是找出被下定义概念和它的属概念下的其他种概念之间的差别即种差。这一下定义的方法可以用下列公式表示:

被下定义概念 = 种差 + 邻近的属概念

斯大林给列宁主义下的定义,其各个部分可以分解为:

"列宁主义"(被下定义概念)= "帝国主义和无产阶级革命时代的"(种差)+ "马克思主义"(属概念)

在报刊文章中,常常发现错误使用属加种差的下定义方法的病句,例如:

① 商品是劳动产品。
② 商品是通过货币进行交换的产品。
③ 工事是保障军队发扬火力和荫蔽安全的工程建筑物。
④ 唯物主义者就是具有唯物主义信仰的人,唯物主义者不是唯心主义者。
⑤ 什么叫社会主义精神文明?社会主义精神文明就不是资本主义精神文明,更不是封建主义精神文明。
⑥ 气体是没有固定形态的物质。

这些病句的逻辑错误可以归纳为以下四种类型。
第一,定义过宽。
所谓定义过宽,是指下定义概念的外延比被下定义概念的外延大。"人是动物","书是工具","政治是社会现象",这些都是过宽的定义。定义过宽的原因在于没有揭示出种差。由于没有揭示出种差,人们对该概念所反映的对象的本质属性仍然一无所知,不能与属概念下的其他种概念相区别。例如,猪也是动物,仅说"人是动物",就不能揭示人、猪的区别;笔也是工具,仅说"书是工具",就不能揭示书、笔的差异;法律也是社会现象,仅说"政治是社会现象",就不能揭示政、法的不同。例①给"商品"下定义为"是劳动产品",失之过宽。正确的定义是:商品是用来交换的劳动产品。说"商品是劳动产品",仅仅揭示了商品的属概念,没有揭示它与其他劳动产品的种差——"用来交换的",

而这是商品的最本质的属性。例⑥也犯了定义过宽的逻辑错误,虽然它揭示了种差的一部分,但没有充分揭出,因为,下定义概念实际上还包括液体,比气体的外延大。

第二,定义过窄。

所谓定义过窄,是指下定义概念的外延比被下定义概念的外延小。例②"商品是通过货币进行交换的产品"就是一个过窄的定义,因为商品既可以是通过货币交换的产品,也可以是通过实物进行交换的产品。例②的定义仅仅包容了商品的一部分。按这个定义思考问题,一切以物易物的劳动产品都被摒弃在商品之外了,这是不符实际的。例③对工事所下定义同样失之过窄,因为工事除发扬火力与荫蔽安全的作用外,还有其他许多作用。

第三,同语反复。

同语反复是指下定义概念与被下定义概念仅有语言形式上的不同,而没有揭示被下定义概念的种差和属。例④前半句说"唯物主义者就是具有唯物主义信仰的人",用来下定义的概念"具有唯物主义信仰的人",与被下定义的概念"唯物主义者"几乎雷同,这样的"定义"是不能告诉人们任何新的东西的。

《雅谑》中有一则《妄评文》的笑话:"迂公读书未识字,每附会知文,见制义,辄胡乱甲乙之,谓人曰:'凡文章以趣胜,须作得有趣,才有趣;若作得无趣,便无趣矣!'"这则笑话中的"迂公"虽然不是给"有趣"下定义,但是他的"同语反复"是足可为下定义而同语反复者做脚注的。统编课本初中《物理》第一册接连下定义曰"一个物体沿着另一个物体表面滑动时产生的摩擦叫滑动摩擦","一个物体在另一个物体表面上滚动时产生的摩擦叫滚动摩擦",实在与"迂公"的同语反复一样可笑。

同语反复的逻辑错误往往被隐藏在变化多端的长句里,不容易发现。例如,《美育》1982年第1期的一篇文章写道:"对比作为一种具体的描写手法,就是巴尔扎克所说的'从两件最平凡的事物的对比中引出令人惊奇的效果'……对比作为一种构图技法,则是指辩证地运用多种表现手法,使之有效地服务于作品对比式的辩证构图。"这里,两次给"对比"("作为描写手法的对比""作为构图技法的对比")下定义,但读者看后很难说对"对比"有了什么新的了解。原因何在?就在于两次都以"对比"来给"对比"下定义,犯了同语反复的逻辑错误。但是,这段话较长,又插入了巴尔扎克的引语,错误就被语句的繁复所掩盖了。因此,修改文章时对这一类语句可能包含的错误定义要特别当心。

第四,否定定义。

下定义的目的是揭示概念的内涵,使读者了解被下定义概念所反映的对象有什么本质属性,因此,属加种差定义要求采取肯定形式,其联结词是肯定语词"是""就是""即是""乃是"等。如果采用否定定义,用"不是""非"等做联结词,虽然使被下定义概念与别的某类事物区别开来,但并未告诉人们这个概念本身具有什么本质属性。例④后半句和例⑤都是否定定义。虽然我们通过这些例句可以知道"唯物主义者不是唯心主义者",把"社会主义精神文明"与"资本主义精神文明""封建主义精神文明"区别开来,但究竟

"唯物主义者"的内涵是什么,"社会主义精神文明"的本质属性是什么,仍然一无所知。因此,否定定义是不能起定义作用的。

定义虽然是全部逻辑体系中的"小东西",但是作为一种揭示概念内涵的逻辑方法,它有重要的作用。恩格斯曾说:"对日常的运用来说,这样的定义是非常方便的,在有些地方简直是不能缺少的。"(《马克思恩格斯选集》第3卷)恩格斯这里所说的"不能缺少",如果读过鲁迅的杂文《漫与》(《南腔北调集》)、《再论雷峰塔的倒掉》(《坟》)、《略论中国人的脸》(《而已集》),一定能加深认识。

在《略论中国人的脸》中,鲁迅引述日本作家长谷川如是闲的随笔集《猫·狗·人》里的一篇文章,说初看中国人的脸,总觉得欠缺着一点什么,但久而久之,看惯了,便觉得这样已经尽够,并不缺少东西,倒是看得西洋人之流的脸上,多余着一点什么。这多余着的东西,长谷川如是闲给了它一个不大高妙的名目曰"兽性"。"中国人的脸上没有这个,是人,则加上多余的东西,即成了下列的算式:人+兽性=西洋人。"长谷川如是闲是借称赞中国人,贬斥西洋人,来讥刺日本人的。如果因为长谷川如是闲这么一说,中国人便洋洋自得起来,忘乎所以,就十分可悲了。

有鉴于此,鲁迅极为深刻地进而分析论证道:"野牛成为家牛,野猪成为猪,狼成为狗,野性是消失了,但只足使牧人欢喜,于本身并无好处。人不过是人,不再夹杂着别的东西,当然再好没有了。倘不得已,我以为还不如带些兽性,如果合于下列的算式倒是不很有趣的:人+家畜性=某一种人。"很显然,鲁迅隐晦地所指的"某一种人",就是那些帝国主义、军阀的御用文人,他们是失去了"兽性"而又多了一种"家畜性"的洋奴。鲁迅正是由于娴熟地掌握和运用了定义这一逻辑方法中的"小东西",才能十分通俗简明地把他那极为深邃的思想,精辟地表达出来,给读者以极大的教益。

和鲁迅相比较,我们的一些同志,包括一些从事理论研究的同志,往往对所论述的问题还不甚了了,对所争辩的概念还十分模糊,对所运用的各种概念间的细微区别甚至重要区别也不做仔细推敲,就洋洋洒洒地大书特书,也不愿做认真的修改,使概念的定义清晰、正确些。这种态度是很要不得的。"雄壮"的"音乐"是由音符组成的,这有如豆芽般的"小东西"音符,"每一粒"都必须新鲜,都必须放在恰当的谱线上,都必须与其他的音符和谐排列。定义这一"小东西",正如雄壮乐曲中的音符一样,是写文章、修改文章时不可忽视的。

"○""△"的含义

——概念和语境

几乎每个算命先生都会这样对求卜父母生死的人说:"父在母先亡。"这是一种绝对保险的卜语,因为它可以就父母生死或生死先后做多种多样的甚至全然相反的解释,其中必然会有一种符合问卜者的实际。例如:

① 你父母均在,以后父在母之前死。
② 你父母均在,以后母在父之前死。
③ 你父在,母先死。
④ 你母在,父先死。
⑤ 你父母皆已死,你父是在母之前死的。
⑥ 你父母皆已死,你母是在父之前死的。

汉语中,"父在母先亡"一语竟可以有如此多种迥然相异的解释,这里边有着逻辑和语境的奥妙关系,

形式逻辑对概念、判断和推理的研究,是撇开语言的具体内容,单就其逻辑形式进行分析的。但在文章和谈话中,概念、判断、推理这些思维形式都以语言为载体,有血有肉地具体表现出来,否则就不可能把作者和说者的思想传达给读者和听众。而概念、判断和推理一旦物化为具体的语言,就受语言环境即语境的制约。不同的语境,往往会使概念、判断或推理的意义发生很大的变化。

从语境对概念的关系看,不同的语境可以使同一语词表达不同的概念。例如:

⑦ 生米熟饭。
⑧ 瓜熟蒂落。
⑨ 轻车熟路。
⑩ 熟能生巧。

⑪ 深思熟虑。
⑫ 熟视无睹。

同一个"熟"字，在例⑦中表达"食物烹煮到可吃的程度"的概念；在例⑧中表达"果实成熟"的概念；在例⑨中表达"因常走而熟悉"的概念；在例⑩中表达"因做惯而熟练"的概念；在例⑪中表达"经久而深入、精审"的概念；在例⑫中表达"看惯了"的概念。之所以发生这样的变化，完全取决于语境的不同。因此，写作中不仅要注意语词本身的含义，而且要注意特定语境中语词含义的变化，如有不妥，要认真修改。1980年10月2日的《人民日报》发表了陈祖芬的报告文学《祖国高于一切》。胡乔木同志看后，给陈祖芬写了封信，表示鼓励，同时在信中提出了五条意见。其中第三条是：

三、"既有老人的涵养和怪癖，又有年轻人的朝气和冲动。"在此，涵养似为贬义词，但涵养却为褒义词，我一时也未想起在此很妥帖的用语，你会自己选择的。冲动，在此似应为冲劲，冲动是一次一次的，过去就算了。

"涵养"由于与"怪癖"对举，如胡乔木同志指出的那样，成了"贬义"，与它原来的褒义相反，从而违反了作者的原意。

了解语境对概念的关系，可以使概念运用更加灵活，为文章修改开拓新的道路。鲁迅在《"友邦惊诧"论》中写道：

可是"友邦人士"一惊诧，我们的国府就怕了，"长此以往，国将不国"了，好象失了东三省，党国倒愈象一个国，失了东三省谁也不响，党国倒愈象一个国，失了东三省只有几个学生上几篇"呈文"，党国倒愈象一个国，可以博得"友邦人士"的夸奖，永远"国"下去一样。

这段话里的"国"字，有的地方表达"国家"的概念，有的地方则表达"统治"的概念。以"国"字表达"统治"的概念，是鲁迅的创用，创用的方法就是改变语境。鲁迅著作中像这样设立语境、创用语词、巧妙地表达不同概念的地方很多，显示了鲁迅深厚的逻辑功底和娴熟的语言技巧。例如：

⑬ 我同时便机械地拧转身子，用力往外只一挤，觉得背后便已满满的，大约那弹性的胖甲士早在我的空处胖开了他的右半身了。(《社戏》)
⑭ ……这前程又只是广大起来，阻住了他的一切路。(《白光》)
⑮ 机械出自幽暗和停顿中，用火焰辉煌了工厂的昏暗的窗玻璃。(《〈梅斐尔德木

刻士敏土之图〉》"序言"）

⑯老栓，就是运气了你！你运气，要不是我信息灵……（《药》）

设置特殊的语境，还可以将语词所表达的概念变得与语词的本义完全相反，这在修辞学上就是可谓"反语"的运用。

鲁迅作品中随处都可发现妙用反语的例子：

⑰但到傍晚，有一间的地板便常不免要咚咚咚地响得震天，兼以满房烟尘斗乱；问问精通时事的人，答道："那是在学跳舞。"（《藤野先生》）

⑱当三个女子从容地转辗于文明人所发明的枪弹的攒射中的时候，这是怎样的一个惊心动魄的伟大呵！中国军人的屠戮妇婴的伟绩，八国联军的惩创学生的武功，不幸全被这几缕血痕抹杀了。（《纪念刘和珍君》）

"精通时事的人"，是指关心时事、对时事了如指掌的人。但在例⑰中，联系前后文一看，便显然可知是指那些慷国家之慨、醉生梦死地寻欢作乐的"清国留学生"。"伟大""伟绩""武功"的字面都含褒义，但在例⑱中，都成了反语。这些反语收到了极其有力的讽刺效果，都得力于设定特殊的语境，使语词原来所表达的概念起了逆向的变化。

设置特殊的语境，甚至还可以赋予本来不表达任何概念的几何图形以某种含义，表达内涵丰富的概念。例如：

⑲从外面炸进来，这"生命圈"便收缩而为"生命线"；再炸进来，大家便都逃进那炸好了的"腹地"里面去，这"生命圈"便完结而为"生命○"。（鲁迅《伪自由书·中国人的生命圈》）

⑳我将《张资平全集》和"小说学"的精华，提炼在下面，遥献这些崇拜家，算是"望梅止渴"云。那就是——△。（鲁迅《二心集·张资平氏的〈小说学〉》）

如果将几何图形"○"和"△"从句中抽取出来，除了"圆圈"与"三角形"之外，谁也不能了解还有其他什么含义，表达其他什么概念。但在例⑲⑳的特定语境中，"○"与"△"都是读者很容易了解的辛辣的嘲讽。例⑲，日本侵略者从外面轰炸，蒋介石在"腹地"轰炸，在内外夹攻中，中国人的生命圈便一天天收缩，终至于从有到无，从"圈"到"○"。例⑳，张资平小说及其《小说学》，满篇满纸都是"三角恋爱"，"苔莉"呀，"飞絮"呀，全部内容都建筑在"三角恋爱"上，因此，一个"△"便揭出了一切。这是何等新奇，何等尖锐，何等深刻！学习鲁迅的这种手法，当然不是说要大家在文章中猎奇式地竞相使用几何图形，而是要求从中借鉴造成特殊语境以更好地表达概念的方法，把文章修改得更完美。

薛宝钗谈画的启示

——词序与逻辑思路

《红楼梦》里的薛宝钗谈到图画作法时说，作画者画园子，心中应先有山水的全貌；画园子里的"这些楼台房舍，是必要界划的。一点儿不留神，栏杆也歪了，柱子也塌了，门窗也倒竖过来，阶砌也离了缝，甚至桌子挤到墙里头去，花盆放在帘子上来"，这样"倒成了一张笑话儿了！"（第四十二回）

画画如此，写文章也是如此。

刘熙载《艺概》说："古人意在笔先，故得举止闲暇；后人意在笔后，故至手忙脚乱。"下笔之前，缜密思考，努力形成有条不紊的逻辑思路，然后信手直书，一气呵成；写成之后，反复修改，把由于疏忽而造成的"倒置眉目，反易冠带"加以调整，安排好文句的词序、篇章的语序，给人以"文章本天成，妙手偶得之"（〔宋〕陆游《剑南诗稿》卷八三《文章》）的感觉。这是写文章包括修改文章的艺术和逻辑要求。

词序问题与语法、修辞有关，但说到底仍然是逻辑问题。鲁迅说："这语法的不精密，就在证明思路的不精密，换一句话，说是脑筋有些糊涂。"（《二心集·关于翻译的通信》）

为了达到"妙手偶得"的要求，有必要讨论一下词序与逻辑思路的关系问题。

词序与逻辑思路的关系主要有以下三点。

第一，词序不同，表达的概念也不同，词序颠倒，概念就会混乱、错误。

苏东坡写过一首"回文诗"，题为《题金山寺》：

> 潮随暗浪雪山化，远浦渔舟钓月明。
> 桥对寺门松径小，巷当泉眼石波清。
> 迢迢远树江天晓，蔼蔼红霞晚日晴。
> 遥望四山云接水，碧峰千点数鸥轻。

这首诗可以完全颠倒过来，从"轻"字开始倒读，而仍不失为一首颂金山寺的好诗：

轻鸥数点千峰碧，水接云山四望遥。
晴日晚霞红蔼蔼，晓天江树远迢迢。
清波石眼泉当巷，小径松门寺对桥。
明月钓舟渔浦远，化山雪浪暗随潮。

但这样一来，诗中大多数语词所表达的概念就起了莫大的变化。例如，诗中的"暗""雪"原本分别用来限制"浪"与"山"，"回"了一下，变成分别用以限制"随"与"浪"了。"暗浪"与"暗随"，"雪山"与"雪浪"，显然是不相同的概念。

苏东坡在酒酣饭饱之余，弄弄这种文字游戏，似无横加非议的必要。但如果误以为可以随意颠倒词序，那可就"害莫大焉"了。我们知道，即使稍一不慎，颠倒了词序，也会造成概念表达的混乱或错误。例如，有一篇讨论婚姻法问题的文章写道："有一妇女捉住丈夫在自己家中与人通奸，当时即送公安机关。"有人读到此句，不禁大感不解地问：这个妇女是不是有精神病？原来读者将句子的意思理解作"这个妇女强迫丈夫与人通奸"了。这样理解是由于句子表达不妥造成的。原句中的"丈夫""在自己家中"等语词的位置，都安排得不恰当，应改为："有一妇女在自己家中捉住与人通奸的丈夫……"

又如，有人写道：

① 广采博取活人唇舌上的语汇，是文学家语汇丰富的不断的源泉。
②《和在家里一样——叶栋在兰州病中》
③ 黄浦区政协组织十多位书画家乔木、赵冷月等，冒着寒冷来到驻沪海军部队看望子弟兵，并为指战员们题字作画，受到了欢迎。

例①"丰富的"与"不断"应当易位，全句改成"……是文学家语汇不断丰富的源泉"。

例②是一篇介绍上海音乐学院副教授叶栋破译《敦煌曲谱》的文章的标题，其中"在兰州"与"病中"应当易位，改成《……叶栋病中在兰州》。郭沫若曾说："题"之意为"额""目"，即"眼睛"的意思。"题目"是文章的标志，题目中出现词序颠倒的差错，就会造成概念混乱，使读者理解困难。

例③是报上一幅摄影作品的文字说明。"十多位书画家乔木、赵冷月等"，很不好理解，原因就在于词序颠倒、逻辑混乱，应当将"乔木、赵冷月等"放到"十多位书画家"的前面去。

诸如此类的问题，无疑是"思路的不精密"，或曰"脑筋有些糊涂"，当然也可能是"忙中出错"。但是，报刊文字由作者写出，经编辑修改，还经过几道关口检查审定，仍然在标题上、在大幅照片的文字说明上出这样的差错，不能不说是疏忽和逻辑训练缺乏。

第二，词序不同，表达的逻辑重点也不同。

鲁迅在《反"漫谈"》一文中，批评《语丝》常常刊载一些"迂论"，如该杂志《教育漫谈》一文"对教育当局去谈教育"即是一例。鲁迅的论据是："对'教育当局'谈教育的根本误点，是在将这四个字的力点看错了：以为他要来办'教育'。其实不然，大抵是来做'当局'的。"鲁迅这里所说的"字的力点"，就是指句子中或词组中关键性概念的地位和作用，也就是我们所说的逻辑重点。这种逻辑重点也叫"字的力点"，有时靠读者自己去领会，有时却由作者事先做明确的安排。鲁迅在《春末闲谈》中写道："青虫因为不死不活，所以不动，但也因为不活不死，所以不烂……""不死不活"与"不活不死"，如果不是放在上述句子里，意思是完全一样的，但在上述句子中，"不死不活"的逻辑重点在"不活"，因此，续之以"所以不动"就文从字顺；"不活不死"的"力点"在"不死"，继之以"所以不烂"，也顺理成章。如果我们将"不死不活"与"不活不死"换个位置，会使"所以"失去依据，全句就疙里疙瘩了。

有些同志在写作时不注意词序与逻辑重点的关系，常常造成语句表达的不妥。例如：

④进厂以后，工作任务重，学习时间少，只好"边学边干"，最后变成了"只干不学"。

⑤多写多读，不断习作，勤于修改，是我作为一个初学写作的通讯员能够提高较快的原因之一。

例④，"边学边干"应该改成"边干边学"。"边学边干"是以"学"为主，"边干边学"是以"干"为主，逻辑重点不一样。因为"边学边干"的前后文说的是作者很少有学习时间，所以他"只好'边干边学'"，而不是"边学边干"。例⑤中的"多写"与"多读"应该易位，因为"我"所强调的是"多写"。把"多写"放在"多读"的后面，也可使"多写"与后续的"不断习作，勤于修改"联结得更自然、更紧密一些。

第三，词序不同，思路的递进或递退顺序也不同；词序混乱，就会使进退错杂，造成语句气势不畅。

宋代的朱熹在《读书之要》中谈道："余尝谓读书有三到：心到，眼到，口到。心不在此，则眼看不仔细。心眼既不专一，却只漫浪诵读，决不能记，记亦不能久也。"这里的"心到，眼到，口到"是递进式的。如果将"心到"放在"眼到"之后，或将"口到"放在"心到"之前，都不符合有效的读书方法的实际。我们常常在报刊上、标语中、练习本的封底看到什么"四要""三勤""五到"之类，其中词序安排不当的颇为不少，读起来会感到很拗口。

词序和逻辑思路的关系，主要是由概念间的属种关系决定的。我们知道，两个概念，其中一个概念的外延比另一个大，外延较大的就是属概念，外延较小的则为种概念。如

"人"和"中国人",二者之间就有某种关系。但相对于"动物"来说,"人"又是外延较小的种概念;相对于"浙江人"来说,中国人又是外延较大的属概念。概念的概括与限制的结果,也表现为概念的属种关系,如将"铁"概括为"金属",那么"金属"与"铁"就是属种关系概念;而将"铁"限制为"进口铁",那么"铁"与"进口铁"就是属种关系概念。词序颠倒,有时造成将属概念代替种概念,有时相反,将种概念代替属概念,甚至造成不同系列的概念互相替代,其结果是概念表达的错误。一连串的属种概念,如果按外延由大到小排列起来,通常则是用以表示递退的。所以,词序一混乱,概念外延间的这种大小关系就因错杂而被破坏,语句的气势也就不通畅了。例如,1983年3月23日《光明日报》所载《"地理"的自述》一文中写道:

> 学生瞧不起我们,我们还不太伤心,因为他们毕竟是学生;最伤心的是校长、教导主任、班主任甚至教育局长也瞧不起我们。这在片面追求升学率严重的地方、学校更厉害。

"学生""校长""教导主任""班主任""教育局长"等之间,虽然不存在属概念与种概念的关系,但从权力大小或应具备的识见度高低方面看,也有其相类似的地方。因此,当句中以"甚至"这个连词表示"更进一层"的意思时,应当从权力较小、识见度一般较低的"班主任"开始,逐级递阶地依次说到"教导主任""校长""教育局长",而不是相反。像上例那样行文,语句就不通畅了。

此外,词序错误还会造成语句含义的错误。例如,《摄影世界》1982年第6期所载《发挥连拍相机的作用》中写道:"这张跳水运动照片,是我国男子优秀跳水运动员童辉在刻苦训练时拍摄的。"人们看了之后,理所当然地得到的判断是:"这是童辉拍的照片。"然而一对照照片,才知拍的是童辉本人。是童辉自己拍自己吗?不是。原来是作者将"在"字误安在"童辉"之后了,如果把"在"字移到"是"字的后面,就不会造成错误的判断。又如,《光明日报》1985年3月5日的一篇报道中写道:"免试从该校即将毕业的八〇年级学生中,录取十六名攻读硕士学位的研究生。"全句的含义疙疙瘩瘩,很不好理解,如果将"免试"移到"录取"之前就不会造成阅读困难了。

懂得词序和逻辑思路的关系,修改文章时处处注意到这一点,可以使行文流畅,语气贯通,避免概念或判断表达的错误。不仅如此,人们还常运用关于词序和逻辑思路的关系的知识,巧妙地变换词序,表达与原文迥然相异的思想。

《书林》1983年第6期所载《词序趣谈》引用了一个生动的例子。1904年,慈禧大办七十寿辰的庆寿活动,全国上下要贴一副内容相同的对联:"一人有庆,万寿无疆。"章太炎激愤之下撰成一联:"今日幸海子,明日幸颐和,几忘曾幸长安,亿兆膏血轻抛,只顾一人庆有;五旬割云南,六旬割台湾,此时又割东三省,数千里版图尽弃,每逢万寿疆无。"这联的最后二句堪称神来之笔，它仅将"一人有庆，万寿无疆"的后面词序颠倒成"一人庆有，万寿疆无"，就集嬉笑怒骂于笔端，变歌功颂德为辛辣讽刺，对慈禧丧权辱国的反动行径进行了无情的鞭挞。

米海洛夫斯基的逻辑错误

——判断的量

列宁在《什么是"人民之友"以及他们如何攻击社会民主主义者？》中，尖锐地抨击了俄国自由主义民粹派分子米海洛夫斯基的错误。米海洛夫斯基在《俄国财富》杂志中胡说唯物主义"多半是科学的历史观"，还攻击说："马克思究竟在哪一部著作中叙述了自己的唯物主义历史观呢？……这样的著作是没有的。不仅马克思没有这样的著作，而且在全部马克思主义文献中也没有这样的著作，虽然这种文献数量很大，传播很广。"

米海洛夫斯基的错误，除政治方面的以外，还有逻辑方面的。他做的一系列判断，完全不符合事实。

判断是对客观事物的性质或它与其他事物的关系有所断定的思维形式。判断有真假，凡符合客观实际的，是真判断，否则，就是假判断。判断的真假，可以从量与质两方面看。

从量的方面看，判断可分为全称判断、特称判断和单称判断。全称判断是指对客观事物的全体做出的断定，如"老虎不走回头路，年轻人不失约言"，"酒肉朋友好找，患难之交难得"，这里对"老虎""年轻人""酒肉朋友""患难之交"的全体做出了断定，这些断定都是全称判断。特称判断是指对客观事物的部分做出的判断，如"在世界上，有的书不声不响地问世，也不声不响地消失；有的书一问世就轰动一时，久久为人们所传颂"，这里对"书"的一部分做出了种种不同的断定，这些断定都是特称判断。单称判断是指对"只此一家，别无分店"的事物做的断定，如"《光明日报》前途无量""北京是我国首都"等，都是单称判断。

判断的量不能搞错，即全称判断不能表述作特称判断，特称判断不能表述作全称判断（单称判断对单个事物的全体作断定，逻辑上把它与全称判断同等看待）。此外，"特称"的范围有"绝大部分""大部分""半数""小部分""极小部分"等的不同，不能等量齐观，所以也不能将不同量的特称判断混淆起来。

米海洛夫斯基的错误，在于他所做的判断的量完全不正确。他说："在全部马克思主义文献中也没有这样的著作"，换句话说就是"没有一本马克思主义文献叙述了唯物主义历史观"。我们知道，实际上有许多马克思主义文献叙述了唯物主义历史观，如《德意志意识形态》《资本论》《路德维希·费尔巴哈和德国古典哲学的终结》《反杜林论》等。米海洛夫斯基又胡说唯物主义"多半是科学的历史观",列宁一针见血地指出:"唯物主义并不象米海洛夫斯基先生所想的那样,'多半是科学的历史观',而是唯一的科学的历史观。"(《列宁选集》第1卷)从逻辑学的角度看,列宁在这里指出的正是米海洛夫斯基判断中量的错误。

在写作中,往往由于粗枝大叶,使判断的量表达得不正确。例如,有人写道:"有些好高骛远的人是要失败的","许多说大话的人是靠不住的","所有的报纸都应报道国内外大事","现在没有一种刊物不用明星之类的照片招徕读者","几乎所有的人都犯过这样那样的错误"。这些判断的量都表述得不恰当,修改文章时,应注意从以下三个方面进行检查。

第一,是否将全称判断表述成了特称判断。

我们知道,好高骛远、脱离实际,是必定要失败的,并不是"有些"好高骛远的人要失败。同样,"大话"不可能实现,所有说大话的人都是靠不住的。所以"许多"应换成"一切"或"所有"判断才正确。

将全称判断表达成特称判断,有种特殊的表现形式,即表面看是判断主项的量有所增加,而实质上是以特称判断表达全称判断。这是由于逻辑上将单称判断当作全称判断看待而造成的。"我是教师",这是单称判断。由于是对整个的"我"的断定,所以可以与全称判断同等看待。而"我们是教师",虽然量有增加,却成了特称判断。

梁实秋为了反对"文学有阶级性"的论点,曾一再发难攻击鲁迅。他在文章中不老老实实地写"我……",而是故弄玄虚地写成"我们……"。这从逻辑上看就犯了判断量的表达错误。鲁迅在《"硬译"与"文学的阶级性"》(《二心集》)中抓住这一点讥讽说:"但于我最觉得有兴味的,是上节所引的梁先生的文字里,有两处都用着一个'我们',颇有些'多数'和'集团'气味了。自然,作者虽然单独执笔,气类则决不只一人,用'我们'来说话,是不错的,也令人看起来较有力量,又不至于一人双肩负责。……"现在,在我们的一些同志的论战文章中,也明明只是个人意见,却偏大书"我们",不是用心不佳,就是逻辑错误。

第二,是否将特称判断表述成了全称判断。

我们知道,有各种性质的报纸,有的专业性报纸,是不报道国内外大事的。所以,"所有的报纸都应报道国内外大事"的"所有",应改为"有些",将"都"字删去。尽管曾有不少刊物用明星照片招徕读者,但无论如何绝非全部。所以,"没有一种刊物不用……"的判断就错误了。

《马克思主义思想史》一书写道:"一切生物只有在空气流通的优良环境下才能繁殖,科学文化的发展也需要一定的政治自由的空气。"这里的"一切"就用得不妥,因为有不少生物倒是空气不流通反而繁殖得更快的。

东汉王充的《论衡·儒增篇》指出："儒书称：'尧舜之德，至优至大，天下太平，一人不刑。'又言：'文、武之隆，遗在成、康，刑错不用四十余年。'是欲称尧、舜，褒文、武也。夫为言不益（增加），则美不足称；为文不渥（夸张），则事不足褒。尧舜虽优，不能使一人不刑；文武虽盛，不能使刑不用。言其犯刑者少，用刑希疏，可也；言其一人不刑，刑错不用，增（夸大）之也。"王充的这段话告诉我们，言过其实，"增"之太多，那就失实，不可信了。这与逻辑上不允许将特称判断表述作全称判断的要求是一致的。

第三，是否不恰当地表述了特称判断的量。

"错误"与"缺点"不是相同的概念，"错误"的程度比"缺点"要严重得多，说"几乎所有的人都有这样那样的缺点"可算是真理，说"几乎所有的人都犯过这样那样的错误"，就不恰当了。

鲁迅在《习惯与改革》中谈道："多数的力量是伟大，要紧的，有志于改革者倘不深知民众的心，设法利导，改进，则无论怎样的高文宏议，浪漫古典，都和他们无干，仅止于几个人在书房中互相叹赏，得些自己满足。"（《二心集》）这些精辟议论，不但对我们参加改革是极好的教诲，而且也可使我们从中得到逻辑上的启示："多数"与"仅止于几个人"的少数，虽然都可写作特称判断的主项，但在量上却往往有根本的区别。

除上述三点之外，还应注意相关判断之间的量的关系。

北宋时，钱塘人王祈写了一首《竹诗》，得意扬扬地请大诗人苏东坡品评，他说："这是我自己觉得写得最好的一首。"苏东坡读了之后，不觉哑然失笑，指着其中"叶攒千口剑，茎耸万条枪"两句说："你写的竹子，可能叶子过于少了吧！"王祈一时木然不解，苏东坡笑着点明道："你数着手指算算吧，诗中一万根竹子只有一千片叶子，岂不是十竿只有一片叶子吗？"说得王祈红着脸走了。王祈的错误就在于两个判断之间量的关系处理不妥。

为了强调判断的量是全称还是特称，有时在正确地表述之外还要反复加以说明。《人民日报》社论《新时期治国安邦的总章程》，在谈到国家机关、各政党和各社会团体与宪法的关系问题时，引述了我国《宪法》(1982年12月4日)规定的"一切国家机关和武装力量、各政党和各社会团体、各企业事业组织，都必须以宪法为根本的活动准则，都负有维护宪法尊严、保证宪法实施的职责"（"序言"）之后，紧接着说明道："这里说的是'一切'，就是说毫无例外的……"社论对《宪法》第五十三条规定的"任何公民……"，第五条规定的"任何组织或者个人……"，也做了补充说明："这就是说，一切公民、一切个人，不管是工人农民，还是党政领导干部……"通过这样的补充说明，可以使读者对判断的量理解得更明确。

切莫弄巧成拙

——判断的质

前文说过，判断有真假，凡符合客观事实的，是真判断；凡不符合客观事实的，则为假判断。因此，判断正确的首要条件是符合客观事实。1919年五四运动以后，新文化运动得到了空前规模的发展，许多新诗里出现了惊叹号"！"。对新文化运动持反对态度的人，竟穷极无聊地攻击"！"，用以诋毁新文化思潮。1924年4月《心理》杂志第三卷第二号刊载了张耀翔的《新诗人的情绪》一文，文中统计了当时出版的一些新诗集里的惊叹号，说这种符号"缩小看象许多细菌，放大看象几排弹丸"，认为这是消极、悲观、厌世等情绪的表示，而且下判断说：多用惊叹号的白话诗都是"亡国之音"。毫无疑问，这是一个假判断，因为它不符合客观事实。诸如此类不符合客观事实的假判断，是很容易被察觉的。通常在文章中不容易出现这种有意违背事实的假判断；即使出现了，修改文章的时候，也很容易加以纠正。

由于用词不当造成的假判断，却不容易被察觉。为此，有必要了解有关判断及判断中的用词的知识。

按判断中被断定事物与断定的内容的关系，即按判断中所反映的事物与属性的联系是无条件的，还是有条件的，或者是有选择性的来划分，判断可以分为直言判断、假言判断和选言判断三种形式。

直言判断是对事物直接做出断定的判断。组成直言判断的概念分三个部分：一个部分的概念用来表示被断定的事物，叫判断主项；另一个部分的概念用来表示被断定的事物具有什么样的属性，叫判断谓项；联结这两个部分的联结词称联项。例如，在判断"人生最痛苦的是梦醒了无路可以走"（鲁迅《坟·娜拉走后怎样》），"人生最痛苦的（事）"是主项，"梦醒了无路可以走"是谓项，"是"为联项。

联结词"是"表示主项具有谓项所表述的属性。以"是"为联结词的判断是肯定判断。联结词"不是"表示主项不具有谓项所表述的属性。以"不是"为联结词的判断是否定判断。误用"是"或"不是"从而造成假判断的情况一般也不易发生。但是，人类对客观世界的认识，由于受生产力发展水平的限制、科学发展水平的限制以及认识能力的限制，判断错误的情况也难免发生。恩格斯曾经指出："就一切可能来看，我们还差不多处在人类历史的开端，而将来会纠正我们的错误的后代，大概比我们有可能经常以极为轻视的态度纠正其认识错误的前代要多得多。"(《马克思恩格斯选集》第3卷) 所以，我们一定要深入客观实际调查研究，或者虚心求教懂行的同志，避免做出以是为非、以非为是的不符合客观实际的假判断。撇开这一点不谈，值得注意的是，由于忽视了否定词语的运用，使语句表达的判断的质与原意相悖，从而造成假判断的情况。

一篇题为《毛主席抗战初期光辉的哲学活动》的文章写道："要领导中国这样人口众多、幅员辽阔的革命，得有高度的马列主义理论不可，得有真正的马列主义的辩证唯物论和历史唯物论不可。"

一篇题为《略论诸葛亮的法治观》的文章写道："当然，历史的记载往往难免没有夸张之处，但是诸葛亮认为'治国之道，务在举贤'……的思想，还是十分可贵的……"

一篇题为《"神童"究竟是怎么回事》的文章写道："有一些人片面地用学生考试成绩的好坏来判断学生智力水平的高低，那就难免不重蹈爱迪生的老师所犯过的错误：把一个富有好奇心、充满超群绝伦创造力的爱迪生，当作'智力迟钝'而开除出校。"

《人民教育》1979年第9期的一篇文章写道："一个优秀运动员的培养，一个优秀歌唱家、演奏家的培养，一个科学家的培养，无不例外地要求有比较扎实的基础。"

这四段引文都与作者想表达的思想南辕北辙，其原因当然不在于作者想用假判断来糊弄读者，而在于误用了否定词语。要使这些语句表达得大体正确，必须将第一段引文中的"不可"删去，将第二段引文中的"没有"删去，将第三段引文中的"不"字删去，将第四段引文中的"无不例外"改成"毫不例外"。

但是，仅仅知道某个句子的某个词语怎么改，是远远不够的。有些同志修改病句的试题、练习做得不少，但收效甚微。这一类误用否定词语造成逻辑病句的情况，在报刊上出现的频率远比其他逻辑病句出现的频率高，必须从中找出一些带有规律性的问题来。为了便于分析，我们先看下列病句：

① 谁粗枝大叶，谁就难免不出错！
② 在会上发言的同志没有一个不认为我们的工作不是有成绩的，真令人高兴极了！
③ 张志新同志牺牲八周年了，她的事迹，怎能不使人们不感动得流泪呢？！
④ 面对这大好形势，能不无动于衷吗？
⑤ 有的同志指责说，要求新闻自由就是想怎么说就怎么说、想怎么登就怎么登。他们企图用这种所谓"资产阶级自由化"的帽子，压制新闻界很多同志不敢理直气壮地要求新闻自由。

以上病句都是由于否定词语运用不当造成的，大略可分三类。

第一类，是由于多重否定引起逻辑混乱。

多重否定的作用在于加强说话的语气。据说从前有个叫徐昌谷的人在村北荒地造房，房前房后坟茔累累。有人见了摇头皱眉说："眼中天天见到这些，一定不乐。"徐昌谷笑笑说："不对，见到这些，正不敢不乐。"这"不敢不乐"与"更应该乐"是一个意思，但由于使用了双重否定，语气加强了。例①，作者想表达的意思是："谁粗枝大叶，谁就要出错。"为了加强语气，可以用双重否定词语表达"（是）要出错（的）"的肯定判断，即写成"谁粗枝大叶，谁就不会不出错"，或者写成"谁粗枝大叶，就难免出错"。"难免"包含有"难（以）""（避）免"两层否定性的意思，结合在一起时所表达的是肯定与之连缀的语词的内容，即肯定"出错"这一情况。但是，作者却在"出错"的前面又加上了一个"不"字，"难免不"构成了三重否定，恰恰否定了与之连缀的语词"出错"，把语意表达成"谁粗枝大叶，谁就不会出错"了。例②也有三重否定，即"没有一个""不（认为）""不是（有成绩）"。双重否定如数学上的"负负得正"，表达的是肯定；三重否定却相反，表达的是否定。例②作者的原意是想说"会上发言的同志都肯定我们是有成绩的"，结果却表述成了"……都认为我们不是有成绩的"。

第二类，是由于忽视了反问句式所表达的判断的质。

反问句本身相当于一重否定。明代署名"浮白主人"所著的《笑林》，说玉皇大帝修凌霄殿，还缺点钱，想将广寒宫典卖给人间的皇帝，于是派灶王爷做中人下界议价。灶王爷到了朝廷，朝中官吏惊讶不已，纷纷议论："天庭所遣中人为何如此黑炭一般？"灶王爷听了笑道："天下哪有中人是白的？"这里，灶王爷用反问句式表达了"天下中人（是）没有白的"这一肯定判断。

例③以"怎能"发问，是一个反问句，本身已包含一重否定，加上"……不使人不感动得……"，构成了三重否定，虽然语气大大加强了，但由于三重否定表达的是否定判断，全句的语意就成了"张志新同志的事迹不使人感动得流泪"，这与作者的原意是完全相反的。例④也是一句反问句，加上句中的一重否定"不……"，变成了"面对大好形势（是）可以无动于衷（的）"的肯定判断，语意也与作者的本意相去十万八千里。

第三类，是由于忽视了语句中否定性词语的连带关系。这些词语并不直接表示否定，但它具有否定的性质。这类带否定性的词语是很多的，例如，"减少""降低""压制""关闭""停止""消除"……由于它带有否定性，下文可使用的概念都受其制约，使用不当就互相冲突。例⑤中的"压制"不仅涉及"新闻界很多同志"，而且对他们敢不敢"理直气壮地要求新闻自由"的行为产生影响。"不敢理直气壮地要求新闻自由"受到"压制"，当然是讲不通的；把"不敢"二字删去，否定性词语"压制"的直接对象成了"新闻界很多同志理直气壮地要求新闻自由"，文句就通畅了。

判断中否定词语的恰当运用，是一种要求颇高的逻辑手法。鲁迅在《不是信》（《华盖集续编》）中写道："而我'下台'时所做的文章，岂不是不但并不更有生气，还招了陈源教授的一顿'教训',而且罪孽深重,延祸'面孔'了么?……"其中"岂不是……么?"与"不但""并不"一起构成了复杂的多重否定,强有力地表达了作者心中的愤怒。夏丏尊、叶绍钧(圣陶)合著的《阅读与写作》中有一篇《训练语感》,文中写道:"不了解一个字、一个辞的意义和情况,单靠翻字典和辞典是不够的。"如果将句中"不了解"的"不"字去掉,句子还是通顺、可以理解的。这又是一种十分特殊而有趣的语言逻辑现象。写作和修改文章的过程中,对诸如此类与否定词语有关的判断质的问题,应多加留意,千万不要为"加强语气"滥用否定词语从而出现弄巧成拙、语意颠倒的笑话。

令人惑然的"谚语"
——假言判断的条件关系

笔者素来偏爱谚语,还能背出一些赞美谚语的谚语。如"谚语——语言中的盐。""最干净的水是泉水,最精炼的话是谚语。""水滴积多盛满盆,谚语积多成学问。"

然而,最近偶阅一本《谚语汇编》,却不禁有点惑然,因为诸如下列的谚语颇不少见:

① 只要耐心等待,不愁钓不着鱼;只要不断学习,不愁念不好书。
② 知识好比大海,肯下功夫深入海底的人,就能得到瑰丽的珊瑚;浅尝辄止的人,只能在海边拾到小小的贝壳。
③ 一个青年如果错过了生命的春天,那么他将歉收一辈子。

上述谚语从逻辑上看,都是假言判断。假言判断是断定某一现象的出现为另一现象出现的条件的判断。这里所说的"条件"大略可分三类。

一为充分条件,它指的是在甲、乙两个现象之间,存在"有甲必有乙,无甲未必无乙"的条件关系。例如,"摩擦"必"生热",不"摩擦"未必不"生热",因为"通电""晒太阳"等也会"生热",这样,"摩擦"就是"生热"的充分条件。

二为必要条件,它指的是在甲、乙两个现象之间,存在"无甲必无乙,有甲未必有乙"的条件关系。例如,不"努力学习"就不能取得"好成绩",但"努力学习"却未必就能取得"好成绩",因为还要具备"学习方法对头"等其他条件,所以,"努力学习"是取得"好成绩"的必要条件。

只有当所有的必要条件都具备时,才能产生一定的结果。鲁迅在《且介亭杂文·病后杂谈》中幽默地说:"生一点病,的确也是一种福气。不过这里有两个必要条件:一要病是小病,并非什么霍乱吐泻,黑死病,或脑膜炎之类;二要至少手头有一点现款,不至于躺一天,就饿一天。这二者缺一,便是俗人,不足与言生病之雅趣的。"由于是必要条件,所以"二者"不可"缺一"。只有"二者"齐备,才能出现生病成为"一种福气",产生"与言生病之雅趣"的结果。

三为充分而且必要条件，它指的是在甲、乙两现象之间，存在"有甲必有乙，无甲必无乙"的条件关系。例如，"只有社会主义才能救中国"，"社会主义"与"救中国"之间就存在充分而且必要的条件关系。

拿上述关于假言判断的逻辑知识分析一下使人"惑然"的谚语，我们看到：

例①，"耐心等待"是"钓着鱼"的必要条件，性急是钓不着鱼的；"不断学习"，即在学习中坚持不懈，是"念好书"的必要条件。这些是常识。但能不能说只要具备"耐心等待"的条件，就能得到"钓着鱼"的结果呢？能不能说只要具备"不断学习"的条件，就一定会出现"念好书"的结果呢？显然不能。因为，钓鱼或念书起码还有技巧和方法问题，不讲技巧，不谈方法，还是不可能"钓着鱼"或"念好书"的。但是，例（1）中的谚语却告诉人们，只要具备"耐心等待"的条件，就必定能"钓着鱼"；只要具备"不断学习"的条件，就一定会出现"念好书"的结果。

同样，例②，"深入海底"是得到"瑰丽珊瑚"的必要条件，不"深入海底"，是难以得到"瑰丽珊瑚"的；但"深入海底"也未必就能得到"瑰丽珊瑚"，因为有些"海底"就根本没有珊瑚。例①和例②都错在把必要条件假言判断表述作充分条件假言判断了。如作改正，这两条谚语应改为：

① 不耐心等待，甭想钓着鱼；不持之以恒，甭想念好书。
② 必须深入海底，才能得到瑰丽的珊瑚……

通过对例①与例②的分析，我们可以得到一个结论：不能混淆假言判断的条件关系。也就是说，不能将充分条件假言判断表述作必要条件假言判断；也不能将必要条件假言判断表述作充分条件假言判断；同样不能将充分而且必要条件假言判断与充分条件假言判断或必要条件假言判断混淆起来。

通常，充分条件假言判断的逻辑联接词是"如果……那么……""只要……就……"；必要条件假言判断的逻辑联接词是"只有……才能……""必须……才能……"；充分而且必要条件假言判断的逻辑联结词也是"只有……才能……"。这些逻辑联结词在语法学上叫"关联词"。无论从逻辑学的角度看，还是从语法学的角度看，修改文章时都必须注意条件关系的语言表达。

再来看例③。不能否定：青少年时期是否抓得紧，对今后影响是很大的，"少壮不努力，老大徒伤悲"的古训，在我国可谓妇孺皆知。但是，真理再向前迈出一步，就会变成谬误。"亡羊补牢，犹未为晚"，也是一条众所周知的古训。它告诉我们，接受教训，坏事可以变成好事；已经丧失的时间，可以夺回来。"错过了生命的春天"，同"歉收一辈子"并没有绝对的必然性联系，关键还看当事人的态度。因此，例③告诫青年要珍惜"生命的春天"，虽然不失为好谚语，但对已经"错过了生命的春天"的青年来说，由于它忽视了

"青春"与"一生"之间并无绝对的必然性的条件关系,却有偏颇。

通过对例③的分析,我们懂得,要成其为正确的恰当的假言判断,不仅不能混淆条件关系,而且首先要注意有无条件关系,有无必然性的条件关系。

鲁迅在《且介亭杂文·说"面子"》中写道:"相传前清时候,洋人到总理衙门去要求利益,一通威吓,吓得大官们满口答应,但临走时,却被从边门送出去。不给他走正门,就是他没有面子;他既然没有面子,自然就是中国有了面子,也就是占了上风了。"夜郎自大而又外强中干的清廷腐朽官吏,就用这种办法自我解嘲。其实,外国人"没有面子"与"中国有了面子"之间,并无必然性的条件关系。在《说"面子"》中鲁迅还提到"现在说话难,如果主张'非孝',就有人会说你在煽动打父母,主张男女平等,就有人会说你在提倡乱交",而"非孝"的主张与"煽动打父母","主张男女平等"与"提倡乱交",风马牛不相及,并无必然性的条件关系,强加关系勉强推理,结论必定错误。鲁迅在《集外集·通信》中还引述"我们的乡下评定"来讽刺强加条件关系的荒唐判断:"赵太爷说对的,还会错么?他田地就有二百亩!"忽视判断有无条件关系,往往会得出这类谬论来。

如果稍微留意一下,可从我们的报刊上找到不少忽视了条件关系的逻辑病句。例如,"俗话说'狗走千里改不了吃屎',可见狗的听觉、嗅觉比较灵敏。""狗走千里改不了吃屎"和"狗的听觉、嗅觉比较灵敏"之间,有什么样的条件关系呢?怎么可以用上"可见"呢?如果我们的作者或编辑稍事修改,注意从逻辑上做点检查,这样的病句不是完全可以避免吗?

谚语:"文章不厌百回改""斧子越磨越锋利,文章越改越清新"。让我们记住这些有益的教诲,注意从各个方面,其中包括逻辑方面,对我们的作品做认真地修改、过细地推敲吧。

"乎？乎？乎？乎？"
——恰当表述选择关系

鲁迅在《〈出关〉的"关"》中说：

> 作家的取人为模特儿，有两法。一是专用一个人，言谈举动，不必说了，连微细的癖性，衣服的式样，也不加改变。……二是杂取种种人，合成一个，从和作者相关的人们里去找，是不能发见切合的了。

"专用一个人"和"杂取种种人"这两种方法，在许多作家那里常常是交叉运用的。一部人物众多的小说里，很可能既有"专用一个人"为模特儿的几个人物，也有"杂取种种人"为模特儿的几个人物。不过，鲁迅说自己"是一向取后一法"，即一向"杂取种种人"为模特儿的。于是，有同志在引用鲁迅的上述取模特儿方法时写道：

> 鲁迅先生认为，作家的取模特儿方法，要么是"专用一个人"，要么是"杂取种种人"……

如果不稍加注意，是很难发现这段话和鲁迅的原话有什么区别的。但仔细一分析，便可看到，"要么是……要么是……"的表述方式，是"二者必居其一"且"二者只居其一"的。也就是说，某个作家，如果"专用一个人"做模特儿来创作人物，就不能"杂取种种人"来创作人物；反过来也是如此。但这并不符合创作的客观规律，也不符合鲁迅的原意。

"或者是……或者是……""也许是……也许是……""可能是……可能是……""要么是……要么是……""不是……就是……"这些关联词，是表述选言判断的逻辑联结词，正确加以使用，是恰当表述选择关系的必须。但不少作者往往忽视其中的区别，造成选言判断表达不当的逻辑错误。所以，为了写好、修改好文章，应当掌握一点关于选言判断的知识。

选言判断是断定事物若干可能情况的判断。"每一革命部队的突起，战士大抵不过是反抗现状这一种意思，大略相同，终极目的是极为歧异的。或者为社会，或者为小集团，或者为一个爱人，或者为自己，或者简直为了自杀。……"这就是一个选言判断，断定战士的种种"终极目的"。

有人向派出所报案：他的邻居惨死在血泊之中。这时公安人员会做出这样一个判断："他的邻居或者是自杀而死，或者是被他人所杀而死的。"经过侦查，确认此人不是自杀身亡，而是被人杀死。后来公安人员又做出判断："死者或是凶手的亲戚，或是凶手的同伙。"这些都是选言判断，因为它们都断定了关于死者的几种可能情况。但是上列判断又有区别：前者是不相容选言判断，后者是相容选言判断。这是由选言判断各个选言肢之间是否能够并存来决定的。

选言肢不能并存的叫不相容选言判断。如"或者是自杀而死，或者是被他人所杀而死"，其中"自杀"与"他杀"不可能同时并存，所以，公安人员做出的第一个判断是不相容选言判断。

选言肢可以同时并存的叫相容选言判断。如"死者或是凶手的亲戚，或是凶手的同伙"，"亲戚"与"同伙"二者可以兼任，即既是"亲戚"又是"同伙"。这样，公安人员做的第二个判断就叫作相容选言判断。

关联词"要么是……要么是……"和"不是……就是……"专门用来表述不相容选言判断。"或者是……或者是……""也许是……也许是……"一般用来表述相容选言判断，但也可以用来表述不相容选言判断，所以使用这一类关联词时，要特别注意上下文。

选择关系表述不当的一种形式是与事实不符，它往往由对客观事物认识有误造成。鲁迅在《厦门通信（二）》中写道："从我们平常人看来，教书和写东西是势不两立的，或者死心塌地地教书，或者发狂变死地写东西，一个人走不了方向不同的两条路。"按笔者之意，鲁迅所说"一个人走不了方向不同的两条路"的教诲诚然正确，他把"教书"与"写东西"看成是"势不两立"，未免失之偏颇。我们大可不必"为贤者讳"，因为他的这个看法是不符合实际的。首先就不符合他自己的实际，他的许多杰作都是在"教书"的同时写成的。其次还不符合几乎所有过去的和现在的以及未来的教授们的实际。通常，教授们都是把"教书"与"写作"结合在一起的。从这个例子我们可以得到启发：当我们用"或者是……或者是……"之类关联词语表述判断的选择关系时，要检查一下它是否符合客观实际，如果不符合，就要加以修正。

选择关系表述不当的另一种形式是：没有将应该列出的选言肢全部列出。上述公安人员做的第二个判断就是如此，因为死者与凶手的关系除"亲戚"与"同伙"外，还可能既非"亲戚"又非"同伙"，而是素无瓜葛的。

有同志写道：

①或者进高等学府深造，或者念业余工大、电大和各类函授学校，没有什么优哉游哉而可以攀登科学高峰的道路，我们再不能虚度年华了！

②在当前的城市经济体制改革中，要么勇往直前，大刀阔斧，坚决地前进，要么因循保守，故步自封，贻误时机。我们当然要选择和拥护前者，做一个勇敢的改革者，做一个改革的促进派。

例①②都是不相容选言判断，都没有将全部选言肢列出，因而造成了疏失。例①，除"进高等学府深造"和"念业余工大、电大"外，还可"自学成才"。在全日制高等教育与业余教育还不能容纳所有的人时，将自学道路摒弃一边，是不可取的。例②，尽管作者的用意很好，但是改革不能鲁莽行事，要"看一步，走一步"，经过试点，取得经验，逐步推广，这样才能避免不必要的损失，所以，正确的道路并不是例中所列的两个选言肢。当然有时不可能也没有必要列出全部选言肢，这就只能从实际出发。但要注意行文的方式，以免引起读者的误解。鲁迅《华盖集续编·〈阿Q正传〉的成因》写到对"我自己将来的'大团圆'……就料不到究竟是怎样"时，做了一个很风趣的选言判断："终于是'学者'，或'教授'乎？还是'学匪'或'学棍'呢？'官僚'乎，还是'刀笔吏'呢？'思想界之权威'乎，抑'思想界先驱者'乎？抑又'世故的老人'乎？'艺术家'？'战士'？抑又是见客不怕麻烦的特别'亚拉籍夫'乎？乎？乎？乎？乎？"在这个选言判断里，选言肢并未全部列出，但由于一连用了四个"乎？"相当于长长的省略号，文句也就无懈可击。

还有一种选择关系表述不恰当的形式，就是所列出的选言肢有包容关系。例如，"中国各业，多老牌子，文坛却并不然，创作了几年，就或者做官，或者改业，或者教书，或者卷逃，或者经商，或者造反，或者送命……不见了"(《且介亭杂文二集·六论"文人相轻"——二卖》)。在这个选言判断中，"改业"包括了"做官""教书""经商"等，"造反"包括了"(造反不成而)送命"。又如，1982年1月15日《中国法制报》在报道一个案例的文章中用了标题《是故意杀人，还是犯罪中止？》。根据逻辑联结词"是……还是……"，可以认定这是一个不相容选言判断，非此即彼，二者择一。但是，"故意杀人"与"犯罪中止"是交叉概念，二者的外延有所重叠。即有的"故意杀人"者，同时又是"犯罪中止"者；反过来也是如此。如果要与"故意杀人"对举选择，必须用"过失杀人"；如果要与"犯罪中止"对举，则必须用"犯罪预备"或"犯罪未遂"。读过该文的会知道，案例中的罪犯，就其罪名来看属于"故意杀人"；就其犯罪情节来看是"犯罪中止"，所以不能采用不相容选言判断的表达形式，否则，就会引起误解，影响定罪量刑。选言肢之间有包容关系，使整个选言判断显得不严密，这也是修改文章时要尽力注意改正的。

为了恰当地表述选择关系，除了要避免犯上述逻辑错误外，还要注意各相容选言肢之间的主次关系。

鲁迅在《坟》"题记"中谈到"将这些体式上截然不同的东西"辑集成《坟》专集的原

因时写道：

> 其次，自然因为还有人要看，但尤其是因为又有人憎恶着我的文章。

其中"自然因为还有人要看，但尤其"等语，是修改时加进初稿的。初稿只讲到"是因为有人憎恶着我的文章"。这仅仅写到了一种情况，一部分人的态度，也就是选言肢不全。加上"自然因为还有人要看"，列出了全部选言肢，表达得全面了。但这两个选言肢不是并重的，鲁迅著书立论的目的在于给敌人"放一点可恶的东西在眼前"，同敌人进行斗争。所以鲁迅用"但"字做了转折，用"尤其"突出了后面一个选言肢，从而使得语意更清楚，逻辑更严密了。

顺便说一下，选择关系的判断即选言判断有时往往会和并列关系的判断即联言判断混淆起来。例如，《逻辑与语言学习》1983年第2期的一篇文章写道：

> 是从实际出发探寻自然语言固有的特点和规律，还是从头脑中固定不变的模式出发硬要活的语言就范？这是我们研究自然语言逻辑的一个出发点。

如前所说，"是……还是……"的语句形式表达的是不相容选言判断，要求二者择一。上例中，"这是……一个出发点"的"这"，指代它前面的不相容选言判断。于是就造成必须将互不相容的两个选言判断肢都作为"研究自然语言逻辑的出发点"的错误。显然，应当将"这"前面的选言判断改成联言判断："从实际出发探寻自然语言的特点和规律，而不是从头脑中固定不变的模式出发硬要活的语言就范……"

"痴人说梦"的原因

——关系判断

清代有一作者署名为"独逸窝退士"的笑话集《笑笑录》,内有笑话"痴人说梦":

> 戚某幼耽读而性痴,一日早起,谓婢某曰:"尔昨夜梦见我否?"答曰:"未。"大斥曰:"梦中分明见尔,何以赖?"去往诉母,曰:"痴婢该打,我昨夜梦见他,他坚说未梦见我,岂有此理耶?"

"痴人说梦"的原因,与不懂逻辑上的关系判断有关。

关系判断是断定事物与事物之间关系的判断。事物间的关系纷繁复杂,有对称关系、非对称关系、反对称关系,有传递关系、非传递关系、反传递关系,等等。

在对象甲与乙之间,如果甲对乙有某种关系,而乙对甲也有同样的关系,那么,甲与乙之间就是对称关系。初唐"四杰"之一的王勃,在他的《滕王阁序》中有"落霞与孤鹜齐飞,秋水共长天一色"句,此句从庾信《马射赋》的"落花与芝盖齐飞,杨柳共春旗一色"脱胎而来。"落霞"与"孤鹜","落花"与"芝盖",各有"齐飞"的对称关系;"秋水"与"长天","杨柳"与"春旗",各有"共一色"的对称关系。

在对象甲与乙之间,如果甲对乙有某种关系,乙对甲既可以有此种关系,也可以无此种关系,那么,甲与乙之间就是反对称关系。

鲁迅在《看萧和"看萧的人们"记》一文中说:"被我自己所讨厌的人们所讨厌的人,我有时会觉得他就是好人物。""我"和"我所讨厌的人们"之间,有非对称关系,因为"我"虽讨厌"我所讨厌的人们",但后者是否讨厌"我"呢?不得而知。"我"和"我自己所讨厌的人们所讨厌的人"之间,也是非对称关系,因为"我"虽然"觉得他就是好人物",但他并不一定觉得"我"也是好人物。

明人"醉月子"所辑《精选雅笑》中有一则《迁居》的笑话:

> 有中邻于铜铁匠者,日闻锻击声,不堪忍闻,因浼人求其迁去,二匠从之。其人

喜甚，设酒殽奉饯。饯毕，试问何往，匠同声对曰："左边迁在右边，右边迁在左边。"

这个笑话中的铜匠和铁匠，与"中邻"是邻居关系。邻居关系是对称关系。"中邻"因"不堪忍闻""锻击声"而设宴恳请二位高邻迁居。铜匠和铁匠答应迁居了，却要来个"左边迁在右边，右边迁在左边"，丝毫没有改变原来的"邻居"这一对称关系，从而戏弄了"中邻"。

在对象甲与乙之间有某种关系，而且乙与丙之间也有这种关系，如果甲与丙也必有这种关系，甲、丙间就有传递关系；如果甲与丙并不必然有这种关系，甲、丙间则为非传递关系；如果甲与丙必然无此种关系，甲与丙之间则为反传递关系。

日本侵略中国时，周木斋在《涛声》上指责"北平的大学生……纷纷自动离校。敌人未到，闻风远逸，这是绝顶离奇的了"，认为大学生"即使不能赴难，最低最低的限度也不能逃难"。鲁迅在《论"赴难"和"逃难"》中讥讽周木斋的高调，揭露了国民党反动派的不抵抗政策。他写道，大学生"去打日本，一定打不过的"，因为"大学生们曾经和中国的兵警打过架，但是'自行失足落水'了，现在中国的兵警尚且不抵抗，大学生能抵抗么？"鲁迅所列举的理由，排列起来就是一个关系判断：大学生打不过兵警，兵警打不过日本兵。显然，大学生与日本兵之间，必定存在"打不过"的传递关系。当然，鲁迅指的是当时的社会。

非传递关系如"认识""佩服""爱护"等都是。甲爱护乙，乙爱护丙，但甲不一定爱护丙。

反传递关系如"父子""相差……"等都是。甲与乙有父子关系，乙与丙有父子关系，但甲与丙就绝非父子关系。

明代的陆灼撰有《艾子后语》一卷，其中有一则《孙儿》：

艾子有孙，年十许，慵劣不学，每加榎楚而不悛。其子仅有是儿，恒恐儿之不胜杖而死也，责必涕泣以请。艾子怒曰："吾为若教子不善邪？"杖之愈峻。其子无如之何。一旦，雪作，孙搏雪而嬉，艾子见之，褫其衣，使跪雪中，寒战之色可掬。其子不复敢言，亦脱其衣跪其旁。艾子惊问曰："汝儿有罪，应受此罚，汝何与焉？"其子泣曰："汝冻吾儿，吾亦冻汝儿。"艾子笑而释之。

在这个笑话里，艾子、艾子之子、艾子之孙之间，在血缘上有传递关系，即艾子与艾子之子、艾子与艾子之孙、艾子之子与艾子之孙相互间都有直系亲属的血缘关系。但在辈分上，却是反传递关系，因为艾子与艾子之孙之间必定无"父子关系"。至于从三者之间的感情来说，按艾子之子的看法，他是爱儿子的，所以看到儿子被责打，"必涕泣以请"；而艾子也一定是爱他的，所以他有"汝冻吾儿，吾亦冻汝儿"的可笑复可爱之举；

但艾子之孙是否对艾子也有"爱"的情感？不得而知。因为，三者在感情上可以说存在非传递关系。

关系判断不能混淆，但混淆关系判断的情况在文章中时有所见，其中最常见的是因为忽略了对称关系与非对称关系（或反对称关系），从而写出了关系颠倒的逻辑病句。例如：

《法学原理》一书中写道："在一定的社会形态中，当生产力发展到一定程度时，便与它的生产关系不相适应了。"

《新华日报》的《增进中美人民的友谊》一文写道："随画寄去几幅在中国访问演出的照片，我们相信这些照片对贵报的读者是会有兴趣的。"

《悼念卓越的无产阶级文化战士郭沫若同志》一文写道："我们说不尽对党的无限恩情。"

我们知道，"当生产力发展到一定程度时"，是生产关系与生产力有"不相适应"的关系，生产力却没有什么与生产关系"不相适应"的关系，因为生产力总是要不断往前发展的。生产关系和生产力的"不相适应"是一种反对称关系。上述句子应改作："在一定的社会形态中，当生产力发展到一定程度时，生产关系便与它不相适应了。"同样的道理，人对照片"会感兴趣"，而照片并无喜怒哀乐的情感，不会"对贵报的读者是会有兴趣的"；党对我们有"无限恩情"，而不是我们"对党"有"无限恩情"。这些都是反对称关系。将反对称关系表述作对称关系，就造成了逻辑语病。应当改为："我们相信贵报的读者对这些照片是会有兴趣的"，"说不尽党对我们的无限恩情"。

有的同志往往对这种逻辑错误不以为然，这就与"痴人说梦"无异了。如果写成文章之后，略加诵读修改，许多颠倒了逻辑关系、违背了生活常识的病句，是可以避免的。正是由于缺乏逻辑常识或者是粗枝大叶，导致了上述的错误。

"用笔和舌……要十分小心"

——隐含判断

《光明日报》1983年7月14日发表《不要歪曲记者形象》一文，批评《人民日报》所载《转化》一文"歪曲记者形象"，因为该文写道：有些作家不深入生活，"不少变成了记者"，"他们往往只是到生活里张望一下，打听两句，就匆匆赶回来创作了，简直就与一般记者采访无异"。

显然，《转化》一文确实歪曲了记者形象，因为记者采访并不是蜻蜓点水、浮光掠影所能济事的。记者"在硝烟弥漫的战场上，他们与战士一起冲锋；在风镐轰鸣的矿坑里，他们与工人一道劳动；在田野上，他们与农民共享丰收的喜悦；在实验室里，他们分担科学家们探索的艰辛"，他们与作家的不同，只是写作方法的差别，而在要求上，绝无高低之分。因此，笔者完全赞同对《转化》一文的批评。但是，话说回来，《转化》之"歪曲记者形象"恐非故意，笔者揣测，除对记者缺乏了解外，主要是忽略了隐含判断。

判断有明言与隐含之分。明言的判断，其错误"如日月之蚀，人皆见之"，比较容易发现；隐含判断的错误则不然。隐含判断或者存在于问题中，或者隐藏在省略式推理内，或者包含在判断里但又未直接说出，其错误也就若隐若现、影影绰绰，不容易为人们所发现，更难"一目了然"。

1932年1月1日，鲁迅在《中学生》杂志发表《答中学生杂志社问》。问题是："假如先生面前站着一个中学生，处此内忧外患交迫的非常时代，将对他讲怎样的话，作努力的方针？"鲁迅的答复如下：

> 编辑先生：
>
> 请先生也许我回问你一句，就是：我们现在有言论的自由么？假如先生说"不"，那么我知道一定也不会怪我不作声的。假如先生竟以"面前站着一个中学生"之名，一定要逼我说一点，那么，我说：第一步要努力争取言论的自由。

鲁迅的深邃智慧，使他洞若观火地看出《中学生》杂志和所问的问题中，包含着人们可以在"内忧外患交迫的非常时代"随便发一点言论的判断。这无疑是编辑政治上的幼稚造成的。所以，鲁迅的答问首先尖锐地把这个隐含着的判断揭示出来。不过，他仍然是用隐含着判断的问题来表达他的思想的。如果在朗读时把鲁迅反问中的"有"字以明显加强的疑问语气读出，那么便可对鲁迅所要表达的判断晓然明白。

鲁迅在《华盖集续编·空谈》中说："恕我引一个小说上的典故：许褚赤体上阵，也就很中了好几箭。而金圣叹还笑他道：'谁叫你赤膊？'"金圣叹的这个"谁叫你赤膊"？也包含着一个判断：赤膊而中箭是活该的。只有在脑子里把上述问题所包含的判断揭示出来，才能鉴别它的真伪。

冯子英同志在《解放日报》(1981年7月12日) 上发表杂文《要一点移山精神》，其中说："地方主义、山头主义、本位主义……还不曾完全退出历史舞台，有人说这是一种'封建残余'，我也但愿它只是一种'残余'。"尔后，该报又发表了振千同志的《也要移一移》，认为"对人们所说的'封建残余'，冯同志是有保留看法的。仅仅是'残余'吗？'但愿是'，而潜台词：未必是。既然不是'残余'，这'过几年又来一次'，不也就十分必要了么？"撇开二者争论的内容究竟孰是孰非不谈，振千同志所指出的"潜台词"相当于隐含判断。肯定或否定这种"潜台词"，指明其真实或虚假、正确抑或错误，是有助于澄清思想的。《不要歪曲记者形象》一文，将《转化》一文的"潜台词"（记者"往往只是到生活里张望一下，打听两句，就……"）揭示出来，从而展开为记者的有力的辩护，这是好办法。

这种隐含着的判断的错误，不容易为人们所重视，因此，常常可以从书籍报刊中发现。举例如下。

《马克思恩格斯思想史》中写道："恩格斯的革命民主主义的立场也是鲜明的。他不是客观地报道乌培河谷的情况，而是控诉了工厂主的剥削，对劳动人民倾注着无限的同情。"

《震动和沉思——记安珂牺牲后的社会反响》(《人民日报》1983年5月7日) 写道：

> 当人们都在歌颂你的时候，我却在寻找你不足的地方：
> 作为记者——你智，
> 作为战士——你勇，
> 作为青年——你刚，
> 但是作为人，我总觉得你缺点什么。
> 翻遍你的历史，查遍你的日记，
> 我明白了，你缺私。

还有一篇文章写道："我努力多写一些有思想性的诗，可是我也写抒情的诗。"

以上三例都存在着错误的隐含判断。"控诉了工厂主的剥削"，既有主观感情的一面，又离不开对"工厂主的剥削"，情况作符合实际的揭露的一面，而后者正是"客观地报道乌培河谷的情况"。《马克思恩格斯思想史》作者却在无意之中做出了"揭露工厂主的剥削不是客观地报道乌培河谷的情况"这一隐含着的错误的判断。《震动和沉思》隐含着"私是人所应有的""缺私是人的不足的地方"等错误判断。最后一例显明地将"抒情诗"排除在"有思想性的诗"之外，等于做出了"抒情诗是没有思想性"的错误判断。

对于诸如此类的错误的隐含判断，修改文章时必须特别注意加以改正。

首先是思想上要重视，文章要表情达意，目的是进行宣传。宣传得好，可以教育人；宣传错了会造成严重后果。鲁迅在《半夏小集》中指出："用笔和舌，将沦为异族的奴隶之苦告诉大家，自然是不错的，但要十分小心，不可使大家得着这样的结论：'那么，到底还不如我们似的做自己人的奴隶好。'"这指出了"用笔和舌"进行宣传时，要谨防事与愿违地做出错误的隐含判断，张扬了"做自己人的奴隶好"之类的反动哲学。

其次要反复推敲。前面说过，隐含判断可能存在于问题中，也可能隐藏在省略式推理内，还可能包含在明言的判断里。这就要求我们对问题、省略式推理和正面肯定（或否定）了什么的判断，做过细的检查，从多方面想一想，有没有包含错误的判断。小说《约会》(《山花》1985年第7期）中有这样一段用以描述一个青年矿工在虹峰公园门口等待对象的文字：

当指针快接近九点的时候，我忽然平白无故地害怕起来，心里直犯怵，浑身极不自在。到底怕什么呢？我自己也弄不清楚。反正感到挺紧张挺费力，跟做小偷一样。

"挺紧张挺费力，跟做小偷一样"，这一比喻很值得玩味。这是"我"的感觉。"我"的这种感觉从何而来？既不是天上掉下来的，也不是地下冒出来的。虽说来自头脑，但寻根究底，思维是第二性的东西。没有"做小偷"的经验，"我"何来"跟做小偷一样"的感觉？显然，作者这样做比喻，是欠妥当的，因为上述文句中隐含着判断"我做过小偷"与"小偷行窃是挺紧张挺费力的"。其实，可用以比喻"挺紧张挺费力"的多如牛毛，何必一定要用小偷打比方呢？如果注意推敲、修改，不就可以避免这种语病了吗？

"文贵含蓄"，但含蓄又容易隐含这样那样的错误而不易察觉，这也是一种对立统一吧。如果解决得好，既含蓄，又正确，就为文章的臻于完美打下了坚固的逻辑基础。在思想高度重视的前提下，努力通过反复推敲来修改好文章，有一个必不可少的前提，就是具备足够的逻辑基础知识，有较强的逻辑思维能力。否则，是无法找出逻辑错误来的。

一个"而"字，作用多种

——关联词语的逻辑意义

北宋杰出文学家欧阳修（1007—1072）一生始终十分重视文章的修改，字斟句酌，一丝不苟。为了选词炼句、布局谋篇，他常常一连几天冥思苦想。他还常把写好的文章贴在墙上，饭前茶后，随时修改。有时一篇文章改了又改，几乎是重写了一遍。他的夫人见他体弱多病，怕他用脑过度，就劝他说："你何必苦到这个地步？你的文章早已天下知名，难道还怕老先生笑话吗？"欧阳修微笑答道："我倒不怕老先生骂，就怕后生耻笑！"他在安徽滁州当太守时，曾写了著名的《醉翁亭记》。开头写滁州山景用了好几十个字，后来一想，这篇散文的重点是写"醉翁亭"，没有必要用过多的笔墨写山水景色，于是反复修改，最后只剩下"环滁皆山也"五个字。

欧阳修改文章并不单纯追求减少字数，而是根据内容需要，该减则减，该增则增。有一次他写成了《相州昼锦堂记》，交仆役送去付梓。仆役出门后，他忽然又派一人追去将文章取回，将开头两句的"仕宦至将相，富贵归故乡"，改为"仕官而至将相，富贵而归故乡"，各加了一个"而"字。这则修改诗文佳话里的"而"，是一个虚字，本身没有什么意义，但是由于这样一加，意思更加显豁，音节更加响亮，语气更加有力，念起来更加上口了。所以，对文章的虚字切切不要小看。有鉴于此，这一节我们专门来谈一谈关联词语的逻辑意义和文章修改的若干问题。

关联词语如"因为……所以……""不但……而且……""不是……而是……""或许……或许……"等，本身没有任何意义，但是一放到语句中就能起极为重要的逻辑作用。

关联词语的逻辑作用在于构成不同性质的判断，构成不同形式的推理。

从判断来说，"是""乃""即"等用来构成实然判断；"或许是""也许是""大概是""未必是""可能是"等用来构成或然判断；"一定是""必然是""不可能不是"等用来构成必然判断；"如果……那么……""只要……就……""如果……则……"等用来构成充分条件假言判断；"必须……才""必得……才"等用来构成必要条件假言判断；"只有……才""非……不可能……"等用来构成充分而且必要条件假言判断；"或者是……或者是……""也许是……也许是……"等用来构成相容选言判断；"不是……就是……"等用来构成不相容选言判断；"……大于……""……低于……""……多于……"等用来构成关系判断；等等。

从推理来说，"因为……所以……""由于……因此……"等用来构成直言推理；"如果……那么……所以……""必须……才能……所以……"等用来构成假言推理；"或者……或者……所以……""不是……就是……所以……"等用来构成选言推理；"……总而言之……""……由此可见……"等用来构成归纳推理；等等。

我们来分析一个例句。毛泽东同志《在延安文艺座谈会上的讲话》中说：

我们既然解决了提高和普及的关系问题，则专门家和普及工作者的关系问题也就可以随着解决了。

这里的"既然……则……"的逻辑意义是什么呢？如果把这句话改成"我们如果解决了提高和普及的关系问题，那么专门家和普及工作者的关系问题也就可以随着解决了"，并将两个语句加以对比，就可以比较容易地发现："既然……则……"的逻辑意义是用以构成充分条件假言推理：

如果解决了提高和普及的关系问题，那么专门家和普及工作者的关系问题也就可以随着解决了（被省略的大前提），

既然解决了提高和普及的关系问题（小前提），

则专门家和普及工作者的关系问题也就可以随着解决了（结论）。

而修改句中的"如果……那么……"，都只能用来构成充分条件假言判断，它不可能构成任何形式的推理。

以上的分析说明，关联词语的微小变化，往往会带来语句的逻辑意义的重大差别。

不过，在通常的情况下，一般不会误用不同的关联词语，使语句的逻辑意义变得混乱。错误往往发生在：有些关联词语既可以用来构成判断，又可以用来构成推理，如果使用不慎，就会淆乱语句的逻辑性。因此，修改文章时，必须对此特别留意。

我们来比较下列两个例句：

①不应当把理论当作教条，而应当看作行动的指南。
②机器本身增加生产者的财富，而它的资本主义应用使生产者变成需要救济的贫民。

例①蕴含着一个不相容选言推理：

或者把理论当作教条，或者把理论当作行动的指南（被省略的大前提），

不应当把理论当作教条（小前提），

而应当把理论看作行动的指南（结论）。

例②中，"而"字前后两部分是并列的，二者不存在因果、选择等关系，更不存在前提与结论的关系，二者以关联词"而"联结，构成一个联言判断。

同是"而"字，在不同的语句中，一个起构成推理的作用，一个起构成判断的作用。这告诉我们，使用关联词语"而"时，要仔细分析语句中的其他措辞，看"而"与其他措辞的结合是构成了判断，还是构成了推理，与我们想表达的思想是否一致，如果不一致，则要加以修改。

我们再来比较另外两个例句：

③我们是一个发展中的国家，又经过了十年动乱，一方面百废待举，这是人民的愿望；另一方面又不能百废俱举，因为国家的力量有限。

④在很长的历史时期内，大家对于社会的历史只能限于片面的了解，这一方面是由于剥削阶级的偏见经常歪曲社会的历史，另一方面，则由于生产规模的狭小，限制了人们的眼界。

例③中，关联词语"一方面……另一方面……"用来联结对举的两种相关情况，表达的是联言判断。例④中的关联词语"一方面……另一方面……"却用来构成了一个假言联言推理：

如果由于剥削阶级的偏见经常歪曲社会的历史，那么，在很长的历史时期内，大家对于社会的历史只能限于片面的了解；如果由于生产规模的狭小，限制了人们的眼界，那么，在很长的历史时期内，大家对于社会的历史也只能限于片面的了解（被省略的假言大前提），

一方面由于剥削阶级的偏见经常歪曲社会的历史，另一方面，则由于生产规模的狭小，限制了人们的眼界（联言小前提），

（所以）在很长的历史时期内，大家对于社会的历史只能限于片面的了解（结论）。

同是"一方面……一方面……"，在不同的语句中，一个用来构成判断，一个用来构成推理。在"无数万成群的奴隶——农民，在那里打翻他们的吃人的仇敌。……一切革命同志都要拥护这个变动，否则他就站到反革命立场上去了"（毛泽东《湖南农民运动考察报告》）中，关联词语"否则"用来构成假言推理，而在"（祥林嫂）很胆怯，不独怕暗夜，

怕黑影，即使看见人，虽是自己的主人，也总惴惴的，有如在白天出穴游行的小鼠；否则呆坐着，真是一个木偶人"（鲁迅《祝福》）中，关联词语"否则"却用来构成选言判断。这些同样告诉我们，使用诸如此类的关联词语时，要仔细分析句子中的其他语词，不要将所要表达的逻辑意义弄错了。

  关于虚词的逻辑意义，在形式逻辑教科书和有关的其他著作中鲜有论及，这一方面的研究还几乎是一个空白。但是，虚词是任何一种民族语言中两大词类中的一大类，它的逻辑意义绝不可轻视。虚词的逻辑意义同文章写作与修改的关系也极密切，这一方面的研究应当充分重视，大大加强。本文只是涉及其中万一，算是提出问题、抛砖引玉吧。

线索在手，条理井然
——语序与逻辑

1927年初，鲁迅来到广州。当时的广州，革命势力很活跃，反革命势力很嚣张，斗争形势十分复杂。鲁迅抵达广州后，当地的《民国日报》《国民新闻》等国民党反动文人办的报刊经常刊登有关鲁迅的文章、照片，想以肉麻的恭维麻痹鲁迅的斗争意志，使他丧失警惕。但鲁迅却漠然淡然，毫不为动，拒给他们写稿捧场。于是，他们改玩花招，故意用含混的语句制造鲁迅站在他们一边的假象。有一篇文章写道：

> 自鲁迅先生南来后，一扫广州文学之寂寞，先后创办者有《做什么》《这样做》两刊物。闻《这样做》为革命文学社定期出版物之一，内容注重革命文艺及本党主义之宣传。

《这样做》是广州国民党反动文人组织"革命文学社"的刊物，与广州共产青年主办的《做什么》敌对。上述文句把两个刊物说成似乎都是"鲁迅先生南来后"由他领导创办的，想借此欺骗群众。当然，这只能是自欺欺人。鲁迅先生在《怎么写》里揭露道："为什么这么大相反对的两种刊物，都因我'南来'而'先后创办'呢？""开首的两句话有些含混，说我都与闻其事的也可以，说因我'南来'了而别人创办的也通。但我是全不知情。"国民党反动文人们的如意算盘落空了。

语句的"含混"，盖有二法。其一是在概念上捣鬼，用有歧义的语词糊弄读者；其二是在语序上捣鬼，造成读者的错误理解。"革命文学社"的反动文人们就是采用了在语序上捣鬼的法术。如果不捣鬼的话，上述语句的语序应做调整，改为："鲁迅先生南来，一扫广州文坛之寂寞。革命文学社创办了《这样做》，内容注重……"即将"革命文学社创办了《这样做》……"这一句提到前面去。不过他们是绝不会这样做的，不然就不称其为反动文人了。

除故意在语序上捣鬼外，还会出现非故意的语序混乱现象。这是由于缺乏严格的逻辑思维训练的结果。

列宁曾就语序问题对普列汉诺夫草拟的一个纲领草案提过如下意见："我对第 11 节还有一点小小的措辞上的意见。在这一节谈'消灭资本主义的物质条件'是不合适的，因为这节谈的恰好不是消灭资本主义的物质前提，而是思想前提。……如果把这种'物质条件'不列在论述阶级斗争的一节，而列在论述资本主义的演进和趋向的一节，那就要正确得多。""第 12 节谈到行将到来的社会革命，但是直到第 15 节才来谈这个革命本身和它的必要性，这是不合逻辑的。应当'反过来'。"（《列宁全集》第 6 卷）

列宁指出了普列汉诺夫纲领草案"行文上的""不合逻辑"的问题。形式逻辑研究概念、判断、推理等思维形式以及同一律、矛盾律、排中律、充足理由律等思维规律，同时也要求思维、语言、文章合乎逻辑顺序。这是因为思维、语言、文章都是客观事物的反映，而客观事物是有一定顺序的。普列汉诺夫不讲顺序，所以列宁批评他行文"不合逻辑"，要求他"把次序调过来"。

客观事物的顺序表现在时间、空间上，也表现在客观事物的发展变化上。

时间是先后有序的。一年四季，依次是春夏秋冬，所以古今中外各个民族千百首《四季歌》，没有一首一忽儿唱春天，一忽儿唱冬天，一忽儿又唱秋天、夏天的，几乎一个模式地唱了春季唱夏季，唱了秋季唱冬季。叙述的内容如果主要表现在时间顺序的变化上，就应按时间先后来安排记叙的顺序。罗贯中的《三国演义》里有这样一段精彩记叙：

（马）超把枪望后一招，西凉兵一齐冲杀过来。操兵大败。西凉兵来得势猛，左右将佐，皆抵挡不住。马超、庞德、马岱引百余骑，直入中军来捉曹操。操在乱军中，只听得西凉军大叫："穿红袍的是曹操！"操就马上急脱下红袍。又听得大叫："长髯者是曹操！"操惊慌，掣所佩刀断其髯。军中有人将曹操割髯之事告知马超，超遂令人叫拿："短髯者是曹操！"操闻知，即扯旗角包颈而逃。

这段记叙曹操败逃的贯穿动作的文字，十分简略地把复杂错综的战斗场面做了条理井然、纹丝不乱的处理，其线索就是曹操大败在时间上的推移变化。

有的作者在记叙事件的发展变化时，没有抓住时间推移的线索，因而显得混乱。例如，"远方传来了杂沓的喊叫声和重浊的撞击声。他被惊醒了，立刻从床上一骨碌跳将起来，冲出门外。那美好的梦境消失了，他心慌意乱地往声音传来的方向望去……"其中，梦境的消失是在"他被惊醒"的一刹那间发生的，放在惊醒、跳下床、冲出门之后，显然与时间顺序不符。

空间是层次有序的。长江上源沱沱河出青海省西南边境唐古拉山脉各拉丹东雪山，流经西藏、四川、云南、湖北、湖南、江西、安徽、江苏、上海等省区市，记叙时不能阴错阳差地置江苏于前，江西于后，否则就闹笑话。李白"朝辞白帝彩云间，千里江陵一日还"，白帝、江陵，自西而东，行程千里，不可能忽西忽东；"两岸猿声啼不住，轻舟已过万重山",轻舟飞渡万重关山,也不可能回环跳跃。

鲁迅的《故乡》这样记叙他返回故土后所看到的中年闰土:

> 这来的便是闰土。虽然我一见便知道是闰土,但又不是我这记忆上的闰土了。他身材增加了一倍;先前的紫色的圆脸,已经变作灰黄,而且加上了很深的皱纹;眼睛也像他父亲一样,周围都肿得通红,这我知道,在海边种地的人,终日吹着海风,大抵是这样的。他头上是一顶破毡帽,身上只一件极薄的棉衣,浑身瑟索着;手里提着一个纸包和一支长烟管,那手也不是我所记得的红活圆实的手,却又粗又笨而且开裂,象是松树皮了。

从身材到圆脸、眼睛、头部、身、手,记叙得细微具体而又层次分明、井井有条,与闰土出现在鲁迅面前时鲁迅的观察进程相吻合。记叙内容如果主要是事物的层次结构,就应该这样按客观的层次顺序叙述。不然,打乱逻辑层次,会使人读不流畅。笑笑生的《金瓶梅词话》有一段肖像描写就是如此:"他戴着青净僧帽,披着茶褐袈裟,剃的青旋旋头儿。生的魁肥胖大,沿口豚腮。"在戴僧帽与剃光头之间横插进披袈裟,显然不合观察的逻辑顺序。

反映客观的思维、语言和文章,必须和客观事物的顺序性相一致。一致则合乎逻辑,不一致就会造成逻辑混乱。语序与逻辑的关系就在于此。因此,自古以来,人们就十分重视说话、行文的条理性。《诗经·小雅·都人士》要求"出言有章";《春秋左传》要求"言语有章";王符《潜夫论》强调"辞语""以信顺为本"……都有这个意思。

这当然不是说思维、说话、写文章只能按部就班、规行矩步,不能有所创新,不可错综变化。恰恰相反,人类的思维是极为复杂的,马君武《京华早春》诗说的"神思起伏渺无端"就是其形象生动的表述;人们的说话是可能妙语连珠的,指东说西,道古论今,滔滔不绝,变化万千,作家更有妙笔生花的本领,泼墨挥毫,出神入化,宛转回环,万变无穷。拿文章的叙事方法来说,据刘熙载《艺概·文概》所说,就有特叙、类叙、正叙、带叙、实叙、借叙、详叙、约叙、顺叙、倒叙、连叙、截叙、豫叙、补叙、跨叙、插叙、原叙、推叙的种种不同。但是,"万变不离其宗",必须丝毫不违背客观事物的逻辑。所以,刘熙载在列出种种叙事方法之后紧接着说:"惟能线索在手,则错综变化,惟吾所施。"这里的"线索",就是客观事物的逻辑性,不抓住客观事物逻辑的"线索",写出来难免杂乱无章、漫无头绪,使人看了不得要领,甚至误解。

某书的一个注解这样写道:"案吴兢《贞观政要》载唐太宗君臣谈论以隋亡为戒的事达四十五处。此外,新、旧《唐书》的'纪''传'和《通鉴》亦有不少类似的议论;谈到有关阶级矛盾的有二十一处,统治阶级内部矛盾的有十余处;分析历代因过分苛刻剥削人民而致乱亡的有十处,而主要的是以隋末'政刻刑烦'引起农民战争为戒。"其中,"此外……亦有不少类似的议论"一句插在中间,不但读来疙瘩,而且难以理解,使人误以为《唐书》《通鉴》中"说到有关阶级矛盾的有二十一处……"。因此,应将它移至"……引起农民战争为戒"的后面。

　　清代沈闇论述"为文之道",以为"义、辞、法"三者最为重要,"义所以制文,辞所以达义,法所以叙次其义而联缀其辞者。故不得于法,虽义合而辞富,要不足以成章也"。他批评宋、元、明三代虽然"号称成家者亦代不乏人",但是"文率杂乱而无序,甚者上下不相属,虽最著如卢陵,犹不获免……",慨叹"文之弊至此,其道不几绝矣乎!"(《韩文论补》)他的这些话,未免过头。"文率杂乱而无序",是一个全称判断,断定宋、元、明三代所有的文章都杂乱无序,这不是闭着眼睛说瞎话吗?不过,抛开具体事实不谈,他主张文章之"法"十分重要,不可杂乱无序,应当上下相属等,还是可取的,对于我们精雕细琢地修改文章,使语序合乎逻辑,有一定的教益。

最简单的逻辑要求
——同一律

在腓尼基人中,"细长牛皮条"与"城堡"是同义字。公元前70年诞生的诗人弗吉尔,在他所写的十二卷史诗《艾尼特》中,有关于这个同义字的故事:

> 腓尼基城邦,推罗人的王有一个女儿,名叫迪多。她聪明能干,在丈夫死后,秘密带着珍宝来到今天突尼斯的地方。因为栖身无所,她恳请当地人给她"一块像一张牛皮般大的土地"。得到同意后,迪多将牛皮剪成细细的皮条,然后将这些皮条连接起来,圈了很大的"一块像一张牛皮般大的土地",在上面建城立堡,发展了历史上著名的奴隶制国家迦太基。后来迪多堕入情网,因热恋艾阿尼斯不遂而自杀身亡。

前后两个"一块像一张牛皮般大的土地",显然是完全不同的概念。迪多故意违反了形式逻辑的基本思维规律同一律。

同一律要求人们在同一思维过程中,对于同一思维对象保持相同的思想。同一律的公式为:A 是 A。这个公式的意思是:在同一思维过程中,每一个概念或判断的内容都是确定的,必须保持不变;如果变化了,就犯违反同一律的逻辑错误。迪多要求给予栖身之所时,所要求的"一块像一张牛皮般大的土地",与后来实际取得的所谓"一块像一张牛皮般大的土地"截然不同,所以我们说她违反了同一律。

违反同一律,不保持思想的确定性,是写文章的大忌。在马克思、列宁的许多文章中,我们都看到他们指出同志或论敌违反同一律的逻辑错误。这种错误的表现形式是多种多样的。

其一,在同一篇文章中论述同一对象时,采用了不同的概念。例如,马克思在《评一个普鲁士人的〈普鲁士国王和社会改革〉》里写道:

> 请"普鲁士人"允许我们首先提一个词句方面的意见。他的对照是不完善的。前一半说,"一旦贫困产生出理智",而后一半却说,"而政治理智又发现社会贫困的根

源"。前一半里面的单纯的理智,到了后一半里面却成了政治理智;同样,前一半里面的单纯的贫困到了后一半里面却成了社会贫困。……为什么这位隐名的作者不按照最简单的逻辑所要求的那样,把社会理智和社会贫困相对照,把政治理智和政治贫困相对照呢?

马克思这里所说的"最简单的逻辑……要求",就是指同一律关于保持思维确定性的要求,"普鲁士人"违反了这一要求。

有人写道:"在漫画展览中,华君武同志的漫画受到广大观众的热烈赞扬。他的政治漫画以特有的夸张和深刻的寓意见长,受到观众赞扬是理所当然的。"这里,前面说的"漫画"和后面说的"政治漫画"是指同一对象,但"政治漫画"这个概念的外延比"漫画"这个概念的外延小,二者不完全一致。华君武的政治漫画由于"特有的夸张和深刻的寓意"而见褒于观众,那么他的其他漫画是否也是由于这个原因而受观众赞扬呢?读者不得而知,原因就在于这段话违反了同一律这一"最简单的逻辑……要求",逻辑上不严密。

一般来说,一篇严谨的论说文中,不仅不能在论述同一对象时采用不同的概念,而且最好也不采用以不同语词表达的同一概念。因为,尽管所表达的是同一概念,但由于使用不同语词,容易引起误解,把读者或论争者诱入本可避免的歧见纷争中去,无为地浪费精力。《文汇报通讯》在讨论新闻的兴趣性问题时,来稿中曾出现了新闻的"共同兴趣""普遍兴趣""广泛兴趣""一般兴趣"等不同提法,编者在1980年第9期的"编者的话"中特地指出:四者"含义一致,本刊拟不改动,仍称'共同兴趣'",这就避免了概念混乱。

在同一篇文章中论述同一对象而采用不同的概念的错误,有时表现得十分隐蔽。例如,《文学报》1981年6月4日的一篇文章写道:

> 四十五年前,在上海虹桥公墓上曾埋藏过中国伟大文豪鲁迅先生,那时,他的遗体上覆盖着"民族魂"的旗帜;四十五年后,也是在虹桥公墓上,埋藏了伟大的中国人民的名誉主席,她的骨灰盒上覆盖着中国共产党的党旗。

这里,作者先以1981年为标准,说"四十五年前"如何如何,后以1936年为标准,说"四十五年后"怎样怎样,涉及的对象应该是可以用"……前"与"……后"表示的某一个确定的时间概念,但是,作者却时而以1981年,时而以1936年为标准,而且还不见诸文字,令人难以察觉。这类隐蔽的错误,更应引起重视。

其二,行文中使用的概念未与全文所要论述的对象保持同一。这是"文不对题"在概念使用上的表现。一般来说,"文不对题"较多地出现在中、小学生的作文中,惯于握笔作文的同志是不大会"文不对题"的。但是"文"中的部分论述对象越出文章的论列范围却所在多有,这可能就是不少文章冗长繁杂、使人看了不得要领的原因。有一篇文章从标题上看是专论鲁迅对精神文明的精辟见解的，文章内容的大部分确也没有脱离主旨；但是，该文谈到爱国主义、互助精神和理想境界等几点时，却枝蔓横生、牵丝扳藤，扯到忠君观念、江湖义气、帮派思想和人的欲望及有关心理等问题上去，并展开了洋洋洒洒的论述，甚至还着墨于社会生产水平、劳动工具的先进性等"物质文明"领域的问题，这就不免"下笔千言，离题万里"了。

其三，将并非同一论域的概念作为同一论域的概念放在一起对照比较，从而在处理概念与概念之间的关系上表现了违反同一律的错误。

有一篇题为《"好人不跳舞"吗？》的文章写道：在不少的电影和电视剧中，凡是出现流氓、阿飞式的人物，总要让他们跳上一通丑怪姿态的"迪斯科"，这几乎成了一种公式，好像不如此，就不能表现他们的腐朽、没落。这些作品形象地告诉观众："好人不跳舞。"作者指出：然而《红衣少女》让安然在卧室跳了十几秒迪斯科。我们祖先的生活中，舞蹈是非常广泛和普遍的。《诗经》《墨子》就说过可歌可舞。周朝习舞是贵族子弟必修课程；将士出征前要跳，狩猎、播种、收割、嫁娶、出丧等均要跳舞。通过这一番论述，作者想得出"好人也可跳舞"的结论。但是，将健康的舞蹈与"丑怪姿态的'迪斯科'"放在一起对比难道是恰当的吗？显然是不恰当的，这是两种不同的舞蹈，两类不同的概念。那些"丑怪姿态"的什么舞，与健康的舞蹈是不可同日而语的，将二者对照比较得出"好人也可跳舞"的结论，恐怕是不能令人信服的，在逻辑上它违反同一律，在实践上则有损社会主义精神文明的建设。

其四，行文中前言后语应使用同一概念却使用了不同概念。例如，某刊《国学专修馆的特殊施教》一文中说："授课的教师都是学术界知名人士，如鲍鼎的金骨文、张世禄的音韵学、吕思勉的史学、胡宛春的词学、周予同的经学、王佩诤的曲学、钱仲联的文选、许国璋的英文等，阵营是很坚强的。"前言"人士"，后语应与之保持同一，如"研究金骨文的鲍鼎""史学权威吕思勉"等，作者却以"人士"们从事的学科作为后语，违反了同一律。又如，《吉林日报》1983年4月27日的一篇文章，提出了"莫从内行中选外行"的论点，以赵王选赵括为将作论据，说这就是"从内行中选外行"。但接着作者又说赵括"是一个假内行，真外行"。前言后语不相同一，叫人十分费解。这类错误表明，作者不仅思想混乱，而且撰文比较马虎。

其五，也是形式逻辑教科书必定提到的违反同一律的突出表现，即"偷换概念"。每一种民族语言中，都有许多词汇是多义的，即一个词可以表达多种不同的概念。如"运动"词，可以表达"体育活动"的概念，可以表达"钻营活动"的概念，也可以表达"政治斗争"的概念，等等。如果在行文中以"（政治）运动"来偷换"（体育）运动"或"钻营活动"，那就是违反了同一律的要求。

梁遂在《偷换概念的四种形式》一文中指出：把同一个语词所表达的几个不同概念混为一谈；把音同、语言表达形式不同、含义也不同的几个概念混为一谈；把表示集合体的概念与表示个体的概念混为一谈；把有某些联系或表面相似的两个不同概念混为一谈；等等，是偷换概念的常见表现形式。这些表现形式可以归结为一点，即违反思维基本规律之一的同一律。违反思维规律有故意与无意之分，因此，有的逻辑书籍把故意违反的称作"偷换概念"，把无意而违反的称作"混淆概念"。无论是偷换概念还是混淆概念，在逻辑错误的性质上是一样的，写作和修改文章的过程中，都必须认真防止。

《笑例》一书中有一则笑话：

客见座上无肴，乃作意谢主人，称其太费。主人曰："一些菜也没有，何云太费？"客曰："满盘都是，为何还说没有？"主人曰："菜在哪里？"客指盘内曰："这不是菜，难道是肉不成？"

笑话中的"客"利用"菜"这一语词表达"菜肴"与"青菜"等不同概念，故意将主人所说的"菜"的含义"菜肴"偷换成"青菜"，用以讥讽主人。如果说，这是一种"狡黠的机智"的话，那么，文章中犯了偷换概念的错误而不知改正，那就是心迟笔拙的表现了。

使用概念方面违反同一律的现象，在报刊文章中是经常出现的，其主要原因有时是由于作者、编者对有关概念的知识懵然不解，大多却由于粗枝大叶，不以这类问题为事。

除概念使用外，违反同一律还常表现在判断的使用方面，其中最突出的是"转移论题"。鲁迅先生在答《京报副刊》关于"青年必读书"的问题时曾说："我看中国书时，总觉得就沉静下去，与实人生离开；读外国书——但除了印度——时，往往就与人生接触，想做点事。"因此，他认为："我以为要少——或者竟不——看中国书，多看外国书。""少看中国书，其结果不过不能作文而已。但现在的青年最要紧的是'行'，不是'言'。"后来，有个叫熊以谦的人，以《奇哉！所谓鲁迅先生的话》为题发表文章，认为"行要学来辅助"，指责鲁迅"只要行，不要读书"。对这一指责，鲁迅先生在《报〈奇哉所谓……〉》（《集外集拾遗》）中驳斥道："'行要学来辅助'，我知道的。但我说：要学，须多读外国书。'只要行，不要读书'，是你的改本，你虽然就此又发了一大段牢骚，我可是没有再说废话的必要了。"鲁迅揭露论敌转移论题，不屑一顾地斥之为"牢骚"，是一针见血的。我们的作者当然不会故意转移论题以糊弄读者，但是由于思考不周，"下笔千言，离题万里"的事也往往会发生，其中就可能犯转移论题、违反同一律的错误。因此，文章初稿撰成之后，从遵守同一律方面做一番检查，也是必不可少的。关于转移论题，下文还将做比较详尽的分析。

胡适"自己打嘴巴"
——矛盾律

《讽刺与幽默》(1981年第20期)载有短文一则,题为《美中不足》,兹录如下:

> 放映员写了一个建议报告:鉴于目前在我们影院内外到处张贴着"场内严禁吸烟""办公重地,禁止入内""禁止随地吐痰""严禁攀登"等等命令式的、说话不和气、语言不美的标语,建议改用"场内请勿吸烟""请勿随地吐痰"为好。
>
> 报告送到领导同志办公室,领导批示:"为了更好地开展'五讲''四美'活动,今后公共场所一律禁止用'严禁''禁止'之类的字样。"

领导的"批示",其意不可谓不美,然而美中不足的是"禁止用'严禁''禁止'之类的字样",由于违反矛盾律而令人啼笑皆非。

矛盾律是逻辑思维基本规律之一。矛盾律要求在同一思维过程中,对同一对象不做出前后矛盾的断定。因此,有人又称矛盾律为不矛盾律。矛盾律的公式是:A不是非A。公式中的"A"代表一个思想(判断),"非A"表示对"A"的否定。公式的意思说的是判断"A"与"非A"不能同真,否则就违反矛盾律。

胡适曾经在《新青年》上发表《四烈士塚上的没字碑歌》一诗,鼓吹"炸弹!炸弹!炸弹!"和"干!干!干!"。但后来在《现代评论》上又写了《爱国运动与求学》一文,主张救国必先求学,企图使学生脱离爱国运动。鲁迅说这是"今日之我打昨日之我","自己打嘴巴"。他还尖刻地讽刺说:"如果只有自己,那是却可以的:今日之我与昨日之我战也好,今日这么说明日那么说也好。但最好是在自己的脑里想,在自己的宅子里说;或者和情人谈谈也不妨……"(《华盖集·碎话》)当然,将相互矛盾的思想形诸文字,就是文理不通,自相矛盾了。

如果在文章中出现了互相矛盾的判断,那么,这两个判断就必定有一个是假的。这就要求我们在修改文章时注意排除这种自相矛盾的情况。

语句中违反矛盾律的情况主要有以下四种。

其一，前后两个判断互相矛盾。

日本陶瓷艺术巨匠，号称"人间国宝"的加藤唐九郎，向中国社会科学院赠送了一幅题为《协调交响曲》的陶壁。某报在报道这条消息时，先写到，这幅陶壁"在日本名古屋公开展览后，目前已运抵北京，镶嵌在中国社会科学院科研大楼内的墙上"。接着又写道："今天下午，陶壁赠送仪式在人民大会堂隆重举行。""中国社会科学院院长马洪代表中国社会科学院接受了陶壁，并向加藤唐九郎回赠了礼品。"一则报道，既说"目前已镶嵌在墙上"，又说"今天下午接受了陶壁"，显然前后矛盾了。

有一位同志在《关于修改宪法的我见》中写道：

全国人民代表的任期，应明文规定为五年一任；可连选连任三次，即最多不得超过十五年。倘若年轻力壮，各方面条件好，在以后还可以选为人民代表，担任领导工作。

这段话的表述是不清楚的，其中包含着逻辑矛盾：既然"最多不得超过十五年"，怎么"以后还可以选为人民代表"？究竟可以"连选连任"几次呢？"连选连任三次"只是针对那些并非"年轻力壮"的人吗？

据清人王端履在《重论文斋笔录》卷九中说，"诗人失检比比皆然"。他以宋代诗人杨万里诗中的自相矛盾为例来说明这一点："杨万里诗：'梅子留酸溅齿牙，芭蕉分绿上窗纱。日长睡起无情思，闲看儿童捉柳花。'自是佳诗，然梅子留酸，芭蕉分绿，已是初夏风景，安得复有柳花可捉乎？"这种自相矛盾的"失检"，是应该避免，也可以通过认真修改文稿避免的。

其二，同一语句中包含着自相矛盾的两个判断。

《科学画报》（1978年12期）的《生活在北极圈的人》一文，介绍北美"爱斯基摩人和黄种人一样，具有黑而直的头发，深棕色的眼睛，突出的颧骨和宽阔的面孔。他们的肤色棕黄……考古学家发现，爱斯基摩人的某些雕品、宗教信仰以及各种礼仪，与西伯利亚某些部落的人极为相似，西伯利亚当地的居民也都是黄种人，亚洲又是黄种人的发源地"，作者由此断定："看来，爱斯基摩人无疑是来自亚洲。""看来"如何如何，通常是一种猜测、推测、假定，要经检验后才能做出肯定的判断。"无疑"如何如何，则不是猜测、推测、假定了。因此，"看来……无疑……"连用，就相矛盾了。

《林海雪原》中写道："在从前的年代，四方台向来没有人上去过，上去的人就从来没有回来过。"这里相当于做出了"四方台没有人上去过""四方台有人上去过"两个截然相反的判断。如果把"向来没有"改成"几乎没有"之类，就不会有自相矛盾的弊病。

同一语句包含矛盾判断的错误，有一种常见的表现形式，有的逻辑工作者名之曰"两面对一面"。例如：

①所以，今天活在印度的狼孩巴什卡尔能否学会语言和恢复记忆，几乎是不可能的，何况巴什卡尔在回到人类社会怀抱的头几年中，仍然被当作野兽到处去展览哩。(《北京日报》1979年10月9日)

②有人担心上夜班会不会影响健康，我的回答是否定的。(《养身之道》)

③对科技人员这么强调专，是不是可以忽视他们的红呢？还要不要他们学习马列主义、毛泽东思想，改造世界观呢？我们的回答是肯定的。(《人民日报》1978年4月20日)

④杀死孩子的凶手在哪里呢？是谁抓住了这个凶手呢？是德国的一位医生，叫吕弗莱。(《逻辑趣谈》)

上述四例，都犯了"两面对一面"的错误。例①，对"能否学会"这"两面"都做了"不可能"的回答；例②，同时否定了"会"和"不会"影响健康；例③，同时肯定"可以"和"不可以""忽视他们的红"；例④，将医生吕弗莱说成既是杀人凶手，又是抓住凶手的人。显然，每一个例子都做出了自相矛盾的判断。

其三，同一判断中的主项与谓项不相称。

在判断中，被断定的概念称判断主项，用来断定的概念称判断谓项。主项与谓项必须一致，如不相称，搞"张冠李戴""移花接木""狗尾续貂""拉郎配"，都会造成自相矛盾。《人民日报》(1980年1月8日)中《一面明亮的镜子》一文中写道："讲修养，这是我们共产党人的学习榜样。""讲修养"这件"事"，怎么成了"学习榜样"的"人"呢？《文汇报》(1979年10月10日)中《祝贺〈海瑞罢官〉公演》一文中说："信芳同志所精心创造的海瑞形象没有死于嘉靖皇帝之手，而扮演海瑞的信芳同志却死于'四人帮'的迫害。""海瑞形象"怎么"死"法呢？"玄武湖的春天，是美丽的地方。""南京化肥厂产量是全国大化肥厂之一。""昨天刮了两天两夜的风。""阶级斗争已经不是我国社会的主要矛盾了。"……这些判断中，主项和谓项都有点"牛头不对马嘴"，也就是不相称，因而违反了逻辑思维的矛盾律。

其四，判断与客观事物情理相悖。

某报在一篇题为《她沉浸在角色里》的文章中写道：

在万人瞩目下，她仰望着闪烁的灯光、欢腾的掌声。似乎沉浸在思索中。

显然，"望着……掌声"是与情理相悖的。这一类文句，如"在一天傍晚十点多钟，我来到首都北京"，"听到的不是哭声，而是骄傲的笑容和歌声……"，等等，如果稍微留神一下，可以从报刊上找到不少。

一篇报道里写道：

在这天晚上，以胡绳为首的中国大陆六位学者及翻译和以台湾大学教授秦孝仪为首的六位台湾地区的学者及翻译，都坐在主席台上，一起参加了平静而热烈的讨论。

一篇社论里写道：

首先，由于对立的统一和斗争都采取相对静止和显著变动的状态，……

一篇小说里写道：

人心都像油煎火燎似的，天天晚上站在庄头上看太阳是不是落在云霞里。

还可以举出很多。其违背矛盾律之明显，读者只要按加了着重点的地方看看想想，就会明白，毋庸笔者赘言了。我所想补充的是：如此明显的违反矛盾律的错误，绝不是因为作者缺乏起码的生活常识或基本的科学知识，而是在成文之后忽视了必要的逻辑检查。

语句中的判断矛盾，往往表现得比较隐蔽。在文学作品中，由于有较多的描写，往往不易被发觉。《光明日报》（1984年1月19日）的《湖里一瞥——八闽散记》一文就是如此，其中写道：

从公路两旁一直伸展到浪花飞溅的海边，到处是推土机犁开的地面，到处是载重卡车奔驰的足迹。每个头一次来到这里的人，无不为眼前发生的变化而感到惊奇，兴奋不已。

前面说"头一次来到这里"，这就是说以前没有来过，对以前的情况并不了解，因而不可能进行对比，不可能产生"为眼前发生的变化而感到惊奇"的感觉。既说"头一次"，又说感到了"变化"，是矛盾的。对这类比较隐蔽的判断矛盾，修改文章时更需多加留意。

一篇文章，即使从总体来看写得不错，但美中不足地出现了自相矛盾的判断，就大大地损害了全文的严谨性、逻辑性。因此，修改文章时，必须特别注意这类问题，不能因为是"白璧微瑕"而掉以轻心。清代唐彪在《读书作文谱》卷五中说："武叔卿曰：'文章有一笔写成不加点缀而自工者，此神到之文，尚矣。其次须精思细改，如文章草创已定，便从头至尾——检点。气有不顺处，须疏之使润；机有不圆处，须炼之使圆；血脉有不贯处，须融之使贯；音节有不叶处，须调之使叶：如此仔细推敲，自然疵病稀少。倘一时潦草，便尔苟安，微疵不去，终为美玉之玷矣。'"这对我们修改文章是很好的教诲。谚语说得好："一粒老鼠屎，坏了一锅汤。"文章中偶或出现的自相矛盾的判断，犹如"老鼠屎"，务必——剔出，不然就难以给读者奉献上"美味鲜汤"了。

必须注意，矛盾律要求排除的文章中的矛盾，属于形式逻辑范畴。离开这一要求，误将不同对象的矛盾现象，加以任意的"修改"，反而会导致错误。《雅谑》中有这样一段故事：

> 吴门张幼于，使才好奇。日有闯食者，佯作，谜粘门云："射中许入。"谜云："老不老，小不小；羞不羞，好不好。"无有中者。王百谷射云；"太公八十遇文王，老不老；甘罗十二为丞相，小不小；闭了门儿独自吞，羞不羞；开了门儿大家吃，好不好。"张大笑。

王百谷的四句中，后两句"羞不羞""好不好"是问语，无所谓矛盾，前两句中的"老不老""小不小"似乎有矛盾。但是我们知道，这里并不真的存在逻辑矛盾，因为在"太公八十遇文王"这一特定语境中，"老"与"不老"分别指的是"太公八十岁"和"太公从政而不服老"；而在"甘罗十二为丞相"这一特定语境中，"小"与"不小"则分别指"甘罗十二岁"与"甘罗拜相"。由此可知，在修改文章时，可以用一定的语句造成特定的语境，从而消除某些逻辑矛盾，使之不违反矛盾律。

此外，同一客观事物由于与其他事物处于不同的关系之中，因而显出某些辩证矛盾，也不能随意"修改"，否则也会导致错误。清代程世爵所著《笑林广记》中有《嘲时事》一篇曰：

> 近年时事颠倒，竟有全非而以为是者，口撰数语以嘲之：京官穷的如此之阔，外官贪的如此之廉，鸦片断的如此之多，私铸禁的如此之广，武官败的如此之胜，大吏私的如此之公。舌锋犀利，造语亦苛。

文中的"穷"与"阔"、"贪"与"廉"、"断"与"多"、"败"与"胜"、"私"与"公"无疑是完全对立的，但是谁也不会认为"嘲"得"矛盾"，而且谁都同意"舌锋犀利、造语亦苛"的评论，原因就在于清末时事的颠倒，本身包含着一系列辩证的矛盾。

何薳在《春渚纪闻》中说："自昔词人琢磨之苦，至有一字穷岁月，十年成一赋者。"他说，白乐天（白居易）诗词似乎信笔所写、出口成吟，但一查他的遗墨，才知"涂窜甚多"，改了又改才写成的；欧阳文忠公（欧阳修）"作文既毕，贴之墙壁，坐卧观之，改正尽善，方出以示人"。何薳从这些事例中得到"虽大手笔，不以一时笔快为定，而惮于屡改也"的体会。这应该成为我们精心修改文章的座右铭。我们应该将逻辑矛盾、辩证矛盾加以仔细的区分，必要时设置特定的语境以消除某些矛盾，使文章合乎逻辑。

"撒下莠草，磨不出面粉"
——推理的前提必须真实正确

1925年2月5日的《京报》曾报道孙中山先生2月4日的病况。文中说，当西医已经束手无策的时候，有人主张服中药一试，但孙中山先生不赞成。孙中山先生认为，中国的药品固然也有有效的，诊断的知识却缺如，"不能诊断，如何用药？毋须服"。不久，这位伟大的民主革命先行者溘然与世长辞。

鲁迅先生在《中山先生逝世后一周年》的纪念文章里谈到这件事时说，"人当濒危之际，大抵是什么也肯尝试的，而他对于自己的生命，也仍有这样分明的理智和坚定的意志"，因此，《京报》上的这"一条琐载，不下于他一生革命事业地感动过我"。后来，鲁迅先生患病，也只肯请西医、服西药，直至逝世。

笔者对医学一无所知但从今天的常识来看，孙中山先生和鲁迅先生拒服中药，不能不说是一种失误，而且是重大的可怕的失误。这一失误与逻辑不无关系。

"不能诊断，如何用药？毋须服。"这是一个省略式假言推理，恢复其被省略的部分并略事"翻译"，可得如下推理：

> 如果不能诊断，那就不能用药，
> 中医不能诊断，
> 所以，毋须服中药。

在这个推理中，大前提是正确的，推理的结构也无问题，但小前提却值得研究。诚然，中医缺乏现代化的、精密的、科学的诊断手段，但是，它根据长期积累的经验，通过"望、闻、问、切"，往往对许多疾病诊断得十分准确，对某些疑难杂症也常常有绝妙的对付办法。因此，说中医诊断可能不准确，只能服中药试一试，是正确的；而说"中医不能诊断"，就失之偏颇，从而推出"毋须服中药"的结论，则难免造成重大失误。

我们知道，推理的结论是从前提逻辑地推得的，因此要取得正确的结论，首要的条件便是前提（包括大前提和小前提）正确。前提不正确，结论的正确是无从谈起的。这在假言推理是如此，在直言推理、选言推理、类比推理、归纳推理都莫不如此。爱因斯坦曾指出："理论家的方法，在于应用那些一般假设或'原理'作为他的基础，从中导出结论。因此，他的工作就分成了两步。他首先必须发现原理，然后导出结论。"发现原理的"工作一旦胜利完成以后，推理就一个接着一个"（《爱因斯坦论著选编》）。这里所说的"原理"就是推理的前提。原理正确，可以"一个接着一个"地推出正确的结论；否则，就会"一个接着一个"地推出错误结论。英国著名地质学家海克斯曾对著名物理学家汤姆逊说："数学像磨盘一样，把撒在下面的东西磨碎。撒下莠草，就不可能得到面粉。同样地，写下整页整页的公式，也不能从错误的前提中得到真理。"海克斯更加形象地说明了前提正确与否和结论正确与否的关系。

文章中的这一方面的错误，可能发生在小前提上，也可能发生在大前提上。而在许多情况下，为了行文的简洁，大前提或小前提是可以省略的，所以，必须仔细检查，才能发现错误。那种在修改文章时心不在焉的态度，是极为有害的。我们来看下列病句：

① 大量的事实证明了这一观点的正确性，我们必须承认它的真理性。

② 他的主张得到大伙的赞同，而且目前也一定行得通，所以，你持异议，无异于反对真理，这是没有好处的。

③ 放松了管理教育，就将使企业出现问题，对这个企业的问题必须从管理教育方面进行检查。

例①省略了大前提："凡为大量事实证明的观点都是真理。"这个大前提本身不科学。"血是红色的"这个判断很容易得到"大量事实"的证明，但血并不都是红色的。"它（指红色政权，笔者按）的发生不能在任何帝国主义的国家，也不能在任何帝国主义直接统治的殖民地"，这个观点也曾为"大量事实"所证明，毛泽东同志把它写进《中国的红色政权为什么能够存在？》这篇著名的文章里。但"毛泽东同志于1928年对于在帝国主义直接统治的殖民地条件下这一个问题上所做的观察，已有了改变"。这些事实说明，"凡为大量事实证明的观点都是真理"这个判断并非真理，用它作大前提很容易推出错误的结论。

例②也省略了一个错误的大前提，它是："得到大伙赞同而且目前行得通的主张都是真理。"这等于说"多数人赞同的就是真理"，"有用的就是真理"。而我们知道，前者是违反历史唯物主义的，后者是实用主义的著名观点。用这种观点当作大前提，当然也难以推出正确的结论。

例③已将大前提列出，省略的是小前提"这个企业放松了管理教育"。只有当这个小前提符合实际时，结论"这个企业的问题必须从管理教育方面进行检查"才是合乎逻辑的。否则，结论仍然可能错误。因为"这个企业"如果并没有放松管理教育，也还可能因为技术设备太差或者其他情况而出现"问题"。在这种情况下，按结论所指示的去检查管理教育方面的良善与否，必定劳而无功。

上述三个例子中前提的错误都属于直言判断不符合客观实际方面。如果用作大前提的假言判断或选言判断是错误的，同样推不出正确的结论。

假言推理由于大前提错误而得出错误结论。例如：

④在行将到来的经济建设高潮中，如果有了先进的技术，就一定能达到良好的经济效果。所以，这个厂的同志都为引进了价值昂贵的"DV"生产线而额手称庆。

⑤必须拓宽从江边码头到火车站的道路，才能解决轮渡拥挤和秩序混乱的老问题。现在看来，拓宽道路工程费用筹措困难，上述问题的解决还是遥遥无期的。

例④列成推论式是：

如果有了先进技术，就一定能达到良好的经济效果，
这个厂引进了先进技术，
所以，这个厂一定能达到良好的经济效果。

推论过程并没有错误，但是由于大前提错误，结论不正确。先进的技术、先进的设备，必须靠人去掌握、运用，必须妥善管理，否则，仍不可能产生预定的经济效益。大前提将"先进的技术"当成了"达到良好的经济效果"的充分条件，显然是不妥当的。

例⑤，轮渡拥挤是由于渡轮过少、航班时间太长造成的，秩序混乱还同管理不善有关。"拓宽从江边码头到火车站的道路"可以解决码头上乘客拥挤的问题，但与轮渡并无关系。因此，大前提假言判断的前件与后件不能构成假言推定的正确关系，用作假言推理的大前提，必然推不出正确的结论。

从以上两个例子可以看出，假言推理前提不正确，主要发生在大前提混淆了充分条件与必要条件，以及假言大前提前件与后件无必然性关系上。此外，如果假言大前提是正确的，小前提对大前提的前件或后件断定有误，也会造成结论的错误。

选言推理由于大前提错误而得出错误结论。例如：

⑥或者是江苏队胜，或者是浙江队胜，棋赛的奖品不是被江苏队领走，就是被浙江队领走，反正都是华东地区的，就不用操心了。

在这个推理中，大前提没有列出全部选言肢，因为棋赛与球赛等有所不同，可以和局结束。这样，小前提即使正确，推出的结论也可能是错误的。如果结论恰巧与实际相符，那从逻辑上看，由于不具有推论的逻辑必然性，仍旧要作为违反逻辑看待。

选言大前提的错误，大多出在没有列出全部选言肢这一点上。归纳推理、类比推理和关系推理，也可能由于前提错误而导致结论错误，其原理与直言推理、假言推理、选言推理大致相同，这里从略。

恩格斯曾经指出："如果我们有正确的前提，并且把思维规律正确地运用于这些前提，那末结果必定与现实相符。"(《马克思恩格斯全集》第20卷）这里，前提的正确性，是被作为头等重要的问题提出来的。文章修改的过程中，必须对推理前提的真实性与正确性做认真的检查。

梁实秋失足于何处

——谨防四概念错误

法国资产阶级革命的启蒙思想家卢梭，于1755年为《法兰西百科全书》所写的《论政治经济学》中，有这样一句话："财产是文明社会的真正基础。"关于卢梭这句话的真假对错，我们且不论列，这里单说梁实秋在《文学是有阶级性的吗？》一文中，把卢梭的话歪曲引用成"资产是文明的基础"，然后推论道："所以攻击资产制度，即是反抗文明。"

熟悉20世纪30年代初文艺界斗争情况的读者都知道，梁实秋作为国家社会党和新月派的成员，早已从依附北洋军阀转而投靠蒋介石，他对左翼作家之"攻击资产制度"是咬牙切齿的。因此，他指斥左翼革命作家对资本主义剥削制度的批判是什么"反抗文明"。他的推理列成三段论式是：

资产是文明的基础，
你们攻击资产制度，
所以，你们是反抗（攻击）文明。

鲁迅先生在《"硬译"与"文学的阶级性"》一文中批判梁实秋的谬论时，令人信服地揭露了梁实秋推论大前提的错误。鲁迅指出："我想，卢梭去今虽已百五十年，但当不至于以为过去未来的文明，都以资产为基础……希腊印度，都有文明，而繁荣时俱非在资产社会……"

可加补充的是：梁实秋的这个推理，还失足于四概念错误。

所谓四概念错误，是指推理的大小前提中出现了四个概念。

推理的大小前提是两个判断，这两个判断只能由三个概念构成。少于三个概念，不可能构成两个不相同的判断。而如果多于三个概念，所组成的两个判断就会由于缺乏一个共同的概念把其中的两个概念联系起来，互相没有关系，不能进行推论。例如：

语言是人类交流思想的工具，

> 文章是客观事物的反映,
>
> ?

这里,充作大小前提的两个判断中有"语言""人类交流思想的工具""文章"和"客观事物的反映"四个概念,其中没有一个概念同时与其他概念发生关系。它们所组成的判断,"水牛角,黄牛角,各管各",互不相关,没有联系,因而不可能推出结论。

同理,梁实秋的推理前提中,由于"资产"与"资产制度"不是同一概念,也就犯了逻辑上的四概念错误,不应该据以推出结论。

在自然语言中,语句很少以典型的三段论式表述,因而很容易将其中的四概念错误掩盖起来。归纳一下,主要有这样三种情况。

第一,掩盖着以混淆集合概念和普遍概念而造成的四概念错误。

有一篇文章写道:"书籍是人类进步的阶梯,无论看什么书都有益处,鲁迅不就提倡过'随便翻翻'吗?我们的先人不就说过'开卷有益'的话吗?"这段话所包含的推理是:书籍是人类进步的阶梯,无论什么书都是书籍,所以,无论什么书都有益。

"书籍"是集合概念;"书"是普遍概念。集合概念是表示同类对象集合体的概念;普遍概念则是反映事物的概念。举例来说,鱼群是鱼的集合体;人类是人的集合体;工人阶级是具有工人阶级属性的人的集合体。作为集合体,它虽然是由其个别分子组成的,但当它被作为集合体来看时,其中任何一个分子都不能以整体自居。因此,鱼不是鱼群,人不同于人类,张三、李四不能自称为"某阶级"。普遍概念则不同。鱼是普遍概念,人也是普遍概念。任何鱼,这里的和那里的,淡水鱼和咸水鱼,鲫鱼和青鱼,大鱼和小鱼……都叫作鱼。同样,书籍是书的集合体,任何一本书都不能被称为书籍;而书却是普遍的概念,任何一本书都可称之为书,不管其内容如何、作者是谁、装帧怎样。当高尔基说"书籍是人类进步的阶梯"时,它指的是书的集合体,即从总体上看,书籍对于人类进步的作用恰如登高的阶梯。但是有各种各样的书,如果任何一本书都可被称作书籍的话,那么,反动的书、黄色下流的书,也就可以被推论为有益的书了。由此可见,上述例子中,把"书籍"和"书"混为一谈,表面看是三个概念,其实是四个概念,推出的结论是错误的。

第二,掩盖着因语词有歧义而造成的四概念错误。

汉语中有极多的语词可以表达不同的概念。例如,"物"可以表达:事物,内容("言之有物""空洞无物"),人、公众("待人接物""恐遭物议"),颜色(《周礼》:"以五云之物辨凶吉。"郑玄注:"物,色也。"),还可以表达法律上的一种权利客体、"察看"以及古时的一种杂色旗,等等。如果在推理前提中出现了有歧义的语词,那么即使只有三个语词,而表达的概念却是四个或四个以上,这就仍然要犯四概念错误。

有人这样写道:"正如物质是不灭的,任凭有多大的力量,也不能摧毁喜马拉雅山一样,不管敌人多么凶残,也休想叫革命者退却。"前面一个分句中,包含如下推理:

物质是不灭的，

　　喜马拉雅山是物质，

　　所以，喜马拉雅山是不灭的。

　　在这个推理中，大前提里的"物质"是标示客观实在的哲学概念，小前提里的"物质"是表示有一定物理性能的物体的物理学概念，因此，实际上存在四个概念。大小前提表面上关系密切，实际上风马牛不相及，不能推出"喜马拉雅山是不灭的"这个结论。《诗经·小雅·十月之交》有云："百川沸腾，山冢崒崩，高岸为谷，深谷为陵。"任何事物都有其产生、发展和灭亡的过程。喜马拉雅山本在海底，地壳的隆起使它诞生了，也总有一天随着地球的运动仍归消失。其实，上例把"正如物质是不灭的"几个字去掉，句子倒是通顺而无逻辑错误了。

　　有时，关系极为密切的一个集合概念与另一个普遍概念是用两个不同的语词表达的，如上文中的"书籍"与"书"等。有时，它们可能用同一个语词来表达，例如，同为"莎士比亚著作"，既可表达集合概念，又可表达普遍概念。这也是语词歧义现象的一种形式。如果行文不慎，同样会造成四概念错误。请看以下两个推理：

①莎士比亚著作文笔精彩，

　《温莎的风流娘儿们》是莎士比亚著作，

　所以，《温莎的风流娘儿们》文笔精彩。

②莎士比亚著作是三两天读不完的，

　《温莎的风流娘儿们》是莎士比亚著作，

　所以，《温莎的风流娘儿们》是三两天读不完的。

　　例①是一个合乎逻辑的推理，其大、小前提中的"莎士比亚著作"，表达的是相同的普遍概念"莎士比亚所写的一篇篇具体作品"，起了联系主项与谓项的桥梁作用，是一个"称职"的中项。例②却不是一个合乎逻辑的推理，其大小前提中虽然有"莎士比亚著作"这一相同的语词，但它在大前提里表达的是集合概念"全部莎士比亚著作"，而在小前提里表达的却是普遍概念"莎士比亚著作中的一篇"。这样，大小前提中出现了四个概念，中项不存在，推理就无从进行，例②所做的"推理"也就违反了逻辑规则。

　　犯有这种逻辑错误的文句时有所见。一篇报告文学作品这样写道："中国人是热爱和平的，他又是红旗下长大的共青团员，谁料到一戴上'造反队'袖章，竟变得如此'嗜武成癖'！"这段话夹在洋洋洒洒的长篇文章中，是很容易被一般读者忽略过去的，但受过逻辑训练的细心读者却会指出其中包含着四概念错误。这段话中隐含的作者的思维过程，可以列成如下推论式加以显示：

中国人是热爱和平的，

他是中国人，

所以，他是热爱和平的。

结论又与"他"实际上"嗜武成癖"相抵牾，于是作者用上了"谁料到……"。实际上，作者把集合概念"中国人"与普遍概念"中国人"混在一起，犯了四概念的错误。

第三，掩盖着因语词形式相近而造成的四概念错误。本文开头所说梁实秋把"资产"与"资产制度"混在一起进行推理，就是一例。这种形式的错误往往出现在较长的句群中，作者或者由于疏忽，而将行文相隔较远的两个形式相近而实际上表达不同概念的语词，当作同一个概念加以使用；或者故意将这样的语词分插在长句群的不同地方，用来糊弄读者，以售其奸。修改文稿时就要特别专注，特别敏锐地捕捉这种逻辑错误。

刘知几《史通·叙事》篇说："章句之言，有显有晦。显也者，繁词缛说，理尽于篇中；晦也者，省字约文，事溢于句外。""显"或"晦"，都可能掩盖着四概念错误，这是修改文章时必须加以小心的。

"罔罔然不识其真"的原因
——中项至少周延一次

明代刘元卿撰著的《应谐录》中,有一个笑话:

一里尹管解罪僧赴戍。僧故黠,中道,沽酒里尹,致沉醉酣睡;乃取刀髡其首,改绁己索,反绁尹项而逸。凌晨,里尹寤,求僧不得,自摩其首髡,又索在项,则大诧惊曰:"僧故在是,我今何在耶?"

这个笑话里的公差(里尹),任凭他押解的犯罪和尚把他灌醉、剃光了头、绑了脖子,待醒来而"求僧不得"后,还做了这样的推理:

和尚是剃光头的,
("我"所摸的)这个人(其实即"我"自己)是剃光头的,
所以,这个人是和尚。

公差的这个推理,使他怀疑起自己究竟"何在"了,真是滑天下之大稽!

这样的笑话不仅出现在虚构的故事中,实际生活里也不乏其例。中国古代的一个哲学家就曾断言:

犬为动物,
羊为动物,
故犬为羊。

刘元卿撰写《应谐录》不是为了笑笑而已,他的目的在于讥刺社会弊病。所以,在不少笑话后面,他都言简意赅地发一点议论。在上述笑话后面,他就写道:"夫人具形宇内,罔罔然不识真我者,岂独里尹乎!"也就是说,无"自知之明"的,天下绝不止"里尹"一人。

结合逻辑来看，像"里尹"那样"推理"的，在我们的同志所写的文章中，往往也会出现。例如：

鲁迅虽然没有加入中国共产党，但一切共产主义者都有可贵的硬骨头精神，鲁迅也是有硬骨头精神的。毛泽东同志赞扬"鲁迅的骨头是最硬的，他没有丝毫的奴颜和媚骨，这是殖民地半殖民地人民最可宝贵的性格"。所以，鲁迅是伟大的共产主义者。

芟夷枝叶，化繁为简，可以将这段话列成下面的三段论式：

共产主义者有硬骨头精神，
鲁迅有硬骨头精神，
所以，鲁迅是共产主义者。

这不就与"里尹"的推论如出一辙了吗？

尽管"鲁迅是共产主义者"这一结论并无错误，但是，整个推理过程的逻辑错误，与"里尹"的"推理"的逻辑错误，毫无二致。用逻辑学术语来说，其错误就是"中项一次也不周延"。

中项，是指在大前提和小前提里都出现的概念，它起联系其余概念的作用。所以，中项又称"媒概念"。

周延，是指涉及有关概念的全部外延。那么，不周延，就是指仅仅涉及一个概念的部分外延。例如，在"许多人蓄有小胡子"中，"人"这个概念不周延，因为在"人"前面有限制词，指"一部分人"。又如，在"花是美的"中，"美的（东西）"这个概念不周延，因为它指的是"一部分美的（东西）"，而不是指"全部美的（东西）"。否则，就可以说"美的（东西都）是花"，因而一首好诗、一幅好画、一处美景、一个美人都是"花"了。

"中项一次也不周延"为什么错呢？这是因为，在一次也不周延的情况下，中项就不能起"联系其余概念"以便进行合乎逻辑的推理的作用。拿"犬为动物，羊为动物，故犬为羊"这个推理来说，"犬"是"动物"的一部分，"羊"是"动物"的另一部分，中项"动物"一次也不周延，"犬"这"一部分动物"与"羊"那"一部分动物"并无关系，二者联系不起来，推不出"犬为羊"的结论。又如，在"教师是劳动者，歌唱家是劳动者，所以教师是歌唱家"中，虽然"劳动者"里的一部分可能恰好既是"教师"又是"歌唱家"，但是这不过"恰好"而已，是一种偶然性，而逻辑推理是讲必然性的。所谓"铁的逻辑"，就是指逻辑的必然性，绝非"恰好"之类的偶然性可以企及。

刘元卿笑话中的"里尹"所做的"推理"，中项是"剃光头的（人）"，一次也不周延。在所有的"剃光头的（人）"中，有一个是"和尚"，另一个是"这个人"，二者虽然同为

"剃光头的",却不可能通过"剃光头的"这个一次也不周延的中项推出"这个人就是和尚"。同理,以"有硬骨头精神(的人)"为中项,也不能必然地推出"鲁迅是共产主义者"来。如果我们将"鲁迅"换成"李自成",就会更容易看出这种"中项一次也不周延"的推理的荒谬性来。

"中项一次也不周延"的错误,往往隐蔽在一些强词夺理者咄咄逼人的混账话中。鲁迅《写于深夜里》一文,就曾记录了一群国民党反动军警的这类话语。鲁迅深夜握笔,将青年木刻爱好者曹白被捕时的情景做了真实的叙述。军警在曹白的抽屉里搜到几封信,其中一封上写着:"世界是一台吃人的筵席,你的母亲被吃去了,天下无数无数的母亲也会被吃去的……"于是勃然大怒,责问:"这是怎么讲的?"在一阵沉默之后,军警"凸出眼珠,好象要化为枪弹,打了过去的样子",大声吼问:"谁吃你的母亲?世上有人吃人的事情吗?我们吃你的母亲?好!"接着就像老虎一样"一跳","一把抓住了这青年的背脊上的衣服,提出寄宿舍的大门口去了"。

军警的话中,包含着这样的荒谬推理:

① (你说)有的人是要吃人的,
我们是人,
所以,(你就是说)我们是要吃人的。
② (你说)我们是要吃人的,
你母亲是人,
所以(你就是说)我们是要吃你母亲的。

其中第一个"推理"以"人"为中项,一次也不周延。

中项在大、小前提中的位置是多种多样的。不管在什么位置上,中项至少都得周延一次。有人写道:

常州许多厂的产品质量很高,这同近年来常州市委重视经济体制改革,激发了科技人员和工人的积极性关系极为密切。这是常州自行车厂的金狮牌自行车,质量还会不过硬吗?

这段话的推理是:

常州许多厂的产品质量很高,
金狮牌自行车是常州工厂的产品,
所以,金狮牌自行车的质量很高。

在这个推理中，大前提里的"产品"由于加了限制词"许多厂的"，因而不周延；小前提里的"常州工厂的产品"，仍不是指"所有的（常州工厂的产品）"，也不周延，所以，推出的结论就不合逻辑。

笔者曾发现不少企业在其推销产品的广告中，有意采取了混淆视听的手法。手法之一，就是"中项一次也不周延"。例如，一则广告先列举"本厂"的三个产品"荣获优质证书"，然后介绍某一新产品也为"本厂"所出，请顾客踊跃购买，等等。略具逻辑知识的读者会发现，这样的广告，包含了一个推不出结论的"推理"：

本厂有些产品荣获优质证书，
××为本厂产品，
？

广告虽非文章之属，但却出于文人之手笔。登在报纸上，也可见编辑把关不严，"罔罔然不识"其"真"。至于夹在大块文章字里行间的这种"中项一次也不周延"的错误推理，就更容易"罔罔然不识"其"真"了，这是我们写作和修改文章时尤其要多加小心的。

"大脚色"的"逻辑"的"奥义"
——结论不能超出前提范围

洛杉矶奥运会期间，我国运动健儿屡夺金牌。报载一位记者走访我金牌获得者母校的消息，据称，该校校长"笑逐颜开，十分自豪地说：'夺得金牌的是我校毕业生，我校学生真了不起！作为老师，我们分享夺得金牌的喜悦……'"

上述引语究竟是"校长"说的，还是"记者"加工过的，且不深究，这里仅指出："夺得金牌的是我校毕业生，我校学生真了不起"一句，作为一个省略式推理，犯了"结论超出前提范围"的逻辑错误。

我们知道，推理的结论是从前提而来的。逻辑学界有的同志认为不能通过推理得到"新知"，另一些同志持相反意见，但他们都一致地认为：结论不能超出前提范围。因此，他们的争论，实质上是在于对"新知"做何理解。关于这一点，我们不做议论，要研究的是，怎样避免犯"结论超出前提范围"的逻辑错误。

我们先来看一个明白易懂的例子：

资本家是自私的，
资本家是人，
所以，人是自私的。

这个例子中，结论的荒谬是十分显然的：小前提（"资本家是人"）中的"人"，指的是"人"的一小部分，不周延；结论（"人是自私的"）中的"人"，指的是"人"的全体，周延；其结论超出了前提的范围，把一部分"人"的自私性，扩大到了所有的"人"身上。

与此相仿，"校长"的话可以列成以下三段论：

（夺得金牌是了不起的），
夺得金牌的是我校毕业生，
所以，我校学生是了不起的。

其中，小前提里的"我校毕业生"不周延，指的是极个别的"夺得金牌"者；结论不但扩大到了所有"我校毕业生"，而且扩大到了"我校学生"，成了一个周延的概念，从而犯了"结论超出前提范围"的逻辑错误。

这类错误有两种形式。

其一为小词不当周延。结论中的主项称小词，谓项则为大词。"小词不当周延"，就是指结论中的主项本应以不周延的形式表达，却错以周延形式表述了。

梁实秋在《论鲁迅先生的"硬译"》中，指责鲁迅的译作"近于死译"，并说"死译之风也断不可长"，其理由是"没有一本这类的书能被我看懂。……最使我感得困难的是文字，……简直读起来比天书还难"。对此，鲁迅在《"硬译"与"文学的阶级性"》中一针见血地批驳了梁实秋："总之，梁先生自认是一切中国人的代表，这些书既为自己所不懂，也就是为一切中国人所不懂。应该在中国断绝其生命，于是出示曰'此风断不可长'云。"如果将鲁迅的反驳改成三段论，可以看出梁实秋的谬论是建立在"小词不当周延"的逻辑错误上的：

　　我看不懂，
　　我是中国人，
　　所以，中国人都看不懂。

小前提（"我是中国人"）中的"中国人"，不过指"中国人之一"的梁实秋，当然不周延；结论（"中国人都看不懂"）中的"中国人"，却是指"中国人"的全体，是周延的，它的范围大大地膨胀了。整个推论的逻辑错误就在"小词不当周延"上。

其二为大词不当周延。在判断中，肯定判断的谓项通常都是不周延的；周延的通常是否定判断的谓项。因此，"大词不当周延"的错误，大多出现在以否定判断表述结论的推理中。

鲁迅在《狗·猫·鼠》一文中有一段十分精彩的议论。文中写道：他写过一篇《兔和猫》，有人据此说他"是仇猫的"。他又写过主张"打落水狗"的文章。于是被他"碰着痛处"的"大脚色"就"浑身发热之后，做一封信登在报纸上，广告道：'看哪！狗不是仇猫的么？鲁迅先生却自己承认是仇猫的，而他还说要打"落水狗"！'鲁迅说："这'逻辑'的奥义，即在用我的话，来证明我倒是狗，于是而凡有言说，全都根本推翻，即使我说二二得四，三三见九，也没有一字不错。这些既然都错，则绅士口头的二二得七，三三见千等等，自然就不错了。"

将"大脚色"们的"逻辑"的"奥义"公之于众，可得出以下三段论：

　　① 鲁迅是仇猫的，

狗是仇猫的，

所以，鲁迅是狗。

②狗话全错，

鲁迅是狗（即鲁迅的话是狗的话），

所以，鲁迅的话全错。

③鲁迅的话全错，

我不是鲁迅，

所以，我的话"自然不错"。

推理③的结论（"我的话'自然不错'"），离不开推理①和推理②。用前面说过的逻辑推理原则一检查，我们可以知道：推理①犯了"中词一次也不周延"的错误；推理②的小前提是推理①的错误结论，因此，推理②的结论也是错误的，推理③的大前提是推理②的错误结论，以此为推，也不可能得出正确结论。此外，推理③还犯了"大词不当周延"的逻辑错误，因为在推理③的大前提里，"（是）……错（的）"并不周延，它指的是"鲁迅的话"是"错的"事物中的一部分，并未指明任何别的人的话或别的什么是否有错，结论将"我的话"排除在所有的"错的"东西（周延）之外，就不合逻辑。

犯有"大词不当周延"错误的文句，并不罕见。有些同志写道：

我们不是诗人，不会写诗。

这似乎是无可非议的，"不是诗人"怎么"会写诗"呢？但是，我们略一深思，就会发现：诗人会写诗固然是不错的，但不是诗人也会写诗的大有人在。苏步青是数学家，从未见他有"诗人"的桂冠，但他每年都要发表几十首诗。工人、农民、战士、学生、教师中能写诗的，也所在多有。上述"我们不是诗人，不会写诗"的逻辑错误就在于"大词不当周延"。当我们将省略掉的大前提予以恢复，并列出其推论式来，就可以看得十分清楚：

诗人是会写诗的，

我们不是诗人，

所以，我们不会写诗。

"大词"在大前提中作谓项，不周延，指一部分"会写诗的"；它在结论中仍作谓项，却因为是否定判断的谓项，而成为周延的了。

无论是小词不当周延，还是大词不当周延，通常都隐藏在省略式推理中。所以，修改文章时必须检查某些省略式推理；有时为方便起见，还应将被省略的部分加以恢复。只有发现了结论超出前提范围的错误，才可能按客观情况修改语句，使之能正确表达思想。

最容易犯推理错误的是论战文章。往往会有这样的情况：似乎洋洋洒洒、振振有词，但究其实，却犯了这样那样的推理错误，或者在并非主要的论点、论据或论证中犯推理错误，因而使文理不通、逻辑不严密，给了论敌以可击之懈。这就要求我们随时注意加强逻辑思维训练，写好文章之后多看几遍，多从逻辑的严密性上做认真的推敲。

锤钉剥笋，层层细析
——假言推理

苏东坡撰著的《艾子杂说》中，有一则不信鬼神的故事：

艾子行水，涂见一庙，矮小而装饰甚严。前有一小沟，有人行至水，不可涉，顾庙中，而辄取大王像，横于沟上，履之而去。复有一人至，见之，再三叹之曰："神像直有如此亵慢。"乃自扶起，以衣拂饰，捧至坐上，再拜而去。须臾，艾子闻庙中小鬼曰："大王居此为神，享里人祭祀，反为愚民之辱，何不施祸患以谴之？"王曰："然则祸当行于后来者。"小鬼又曰："前人以履大王，辱莫甚焉，而不行祸；后来之人，敬大王者，反祸之，何也？"王曰："前人已不信矣，又安祸之？"艾子曰："真是鬼怕恶人也。"

且不说这则故事对那些还在顶礼膜拜神仙菩萨的善男信女有什么教育意义，这里想借以讲解一点关于假言推理的逻辑知识。

故事中"大王"做了两次推论：

① 只有信神的人，神才能降祸于他，
　前者不信神，
　"安祸之？"
② 只有信神的人，神才能降祸于他，
　后来者信神，
　"祸当行于后来者"。

"大王"所做的推论叫假言推理。

假言推理是以假言判断为大前提，根据假言判断前后件之间的关系而推出结论的推理。由于假言判断有充分条件、必要条件和充分而且必要条件之分，所以假言推理也可分为充分条件假言推理、必要条件假言推理和充分而且必要条件假言推理。

充分条件假言推理可以《笑笑录》中的笑话《避忌》为例：

> 一人多避忌，家有庆贺，一切尚红，客有乘白马者，不令入厩。有少年善谐谑，以朱涂面而往，主人讶之，生曰："知翁恶素，不敢以白面取罪也。"满座大笑，主人愧而改之。

"多避忌"的主人不让客人的白马进入马厩，等于做了这样一个推理：

> 如非红，则不让进，
> 客之白马非红，
> 所以，"不令入厩"。

有鉴于此，"善谐谑"的少年故意"以朱涂面而往"，他的推理是：

> 如非红，则不让进，
> 要进，
> 则"以朱涂面"。

两个推理的大前提都是充分条件假言判断，所以都是充分条件假言推理。

充分条件假言推理有两条必须遵守的推论规则：一是肯定前件就要肯定后件，否定后件就要否定前件；二是否定前件不能否定后件，肯定后件不能肯定前件。这两条规则都是由假言大前提的充分条件的性质决定的。根据充分条件的性质，有前件就有后件，因此肯定了前件就要肯定后件，又由于有了前件就一定有后件，所以，没有后件一定是由于没有前件。同时，根据充分条件的性质，没有前件不一定没有后件，因此否定前件不能随之否定后件；又由于后件可由其他条件得出，所以肯定后件不能随之肯定前件。

根据上述规则，充分条件假言推理，有两种正确的推论形式。

一为肯定前件式，即在小前提中肯定假言大前提的前件，在结论中肯定其后件。《避忌》中的主人不让客人的白马进马厩，就是以肯定前件进行推理的。

二为否定后件式，即在小前提中否定假言大前提的后件，结论则否定其前件。《避忌》中"善谐谑""少年"所做的推理就是否定后件式的。

行文违反充分条件假言推理的规则，往往会推出错误的结论。例如：

① 只要投身于火热的改革中去，就能获得关于改革的丰富知识。他是高位截瘫、

久卧病榻的病人，能相信他的扯淡吗？

②"为自己的小孩护短的人，肯定同邻居合不来。"王家同邻居常闹纠纷，肯定是为宠自己的小孩，为他护短。

例①，从前后文看，末句的"能相信他的扯淡吗"？隐含的判断是"他不可能有关于改革的丰富知识"或"他谈的关于改革的情况是不可信的"。这样，例①就构成了一个否定前件式的充分条件假言推理：

只要投身于火热的改革中去，就能获得关于改革的丰富知识，

他没有到火热的改革第一线去（否定前件），

所以，他不可能有关于改革的丰富知识（否定后件）。

我们知道，知识的来源有两个方面：一是实践，二是书本。不同来源的知识会有某些差别，但却不失为知识，轻视间接经验，轻视书本知识，是"左"的观念。所以，例①的推理结论是不符合实际的。同时，它也违反了充分条件假言推理关于"否定前件不能否定后件"的规则。

例②，第一句以谚语含蓄地表达的大前提是：如果为自己的孩子护短，就会同邻居合不来。小前提肯定了假言大前提的后件，结论随之肯定其前件。列成推论式是：

如果为自己的孩子护短，就会同邻居合不来，

他同邻居常闹纠纷，

所以，他是为自己的孩子护短。

实际上，造成"和邻居合不来"的原因可能是多种多样的，为孩子护短不过是其中之一，没有儿女的人家与邻居合不来的所在多有。因此，以"同邻居合不来"来推断"为孩子护短"，是不符客观实际的结论，推断错误的原因就在于违反充分条件假言推理的规则，以肯定后件进而肯定前件的形式进行推论。

本文开头所引《艾子杂说》中"大王"所做的两个推理，是必要条件假言推理，因为它的大前提是必要条件假言判断。

必要条件假言推理也有两条必须遵守的规则：一为否定前件就要否定后件，肯定后件就要肯定前件；二为肯定前件不能肯定后件，否定后件不能否定前件。这两条规则是由假言大前提的必要条件的性质决定的。根据必要条件的性质，没有前件就没有后件，因此否定前件就要否定后件；又由于没有前件就没有后件，因此有了后件就一定是由于有了前件，因此肯定后件就要肯定前件。同时，根据必要条件的性质，有了前件不一定有后件，

因此肯定前件不能肯定后件；又由于有前件不一定有后件，必须加上其他条件才能得出后件，没有后件不一定是由于缺少前件，因此否定后件不能否定前件。

根据上述规则，必要条件假言推理有两种正确的推论形式。

其一是否定前件式，即小前提否定假言大前提的前件，结论随之否定其后件。《艾子杂说》中"大王"所做的第一个推理就是否定前件式的。

其二是肯定后件式，即小前提肯定假言大前提的后件，结论随之肯定其前件。例如：

只有踏实勤奋，才能有所作为，
他有所作为，
所以，他是踏实勤奋的人。

违反必要条件假言推理的规则，以肯定前件式或者否定后件式进行推论，是错误的。前述"大王"的第二个推论就是一个肯定前件式的推论。当然，这只不过是一则笑话而已。文章中出现的例子如：

③脾气好的人，人们都愿接近。可他脾气那么坏，却有那么多的人爱接近他，这里边有问题！

④只有平时训练好，上了战场才能少流血。二连这次伤亡那么大，平时训练肯定有问题！

例③，"这里边有问题"一语和前边的话结合在一起，相当于做出这样一个推论：

只有脾气不好却别有诡计的人，人们才会上当而接近他，
人们接近他，
可见他别有诡计。

这是一个肯定后件式的必要条件假言推理，违反了推理规则，也经不起实践的检验，因为有的人虽然脾气不好，但其他方面却很好，如对人诚实、讲求信用、乐于助人，这样的人还是会得到大家谅解并愿与之交往的。

例④，小前提"二连伤亡那么大"否定后件"少流血"，结论随之否定前件"训练好"，是一个不合逻辑的否定后件式的必要条件假言推理，推出的结论无必然性，因为"伤亡大"还可能由于天时、地理不利或敌我力量悬殊等其他原因造成。

做出不合逻辑的假言推理的原因，大多在于没有弄清假言大前提的性质是充分条件还是必要条件。由于充分条件假言推理与必要条件假言推理的推论规则恰好是相反的，混淆

了充分条件与必要条件，推论规则也就连类而及地混淆、误用了。因此，修改文章的过程中，遇到假言推理时，要细酌充作大前提的假言判断究竟是什么性质的。但是在文章中，语句极少以典型的三段论式出现，自然语言中的逻辑错误是很容易被疏忽的。例如，《人民日报》(1981年12月13日)中《育才不能忽视小事情》一文写道："我国历史上的民族英雄戚继光小时候，他父亲戚景通对他十分钟爱，对他期望也很大，因此，对他的教育是非常严格的。……正是由于家教严格，戚继光长大后成为一名震惊中外的军事帅才。"只有经过锤钉剥笋般的层层细析，才会发现其中包含着错误的假言推理："只有家教严格，长大后才能成为帅才；戚继光家教严格，所以后来成为军事帅才。"其错误在于将"家教严格"看成"长大后成为帅才"的充分条件，误以肯定前件式进行必要条件假言推理。

此外，假言推理不合逻辑的原因还在于大前提不真实、不正确，这是比较容易发现的，这里从略。至于充分而且必要条件假言推理，由于假言大前提兼有"充分"与"必要"两种性质，所以既可从肯定前件进而肯定后件，又可从肯定后件进而肯定前件，既可从否定前件进而否定后件，又可从否定后件进而否定前件，一般不会用错，所以这里也从略了。

《文坛三户》的逻辑框架
——选言推理

鲁迅后期的杂文,思想深邃,犀利无比。他的《文坛三户》发表于反动派的文化围剿达到疯狂的阶段,极为沉重地打击了受命于反动主子的文人们的进攻,为中国文学的发展指出了明确的方向。文中,鲁迅说,二十年来,中国已经有了一些作家,一些作品,而且至今还没有完结,所以有个"文坛",这是毫无可疑的。但是,这个"文坛"实在令人齿冷,所以鲁迅接着说:"不过搬出去开博览会,却还得顾虑一下。"为什么?鲁迅分析了当时"文坛"的"三户":一为"破落户","他们的杰作上……大抵放射着一种特别的神彩,是:'顾影自怜'"。二为"暴发户",他们自附于"风雅之林","浅薄,而且装腔,学样",他们的作品中充斥着"沾沾自喜"。三为"破落暴发户",他们是变化中的一户,"向积极方面走,是恶少;向消极方面走,是瘪三"。鲁迅得出的结论是:"使中国的文学有起色的人,在这三户之外。"

在整篇《文坛三户》中,鲁迅运用了选言推理的逻辑方法。全文的逻辑框架是:

使中国文学有起色的人,或为"破落户",或为"暴发户",或为"破落暴发户",或为三户之外的人,
"破落户""暴发户""破落暴发户"都不能使中国文学有起色,
所以,使中国文学有起色的是在当今"文坛三户"之外的人。

选言推理就是以选言判断为大前提的推理,由于选言判断有相容与不相容之分,所以选言推理可以分为相容选言推理与不相容选言推理。上述推理中的大前提,各个选言肢是互不相容的,所以是不相容选言推理。相容选言推理如:

作家或写小说,或撰诗歌,或著剧本,或写其他文学作品,
作家李磊不写剧本和诗歌,
所以他一定写小说或其他文学作品。

选言推理有两种推论的形式：一为肯定否定式，即小前提肯定选言大前提的若干选言肢，结论则否定选言大前提的其他选言肢；一为否定肯定式，即小前提否定选言大前提的若干选言肢，结论则肯定选言大前提的其他选言肢。

鲁迅在《华盖集续编·马上支日记》中写过这样一段话："然而看看中国的一些人，至少是上等人，他们的对于神，宗教，传统的权威，是'信'和'从'呢，还是'怕'和'利用'？只要看他们的善于变化，毫无特操，是什么也不信从的，但总要摆出和内心两样的架子来。"这段话里包含两个选言推理，一个是鲁迅所做的：

中国的上等人对于神，宗教，传统的权威，是"信"和"从"呢，还是"怕"和"利用"？
他们是什么也不信从的，
所以，他们是"怕"和"利用"。

这是一个否定肯定式的选言推理。另一个是表现为"架子"的"上等人"们"和内心两样"的推理，它被鲁迅揭露了出来：

对于神，宗教，传统的权威，或是"信"和"从"，或是"怕"和"利用"，
"上等人"们是"信"和"从"，
所以，不是"怕"和"利用"。

这是一个肯定否定式的选言推理。

两种选言推理和两种推理形式，不能随意结合在一起。要做出正确的结论，必须依照选言推理的规则进行。

选言推理的规则有两条。

第一条规则：运用否定肯定式，其大前提必须穷尽全部选言肢。因为如果不穷尽全部选言肢，那么，结论所肯定的就可能不正确。例如，《红花虽好，还得绿叶扶持》一文写道："春催桃李，鸟语花香，游憩园中，心旷神怡。若无桃李争艳，春色尽失，怎留得住万千游客？"列成推理式是：

桃李争艳，满园生色，
若无桃李，
则春色尽失。

但我们知道，大千世界，花卉繁多，桃李之外，牡丹、芍药、山茶、杜鹃、月季、玉

兰、海棠、樱花、丁香、金盏菊、香雪兰、棠棣花、绣球花、五色茉莉、珊瑚木……可以把神州大地处处装点得娇艳绝伦。上述推理的逻辑错误就在于选言大前提未列出全部选言肢而按否定肯定式推论。违反这条规则而错误推论的病句如：

①《高山下的花环》篇幅不小，不能算短篇，应该作为长篇。
②他中学毕业后没有升学，一定是参加工作了。

例①，是一个省略了大前提的否定肯定式选言推理，被省略的大前提是"或是短篇，或是长篇"。这是一个没有穷尽全部选言肢的选言判断，小前提否定《高山下的花环》是短篇，结论肯定其为长篇，这是违反选言推理规则的。因为如果列出全部选言肢，《高山下的花环》还可能被推论为中篇。例②同例①，也省略了一个没有列出全部选言肢的大前提，它是："中学毕业后或者升学，或者参加工作。"其实，还可能在家待业。按否定肯定式推论"他一定是参加工作了"，就可能错误。

第二条规则：运用肯定否定式，其大前提的各个选言肢必须互相排斥。因为如果不互相排斥，那么结论所否定的同样可能错误。例如，寓言《郑人买履》中的"郑人"，想买鞋而忘带事先量好的鞋子尺寸，回家拿了尺寸再去时，集市又散了，别人问他何不以脚一试，他却说："宁信度，无自信也。"他的推理是：

或信度，或自信，
宁信度，
无自信。

但是"信度"与"自信"是可以相兼的，肯定"信度"进而否定"自信"，使"郑人"成了千古笑柄。违反这条规则的病句如：

③琴、棋、书、画，他都摸过。他的琴、棋是出了名的，书、画可见一斑。

这个例子中，大前提的各个选言肢并不互相排斥，因为一个人是可能兼长琴、棋、书、画的，以肯定"琴、棋出了名的"来否定"他"也兼长书、画，违反了推理规则。如果"他"的书、画的确一般呢？这仍不能免于违反推理规则之咎，因为句中使用了"可见"，语句以推理形式出现，就非遵守推理规则不可。如果将"可见"改为"则"，例③就改变了逻辑性质，不是推理，而是判断了。作为联言判断，"他的琴、棋是出了名的，书、画则一般"，只要符合客观实际，就无可非议。前面我们曾谈过"关联词语的逻辑意义"，这里改"可见"为"则"从而避免了逻辑错误，也是适例。

莫学"瓮鸡""一例规物"

——归纳推理

一位哲学家曾经这样说过:"逻辑不是思辨议论的婢女,徒具空论的形式,而是一种工具,应该为科研和生产实践服务。"正因为如此,逻辑基础理论的每一个方面,不仅可以用来为自然科学和社会科学研究服务,而且对指导文章修改有重要的作用。当我们把逻辑学关于归纳推理的知识运用于写作时,感受会特别深刻,这是因为,写作实践中,归纳推理运用得特别多。

有人在《讽刺与幽默》(1981年第19期)上发表过题为《儿童文学=小+小+小》的如下短文:

> 封面:小兔、小狗、小猫。
> 封底:小花、小树、小苗。
> 扉页:小鸡、小鸭、小鸟。
> 人物:小灵通、小淘气、小宝宝……
> 肖象描写:苹果小脸微微笑。
> 　　　　　蝴蝶小辫随风飘。
> 动作刻画:小嘴一翘。
> 　　　　　小手一摇。
> 心理活动:小脑子一晃,
> 　　　　　小嘴把手指儿咬。

作者在文章标题之下用括号注明该文为"读某少年文艺刊物的感想"。作者的这个感想,就运用了归纳推理的方法,整篇文章是用归纳推理构成的。

归纳推理是从个别知识的前提推出一般知识的结论的推理。《儿童文学=小+小+小》一文,从"某少年文艺刊物"的"封面""封底""扉页""人物""肖象描写""动作刻画""心理活动"等个别前提,推出了对儿童文学的理解的一般性结论。如果我们顺藤摸瓜，再分析更多一些少年文艺刊物，也许会发现存在同样的问题，从而揭示出当前儿童文学创作中的一个通病。著名童话作家陈伯吹说："儿童文学应当高举起科学文学的旗帜。"这是颇有见地的创新之说，因为他打中了以往儿童文学创作中的一个要害问题。由此可知，运用归纳推理可以帮助我们对整整一个文学部门的发展提出问题，指明方向，而这就比一般的枝枝节节的文章修改重要得多了。

关于归纳推理的研究，可以追溯到公元前四世纪的古希腊时期。当时，传统逻辑的创始人亚里士多德在《工具论》中就曾指出："归纳法是从个别到一般的过渡。"但亚里士多德研究得最详尽的是关于演绎推理的知识，有关归纳推理的一系列问题，是后来的哲学家和逻辑学家才做了比较充分的研究的。现在我们可以知道，归纳推理有完全归纳推理、不完全归纳推理之分；不完全归纳推理又可分为简单枚举归纳法与科学归纳法；科学归纳法中又有契合法、差异法、契合差异并用法、共变法、剩余法，等等。其中，简单枚举归纳法在文章写作中运用最多，也是文章修改特别应予注意的。

简单枚举归纳法是以经验的认识作为主要依据，从某种事例的多次重复，并且未发现反面事例而做出一般性结论的推理方法。大量的谚语就是经过简单枚举归纳推理得出的。例如，"鼻孔朝天的人，会跌下粪坑""小河里的流水响声大，学问浅的人好自夸""天上钩钩云，地上雨霖霖""螃蟹上岸，水漫田坎"……都是人们通过简单枚举归纳推理得出的。鲁迅在《论"费厄泼赖"应该缓行》中写道："'忠厚是无用的别名'，也许太刻薄一点罢，但仔细想来，却也觉得并非唆人作恶之谈，乃是归纳了许多苦楚的经历之后的警句。"鲁迅这里说的"归纳"，指的就是简单枚举归纳推理。

许多创作经验，也是通过简单枚举归纳推理得出的。西南师范学院中文系等编的《写作格言轶事集锦》一书中，有一节的标题为"作家最可贵的是'自己的声音'"，其中辑集了别林斯基、高尔基、托尔斯泰、契诃夫、鲁迅等著名文豪的有关论述。文豪们的有关的片言只语就是个别性的知识，《集锦》作者列出的标题则为一般性的结论。

简单枚举归纳法，既以经验的认识作为主要依据，其推理结论的正确性首先就取决于"经验的认识"是否无误。如果用作主要依据的"经验的认识"本身有误，结论当然不可能正确。

20世纪30年代的报纸上，常有记者把"毒蛇化鳖"一类奇闻当作新闻来报道。鲁迅于1935年5月20日在《太白》半月刊上发表《中国的科学资料——新闻记者先生所供的》一文，辛辣地加以嘲讽，全文如下：

  毒蛇化鳖——"特志之以备生物学家之研究焉。"
  乡妇产蛇——"因识之以供生理学家之参考焉。"
  冤鬼索命——"姑记之以俟灵魂学家之见教焉。"

"毒蛇化鳖""乡妇产蛇""冤鬼索命"之类，纯属胡言，"新闻记者"却"志之""识之""记之"于报端，所以，鲁迅故意用一个简单枚举归纳推理结论"中国的科学资料"做标题，有力地给予嘲讽。

有人在一篇文艺短评中写道："语言精练，文贵短简。鲁迅喜欢用短句，茅盾喜欢用短句，老舍喜欢用短句，文学上成就辉煌者无一喜用长句。"诚然，总的来说，鲁迅比较喜欢用短句，尤其是在他的杂文之中。但是，谁能说茅盾、老舍都喜欢用短句呢？这个用作前提的"经验的认识"本身不正确，结论"文学上成就辉煌者无一喜用长句"当然站不住脚。现在假设茅盾、老舍也只喜欢用短句，上述结论是否就能成立呢？也不然。我们还得注意"从某种事例的多次重复，并且未发现反面事例"去验证，然后再得出结论才是。

忽视"反面事例"而轻易归纳，会犯"轻率归纳""以偏概全"的逻辑错误。

苏州寒山寺有石刻唐代张继的《枫桥夜泊》诗：

月落乌啼霜满天，江枫渔火对愁眠。
姑苏城外寒山寺，夜半钟声到客船。

宋代大诗人欧阳修曾在《六一诗话》里写道："唐人有云：'姑苏台下寒山寺，半夜钟声到客船。'说者也云：句则佳矣，其如三更不是打钟时！"这里的"说者"就是欧阳修自己，按他的意见，"夜半钟声到客船"是应予修改的。欧阳修的根据，是他自己当时的所见所闻。然而，他的所见所闻是有局限性的，他没有注意唐朝的"反面事例"。当然，这不是说要他越过时空，到唐朝去亲身调查一番。其实，熟谙唐诗的欧阳修只要认真想一想，就可以找到许多"反面事例"，从而证明错的不是张继，而是自己。例如，皇甫冉的《秋夜宿严维宅》有"夜半隔山钟"句；陈羽的《梓州与温商夜别》有"隔水悠扬午夜钟"句；白居易也写过"新松秋影下，半夜钟声后"的诗句……随意做结论，往往容易为相反的事例所推翻。为了避免这种错误，就要做鲁迅所教导的"拒绝和排斥"的工作，即想一想，是否有"反面事例"。诸如"鲁迅是学医的，郭沫若是学医的，契诃夫当过医生……有几个文豪是中文系毕业的？文学系培养不出作家"之类的推论，不是很容易以"反面事例"纠正吗？在文章修改中，应当常常"自以为非"地做这种"拒绝和排斥"的工作。

郭沫若《读随园诗话札记》中说，《随园诗话》中引有李邕来的《山居二首·之一》：

一从疏世事，终日把犁锄。
村邑牛羊外，秋砧水石余。
山深迟刈麦，潭冷不生鱼。
倘有诗人至，犹堪剪韭蔬。

认为这首诗"于乡村风味，能言之较为亲切"，同时又说："然'潭冷不生鱼'句，觉有可商。鱼乃冷血动物，以海洋之寒而鱼犹生之，故无'潭冷'而'不生鱼'之理。如改为'潭净不生鱼'似较妥帖。《列子》有云：水至清则无鱼。"改完诗后，郭老又去请教别人，了解到倒是自己错了，所以在文章后面加了一段"附白"："据养鱼学专家言：'终年水温在20℃的冷潭，可放鱼而不能生鱼苗，即放鱼丰饲亦不能肥。'是则李诗实出经验之谈，我之所疑为妄。"

这是文章修改中的一则佳话。郭老虚心求教，从"自以为是"到"自以为非"，最终避免了错误。如果我们在文章修改中都抱这种谦逊态度，注意纠正以偏概全的错误，就可以使文章的逻辑性更严密，说服力更强。

明代江盈科所撰的《雪涛小说》中，有一则《知无涯》的笑话，说有个楚人认为姜是树上结的，还以所乘之驴与人打赌。问了十个人，十个人都说是土里生的，结果把驴子输掉了。还有个北方人，到南方做客，人家请他吃菱，他连壳也吃了，被人笑话，他却自护其短，说是连壳吃进可以清热去火。人们问他北方是否有菱，他说："山前山后，何地不有！"闹了大笑话，因为菱是水生的。作者在这则笑话的结尾写道："物理无穷，造化无尽，盖一例以规物，真瓮鸡耳。"赋诗为文，要多修改，避免以偏概全的逻辑错误。否则，就难免因"一例规物"而遭"瓮鸡"之讥。

"仆冠蝉戴"不能推广

——类比推理

类比推理是根据两个对象在一系列属性上是相同的,而且已知其中的一个对象还具有其他的属性,由此推出另一个对象也具有同样的其他属性的推理。例如,我们根据中外优秀诗歌同样具有语言精练、韵味隽永、意境深邃、富于想象、形象鲜明的特点,以及中国优秀诗歌还具有一定的结构形式的特点,从而推论出外国优秀诗歌也具有一定的结构形式的特点,就是一种类比推理。排列成推论式是:

中国优秀诗歌有语言精练、韵味隽永、意境深邃、富于想象、形象鲜明的特点,还有具备一定的结构形式的特点,
外国优秀诗歌也有语言精练、韵味隽永、意境深邃、富于想象、形象鲜明的特点,
所以,外国诗歌也有具备一定的结构形式的特点。

类比推理在论说文中常见使用。

例如,鲁迅在《夏三虫》中,曾将当时以虚伪的高谈阔论来危害革命的御用文人与"夏三虫"中的蚊子进行了类比,深刻地对他们做了无情的鞭挞。鲁迅说,假如有谁向他提出"夏三虫"蚤、蚊、蝇三者之中"最爱什么,而且非爱一个不可"的问题的话,那么他的回答是"跳蚤"。为什么呢?因为"跳蚤的来吮血,虽然可恶,而一声不响地就是一口",十分"直截爽快";苍蝇则"只舐一点油汗,只添一点腌臜",并不"欣欣然反过来嘲笑这东西的不洁:总要算还有一点道德的";"蚊子便不然了,一针叮进皮肤,自然还可以算得有点彻底的。但当未叮之前,要哼哼地发一篇大议论,却使人觉得讨厌"。当时的御用文人,与蚊子一样吮人的血,一样的"当未叮之前,要哼哼地发一篇大议论",那么,蚊子比苍蝇、跳蚤还可恶,御用文人们比之于军阀、屠夫也是更可恶了。

在论说文中使用类比推理,并不一定要求大前提与小前提关于"相同属性"的文字刻板地雷同无异,完全可以灵活地择词造句。我们来看一个鲁迅活用类比推理的例子。他在《我们现在怎样做父亲》一文中写道:

> 食欲是保存自己，保存现在生命的事；性欲是保存后裔，保存永久生命的事。饮食并非罪恶，并非不净；性交也就并非罪恶，并非不净。饮食的结果，养活了自己，对于自己没有恩；性交的结果，生出子女，对于子女当然也算不了恩。

在这段文字里，"保存自己"与"保存后裔"是一致的，因为"后裔"是"自己"的延伸；同样，"现在生命"与"永久生命"也是一致的，"永久生命"是"现在生命"的延伸。这样，从"饮食"具有"并非罪恶"的属性，就可以推出"性交"也具有"并非罪恶"的属性。接着鲁迅又将上述类比推理的结论移入前提，从"饮食"与"性交"同具"保存……""保存……""并非……""并非……"的属性，而"饮食"还具有"对于自己没有恩"的属性，推出"性交"也具有相同的属性的结论。我们看到，鲁迅在这段文字里运用类比推理时，有两个特点：其一是前提里关于相同属性的文字不尽相同；其二是大前提里包含的"其他属性"和结论中推得的"其他属性"，可以用否定性概念，亦即从否定大前提中类比事物具有"其他属性"，进而推论小前提中类比事物也不具备此种属性。这可说是将类比推理熟能生巧地运用得出神入化了。

类比推理在其他文体中也有很大的作用。生动的类比不仅有强大的说服力，也可以引人入胜地诱导读者由此及彼、由表及里地思考问题。但是，忽略了类比推理的原则，却往往弄巧成拙，适得其反，使作者的意图表达错误。

进行类比推理，首先必须注意尽可能用事物的本质属性类比。这是因为事物的属性有本质与非本质之分，本质属性可以决定其他属性，非本质属性则不能起这种决定作用。所以，用本质属性来类比，推出其他属性的可靠程度就较高。例如，根据《唐律》和《隋律》都是封建制法律的本质属性，可以从尚存的《唐律》具有维护封建家长制的特点，推知已经佚失的《隋律》也具有这一特点。事实证明，这一推论是正确的。相反，如果根据《唐律》和《隋律》均为十二篇以及《唐律》以前朝法律《隋律》为蓝本，进而类比推理《隋律》也以前朝法律《北周律》为蓝本，就成问题了。因为律文的篇数并非本质属性。中国法制史的研究表明，《隋律》恰恰是一反《北周律》的体例，越过北周，以北齐的《北齐律》为蓝本制定的。

有同志在学习中共中央《关于经济体制改革的决定》后写文章说：我国经济体制改革和某国1968年以来的改革有许多相似的地方……某国自那时以来经济上发展得十分迅速，可以预见，我国到2000年时也一定能达到"翻两番"的目标。尽管结论不错，但是，由于该文所列举的两国"相似的地方"并非本质属性，仅仅是某些表面相似之处，所以，仍然不能认为这个类比推论是合乎逻辑的。

文学新人徐星在小说《无主题变奏》(《人民文学》1985年5月号)中写过这样一段话：

> 我（坐在××学院的一个大教室里考试时）终于把关于辩证法的这道题写出来

了，我发挥得淋漓尽致。我想告诉你我怎么答的：对一个人应该辩证地看。比如一个教师是个彻头彻尾的混蛋，他就喜欢给漂亮女生单独补课，他把农民、工人、当兵的都看成是下等人，可你就不能只说他是个混蛋，而要辩证地看。

这段话极富讽刺力。有一个时期，报刊上不是充斥着诸如此类的"辩证法"宏论吗？那些宏论中，是不乏不伦不类的古怪类比的，这些古怪类比的共同特点之一，便是完全离开了用事物的本质属性进行类比的原则。这种古怪类比，至今还未绝迹，作文、修改时都应注意。

其次，不能用事物的偶有属性进行类比。例如，有的人有"尾巴"，这是他的偶有属性。如果用甲、乙二者有许多属性相同，并从甲有"尾巴"推论乙也有"尾巴"，就很可能错误，因为甲有"尾巴"这一"返祖现象"是偶然具有的。以偶有属性进行类比所犯的错误，在逻辑上叫机械类比。机械类比经常表现为将事物间偶然的相似之点作为类比根据，将实质上不同的东西硬放在一起比较，从而造成牵强附会、张冠李戴的错误。

明代冯梦龙的《广笑府》中有一则题为《秋蝉》的笑话：

主人待仆人甚薄，衣食常不周。仆闻秋蝉鸣，问主人曰："此鸣者何物？"主人曰："秋蝉。"仆曰："蝉食何物？"主人曰："吸风饮露耳。"仆问："蝉着衣否？"主人曰："不用。"仆曰："此蝉正好跟我主人。"

聪明的仆人在这里运用了类比推理：

我无衣，无食，为仆，
秋蝉可以无衣，无食，
所以，秋蝉可以为仆。

但由于"我"与"蝉"的相似点不过是一种偶然的巧合，所以这是一种机械类比。不过这是笑话，聪明的仆人意在讥讽，所以故意这样"仆冠蝉戴"。在日常的思想、学习和写作活动中，如果也这样牵强附会，那就不能不说是犯了机械类比的逻辑错误了。

此外，写作中还常碰到历史类比的问题。有人完全否定历史类比的作用，一概斥之为"影射史学"。这是值得商榷的。笔者认为，不能笼统地否定历史类比的作用。作为一种逻辑方法，历史类比同样可以为我们所用。历史类比是将古今两种历史现象，就其共同特征进行类比推论。做历史类比时，必须严守"在一定的条件下"和"在允许做的一般历史比较的限度内"的原则。历史类比是公开的"明示"式的类比，用来比较的两类事物都置于读者眼前。它同"影射"不同。影射是指用某些历史现象来暗示现代正在发生或可能发生的社会现象。这种"暗示"式的类比,同样可以为我们所用。而"影射史学"却以"影射"为历史研究的根本方法,在充分民主的社会主义社会里,当然应该反对。根据以上认识,在我们的文章中,恰当地采用历史类比以至影射的方法,是允许的。但要在端正立场、遵守历史类比的有关原则的基础上进行;为了保证我们在运用历史类比时不犯立场错误,也不犯逻辑错误(越出"一定条件""一定限度"),就要对文章做认真的审阅和必要的修改。

必须贴切

——标题、审题和逻辑

五代王定保撰的《唐摭言》中，记有这样一段故事：

> 羊绍素夏课有《画狗马难为功赋》，其实取"画狗马难于画鬼神"之意也，投表兄吴子华，子华览之，谓绍素曰："吾子此赋未佳。赋题无鬼神，而赋中言鬼神。子盍为《画狗马难于画鬼神赋》即善矣！"
>
> 绍素未及改易。子华一夕成于腹笥。
>
> 有进士韦象，池州九华人，始以赋卷谒子华，子华闻之甚喜。象居数日，贡一篇于子华，其破题曰："有丹青二人，一则矜能于狗马，一则夸妙于鬼神。"子华大奇之，遂焚所著；而绍素竟不能以己下之。其年，子华为象取府元。

羊绍素送给表兄吴子华看的文章，标《画狗马难为功赋》为题。这个题目有两个毛病：第一，题目概括不了内容，也就是题目与内容未保持同一，因为题目没有表述出文内"难于画鬼神"这一重要方面。第二，题目本身不完整，因为题中的"难"常有"什么难于什么"的意思，但表述出来时却把"（难于）什么"漏掉了。

第一个毛病和逻辑思维基本规律之一的同一律有关。同一律要求人们保持思维的同一性，因此文章的题目与文章的内容是应当保持同一的，不然就有"牛头不对马嘴"之嫌。

第二个毛病和逻辑思维形式之一的关系判断相涉。关系判断断定两种事物之间存在某种关系，因此，正确表述关系判断的语句，必须将两种事物及其关系都恰当地列出，三者不可缺一。"中华人民共和国位于蒙古国南方"，是一个表述正确的关系判断。"中华人民共和国位于南方"，就令人费解；而以地球为背景的话，则是错误的，因为它恰恰在北半球。"画狗马难为功"正与"中华人民共和国位于南方"相类似。

后来进士韦象就《画狗马难于画鬼神赋》作文，写两个画匠，一个夸赞自己善于画狗马，一个炫耀自己长于画鬼神，落笔之始便紧紧抓住了题目提示的意思。这从逻辑上看，正是严格地遵守了同一律。

"题目"的"题",本义为"头额",《楚辞·招魂》有"雕题黑齿"之说即可为证;"目"为"眼睛",所以"题目"为人的"头额、眼睛",十分重要。又有人把"题目"比作一彪人马的前导旗帜,十分鲜明。身首不能分家,旗帜与队伍也不能离散。同样的道理,文章的题目与内容必须保持一致,也就是说,必须贴切。贴切,符合同一律;不贴切,就违反了同一律。

鲁迅在《五论"文人相轻"——明术》中说:

> 这举棋不定,就因为观察不精,因而品题也不确,所以即使用尽死劲,流完大汗,写了出去,也还是和对方不相干,就是用浆糊粘在他身上,不久也就脱落了。汽车夫发怒,便骂洋车夫阿四一声"猪猡",顽皮孩子高兴,也会在卖炒白果阿五的背上画一个乌龟,虽然也许博得市侩们的一笑,但他们是决不因此就得"猪猡阿四"或"乌龟阿五"的诨名的。此理易明:因为不切帖。

"切帖"即"贴切"。虽然鲁迅在这里不是谈写作,但移用到标题、审题与逻辑的关系上来看,也是很好的启示。

自己写文章,要标上题目。标题要简明、生动,更要贴切。

著名英国女作家艾·丽·伏尼契的《牛虻》深受我国读者的喜爱。书中塑造的革命英雄刚强坚毅、忘我牺牲精神鼓舞了千千万万的读者。为什么伏尼契以《牛虻》作为书的题目呢?原来她小时曾为古希腊哲学家苏格拉底悲壮的一生深深感动。苏格拉底被无辜处死时对审判官说:"假如诸位提出条件,说只要我以后不再从事哲学研究,就可以释放我,让我活着的话,那我要回答说,只要我活着,我就坚决不放弃哲学研究。真正有意义的行动是不应当考虑生命危险的。我被神派遣到这个城市里来,好比是马身上的一只牛虻,职责就是刺激它赶快前进。"伏尼契所描写的亚瑟投身革命后正是这样的人物,以"牛虻"为题,既简洁,又生动,也非常贴切。

晚唐著名诗人杜牧曾用寥寥二十八个字,极为生动地描绘出江南水乡的迷人春景,题为《江南春》:

> 千里莺啼绿映红,
> 水村山郭酒旗风。
> 南朝四百八十寺,
> 多少楼台烟雨中。

但明代状元杨升庵却对这千古绝唱有所责难。他在《升庵诗话》中说:

唐诗绝句，今本多误字，试单一二。如杜牧之《江南春》云："十里莺啼绿映红"，今本误作"千里"。若依俗本，"千里莺啼"谁人听得？"千里绿映红"谁人见得？若作"十里"，则"莺啼绿映红"之景，村郭、楼台、僧寺、酒旗皆在其中矣！

其实，"十里"之距，同样既听不见"莺啼"，也难得见"绿映红"。因此，清人何文焕就在《历代诗话考索》中予以反驳：

升庵谓"千"应作"十"，盖千里已听不着、看不见矣，何所云"莺啼绿映红"耶？余谓：即作十里，亦未必尽听得着、看得见。题云《江南春》，江南方广千里，千里之中莺啼而绿映红焉，水村山郭无处无酒旗，四百八十寺，楼台多在烟雨中也。此，诗之意。意既广，不得专指一处，故总而命曰《江南春》，诗家善立题也。

显然，何文焕分析得有理，杜牧标《江南春》之题，堪称"善立题"之典范，因为十分贴切。

清代著名书画家、文学家郑板桥曾在给他弟弟的信中热烈赞扬杜甫的诗作"高绝千古"，认为仅标题一端，杜甫即"已早据百尺楼上"。他举例说杜甫的《哀江头》《哀王孙》，伤亡国也；《新婚别》、《无家别》、《垂老别》、前后《出塞》诸篇，悲戍役也；《兵车行》《丽人行》，乱之始也；《达行在所三首》，庆中兴也；《北征》《洗兵马》，喜复国望太平也。只一开卷，阅其题次，一种忧国忧民、忽悲忽喜之情，以及宗庙丘墟、关山劳戍之苦，宛然在目。其题如此，其诗有不痛心入骨者乎！"（《板桥家书·范县署中寄舍弟墨第五书》）有鉴于此，郑板桥告诫他的弟弟一定要"慎题目"。

"慎"的一个重要方面，就是认真修改。人们往往只注意修改文章内容，而忽略了修改题目。其实，注意修改题目往往比修改内容更为重要。鲁迅的不少书稿，都曾改过题目，通过改题，使其更加合乎逻辑，更加精彩。例如，《藤野先生》一文，原题为《我的藤野先生——旧事重提之九》；起初鲁迅划去了"我的藤野"四字。划去"我的"这个限制词，使题目更简洁了，因为它是对概念"藤野先生"的多余的限制。但划去"藤野"二字，又使剩下的概念"先生"范围（外延）太大，因而不明确。所以，鲁迅重又补上了"藤野"二字。在收入《朝花夕拾》时，由于"旧事重提"已改为"朝花夕拾"，将"旧事重提之九"一并删去，从而既简洁，又明了。《旧事重提》是鲁迅回忆童年和青少年时期生活的一组文章，原来陆续发表在《莽原》上。辑集出版时改成了《朝花夕拾》，意思是早上开放的花朵，晚上拾起来。鲁迅自述道："带露折花，色香自然要好得多，但是我不能够。"他把童年和青少年时期的生活比作"带露"的"朝花"，表达了对往事的脉脉深情。进入壮年，经过生活的磨炼，尤其是第一次国内革命战争时期暴风雨般的斗争的影响，他的世界观发生了质的飞跃。追忆往事，就不只是停留在一般的"重提"，而是有所"拾取"，融注进当时的思想感情，反映了世界观的变化。同时，《朝花夕拾》比《旧事重提》更富诗意，因而能更好地体现整个集子中各篇散文的抒情风味。无论从哪一方面看，《朝花夕拾》这一总题与集子中的文章内容，都更好地保持了同一。鲁迅的这些修改，为后人诩赞不绝，传为佳话。

标题不贴切的情况并不罕见，大略有以下三类。

一为题不对文。

《北京日报》1982年10月27日头版发了一条短讯，全文如下：

> 10月25日晚上，西单菜市场的二十三名党员分成三个小组，分别召开生活会。全上，党员同志对照《首都人民文明公约》和交通、市容卫生、绿化三个法规，进行了认真检查。一些青年党员检查了自己在接待顾客时缺乏文明礼貌，上下班时骑快车，说话交谈时带脏字，还有随地吐痰等问题，表示今后一定要努力改正，真心起到一个党员的模范作用，为群众做出表率。
>
> 这个菜场党支部还决定，在"建设精神文明，开展五讲四美活动月"结束时，再组织一次组织生活，检查一下自己存在的毛病改了没有，模范作用发挥得怎样。

短讯内容无可非议，问题在于作者所起的标题：《西单菜市场为群众做表率》。看了标题，读者一定会推断：西单菜市场的同志做了不少好事。然而，短讯报道的不过是开了一个会而已。有人认为这是"文不对题"，恰恰相反，这是"题不对文"，因为"文"的内容是无法更改的。

更有甚者：1985年11月30日的《社会科学报》第7版，载有《祆教在蒙古》一文。该文未分段，开头说1956年蒙古发现一古突厥墓葬堆及石碑残片，碑文经鉴定为粟特文，记载突厥佗钵可汗事迹；接着说粟特人的足迹，粟特语的流传，佗钵建伽蓝；最后说佗钵以前突厥人的信仰"尚不能确定""为何种宗教"。全文约八百字，是该报的一篇长文。再三再四细细搜检，通篇居然连"祆教"二字都没有出现，更不用说比较详尽、全面地介绍"祆教""在蒙古"的各种情况了。读完全文，对照标题，令人感到大惑不解。这样的"标题"，实在可谓彻底的失败。

二为标题有歧义。

1982年6月7日《人民日报》的一则新闻，报道上海手表业连续五年每年增产手表一百万只的先进事例，起的标题是：《上海手表业连续五年增产百万只表》。这个标题既可理解作"每年增产一百万只表"，也可理解作"五年共增产一百万只表"，显然不妥。

三为标题内的概念不确切。

1983年2月11日《解放日报》的一则新闻，报道一个刑满释放分子多次在饭店门口割破他人的衣服，已被公安局收容审查，起的标题是：《割人嫁衣裳肇事者收容》。1982

年10月30日的《解放日报》发了一篇题为《本市公判一批严重破坏经济案件》的新闻。其中"收容""公判"等概念都用得不正确:"收容"与"收容审查"是不同的概念;"案件"只能"审理",不能"判决",刑事法庭判决的对象是人犯。

以上说的是为自己写的文章标上题目。

根据他人的命题写文章,首要的事是审题。审题的主要要求有三:一为从命题中揣测它所提示的文章基本内容和取材范围;二为捉摸它所提示的文章中心思想;三为推断它所规定的文章体裁。这些要求都与同一律有关,还与概念的内涵、外延,概念的概括、限制以及判断的量与质等逻辑知识相关。

由于命题作文之"题"是不能擅改的,所以只能按照题目的含义修改文章内容。

有时题目是以词和词组表达的,这时要审清该词或词组表达的概念的内涵与外延。例如,题为《早梅》,"早梅"是一词组,以"早"限制"梅",只能写"梅"而不能写"桃""李"或其他;只能写"早梅"而不能将范围(外延)扩大到一切"梅",或缩小为"早白梅"或"早青梅""早花梅"。唐末僧人齐己以《早梅》为题赋诗,内有"前村深雪里,昨夜数枝开"句。他将《早梅》诗拿去请教诗人郑谷,郑谷说:"你写的诗,题目叫《早梅》,就应该突出一个'早'字,'数枝'不能算早,不如改成'一枝'。一枝梅花冻寒初放,不是更能体现出'早'的含义吗?"齐己听了,连忙行礼,拜郑谷为"一字师"。从"数枝"到"一枝",外延起了变化,与题目所提示的外延相吻合,保持了同一,符合同一律。

有时题目是一个以语句表达的判断,这时不仅要从质和量两个方面去审清这个判断,而且要揣摩这个判断所由组成的各个概念的内涵与外延。粉碎"四人帮"后恢复高等学校入学考试时,曾出过一个作文题目:《知识越多越反动吗?》。一个"吗"字把许多考生弄糊涂了。懂得逻辑的同志,很容易辨明:这是一个以反问形式表达的否定判断,即"知识不是越多越反动的"。循此审题、作文,就有一定的成功把握,否则,如有的考生那样理解为"知识越多越反动",那就"南辕北辙",越走越远,"下笔千言,离题万里"了。在这种情况下,当然不是去修改题目以"削额适冠",而是改正内容使文题相符。

清代吴德旋云:"古人文章,似不经意,而未落笔之先,必经营惨淡。"时刻不忘标题、审题与逻辑的关系,惨淡经营、精心审题于先,挥毫泼墨、谨慎修改于后,文章必能写得更好些,进步也会更快些。党的十一届三中全会前《光明月报》特约评论员的重要文章《实践是检验真理的唯一标准》,曾在国内外学术界、政治界引起重大反响并产生了深远的影响。该文初稿的标题是《实践是检验真理的标准》,第五次修改稿改题为《实践是检验一切真理的标准》,第九稿才改成了发表时的题目。从初稿到定稿,前后历时七个多月,约有一半多的段落是重新写的。《新闻记者》1985年第12期辛广民的文章做了详细介绍,读来感人至深、发人深省,对我们重视修改文章,包括文章的题目和内容,有极大的教益。

"着意原资妙选材"

——素材、选材与逻辑

为了写好文章,许多作家都十分注意积累素材。据说唐朝的著名诗人李贺为了搜集创作素材,经常用过早餐就骑驴外出游览。他身背一个破旧锦袋,每有所见、所闻,或因见闻而激起联想、触发灵感,马上就记在纸条上,放入锦袋中。晚上回到家里,再把纸条拿出来,坐在青灯之下,进行整理选择。李贺的母亲见儿子经常早出晚归,背的锦袋总是鼓鼓囊囊的,感到十分奇怪。有一天晚上,李贺刚回到家里,李母就叫丫鬟把他的锦袋拿过来。她倒出一看,见全是纸条,上面记着各种各样的诗句,这才明白儿子早出晚归的原因,不禁心疼地说:"这孩子真要把心血呕出来才算完啊!"正是由于李贺注意积累素材,所以他有可能写出一手好诗,留下许多"惊天地,泣鬼神"的佳句。

中外文学史上,诸如此类孜孜不倦、坚持不懈地搜集写作素材的动人故事,信手可得,比比皆是。但是,正如木头不是精美的家具一样,素材也不是佳作。从素材到佳作,必须经过精选。清代文学评论家袁枚在《随园诗话》中说:"着意原资妙选材。"要写出佳作,还靠"妙选材"。为什么这样说呢?

文章的主题必须依靠有血有肉、具体生动、充分有力的材料来支撑,不然,主题就成了"无源之水""无本之木",没有感染力,没有说服力。

那么,怎样才能巧妙地选材以服务于主题呢?

选材就是要解决从大量的写作素材中选择最好地表现文章主题的材料问题。丰富庞杂、包罗万象的素材,不可能都切合特定的主题。有的素材可以很好地表现主题,有的则关系不密切,有的甚至还可能与之抵触。也就是说,素材与主题之间存在着相容的或不相容的逻辑关系。在素材与主题之间相容的逻辑关系中,有的有本质的必然性的逻辑联系,有的并无本质的联系,仅仅是外在的偶然性的联系。巧妙地选材必须注意素材与主题之间的不同逻辑关系。在注意素材与主题之间的逻辑关系的基础上,严格遵守逻辑思维的基本规律同一律、矛盾律、排中律和充足理由律,是"妙选材"的首要原则。

同一律要求材料与主题相统一。一篇文章必须做到材料与观点和谐一致,有机结合,融为一体,天衣无缝,才可能成为佳作。袁枚在《随园诗话》中曾说,熊掌、豹胎,是至为珍贵的食物，但如果生吞活剥，还不如蔬菜、竹笋；牡丹、芍药，是至为富丽的花朵，但如果剪彩为之，还不如野草、山葵。他以此形象地说明选材必须为主题服务。一位作家谈到短篇小说的创作经验时，批评许多短篇小说往往叙述是一件事，描写风景又是一件事，此外如面貌的刻画、情节的交代、心理的摹写，又是另一件事。这就是材料与主题不统一的表现。他认为，只能用一石去打一只鸟，不能用一石同时打几只鸟，否则，由于材料分散，表现的主题不鲜明，作品中就堆满了大大小小的许多疙瘩。他指出，这在格调上讲，自然也是百衲衣式的不成体统。出现这种情况的原因在于作者把握不住材料与主题之间的逻辑关系，于是，将支离破碎的零件拼凑起来，勉强成篇。唐弢同志说，主题一经确定，反映这个主题的思想就应该像一条红线，或明或暗，若断若续，从头至尾贯穿在作品里，时时刻刻让读者感到灵魂的跳动。这就要求按照同一律来选材，严格遵循从主题出发的选材原则。

主题是选择作文材料的标尺。凡是和主题没有关系的材料都不能选入，凡是能表达主题的材料可以入选。但"可以入选"不等于"必须选入"，因为对"可以入选"的材料仍然需要加以鉴别，其中有的材料与主题关系特别密切，能生动、深刻地表现主题，有的则次之。此外，如果与主题关系特别密切的材料比较多，仍然要加取舍，使得表现主题的材料不仅是与主题关系密切的，而且能多侧面、多角度、多层次地表现主题，使主题更突出、更鲜明、更丰满、更扎实。作家茅盾同志曾把选材与园艺进行类比，他说："园艺家常常把太多的蓓蕾摘去，只留下二三个，这样就得到了特别大的花朵。"这个比喻，大致可以说明创作过程中剪裁的必要。

矛盾律要求材料与主题不相抵触。

材料与主题相抵触的情况有三。

其一，材料虚假。以虚假的材料来表达主题，一经被人揭出，即使主题本身是无可非议的，也会受到不利的影响，令人对它产生怀疑。所以，材料的真实、正确，是材料的生命，也是文章的生命。拉法格在《回忆马克思恩格斯》中说，马克思十分注重材料的真实正确，"他从不满足于间接得来的材料，总要找原著寻根究底，不管这样做有多麻烦。即令是为了证实一个不重要的事实，他也要特意到大英博物馆去一趟"。马克思的《资本论》第1卷引用材料达一千余条，只有一条曾被人怀疑过，但经过马克思和他的女儿艾琳娜查对，证明这一条也是正确无误的。我们要学习革命导师严肃认真的文风，对于文章中运用的材料进行过细的审查核实。这一步功夫，不仅在搜集材料的过程中要努力做好，而且在文章撰成后的修改阶段还要继续贯彻。有的同志有时根据道听途说的材料来写文章，甚至有意编造虚假材料来填塞文章，敷衍成篇，或者对原本真实正确的材料进行"合理想象""适当拔高"，这些都是与矛盾律的要求相违背的。违反矛盾律的"妙笔生花"，结果是弄巧成拙，使文章失去应有的价值。

其二，材料与主题无关。生拼硬凑，以无关的材料来表现主题，当然不能达到目的。

清人魏际瑞在《伯子论文》中说："用故事，须如讼人告干证。又如一花一石，偶然安放。否则，穷人补衣，但贴上一块而已。"赴官府打官司，状子里写的必须桩桩件件与案情有关。要告一个人杀人放火，举证了一件又一件偷鸡摸狗的事，杀人放火的罪证却一条也不提，当然告不倒他。穷人补衣，没有选材的余地，只好有什么布片就往破了的地方贴，多次补成的衣服就显得斑驳陆离。如果随便把无关的材料"贴"到文章里去，文章就失去了和谐一致、有机统一的整体美，其原因就在于这样的选材是违反矛盾律的。

其三，材料与文章读者的要求相抵触。文章是要给人看的，而读者人多面广，层次不同，他们的要求和接受能力也不相同。因此，选用的材料必须照顾到不同层次的读者的要求。否则，作为安排在文章中的材料，仍可说是违反矛盾律的。往往存在这样的情况：用来表现文章主题的材料是真实正确的，也完全能够很好地表现主题，但是，由于文章读者或者觉得太浅，或者觉得太深，因而发挥不了材料的作用，这样的选材也是不恰当的。清代李渔《闲情寄偶》卷一云："文章做与读书人看，故不怪深；戏文做与读书人与不读书人同看，又与不读书之妇人小儿同看，故贵浅不贵深。"这段话中的"不读书人"已包含了"不读书之妇人与小儿"，犯了并列使用属种概念的逻辑错误。撇开这一点不谈，李渔所说的道理，对选材不与文章读者的要求抵触，是有启发的。

排中律要求选材明确表达主题，而不模棱两可，含含糊糊。毛泽东同志在《对晋绥日报编辑人员的谈话》中说："我们必须坚持真理，而真理必须旗帜鲜明。"又说："我们党所办的报纸，我们党所进行的一切宣传工作，都应当是生动的，鲜明的，尖锐的，毫不吞吞吐吐。这是我们革命无产阶级应有的战斗风格。我们要教育人民认识真理，要动员人民起来为解放自己而斗争，就需要这种战斗的风格。用钝刀子割肉，是半天也割不出血来的。"毛泽东同志的这些教导，是我们按排中律要求，从大量的素材中择取具体、典型、新颖的材料，生动、有力、突出、鲜明地表现主题的指针。

值得注意的是，有的作者片面地理解选材的新颖性要求，为新而新，往往为了突出某一材料的"新"而编造另一些材料为之陪衬，结果从总体上看却破坏了主题的"新"。有一篇稿件，为了表现儿童的爱护公共财物的新气象，就给他配备上了一个在大风天冲着柴火垛投掷还在燃烧的烟头的干部。作家孙犁认为，这样写法，在儿童一方面固然是一种新气象，但在干部这一方面说，则未免气象太旧了。又有一个作者，为了写火车上新添了医疗设备，就硬叫一家夫妇扯着一个发了一夜高烧的孩子去做不必要的旅行，好有机会在火车上打针，以表现新气象。孙犁同志指出："这都是不合实际的写法。这是作者为了表现一个概念，随便安排上的不近人情的故事。而结果，细心的读者同时获得两种印象，新旧抵销，两不存在。"（《中外作家谈创作》上册）这里所说的"同时获得两种印象"，相当于对互相矛盾的两个判断做出"二者同真"的结论，而这是违反排中律的。排中律的公式是：或者A，或者非A。这个公式中的"A"和"非A"是相互矛盾的判断，"或者"表示严格的排斥。"或者A或者非A"说的是在"A"与"非A"这两个判断中必有一个是真的。

因此,这个公式也可读为,或者是"A"真,或者是"非A"真,二者必居其一,除此之外没有第三者。"二者同真"这一"第三者",也就违反了排中律,因而造成"新旧抵销,两不存在"的结果。

充足理由律要求选材充分,能够全面、圆满地表现主题,说明观点。材料不充分,"挂一漏万""丢三拉四",绝不可能使读者得到深刻的印象,更不能指望读者仅凭不充分的材料就赞同作者的观点。作家秦牧在《散文创作谈》中曾对散文作者提出"选择'尖端状态'"的要求,认为为了突出意义重大的"尖端状态",应当去"接触实际",以便从中发现充分的有说服力的素材。他说自己在实际生活中了解到,有的劳动模范一连五年不愿休假;有的大力士能把四五百斤的东西挑上肩膀;有的渔民摔跤手一顿能吃四五斤的鱼或肉;有的牛能够长到两千斤;海南岛有的树砍下来做电线杆,却能发芽生长……秦牧认为,选择这类独特的、尖端的、强烈的材料以概括其他,就可以给人以强烈感,把存在"尖端状态"的道理说透。我们在秦牧的杰作《艺海拾贝》及其姐妹篇《语林采英》中看到,他正是按照这种要求身体力行的。可以说,这两本佳作中的几乎每一篇,都是以充足的材料生动有力地阐释了一种观点,给读者以强烈的感染、深刻的印象。这些材料如同一串串珍珠,一束束鲜花。一粒或几粒珍珠是不成其"串"的,一朵或几朵鲜花是不成其"束"的。同样,孤零零的少量材料,构不成血肉丰满的好文章。因此,"妙选材"之"妙",还应体现在选材充分上。对于材料不充分的初稿,绝不要轻易拿出去发表,一定要继续收集、补充材料,直到材料充分,能够圆满地表现主题或说明论点为止。

作家艾芜在《生活·人物·故事》中谈创作体会说:"写作还有一个过程,就是修改过程。修改时,把作品当成不是自己的,从别人的角度上去吹毛求疵,冷静地修改。开始处理材料时要冷,写的时候要热,在修改时候还要冷。"力求符合逻辑要求,巧妙选材,冷静修改,这是作品成功的根本条件之一。

工师作室，先定规式
——结构和逻辑

"遣词造句，布局谋篇。"妙遣语词以使概念明确，巧造语句以求判断恰当、推理谨严，最后还要落实到合乎逻辑地布局谋篇上，才能成为文章。这就要求研究文章结构与逻辑的关系，在撰写和修改文章的过程中正确处理这些关系。

文章是客观事物的反映。客观事物无一不是或大或小的系统，因而文章就是那些或大或小的系统的表现。系统所具有的种种特性，在文章中都应得到合乎逻辑的反映。当然，这种反映不是直观的、机械的、镜子式的，因为文章毕竟是经过作者艺术加工的产物，它对客观事物的反映带有艺术性，但这丝毫也不意味着降低严格地遵循逻辑思维规律的要求。

系统论告诉我们，客观事物的系统；具有整体性、层次性、有序性和内部联系的紧密性。因此，作为系统的反映的文章，其结构的逻辑性与系统的上述特性应该一致。修改文章就要认真检查文章结构逻辑性与文章所反映的客观事物系统的上述特性是否一致。

一、文章结构的整体性与逻辑性

系统的整体性要求我们把系统如实地作为一个整体来对待，要把整体和组成它的元素、部件、局部区分开来，不要把系统归结为元素、部件、局部的机械总和；同时还要求我们在处理系统中某个元素、局部的时候，也不能仅仅从这个元素、局部出发，而应该把元素、局部放到它们所在的系统之中，把它们同其他元素、局部联系起来，把它们同系统的整体联系起来。这些同属概念与种概念的关系、全称判断与特称判断的关系、逻辑思维的同一律和矛盾律等，都有密切的联系或相类似的地方。例如，如果把属概念反映的事物看成大系统的话，种概念所反映的事物就是大系统下的子系统，或元素、局部。这样属、种概念间的各种逻辑关系，就成为文章反映客观事物系统的整体性时必须遵守的。又如，矛盾律要求同一思维过程中对同一对象不做出自相矛盾的断定，包含其元素、局部的系统作为一个统一的整体，自然要求元素、局部与整体的统一，不允许元素、局部与整体相矛盾。因此，文章作为客观事物系统的反映，只有处理好整体与元素、局部的关系，才能不违反逻辑要求。为此，必须注意以下三点。

第一，整体各部分互不矛盾。

毛泽东同志谈到写文章与逻辑的关系时，曾简明扼要地指出："写文章要讲逻辑。就是要注意整篇文章、整篇说话的结构，开头、中间、尾巴要有一种关系，要有一种内部的联系，不要互相冲突。"(《农业合作化的一场辩论和当前的阶级斗争》)这段话突出说明了文章的整体性、文章内部的互不冲突是文章合乎逻辑的基本要求。但做到这一点绝非易事。

《文艺学习》编辑部曾致函作家柳青，问他："你每次写作，感觉最困难的是在什么地方？"柳青回答说，最困难的是结构，或者说组织矛盾。其原因在于"许多原来毫无关系的人，被作家调动到一块工作和生活，性格各不相同，思想很不一致，多方面发生矛盾……组织这个矛盾，展开斗争，并不是没有限制。它在大的方面要合乎客观事物发展的规律，在小的地方要合乎实际生活的细节，就好象世界上有过这个事一模一样，就好象这些人本来都在一块一模一样，不能给人看出破绽"(《创作经验漫谈》)。

法捷耶夫的《青年近卫军》发表以后，在广大苏联读者中引起热烈的反响，苏联文学评论界给予高度的评价，但也有同志指出，该书对材料的组织缺乏技巧，主要的东西突出得不够恰当，并在报刊上给予批评。法捷耶夫在《论写作·论作家的劳动》中虚心地认为这是"公正的批评"，并就文章结构的整体性发表意见说："必须把全部已有的、往往是巨大的材料组织成一个统一的整体。"法捷耶夫所说的"一个统一的整体"，当然要求避免其内部的矛盾冲突。但在撰写文章的过程中，不可能时时回到已经撰成的部分。按照鲁迅的意见，最好还是在打好腹稿后开笔便一口气写下去，暂时不要搁笔检查前面已经写成的文字。这种写法对于文气的贯通极有好处，但难以避免文章内部有不和谐及矛盾冲突。因此，必须在撰成初稿之后精心修改加以补救。修改时，无疑应当将其中损害整体性的矛盾冲突予以消除。

优秀的作品，即使故事复杂，人物繁多，也总是把整体各部分安排得十分妥帖，而无矛盾冲突。这在很大的程度上得力于自始至终牢牢地抓住贯穿全文的线索。

《水浒传》前半部，实际上是一百零八条好汉的小传，施耐庵接连写了晁盖、吴用、阮氏三雄、杨志、宋江、林冲、武松、石秀、卢俊义的出身、遭遇、生活和性格。每个人的故事似乎都可成为独立的中篇或短篇。这样，作为一部长篇小说，其整体性就很难体现。但是，施耐庵以"误放妖魔"为楔子，以"智取生辰纲"展开故事，突出一个"逼"字，以此统筹全书，把天下好汉先后被"逼上梁山"作为线索，将所有的故事浑然一体地融汇在一起，以众好汉齐集梁山为结局，使全书结构的整体性得到完美的体现。众所周知，《水浒传》是在民间口头传说故事的基础上写成的，长期口口相传和施耐庵的整理编写，就是一个反反复复加工修改的过程，在这个过程中，许多逻辑矛盾必定会被一一排除，使全书的整体性得到很好的体现。

《红楼梦》第五回"曲演红楼梦"，十二支曲子极其概括地预示了十二个主要人物的一生命运。接着，十二支曲子随着故事的展开，一直在读者的耳畔回响，直至第八十回。作家孙犁击节赞叹这是"千古绝唱，第一声春雷，振聋发聩，在任何艺术作品中，也没有遇到过"（《关于长篇小说》）。《红楼梦》之所以能成为"千古绝唱"，与曹雪芹匠心独运，极重视全书结构的整体性分不开。因此，孙犁称赞曹雪芹"写一个中心事件，总是象在平静的湖面上投一大石，不只附近的水面动荡，摇动荷花，惊动游鱼，也使过往的小艇颠簸，潜藏的水鸟惊起，浪环相逐，一直波及四岸；投石的地方已经平息，而它的四周仍动荡拍击不已"。孙犁说："这就叫做精心结构。"这种"精心结构"不同于《水浒传》的写作过程，因为《红楼梦》并无口头流传的故事基础。但《红楼梦》"字字看来皆是血，十年辛苦不寻常"，是曹雪芹"于悼红轩中，披阅十载，增删五次"（第一回），经过反复的修改，才成为巧夺天工、优美完整、逻辑严密的罕见佳作的。

第二，部分与整体的不可分割性。

苏联作家伊萨可夫斯基谈苏尔科夫的诗的构思时指出："苏尔可夫的每一个句子都不是偶然的，不是可有可无的。他的每一个句子都服从着基本的构思、基本的思想，所以它不是独立存在的，而是整体中不可分割的一部分，它企图补充这个整体，使这个整体更鲜明，更真实。苏尔可夫的所有的句子，都象被一块磁石吸在一起……"

伊萨可夫斯基所说诗句对于诗歌整体的"不可分割"性，也适用于所有的文章。系统内部元素、局部与整体的不可分割性，不允许整体有所缺陷，即不允许将必要的元素、局部割弃；也不允许整体有所冗余，即不允许将不相关的东西附加在整体上。诗句和诗歌的不可分割性，文句和文章的不可分割性，同样有类似的要求。这与概念划分既不允许划分不全，也不允许划分多余完全一致，与充足理由律的要求完全一致。"过犹不及"，冗余的理由或理由不足，同样会对整体造成损害。

此外，由于元素、局部与系统整体有不可分割性，因此，系统的每一个元素、局部都必须是系统整体"合格"的元素、局部，不允许系统存在"病灶"。"充足理由"不仅指理由的全部都必须列出，而且每条理由都应"过硬"，如果有几条理由不"过硬"，整个理由也就软弱无力。爱克曼所写《歌德谈话录》中记述歌德的话说："如果有些部分失败了，整体就会显得有缺陷，不管其他部分写得多么好，这样你就写不出什么完美的作品来。""有些部分失败"，犹如部分理由不"过硬"，也犹如系统整体存在"病灶"一样。

考虑到上述要求，修改文章时必须把不足的理由补上，把冗余的理由略去，把软弱的理由加强，从而使得文章言之有物，论之有理，读来令人信服，无形之中受到强烈感染，赞同你的观点或你所提倡、宣扬、歌颂的事物。

第三，整体各部分的位置不能混乱颠倒。

整体的各个部分，都有各自的位置，不能颠倒，不能淆乱，不能错杂。否则，就要破坏系统整体的完美性，从文章和其他文艺作品来看，就破坏了它的结构的逻辑性。列夫·托尔斯泰在《艺术论》中指出："在真正的艺术——诗、戏剧、图画、歌曲、交响乐，我们不可能从一个位置上抽出一句诗、一场戏、一个图形、一小节音乐，把它放在另一个位置上，而不致损害整个作品的意义，正象我们不可能从生物的某一部位取出一个器官来放在另一个部位上而不致毁灭该生物的生命一样。"

《红楼梦》第十七回谈大观园的设计修建时说："天然者，天之自然而有，非人力之所成"，不能"人力穿凿，扭捏而成"。贾宝玉说："非其地而强为地，非其山而强为山，虽百般精而终不相宜。"贾宝玉所说的与整体各部分的位置不能混乱颠倒是一致的：山水应顺其自然，人力穿凿的结果是破坏了环境结构整体性的天然美。

当然，客观事物错综复杂，绝非千篇一律，因而不同事物系统甚至同类事物系统内部的结构，可能不尽一致或完全不一致。正像七个音符加上少量音阶可以构成奇妙动听的无数乐曲一样，文章的结构极少有雷同的。但是，这同整体各部分位置的混乱是两回事。整体各部分位置的混乱，是对逻辑要求的破坏，而动听乐曲、优美篇章的千变万化，却始终保持整体各部分的逻辑性。

为了达到上述要求，作家陈登科认为，对初学写作者说来，最好从写短篇小说开始。他说，短篇小说，在短短的几千字中，一句废话都藏不住。它的结构、人物、情节都要安排得适当、紧凑、生动有力，要使人一目了然；每一个细节、每一个字，都要为整体服务，它很自然地逼着我们对每一个字，都要严格地去琢磨。陈登科所说的"从写短篇小说开始"，当然包括修改在内。通过短篇小说的练习，对文章整体结构的逻辑性加深认识，熟练掌握，将使写作水平得到不断的提高。

二、文章结构的层次性与逻辑性

客观事物系统有一个本质的特征，即它是秩序、组织、结构的体现。系统之所以成为系统，就在于它有秩序，有组织，有结构。庞大复杂的系统之所以大而不乱、杂而有序，就因为它有秩序，有组织，有结构。这种秩序、组织、结构根本上是来源于元素、部件之间的有机结合。所谓有机，一是说明这种结合具有一定的规律性，是一种有规律的联系；一是说明这种结合不是简单的拼凑，而是为着整体性的功能而结合，而联系的。所谓秩序、组织和结构，也就是元素、部件之间本质的、规律的、稳定的联系。复杂的系统中，元素、部件之间的联系是不平衡的，于是系统内部就形成了各种层次，层次之间也形成了一定的有机联系。这样，复杂系统就成为一个从元素到由元素组成的较小层次，再到由这些较小层次组成的较大层次，再到由较大层次组成的整个系统，形成了一种逐级递阶的结构和组织。层次性就是系统表现其秩序、组织、结构的本质属性之一。

作为客观事物系统的反映的文章，无疑必须再现系统的层次性。但由于这种再现是带有强烈艺术色彩的，因而文章结构的层次性与客观事物系统的层次性并不机械地一一对应。这就应该研究文章结构层次性的逻辑特点与逻辑要求，否则，文章结构的层次性便失去依据和评价标准，文章修改也就无从着手。

文章结构的层次性，在文章学上表现为文章的段落和文章的层次两个概念。

段落即所谓自然段，它在文章中用换行的形式标志。但是，换行的语言单位不全是段落，是否段落，还得看它能不能表示一个完整的意思。换行而又能表示一个完整意思的语言单位，才是段落；否则，便不是段落。文章的层次由一个或几个段落组成，是文章中情节与情节、观点与观点之间的并列、承接、因果、转折或主从等关系的反映。我们这里只限于从文章层次的范围来研究文章结构的层次性和逻辑性的关系。

文章结构有横式和纵式两大类。横式结构的各个层次地位平等，互不从属，是并列的平行关系。纵式结构的各个层次则是一层紧接一层的连接关系。此外，还有一种比较特殊的"总—分—总"关系，先由总说而后分说，再由分说而又总说，形成特定的连接关系。文章结构层次的平行关系、连接关系与"总—分—总"的关系，都必须遵循一定的逻辑要求。这些逻辑要求主要有：思维逻辑的确定性、推理逻辑的必然性。

第一，文章结构层次间的思维逻辑的确定性。

平行关系文章结构的各个层次地位平等，互不从属。各层次表达的内容，或者是事物的不同组成部分、不同侧面、不同位置；或者是事物的不同属性，问题的不同性质；或者是不同的人物，人物的不同活动；或者是不同的观察角度，叙述角度的不同结果；等等。因为"不同"，所以"平行"。但这里的"不同"，丝毫不能违反思维逻辑的确定性。思维逻辑的确定性包括同一律、矛盾律和排中律的全部要求。以平行关系结构的文章分述许多个不同人物为例来看，尽管这些不同人物性格迥异、遭遇不同，但都是为了从不同的人物及其遭遇方面批判或歌颂特定的思想，以使读者受到反复多次的深入强化的教育或感染。以平行关系结构的文章分述几个不同的事件、问题、观点等，也是一样，必须围绕着文章主题这根"轴"来旋转，否则就是背离了同一律的要求。

联结关系文章结构的各个层次紧密连接，上递下接，一层接一层，连续不断。各层次所表达的内容，或者是事物发展的前后经过，不同步骤、阶段；或者是意思的层层推进；或者是认识、叙述的越趋具体；或者是说理的步步深入；或者是情节的趋向高潮；等等。这有如长江黄河自西而东奔腾入海，尽管碰到砥柱会产生小小的回环、漩涡，但总是"青山挡不住，毕竟东流去"，滔滔不绝，浩浩荡荡，整个趋势与方向绝不会改变。如果在联结关系文章结构的某个层次出现与这种趋势相背离的情况，就造成文章内部的矛盾冲突，结构上的不相和谐，从而违背思维逻辑的确定性的要求。

"总—分—总"关系文章结构限于三个层次，次序是固定的，都是先总说后分说，最后又总说。这本身就是一种确定性，必须严格遵守。同时，分说是由总说而来，与总说无关的分说便是"节外生枝"；后一个总说是前面的总说的高度概括与深化，是前面的分说的必然结果，与前面的总说和分说不相干的总说，不是"马尾不对牛头"，便是"画蛇添足"。

第二，文章结构层次间的推理的逻辑必然性。

平行关系结构的文章，和任何别的文章一样，都有一个主旨。这一主旨或者揭示于篇首，或者点明于篇末，或者融入全篇，隐而不露。不管作者采取什么形式将主旨传达给读者，文章的各个平行层次都要为这一主旨服务，都要足以成为推出这一主旨的相当于推理前提的理由，也就是保证主旨成为推理的合乎逻辑的结论。

连接关系结构的文章的各个层次，或是连贯关系，或是递进关系，或是转折关系，或是因果关系，或是说明关系。

连贯关系前后各个层次的承接必须依照一定的逻辑顺序排列，先发生的事情先说，后发生的事情后说；问题在先，解答在后；理由在先，结论在后；等等。这里的问题与解答、理由与结论都应有必然性的逻辑联系。

递进关系前后各个层次的意思一层推进一层，由浅入深，由具体而一般（或由一般而具体）。这是推理的逻辑必然性的层层深化。

转折关系前后层次意思相反，前一层次说的是一种情况，一种意思；后一层次说的是相反的情况，相反的意思。二者相反相成，有如科学归纳推理中的契合差异并用法；又如演绎推理与归纳推理的联合应用，殊途同归。

因果关系前后两个层次是原因与结果的关系，或指事物发生的原因和结果，或指人物思想行为的原因和结果，或指理由、根据同观点、论点的关系。因果关系的语句内容是假言判断的前后件关系；它的段落、层次内容则是推理前提与结论的关系。从假言判断看，前后件必须存在必然性的逻辑联系，既不是虚假的，也不是强加的。从推理看，前提应能推出结论，推出过程必须遵守有关推理的逻辑规则。

说明关系前后两个层次是说明和被说明的关系，通常是后一层次对前一层次加以说明或补充。说明方法中常有比喻和引用，二者作用不同，既可用于推理论证，也可用于说明事物。用于推理论证，目的在于证明论点的正确；用于说明，目的在于把事物介绍得更加清楚明白，便于读者理解接受。无论是推理论证，或者是说明事物，都要达到揭示其间必然的逻辑关系的要求，否则就失去了论证或说明的意义。

"总—分—总"关系结构的文章，前两个层次之间存在着演绎推理的关系；后两个层次之间存在着归纳推理的关系。如果不遵守有关推理的规则，层次之间就失去了必然的逻辑关系，文章也就会松散零乱。

此外，文章结构层次间的各种关系，都必须不违反充足理由律，否则，不可能说服读者相信你所说明的事物或论证的观点是完全正确的。

文章结构的层次性和逻辑性的关系已如上述。写作文章和修改文章时，头脑中应该牢固地树立系统的层次观和层次间的必然性的逻辑关系的观念。对于那些不符合明确的层次要求和逻辑要求的地方，要通过反复的修改认真地改正，使文章层次井然，脉络分明，条理清晰，逻辑严密。

三、文章结构的有序性与逻辑性

客观事物系统各个元素、局部之间的互相联系和互相制约关系是有规律、有秩序的，它表现在时间顺序、空间结构、功能行为的有序性三个方面。从时间上说，总是一个事件发生之后再发生第二个事件、第三个事件。从空间上看，元素、局部之间的结构也总是有秩序的，从上到下，从左到右，从外到里，从前到后，东南西北，日月星辰，万事万物，无不按照一定的次序排列着、运行着。从功能行为上说，系统的功能行为也总是在时间和空间上有秩序地发生和表现的。我们有时会说，事物系统处于"混乱状态"。这是人的观点，是人们将两种事物系统进行对比之后，对其中一种得出的看法。但是，无论事物系统怎样"混乱"，或者人们认为它是何等"混乱"，这"混乱"的事物系统也仍然有其时间上的先后顺序和空间上的结构次序。关于事物系统的功能行为也是如此。

事物系统的这种有序性，反映在文章中就是文章结构的有序性。为了保证文章结构的有序性，必须研究篇章和逻辑的关系。

明代王骥德《曲律》云：

> 作曲，犹造宫室者然。工师之作室也，必先定规式，自前门而厅、而堂、而楼，或三进、或五进、或七进，又自两厢及轩寮以至廪庾、庖湢、藩垣、苑榭之类，前后、左右、高低、远近，尺寸无不了然胸中，而后可施斤斫。作曲者，亦必先分段数，以何意起，何意接，何意作中段敷衍，何意作后段收煞，整整在目，而后可施结撰。

王骥德以建造宫室作譬，很好地说明了撰写诗词曲律时应注意其结构的有序性。

清代毛宗岗评论《三国演义》的逻辑结构时指出：

> 《三国》一书，总起、总结之中，又有六起、六结：其叙献帝，则以董卓废立为一起，以曹丕篡夺为一结；其叙西蜀，则以成都称帝为一起，而以绵竹出降为一结；其叙刘、关、张三人，则以桃园结义为一起，而以白帝托孤为一结；其叙诸葛亮，则以三顾草庐为一起，而以六出祁山为一结；其叙魏国，则以黄初改元为一起，而以司马受禅为一结；其叙东吴，则以孙坚匿玺为一起，而以孙皓衔璧为一结。凡此数段文字，联络交互于其间，或此方起而彼已结，或此未结而彼又起，读来不见其断续之迹，而按之则自有章法之可知也。（《三国演义·读法》）

毛宗岗虽然评的是《三国演义》一书中人物和事件的先后出现和演进的高度艺术技巧，但是同样很好地说明了撰写文章时应注意其结构的有序性。

以上两例启示我们，文章结构的逻辑顺序主要体现在以下三个方面。

第一，时空顺序合乎事物系统的客观序列。

任何事物的存在和发展，都离不开一定的空间和时间。因此，空间的转换和时间的变化，就成为表现事物最基本的顺序。作为空间而表现的事物系统，由长度、宽度和高度构成，有其东南西北、前后左右的方位；作为与时间相联系的事物系统，由分分秒秒构成，有其过去、现在和将来。

《知识》杂志曾载《蛇岛》一文，其中这样写道：

> 蛇岛整个轮廓近似平行四边形，岛的西南端是整片陡立的峭壁，峭壁顶端是岛的主峰，从主峰向东南、东、东北和西面是呈扇状延伸下降，形成峰峦起伏的扇面山。

作者先从总体上描述蛇岛的整个轮廓，使读者对蛇岛这一系统有一个整体性的认识，然后以岛西南"整片陡立的峭壁"为纲，提纲挈领地抓住"岛的主峰"作为进一步展开描述的起点，纲举目张地依空间顺序分述岛的东南、东、东北和西面；最后又以"形成峰峦起伏的扇面山"作结，使读者对有序的蛇岛空间系统的认识更加具体，更加深化。

欧阳修的著名散文《醉翁亭记》，以"环滁皆山也"开篇，有如异峰突起，非同凡响；接着，从"林壑尤美"的"西南诸峰"着手，引导读者步入"蔚然而深秀"的琅琊，绕山行，闻水声，见酿泉，观"翼然临于泉上"的醉翁亭，条理井然，与游醉翁亭的顺序完全一致。这些都是记叙的空间顺序合乎事物系统的客观序列的好例子。

王安石《伤仲永》一文，谈"金溪民方仲永"从神童变为俗子的教训。他先将方仲永的事迹做简略的叙述："仲永生五年，未尝识书具"，但忽然变得"指物作诗"而"立就"。后来自己见到的仲永已"不能称前时之闻"，这时仲永已是十二三岁了；再过七年，也就是仲永二十岁时，已经"泯然众人矣"，没有什么出众的地方了。这一叙述完全按时间顺序进行，与仲永从神童变为俗子的时间序列相符。

第二，功能行为顺序合乎事物系统的客观序列。

在说明文里，少不了记述事物的功用、效能；在记叙文里，少不了描述人或其他动物的行为。记述事物的功用、效能，要与事物系统的功能序列相符；记叙人或其他动物的行为，要与其行为序列一致。

一篇题为《音乐的功过》的说明文，在引述了德国伟大音乐家贝多芬关于"音乐是比一切智慧、一切哲学更高的启示"的评论后，先分层依次记述了"教育工作者发现"的音乐的力量，"现代科学告诉我们"的音乐的特殊的"本领"以及音乐在医疗、卫生等方面的作用，然后以"要是超过了一定的范围，就会走向反面"作过渡，对音乐的"过"做了说明。先写"功",后写"过";写"功"时从"教育""科学"到其他方面;写其他方面时,从音乐对胎儿的作用,到对儿童、老人的作用。这些,都与符合事物系统的功能序列的要求相一致。

事物的功能是在对人或社会的作用上显现并被人们所认识、利用的,因此,事物系统的功能序列带有很大的主观性。但这种主观性是建立在客观的基础上的。另一篇题为《碳的家族》的文章,在介绍其功用时,先按碳的"家族",后按各"家族成员"的物理结构、化学结构,分层分段地进行剖析。这样的叙述进程,沿着由整体到局部、由表及里的顺序,既符合有关事物的实际,也符合人们认识该事物的程序的实际。

人或其他动物,除神经功能混乱而处于疯狂状态之外,其行为都是有规律可循的。即使神经功能混乱,其行为也只能在时间的流逝中发生,因而也有一定的时序性。所以,记叙时,必须与其行为序列一致。鲁迅小说《狂人日记》,以"狂人"自述的形式记叙一个"狂人"的行为和心理活动。读过《狂人日记》的,不仅为鲁迅记叙的艺术而赞叹,而且也因鲁迅记叙的条理清晰、逻辑严密而惊佩。据说,《狂人日记》发表后,曾有些读者投书报刊,称赞鲁迅对精神病学有精湛的研究。

第三,叙事说理的条理合乎逻辑。

叙事说理的条理性,主要反映在层次的安排符合事理本身的逻辑性上。

《国语·周语上》中的《召公谏厉王弭谤》,既叙事,也说理。文章叙事时先后有序、井井有条:从"厉王虐,国人谤王"揭示出矛盾开始,接着写厉王派卫巫"监谤者"、杀谤者,造成矛盾进一步激化、"国人莫敢言,道路以目"的紧张形势;在厉王自以为得计的情况下,召公侃侃而谈,直谏弭谤;最后写厉王不听召公之言,被放逐于彘地。说理部分集中在召公的谏言中,先以"防民之口,甚于防川"作比,接着指明"天子听政"的前提与基础在于广泛听取各方面的意见,然后从正反两个方面说明是否吸取百家之言的不同结果,条分缕析,层次清晰。这样叙事说理,与召公谏厉王的过程本身相符,也与谏言所应有的逻辑一致。

四、文章结构内部联系的紧密性与逻辑性

客观事物系统内部各个元素、局部,相互之间都有紧密的有机关系。没有关系就不成其为系统,关系不紧密,系统就会离散。反映客观事物系统的文章,自然应使其结构的内部联系紧密化,这就要注意篇章和逻辑的关系。我们认为,篇章和逻辑的关系,主要表现在前后照应、首尾相顾、过渡自然等三个方面。

第一,前后要照应。

毛泽东同志说"开头、中间、尾巴要有一种关系,要有一种内部的联系",提出了前后要照应的要求。前因必有后果,后果必有前因,这是事物发展的逻辑,也是推理论证的

有机构成。有因无果或有果无因的现象，不仅客观世界不存在，逻辑推理中也不允许，因为这会使之丧失推理的资格而降为无所依凭的判断。反映在写作上，就是要把客观事物发展变化中前因后果的逻辑关系交代清楚，使读者对文章有关内容的来龙去脉，有清晰的了解。如果写人记事或说理议论的过程中，前边没有交代的，后边忽然出现了，必然使人感到突兀，莫名其妙；同样，如果前边交代过的，后边却销声匿迹，无影无踪，则令人感到茫然若失，迷惘不解，悬念不已。

前后照应不周的情况并不少见，有些大作家的作品中也会出现这种毛病。例如，歌德就曾批评过席勒的这方面缺点。席勒（1759—1805）是著名的德国剧作家和诗人，他的剧本《强盗》《阴谋与爱情》《华伦斯坦》三部曲和《威廉·退尔》等都享有世界声誉。歌德批评他说："因为他工作很大胆，就不大注意动机伏脉。我还记得为了《威廉·退尔》我和他的争论。他要让盖斯洛突然从树上摘下一个苹果，摆在退尔孩子的头上，叫退尔用箭把苹果从孩子头上射下来。……我力劝他至少要为这种野蛮行为布置一点动机伏脉，先让退尔的孩子向盖斯洛夸他父亲射艺精巧，说他能从一百步以外把一个苹果从树上射下来。"（[德]爱克曼《歌德谈话录》）

歌德所说的"动机伏脉"，以及文章学中必定提及的"伏笔""铺垫"，意思大体相同，都是指前后要照应。前后互不照应，从客观上说，它同事物系统内部联系的紧密性特点不符，从文章的逻辑性上看，有时会显得不严密，有时则直接与逻辑要求相悖。

第二，首尾要相顾。

首尾相顾实际上也是前后照应的一种，但范围比较窄，只涉及开头与结尾。

开头与结尾是文章结构的有机组成部分，而且是最容易引起读者注意的部分。好的开头引人入胜，令人手不释卷；好的结尾美不胜收，令人回味无穷。古人分析文章，有所谓"凤头、猪肚、豹尾"，"起要美丽，中要浩荡，结要响亮"（[明]陶宗仪《南村辍耕录》）的说法。对这一说法，不少人往往只注意它的文采要求，而忽略了它的逻辑规定。其实，开头、中间、结尾三者是统一的有机组成部分，仅有"美丽"的"凤头"而无有力的"豹尾"，或者相反，都不成其为佳作名篇。开头与结尾有如开花与结果。前边开出鲜艳的花朵，后边要结出丰硕的果实；同样，后边有丰硕的果实，前边也应是开过鲜艳的花朵。只写开花，不写结果，花儿徒然鲜艳而已；只写结果不写开花，果实的丰硕也令人难信。

开头与结尾的内在逻辑关系处理不妥，约有五种情况。

其一，有头无尾。有的人记住"以奇句夺目，使之一见而惊"（[清]李渔《闲情偶记》），"凡起句当如爆竹，骤响易彻"（[明]谢榛《四溟诗话》），"起句须有峥嵘之势"（[清]施补华《岘佣说诗》），等等，这没有什么坏处。遗憾的是顾此失彼，抱头露尾，有如钻进沙堆的鸵鸟，顾及头颅，忘却屁股。茅盾在《关于艺术的技巧》一文中就曾批评道："有些作品常常在开端用一行地位写一句话来表明故事发展的时间，例如'夜已深了'，'时间正当中午'；这一句，由于是独占一行的地位，就有大书特书的气概。但故事展开后，时间的进展，就很少提到，或简直没有描写到，于是读者就弄不明白这些事情都是在'深夜'或是在'中午'发生的呢，还是在此之后。"有些小说开头出现的人物，后来没有交代，直至结尾仍然不见踪影。有些论文，开头提及要论述某个观点或批评某种意见，但直至文末仍未见只字相涉。这些都是有头无尾的表现。

其二，头重脚轻。开头时不着边际地写景、抒情或空发议论，而这些同下文又是没有关系或关系甚微的，造成开头洋洋洒洒大书特书，后面的重要内容则蜻蜓点水、浮光掠影，给人虎头蛇尾、头重脚轻的感觉。

其三，有尾无头。有的人仅仅记住"结句当如撞钟，清音有余"（〔清〕李渔《闲情偶寄》）和"一篇全在尾句，如截奔马"（〔宋〕姜夔《白石诗说》）的教诲，忽略了"一篇全在尾句"本就存在毛病，更忘了文章是客观事物系统这一有机整体的反映，必须全篇用力，不能只顾结尾而不顾开头。有的文章开头根本没有提及的事情或者人物，在结尾处忽然冒了出来；前文没有加以论证的问题，结尾时却来一个"总而言之"怎么怎么、"由此可见"如何如何，这样的结尾，显然也是不合逻辑的。

其四，尾大不掉。结尾处或者大发议论，贴上种种时髦的政治标签；或者无病呻吟，呼喊一大串革命口号；或者夹七夹八的写景、抒情，哼哼唧唧，废话一堆。这样，即使前文写得很好，也会因画蛇添足而大逊其色，更不用说与客观事物的逻辑性不相符了。

其五，"牛头不对马尾"。前面写的事，同后边写的事没有关系；前边所表现的思想，同后边所表现的思想相脱节。这同推理中摆出不真实的前提，因此推不出必然性的结论，是一回事。这种"牛头不对马尾"的情况，与同一律的要求也是不符的。

以上种种首尾不相顾的情况，往往是由于落笔之前缺乏周密思考的缘故，也同撰成初稿以后疏于修改有关。因此，修改文章时，绝不能忘记首尾之间的逻辑关系。

第三，过渡要自然。

层次清楚，前后呼应，首尾相顾，反映了作者的思路合乎逻辑的发展。但如果在层次的过渡上处理不当，仍然会影响结构的严谨，影响文章的逻辑性。过渡就是把相邻的层次之间的联系加以提示，使前后层次的承接关系显现出来。脑子思考问题时，从一件事情到另一件事情，从一个论点到另一个论点，一闪而过，瞬息即逝。落笔成文时则不同，从一件事情到另一件事情，从一个论点到另一个论点，有一个衔接、转换的问题。因此，用什么话把上下两个层次勾连起来，使得上下文衔接紧密，语意连贯，引导读者思路自然地从上文转到下文，是值得重视的。

文章需要过渡的地方主要有：从一层意思转入另一层意思的转折处；由总到分、由分到总的衔接处；由议入叙、由叙入议的变换处；倒叙、插叙、分叙的转换点；等等。

过渡的方式主要有以下两种。

其一，用独立的段落来表示。例如，鲁迅的《从百草园到三味书屋》中，儿时的鲁迅起初活动于兴味浓厚的"百草园"，后来则被送进枯燥无味的"三味书屋"，这是分处两个时期的不同活动场所。从前者到后者的过渡，鲁迅用了"我不知道为什么家里的人要将我送进书塾里去了……"这个段落进行过渡，显得自然熨帖。

其二，用一两个句子放在段落的结尾或开头，来提示上下文之间的自然衔接。例如，《天山景物记》的一段以"如果说进到天山这里还象是秋天，那么再往里去就象春天了"开头，寥寥数字，就把读者的思路从秋景引到春色中去了，妥帖自然，天衣无缝。

文章是写给读者看的，因此，过渡的方式还应照顾到读者对象。作家赵树理在《〈三里湾〉写作前后》中谈到农村读者对过渡的要求时说："在每一章与另一章衔接的地方也有这样性质的问题（指照顾农村读者的要求——笔者注）……农村读者的习惯则是要求故事连贯到底，中间不要跳得接不上气。或在布局上虽然也爱用大家通常惯用的办法，但是为了照顾农村读者，总想设法在这种办法上再加上点衔接。"

文章结构内部联系的紧密性问题，在鸿篇巨制中特别要引起重视。孙犁在《关于长篇小说》中说："写作长篇最容易遇到的问题是：中间枝蔓太多，前后衔接不紧，写到后来，象漫步田野，没有归宿；或作重点结束，则很多人物下落不明；或强作高潮，许多小流难以收拢；或因生活不足，越写越给人以空洞散漫之感；或才思虚弱，结尾已成强弩之末。"他用亲身的创作经验说明，要达到文章结构内部联系的紧密，并不是一件轻而易举的事。因此，对于初学写作的同志来说，就更应重视构思、重视修改。

从郑板桥改诗说开去

——文学作品修改中的几个逻辑问题

康熙四十二年(1703),年仅十岁的郑燮(郑板桥,1693—1765,清代著名书画家、文学家)和老师一同外出游玩,看见桥下漂着一具女尸。女尸上身着粉红色衣衫,下身系嫩绿色裙子,仰面朝天,散乱的头发随波泛动,面容姣好没有变色,好像是淹死不久。老师见后,痛惜地吟诵道:

二八女多娇,风吹落小桥。
三魂随浪转,七魄泛波涛。

郑燮听后,向老师提出了一连串的问题:你怎么知道她是"二八女"?你怎么知道她是被风吹落小桥?你又是怎么看见她的三魂七魄随波逐浪翻转?老师被问得不知所对,就启发他改诗,郑燮随即吟道:

谁家女多娇,何故落小桥?
青丝随浪转,粉面泛波涛。

文学史上的这则故事,向来被用以说明"扬州八怪"之一的郑板桥少小之时即具奇才,也被用来说明勤于思索、善疑善问的重要。后者同本文所要谈及的文学创作中的逻辑思维相关。

文学创作与理论研究的区别在于,理论研究直接运用概念、判断、推理等逻辑形式阐明客观事物的本质与规律,而文学创作则必须将对客观事物的本质与规律的揭示寓于艺术形象之中,理论研究可以纯然凭借逻辑思维进行,文学创作则必须借助于形象思维。但是,形象思维也是思维,不能不遵守逻辑思维的基本规律,不能不依靠逻辑思维的基本形式。也就是说,文学创作同样不能脱离概念、判断、推理,不能违反同一律、矛盾律、排中律和充足理由律。这一点,从上述例子可以看得很清楚。郑燮对老师所提的几个问题都涉及判断的恰当性。老师的诗句"二八女多娇",从"她是二八女"这一判断而来,这是一个确认"她"有"二八"年华(即十六岁)的属性的实然判断。实然判断必须以对象确实具备某一属性为依据。但是,落水女子是否确实为"二八"年华,老师和郑燮都不知道,因此,只能以或然判断表述。或然判断是对客观事物可能具有某种属性做出的断定。郑燮的"谁家女多娇"回避了年龄问题,避免了判断错误。将"风吹落小桥"改为"何故落小桥",理由相同。改"三魂""七魄"为"青丝""粉面",也是为了使判断恰当。

一、形象概念

文学创作中,对概念运用的准确性有特殊的要求,它同文学作品里概念的形象性紧密相关。著名的俄国文学评论家别林斯基(1811—1848)说,"诗歌的本质"就在于"给予无实体的概念以生动的、感性的、美丽时形象"。著名的俄国作家屠格涅夫(1818—1883)在致 Я·波隆斯基的信中说:"我——在我写作事业的整个过程中——从来不是从观念,而永远是从形象出发",他说自己由于经常寓居国外,导致"形象日益显得缺乏",因此,他说他的"诗神再也没有什么可以依照来写自己的画面的了",他"把画笔束之高阁,而来看看,别人将怎样从事创作"。

文学作品中形象概念的准确性,首先要求其"形"相"象"。形象是对客观事物的描画,其"形"不"象",描画也就失败。

有人在诗歌中这样写道:

> 在宁静明亮的虹湖边上,
> 浓荫深处矗立着排排楼房,
> 这里朝夕缭绕着白云朵朵,
> "救死扶伤"的歌声处处飞扬。

作者用朵朵白云表达身着白衣的医护工作者的概念,虽然在"白"这一点上有相似之处,但是除此之外,很难说有什么共同之处了。因此,这样的"形象概念"不符合概念准确的要求。

又有人在文章中写道:"在我们曾经战斗过的偏僻的乡村,已经听见了马达的歌唱,还有那数不尽的烟囱,它们象披发长吟的诗人一样,傲立在一处处过去是一无所有的荒郊!"用"披发长吟的诗人"描画"烟囱",恐怕是除作者本人以外的任何人都难以接受的"形象概念"。烟囱给人们以顶天立地、坚硬笔挺的感觉,但是"披发长吟的诗人"却往往使人把他与游荡的幽灵联想在一起,可见这样的"形象概念"与它所要反映的事物有极大的差距。

与上述失败的描画相反,从优秀作家的作品里可以找到许多形象鲜明准确的好例子。鲁迅在《药》中写道:

> 老栓也向那边看,却只见一堆人的后背;颈项都伸得很长,仿佛许多鸭,被无形的手捏住了的,向上提着。

这里,鲁迅用"一堆人"这一词语,形象精确地表达了远望中的层层叠叠、密集一起的"一群人"的概念。至于用"捏住了颈子向上提的鸭"来表达"颈项伸得很长(的人)"的概念,更是出神入化,令人叫绝。《水浒传》中描写鲁提辖拳打镇关西:"扑的只一拳,正打在鼻子上,打得鲜血迸流,鼻子歪在半边,却便似开了个油酱铺,咸的、酸的、辣的,一发都滚出来……提起拳头来,就眼眶际眉梢只一拳,打得眼棱缝裂,乌珠迸出,也似开了个彩帛铺的,红的、黑的、绛的,都绽将出来……又只一拳,太阳上正着,却似做了个全堂水陆的道场,磬儿、钹儿、铙儿一齐响。"这里,"油酱铺"里滚出来的"咸的、酸的、辣的","彩帛铺"里绽出的"红的、黑的、绛的"和"水陆道场"上一齐响的"磬儿、钹儿、铙儿",都是极为生动而又准确的形象描画。

学习优秀作品中形象概念的精彩表述,对增强修改文章时的自觉性和严格性,有很好的促进作用。修改文章的过程,不但应当和逻辑学习相结合,而且要与学习优秀作家的优秀作品相结合。

文学作品中形象概念的准确性,同时还要求其"神"相"似"。形象不仅是对客观事物的外形的描画,而且包含着对客观事物的内涵的揭示。其"神"不"似",就不可能有成功的揭示。

风雨如晦的旧中国,曾经是帝国主义侵略、掠夺的对象,腐朽反动的政府在帝国主义的侵略面前拱手卖国。面对这样的现实,我国资产阶级民主革命的先驱孙中山激愤地说:"人为刀俎,我为鱼肉!"以"刀俎""鱼肉"形象准确地表达了"凶残的帝国主义"的概念和"被帝国主义宰割的中国"的概念,不仅"形象",而且"神似"。中华人民共和国成立以后,帝国主义、封建主义和官僚资本主义"三座大山"已经被推翻,中国人民以高昂的雄姿进入世界先进民族之林,中国的社会主义建设正蒸蒸日上、一日千里地飞跃发展,中国的国际地位也空前地提高了。在这样的情况下,仍然以"一块肥肉"来表达"中国"这一概念,不仅在任何一个方面来看都难以说是其"形"相"象",而且在任何一个方面来看都更难说是其"神"相"似"的。可是,我们的一些文学家却人云亦云地一再在文学作品中重复使用着这样不恰当的"形象概念",实在是欠妥当的。

高尔基在《给某青年作家》中写道:

> 只有这样的文学者才会平静地做出如下的混乱文句:"七月革命抓住了威尔尼亚底

心脏，这恰如稚气的年轻人抓住了女人底乳房一样。"

这语句底丑恶，他们完全不能理解；反而信以为：丑恶得愈混乱，愈动物性的，就愈是革命的。

高尔基所批评的"某青年作家"的"形象概念"，不但其"形"不"象"，其"神"不"似"，而且"丑恶得混乱"。这样的"形象概念"，无疑应该从文学作品中清除出去。

形象概念表述得其"形"相"象"，尤其是其"神"相"似"，往往得之于反复修改。

王安石的传世绝句"京口瓜洲一水间，钟山只隔数重山。春风又绿江南岸，明月何时照我还？"其中的"绿"字用得极好，不但"象""形"，而且传"神"。但据说王安石开始写的是"到"，第二次改为"过"，第三次改为"入"，第四次改为"满"，最后才改为"绿"。反复修改，精雕细琢，孜孜以求形象概念的"形""神"毕肖，成了千古流传的文学创作佳话。

疏于修改，则往往闹出笑话。1982年2月12日《北京晚报》的一则报道用的标题是《越滚越大的冬泳队》。这篇报道说清华大学学生冬泳队两年多来"就象滚雪球一样，越滚越大"。如果作者在标题里加上"象雪球一样"，对"越滚越大"加以限制，那么，就既形象又准确，略去必要的限制，则不禁令人捧腹："冬泳队"怎么"滚"？！

二、形象判断

文学创作中，判断这一思维形式同样不可缺。康德指出："有想象，艺术才能算是有'才'；有了判断，艺术才能说得上是'美'。……在衡量一种艺术是否艺术的时候，我们首先得把判断视为不可缺少的条件。"伏尔泰在论及文学创作中的"想象"时说："创作活动正需要最深刻而又最细致的判断力。"（《伏尔泰全集》第14卷）他还指出："积极想象总是需要判断力……"判断在文学创作中之所以如此重要，是因为作家对生活的反映必然有一个爱什么、恨什么，歌颂什么、反对什么的问题，必须有所肯定、有所否定。这不但发生在构思阶段，而且要表达在文字上，体现在形象中，反映在情节里。题材的选择，主题的提炼，情节的安排，人物的塑造，性格的刻画，心理的描写，情感的抒发，议论的阐扬……都既要在作家的头脑中以判断的思维形式进行酝酿，而且要在作品里以判断的语言形式做出表述。

作家头脑中酝酿的判断，往往芟夷了形象的枝叶，因而可与理论研究中的逻辑思维相提并论。例如，作家魏巍同志写《谁是最可爱的人》，在提炼主题时就下了这样的基本的判断："中国人民志愿军是最可爱的人"。他在深入战场、坑道采访时，收集了大量的生动素材，又做出了一系列判断：我们的志愿军是勇敢的；我们的志愿军是革命的乐观主义者；我们的志愿军是崇高的国际主义者；我们的志愿军对祖国无限热爱……当然，形影不离地伴随着这些判断的是浴血奋战的志愿军形象和无数可歌可泣的动人故事，这与理论家多半从志愿军的阶级本质、历史使命等方面进行分析而得出的逻辑判断，是有所不同的。但从根本上说，作家头脑中酝酿的判断，还是属于逻辑判断的范围。

属于形象判断范围的，是作家将自己的逻辑判断以生动的形象的语言表达在作品中的东西，这是用来传递给读者的东西。不以形象判断的形式表达出来，就不成其为文学作品，读者也就会"敬而远之"。所谓"标语口号式的作品"就是如此。这样，就必须研讨形象判断的逻辑要求。

形象判断的第一个逻辑要求是艺术的真实符合生活的真实。

据说文学史上有这样一件事：

宋仁宗时，苏东坡以二十二岁的年龄一举而进士及第，他以诗、词、文章知名于世，恃才负气，睥睨人物，终于闹出了一场不愉快。有一年秋天，苏东坡从湖州任满回京，到丞相府拜谒王安石。他在王安石的书房等待时，发现书案上用砚匣压着一张素笺，抽出一看，原来是王安石《残菊》诗的开头两句：黄昏风雨打园林，残菊飘零满地金。苏东坡一看，暗自思忖："荆公这首诗太不真实了。菊花其性属火，深秋开放，最耐严霜。它与春天开花的桃、李不同，只会在枝上枯萎，绝不会被西风吹落，更不会飘零满地，一片金黄。诗中说'残菊飘零满地金'，岂不是太不切合实际了吗？"想到这里，苏东坡诗兴勃发，欣然提笔，续作两句：秋英不比春花落，为报诗人仔细吟。续完之后，久等王安石而不见踪影，便离开了王府。王安石回来见到苏东坡的续诗后，不由笑道："苏子瞻真是胡乱续诗。屈原的《离骚》不就有'夕餐秋菊之落英'吗？得用事实好好教训他！"不久，王安石就把苏东坡贬为黄州团练副使，让他在黄州实地见到了西风之下残菊飘零的情景，使他认识到对王安石的批评显然是错了。

王安石贬谪苏东坡在历史上实有其事，但笔者认为绝非事出续诗。王安石力主变法，苏东坡则墨守成规，反对变法，是政治上的歧见导致苏东坡的贬谪。不过，撇开这桩公案的根本原因不谈，从这个改诗故事中倒可以悟得形象判断的艺术真实必须与生活真实相一致的道理来。据说，苏东坡在黄州得到教训后，从此便注意仔细观察生活，对自己未弄清楚的事物，绝不随便写入诗中，还对别人诗文中形象判断的真实性问题做出精彩的批评。例如，一个叫王祈的人写了首《竹诗》，以为是自己写得最好的诗，送给苏东坡看。苏东坡读了之后，笑着批评道："你的诗中有'叶攒千口箭，茎耸万条枪'两句，这竹子的叶怕是太少了吧！"王祈听了，一下子还不解其意，苏东坡就点明道："你屈指算算吧，诗中的竹子岂非十竿共一叶？走遍天下，怕也找不到这样的竹林啊！"王祈至此才恍然大悟，红着脸讪讪而去。竹子枝干挺拔、秀叶尖利，王祈以"叶攒千口箭，茎耸万条枪"来表达，从形象的角度看，不失为佳句。但是，错在判断的量不符合生活的真实，因而为苏东坡所否定。

形象判断的第二个逻辑要求是表层判断与深层判断相一致。表层判断指的是直接呈现在读者眼前的字面含义；深层判断指的是字面含义背后的实质性判断。表层判断往往是对生活现象的生动描述；深层判断则是通过这种描述曲折地表现对生活哲理的揭示。白居易诗《赋得古原草送别》中写道："离离原上草，一岁一枯荣。野火烧不尽，春风吹又生。"表层判断是对"离离原上草"做出"一岁一枯荣"及"野火烧不尽""春风吹又生"等三个断定；深层判断却集中在一个涵义精深广博的判断上：一切有生命力的事物都是十分顽强、不可毁灭的。诗句的表层判断形象十分生动，深层判断哲理十分深刻，二者又密切融合，完全一致，因此，千百年来人们赞不绝口。据传，白居易写此诗时年仅十六岁。著作郎顾况在长安接见他时特别欣赏"野火"二句；唐张固《幽闲鼓吹》云，"白尚书应举，初至京，以诗谒顾著作况。顾睹姓名，熟视白公，曰：'米价方贵，居亦弗易。'乃披卷首篇（按即《赋得古原草送别》），即嗟赏曰：'道得个语，居即易矣！'因为之延誉，声名大振。"这一传说未必正确，因为白居易十一岁至十八岁都在江南，而顾况在白居易十八岁后即贬官饶州，不久又转到苏州，二人不大可能在长安相会。但不管如何，这一传说本身说明了人们对《赋得古原草送别》的推崇，而推崇的主要原因即在前四句里表层判断的通俗、形象、生动，深层判断的精当、合理、深邃，以及表层判断与深层判断天衣无缝的有机融合。

三、形象推理

文学创作中，形象推理占有突出的重要地位，没有形象推理便没有故事情节，便没有文学创作。狄德罗曾说："把一系列必然联系的形象按照它们在自然中前后相连的顺序加以追忆，这就叫作根据事实进行推理。如已知某一现象而把一系列的形象按照它们在自然中必然会前后相连的顺序加以追忆，这就叫作根据假设进行推理，或者叫作假想……"（《论戏剧诗》）他认为，根据事实或假设进行形象推理，是诗歌创作的必须。当然，这也是一切文学创作的必须。

著名的苏联作家高尔基指出："文学创作中的艺术，创作人物与'典型'的艺术，需要想象、推测与'虚构'。"（《论文学》）我国著名作家艾芜一次在部队短篇小说创作座谈会上谈到，小说创作可以根据人物性格推测开去。拿李逵来讲，《水浒传》中其他人见了宋江都是说声"久闻大名"，唯有李逵见了却说"你是黑宋江"，而这就是李逵的性格。艾芜同志说："我们假若掌握了李逵的性格，也就可以推测出他在其他问题上会说出怎样天真率直的话来。推测是个重要问题。高尔基也讲过推测的重要。歌德说，他听人家讲几句话后，就可以代他再讲几十句，原因是他会推测。""生活中有推测，我们也允许创作中有推测。"（《中国当代文学研究资料·艾芜专辑》）"想象"和"虚构"离不开推理，"推测"则不过是推理在文学创作中的运用。总之，文学创作是须臾不能没有推理的。

和形象判断一样，形象推理一是发生在写作构思的过程中，一是表现在文学作品里。

如果说写作构思阶段的形象推理难以谈到"修改"的话，那么，文学作品里的形象推理却是可以精益求精地反复修改的。修改的依据，就在于形象推理的逻辑要求。

形象推理的逻辑要求主要是合乎情理，即与现实生活发展的客观逻辑保持同一。

屠格涅夫写《海霞》，虽然是在生活原型的启示下开始的，但生活原型与作品中的人物、情节之间，也许有天壤之别。一次，屠格涅夫坐船在德国的莱茵河上游览，看见岸上有一幢两层小楼，楼下的窗子里有一个老妇人向外张望，楼上的窗子里坐着一个少女。屠格涅夫当时便"开始想来想去，这个少女是什么人，她为什么在这个楼中，她和老妇是什么关系。就是如此，在小船上，这个故事便形成了"（《文学艺术的技巧》）。屠格涅夫的"想来想去"，既包含种种判断，也包含许多推理，而且每一个判断也都是经过推理得出的。这种推理是猜测性的，不可能恰好与生活原型绝对相同，但它必须合乎情理，与现实生活发展的客观逻辑保持同一，否则便不能取信于读者。对俄罗斯古典文学大师果戈理，高尔基是十分钦佩推崇的，但高尔基绝不盲目地颂扬，他同时也实事求是地指出过果戈理作品中的一些败笔之处。例如，在《果戈理论》里，高尔基写道：

> 并且他——果戈理——更叙述一些不可能的事情："库库奔科两手拿着他的大马刀，向他（波兰人）的极其惨白的嘴唇砍去；敲掉了两颗犬牙，砍断了舌头，截破了喉管，深深地陷入地里。"
>
> 这引起许多疑问：一、那时候是不用大马刀打仗的。二、不可能两只手拿着马刀，它的刀柄是做来只给一只手拿的。三、"向嘴唇砍去"——我们是这样了解这句话的：马刀一下横着砍到脸上，因此不可能把舌头砍成两半；砍掉的两颗牙齿在我看来是太少了，尤其在酣战当中不论什么人都没有时间计数砍掉了多少牙齿。

高尔基对果戈理的上述批评同样告诉我们，文学创作中的猜测必须植根于可信的逻辑推理基础上，必须合乎情理，否则，就会影响它应有的艺术感染力。

列夫·托尔斯泰说："我的男女主角们，有时做出一些连我都不高兴的把戏，他们是在做着现实生活中应该做并且是常常发生着的事情，而不是照我的意愿去做的事情。"这就是说，当"我的意愿"违背生活发展的客观逻辑时，必须舍得割爱，以求作品中的形象推理与"现实生活中应该做并且常常发生着的事情"一致起来。

这种"合乎情理"的要求，不仅仅是在情节构思方面提出，而且是在文学创作的全过程中，在文学创作中的形象推理的一切方面也都提出。例如，人物肖像描写方面的形象推理，也必须是合乎情理的。因此，根据对典型环境中典型人物应有的外貌特征的正确理解不断修改作品，就成了文学家不可等闲视之的工作。列夫·托尔斯泰在《复活》初稿中曾这样描写玛丝洛娃的肖像："……是个瘦削而丑陋的黑发女人……"，后来改成"矮矮个子的黑发女人，……她的脸本来不漂亮，而且在脸上又带有堕落过的痕迹"，而在定稿里则改成:"一个小小的、胸脯丰满的年轻女人,……她头上扎着头巾,明明故意地让一两绺头发从头巾里面溜出来,披在额头。……面色显出长久受着监禁的人的那种苍白,叫人联想到地窖里储藏着的番薯所发的芽……两只眼睛又黑又亮,虽然浮肿,却仍旧发光……跟她那惨白的脸儿恰好成了有力的对照。"显然,从初稿到定稿的修改,是列夫·托尔斯泰根据符合客观生活逻辑的要求进行形象推理的过程。修改的结果,无疑使读者感到玛丝洛娃的肖像描写是比较合乎情理了。

作家杨朔在谈《三千里江山》的写作经验时说:"生活本身的发展也常常能生动地修改你预定的小说计划。《三千里江山》后半部有些情节,有些发展,都不是我预先能想到的。"杨朔所说"生活本身的发展……修改你预定的小说计划",自然是通过作家之手实现的,修改过程,就是使形象推理符合生活逻辑的过程。

郭沫若写《屈原》,写到第五幕卫士处置更夫时,为了达到"合乎情理"的要求,曾做过多种构想。他在回忆写作过程时说:"第五幕中卫士处置更夫,我写出了活杀自在法,在这儿是相当费了一点思索的……我起初本想很干脆地把更夫勒死,但想到为要救活一人便要杀一无辜者觉得于心不安。又曾想到率性把更夫写成坏人,比如让更夫来毒杀婵娟,觉得也不近情理。于是便想到活杀自在法,这在日本柔道家是有的。似乎是把人的会厌骨向下按,便可使人一时气绝,再将厌骨位复原,人又可以苏醒。日本救不会水的人也每用此法,以免手足纠缠。"(《郭沫若文集》第3卷)

文艺评论家侯百朋同志在《高则诚和〈琵琶记〉》一书里指出,"《琵琶记》是高则诚的一个再创造"。他以丰满翔实的资料和严密有力的论证阐明,高则诚将说唱和戏曲资料中的"负心汉"蔡伯喈形象改造成了"违心郎",从而"灌注进新的艺术生命";在这一改造中,高度严谨的形象推理建立在对封建文人的性格、心理的深刻分析的基础上,与生活实际的客观逻辑达到完美的统一。

我国著名作家陆文夫在《漫话情节》一文中,曾模拟过《水浒传》里"武松打虎"的创作思维过程。他假设了施耐庵让武松打虎的原因,让武松喝十五大碗酒的原因,让武松的哨棒打在枯枝上折成两段的原因,以及把"吊睛白额大虎"设计为"饿虎"的原因。关于设计"饿虎",陆文失写道:"原来这老虎在三种情况下便会主动向人进攻:一是它感到人对它造成了威胁,二是饿坏了,三是老虎身体不适或发情期,性情狂躁。这三者之中以选用饿虎为最宜。老虎饿坏了自然要到处觅食,当然要向武松扑来。饿虎扑食气势汹汹,容易写出气氛,还有一大好处,饿虎无长力,力竭而衰,容易被武松打死。本来,赤手空拳打死一只猛虎而不是病虎不管你怎么说总有点玄乎。打病虎和打死虎差不多,不可取。打饿虎最好,既有搏斗之艰险,又有打死之可能。"不管陆文夫同志的假设是否完全符合施耐庵写《水浒传》时的构思情况,《水浒传》中"武松打虎"的全过程步步合乎情理因而紧紧地吸引了读者,却是千真万确的事实。由此可见,与现实生活发展的客观逻辑保持同一,在形象推理的过程中是何等重要。

但是，形象推理方面"合乎情理"的要求，即与现实生活发展的客观逻辑保持同一的要求，并不是机械地要求文学作品刻板摹写、复制生活。《三国演义》有许多故事是真的，但也有不少故事是虚构的。鞭打督邮是刘备干的，但是罗贯中却把它搁在张飞身上。这是根据张飞的性格推测出来的。鲁迅先生在一封信中指出过："艺术的真实非即历史上的真实，我们是听到过的，因为后者须有其事，而创作则可以缀合，抒写，只要逼真，不必实有其事也。""不必实有其事"当然不能理解为"胡编乱造"，所以鲁迅先生加了个前提条件"逼真"，并紧接着指出："然而他所据以缀合，抒写者，何一非社会上的存在，从这些目前的人、的事，加以推断，使之发展下去，这便好象豫言，因为后来此人、此事，确也正如所写。"

此外，文学创作中的形象推理，并不需要像逻辑推理那样摆出三段论式，一步一步地推导出一个唯一性的结论。文学创作中的形象推理往往可以在"合乎情理"的前提下，推导出"出人意料"的结论来，使读者深深感染，使作品别开生面，不落俗套。《洪武鞭侯》一剧，作者处理结局时就选用了多种可能性结局中最能引起读者（观众）深思的一种：明初洪武年间，番禺知县道同执法过程中与广东镇守使朱亮祖斗争，道同被朱亮祖强行问罪，绑赴法场。微服私访中的朱元璋察知真情，急令陈君佐去法场宣布道同无罪，并予重奖，同时赐鞭朱亮祖三千。后事究竟如何？可以有两种推导结果：其一是陈君佐赶到法场，道同得救，皆大欢喜。这是中国传统的"大团圆式"的结尾。其二是陈君佐不能及时赶到法场，道同人头落地。作者的处理是后者而不是前者：陈君佐宣布圣旨到，道同却应声人头落地。这样的处理，既使剧情险象环生、曲折紧张，极为深刻有力地鞭挞了社会的黑暗，又完全合乎客观逻辑的可能发展结局，既在"意料"之外，又在"情理"之中，收到了最佳的创作效果。

推理小说的勃兴，使形象推理得到了空前的重视和发展。可以预见，随着推理小说的进一步发展，有关形象推理的研究也将得到加强，其研究成果对文学作品的创作与修改，必将提供更多的启示。

"王顾左右而言他"
——议论文修改中的几个逻辑问题

议论文写作的一般理论问题，包括有关的基本逻辑问题，是大家所熟知的，本书拟予从略。这一节主要撮取议论文写作中比较容易犯的几种逻辑错误做些阐释，以供修改议论文的参考。

我们先来看《孟子·梁惠王上》所记孟子与齐宣王的一段对话：

孟子谓齐宣王曰："王之臣有托其妻子于其友而之楚游者，比其反也，则冻馁其妻子，则如之何？"

王曰："弃之。"

曰："士师不能治士，则如之何？"

王曰："已之！"

曰："四境之内不治，则如之何？"

王顾左右而言他。

孟子采用迂回战术，由远及近地逼迫齐宣王回答国家治理混乱的责任和处置办法。他先提出如何处理辜负朋友委托的问题。齐宣王不知就理，不假思索地回答说："与之绝交。"接着他又提出如何处置不善管理下属的长官问题，齐宣王仍然不解其意，斩钉截铁地回答说："撤职！"最后孟子亮出真实意图，逼问齐宣王如何处置治国败绩的国君的问题，这时齐宣王才恍然大悟上了孟子的圈套，但碍于孟子的威望和当时的情境，不便发作，于是回避合乎逻辑的正面回答（"把他推翻掉"），"顾左右而言他"，即回过头来左右张望，把话题扯到别的事情上去。

类似"王顾左右而言他"的情况，在社会现象的各个领域都可以发现，议论文的写作中也不乏其倒。偷换论题即是常见的一种。

一、偷换论题

议论文以剖析事理、明辨是非为基本内容，分立论文和驳论文两大类。立论文是以正面阐明观点为主的议论文，驳论文是以反驳别人的论点为主的议论文。立论文由论点、论据、论证三要素构成。同立论文相类似，驳论文由被反驳的论点、用来进行反驳的论据和论证三要素构成。立论文是要证明论点的正确性，驳论文是要证明论点的错误性，目的不同，围绕论点展开议论则无区别。因此，论点是议论文写作与修改中注意的重点。

议论文写作中，论点方面的逻辑错误，最常见的是偷换论题，即在证明或反驳的过程中，开始时论证的是某一观点，后来却"顾左右而言他"，改变了论题，去论证别的问题了。这样，该论证的没有得到论证或充分论证，该反驳的没有得到反驳或彻底反驳，议论虽有，不成其文，劳而无功，白费气力。

1982年11月16日《中国青年报》载《我学美术的一点体会》，该文的导语曰："美术是生活中必不可少的，大自然就象图画一样艳丽、壮美。人们美的外表，美的心灵，美的生活，美的世界也象画一样使人心旷神怡，陶醉在这优美的情境中。"作者意在谈美术的重要性，但除第一句话外，全改变为谈各种各样的"美"了，这就叫人难以明白究竟要谈"美术"还是谈"美"。

《谈美书简》写道："从解放后学习马克思主义以来，我就深信文艺起源于劳动，放弃了文艺起源于游戏的说法。近来我重新研究谐隐与文字游戏，旧思想又有些'回潮'，觉得游戏说还不可一笔抹煞。想来想去，我认为把文艺看作一种生产劳动是马克思主义者所必坚持的不可逆转的定论，但在文艺这种生产劳动中游戏也确实是一个极其重要的因素。"这里开头说的是"文艺起源于劳动"，接着却提出"把文艺看作一种生产劳动"（并提及"文艺这种生产劳动"）将前一个论题改变成了后一个论题。这两个论题不仅是不同的，而且后一个论题还是违背文艺学常识的错误论题。循此继进，展开论述，绝不会得到什么科学的结论。

论证过程中，有意地改变论题，叫"偷换论题"，无意地改变论题叫"转移论题"。无论是"偷换论题"，或者是"转移论题"，虽然意愿不一，但是实质相同，都违反逻辑思维基本规律的同一律。

偷换论题是决意宣扬谬论者的惯技，革命阶级的叛徒，进步事业的敌人，视偷换论题为至宝，当作反驳进步的科学的论断的法术。

众所周知，"社会存在决定社会意识"这一原理，是马克思列宁主义哲学的基石。俄国十月革命前早已为马克思、恩格斯、列宁的大量著作所反复证明，要想驳倒，绝不可能。俄国无政府主义者为了攻击这一基本原理，就采用偷换论题的手法，用"吃饭决定思想体系"来代替"社会存在决定社会意识"，企图以对前者的大肆攻击来混淆视听。对此，斯大林有力地质问道：

> 但是，请诸位先生告诉我们吧：究竟何时、何地，在哪个行星上，有哪个马克思说过"吃饭决定思想体系"呢？为什么你们没有从马克思著作中引出一句话或一个字来证实你们这种论调呢？诚然，马克思说过，人们的经济地位决定人们的意识，决定人们的思想，可是谁向你们说过吃饭和经济地位是同一种东西呢？难道你们不知道，象吃饭这样的生理现象是和人们经济地位这种社会现象根本不同的吗？要是有某个贵族女学生把这两种不同的现象混为一谈，那还情有可原，但是你们这些"社会民主党的摧毁者"和"科学的复活者"，怎么会如此漫不经心地重复着贵族女学生的错误呢？（《斯大林全集》第1卷）

无产阶级先锋队的革命领导权，同样是颠扑不破的马列主义基本原理。俄国经济主义理论家马尔丁诺夫却想否定它，企图证明无产阶级先锋队不能够领导革命情绪不同的各社会阶层积极投入革命活动。但他根本不可能证明这个论点，于是就祭起偷换论题的"法宝"，企图以论证革命的政党不能领导各个不同的社会集团为其目前利益而斗争，来进行诡辩。后者是正确的，革命政党不但不可能，而且也不应该把斗争的任务确定在争取各个不同社会阶层的眼前利益上。马尔丁诺夫以偷换论题来进行诡辩的拙劣手法，遭到了列宁的彻底揭露：

> 马尔丁诺夫开始是说革命力量，说进行积极斗争来推翻专制制度，但他马上就偏到一边去了，而谈起什么工会的力量，什么为最近的利益而进行积极的斗争来了！我们当然不能领导学生、自由派及其他各种分子为他们的"最近的利益"而斗争，但可敬的经济主义者，我们所说的并不是这个问题！我们所说的是各种社会阶层可能参加而且必然参加推翻专制制度的问题；而"各个反政府阶层的"这种"积极行动"，我们不仅可以领导并且一定要领导，如果我们想做"先锋队"的话。（《列宁选集》第1卷）

杜甫《前出塞》诗曰："挽弓当挽强，用箭当用长。射人先射马，擒贼先擒王。"反驳偷换论题的议论文，最好的办法莫过于直接揭露其偷换论题的逻辑错误。这样做的好处，首先在于"有的放矢""针锋相对"。有的驳论文，不针对论敌偷换论题的错误，而去论证已经论敌偷换的论题，结果往往上当。如果斯大林去反驳"吃饭决定思想体系"的论点，岂不是上了无政府主义者的圈套？如果列宁去反驳马尔丁诺夫的上述论点，岂不是误入歧途？不"针锋相对"地揭露论敌偷换论题的逻辑错误，而去论证别的什么，这本身就是转移论题。

直接揭露论敌偷换论题的逻辑错误，其次一个好处在于事半功倍，节省笔墨。1975

年9月的全国农业学大寨会议上，江青大搞所谓"评《水浒》"，胡说什么"《水浒》要害是架空晁盖"，影射周恩来、邓小平同志在中央"架空毛主席"，企图挑动党内进一步分裂，以便攫取更多更大的权力。对于"农业学大寨"，现在已经做出了实事求是的批判分析，大寨的"经验"并不值得推广，这是另一回事。而当时的会议内容，与"评《水浒》"，实在是"风马牛不相及"的两回事。江青那样做，是故意"偷换论题"。对此，如果花上许多时间去评《水浒》的"要害"究竟是不是"架空晁盖"，岂非正中江青下怀？所以，毛泽东同志知道以后，严词痛斥江青道："放屁，文不对题！"并明确指示："稿子不要发，录音不要放，讲话不要印。"直截了当，简明扼要，雷霆万钧，势不可挡，江青之流终于无所施其技。毛泽东同志与江青反革命集团的斗争，是政治斗争，采取了发讲话、作批示的办法。反驳论敌偷换论题的议论文，当然不能照此办理，但是，以尽可能少的笔墨直揭论敌偷换论题的逻辑错误，却是最经济的办法，写作、修改议论文时，无疑应该采用。

转移论题是无意宣扬谬论者常犯的逻辑错误。"转移"的结果有两种：一是宣扬了谬论，一是传播了并无错误的观点。如果宣扬了谬论，当然根本站不住脚。这样的错误，一方面不容易犯，因而所见甚少；另一方面也容易为作者或读者发现，易于纠正。转移论题而传播了并无错误的观点则不同，既容易犯，又不易察觉，因此要着重加以分析。

归纳起来，传播的观点虽然正确却犯了转移论题错误的议论文，主要有以下三种情况。

第一种情况是，将虽然近似或有联系但却不同的论题，当作完全相同的论题加以论证。

有一篇题为《中西道德传统异同论》的文章，用了相当多的篇幅从历史渊源、历代流变、当代表现、价值分析等方面对中国和日本的道德传统的异同做了比较论述。这些论述，旁征博引，言之凿凿，持之有故，其理自圆，也许完全无误。但是，日本其地在"东"而非"西"，向称"东洋""东瀛""东国"；所谓"西"，是指欧美各国，所谓"中西"比较，是指中国和欧美各国的比较。《中西道德传统异同论》，应该是中国和欧美各国道德传统异同的比较论证。作者的思路可能是："西方国家"即资本主义国家，日本也是资本主义国家，不知不觉地就转而论述日本了。我们当然不是说不能进行中日文化的比较，但是，如果一定要加上日本，那么，论题本身必须改为《中外道德传统异同论》。但这样一改，文章恐怕很不好写。因为中日两国一衣带水、"同文同种"，许多历史传统包括道德传统差异不大，而两国与西方的欧美各国倒有明显的不同，做起《中外道德传统异同论》来，文章就可能繁复冗杂、盘根错节，使人读了难得要领。

《中国青年报》（1982年6月17日）载《灵魂·眼睛·语言》一文中，一开始就设问："什么样的语言是美的呢？"下文自然应当围绕这一论题展开，但是，作者却转移了论题，请看：

> 我们提倡语言美，那么，什么样的语言是美的呢？我想，"问渠那得清如许，为有源头活水来"，你的语言为何如此纯洁而明净，那是由于你的灵魂崇高而朴实，有

美源头的活水。语言是反映一个人风貌的另一面镜子,豪放的人语多激扬而不粗俗;潇洒的人言谈风趣而不随便;谦逊的人含蓄蕴藉而决不猥琐;博学的人旁征博引而不芜杂。你学富五车,在讲坛上才能有惊人妙语;你胸无点墨,则往往临阵搜索枯肠。你知道妙语者不在多言,所以你言简而意赅;有的人则不肯花时间思考,他就有足够的空闲去喋喋不休。宽厚的人,语多奖掖;刻薄的人,词每贬抑。脚踏实地的人,连声调都沉稳;而只图虚名的人,则往往最好浮词。由于妒恨,使语言成为中伤的暗箭,向四方射击;由于私欲,语言会染上奴婢的色彩令人作呕。啰嗦者往往由于思维太紊乱;晦涩者则大体因为心灵不纯洁。时穷节现,闻一多在万人丛中长啸一声:"天洗兵";身系囹圄,谭嗣同在刀戟之前浩歌:"我自横刀向天笑!"正义使季米特洛夫在敌人的法庭上慷慨陈词;残暴则使希特勒的广播演说成为野狼的嗥叫。

这一段议论基本上是围绕着美的语言的来源展开的,虽然它与"什么样的语言是美的"有密切的联系,但绝不是相同的论题。

第二种情况是,将对主论点的论证转移到对分论点的论证上去。

一篇内容较为丰富的议论文,在主论点(又叫中心论点)之下,往往还有若干个分论点(又叫从属论点或小论点)。例如,鲁迅的《对于左翼作家联盟的意见》的主论点是"左翼作家是很容易成为'右翼'作家的",在这个主论点下,还有三个分论点:"第一,倘若不和社会的实际斗争接触";"第二,倘不明白革命的实际情况";第三,"以为诗人和文学家高于一切人",左翼作家都很容易成为"右翼"作家。又如,毛泽东同志的《反对自由主义》,题目本身即是主论点,文章在列举了自由主义的十一种表现以后,从自由主义的危害、来源、思想方法和性质四个不同的方面进行论述,推出了主论点下的四个分论点,即"革命的集体组织中的自由主义是十分有害的""自由主义的来源,在于小资产阶级的自私自利性""自由主义者以抽象的教条看待马克思主义的原则""自由主义是机会主义的一种表现,是和马克思主义根本冲突的"。

主论点与分论点的关系是从属关系,主论点统帅分论点,分论点的设立是为主论点服务的。分论点之间的关系可以是并列的,也可以是递进的。上述《对于左翼作家联盟的意见》和《反对自由主义》中的几个分论点,都是并列的关系。分论点间的递进关系,如鲁迅的《"丧家的""资本家的乏走狗"》一文,先论证梁实秋是"资本家的走狗",再证明梁实秋是"丧家的资本家的走狗",最后证明梁实秋是"丧家的""资本家的乏走狗"。不管分论点间是并列关系还是递进关系,它们都从属于主论点,为主论点服务。因此,如果丢下主论点,把笔墨都转移到对分论点的论述上去,那就是"反客为主"地犯了转移论题的错误了。

一篇以论证无产阶级爱情观的进步性为主论点的文章,包括论证革命导师爱情观的崇高性、无产阶级爱情观合乎劳动人民传统的道德性、无产阶级爱情观合乎社会经济发展规律的科学性、批判资产阶级爱情观的拜金主义腐朽性、批判西方社会"性开放主义"的糜烂性等分论点。作者在三言两语地简单述说了主论点及其他一些分论点之后,转入批判"性开放主义"时,对它的来龙去脉、表现形态、社会根源、阶级本质、社会危害展开了详尽的论述,声色俱厉、大肆挞伐,而且再也不与主论点"无产阶级爱情观的进步性"挂钩论证。这种不恰当地对分论点展开详尽论述而置主论点于不顾的情况,是转移论题的一种常见表现形式。

第三种情况是,将对论点的论证转移到对论据的论证上去。

论据在立论文中用来证明论点的正确性,在驳论文中用来批驳某一论点的错误性。没有论据或论据不足,立论或驳论都失却支柱,不能成立。但是,论据必须为立论或驳论服务,如果忘记最终的立论或驳论的目的,抓住论据大做文章,以对论据的论证代替对论点的证明或代替对谬论的批驳,那是"喧宾夺主"地犯了转移论题的错误了。

一篇论证"消费早熟"的危害性的文章,列举的论据中有对某国由于政策失误导致"消费早熟"从而促成了物价失控、社会动乱的介绍。这一介绍对论证"消费早熟"的危害性是十分有力的。可惜的是,作者也许过于偏爱,也许过于狭窄地仅仅掌握这一方面的材料,因而在提出这一论据时,即对该国的政策失控的原因、情况、对策和国内外反应,该国"消费早熟"的发生发展过程,社会各阶级、各阶层对"消费早熟"的反应,物价失控前后的情况对比、政府对策、人民反应,以及社会动乱的前因后果等,做了十分详尽的介绍和评论。虽然引经据典,议论横生,持之有故,言之成理,洋洋洒洒,大块文章,却犯了以论据代替论点的错误。

此外,如立论文应以立论为主,却在驳论上大做文章,驳论文应以驳论为主,却在立论上大做文章,都是容易陷入转移论题的逻辑错误泥淖中的,写文章和修改文章时都必须予以注意。

二、论据虚假

真实是论据的生命,也是论点正确有力的可靠依据。论点虚假,被事实一揭就穿,一触即溃,据以"成立"的论点也就如同建筑在沙滩上的高楼,岌岌可危,风吹即倒。

用作论据的材料有两类,一为事实材料,一为理论材料。

事实材料必须真实,不能虚构,不能添枝加叶、添油加醋。

虚构的材料本身就不成其为"事实"。"事实胜于雄辩"。铁的事实既毁灭不了,也遮掩不住,它终究要揭穿谎言。1933年希特勒及其纳粹党徒制造臭名昭著的"国会纵火案",用以陷害共产党人和进步人士,把德国推入法西斯恐怖中去。希特勒法西斯当局声称抓到了"纵火犯"——"荷兰共产党人"范德·卢贝,范德·卢贝则"供认"季米特洛夫是他的同谋犯。然而,事实真相很快即被揭出:范德·卢贝不是共产党员,他虽曾参加过荷兰共青团,但是早已被开除,是个出卖灵魂的家伙;从希特勒的内务部长戈林家里,有一条秘密地道可以通入国会大厦,只有通过这样的秘密地道,才能逃过戒备森严的层层警卫而进入国会大厦,在二十三处同时放起火来。季米特洛夫同志在举世瞩目的莱比锡审判中,以铁的事实有力地驳倒了希特勒党徒们制造的种种伪证,迫使法西斯法庭宣布季米特洛夫等被告无罪开释。这样,"国会纵火案"就成了世界史上遗臭万年的丑剧。

有些同志的文章为了哗众取宠,有时也塞进虚构的材料。这种文章可能骗人一时,却不可能欺人永久。中国共产党历来告诫我们要说真话,不要说假话。办事如此,写文章也是如此。这就要求无意欺上瞒下的文章作者和编者,不但在文章起草阶段,而且在文章的修改阶段,都要注意认真核实材料,力求作为论据的事实材料确切无误,不要被一些虚报材料的人钻了空子。

"事实材料基本真实",有的作者这样自诩,有的编者也这样自慰。"事实材料真实"和"事实材料基本真实"是两个不同的判断,绝不能相提并论、"一视同仁"。能"一视同仁"的仅仅是"真实"部分。"基本真实"包含了不真实部分。这不真实部分出现在一篇重要的政治论文里,轻则扰乱安宁,重则祸国殃民。即使是在并不重要的一般议论文里,也不应出现不真实的东西,因为它只能算是败笔,而绝不可能使文章生色。有鉴于此,任何依据"基本真实"的材料而进行"加工",任意拔高,添枝加叶,添油加醋,都是必须反对的。

数据是事实材料的重要方面。可靠的数据可以成为有力的论据。从《资本论》中可以看到,马克思大量引用了数据,有时在一连几十页中都充满了各种各样的数据。这些数据是事实材料的高度概括和抽象,它成了马克思经济理论的雄辩论据。

引用数据的逻辑要求是尽可能地精确。数字作为计量标准,以精确性为优点。现代化要求社会科学的研究从单一的定性分析走向定性分析与定量分析相结合,定量分析正越来越为人们所重视。提请人们注重数据的精确性要求,是发展我国社会科学的必须,有重要的现实意义。

数据不精确,为害匪浅。报载一则消息,说对菠菜的含铁量从前计算有误,差了一位小数点。这就是说差了十倍,菠菜的含铁量不但未居各种蔬菜之冠,而且还是名列许多种蔬菜之后的。普天下有多少人正是由于误信菠菜有特别高的含铁量而大嚼菠菜的,笔者也是其一,孰知几十年来白白磨损了牙床。据鲁迅说,从前为了使皇帝乐于吃菠菜,还故意造出"红嘴绿鹦哥"的名目来哄他,看来皇帝不仅受了宠臣们的欺骗,也上了"菠菜营养价值特别高"之类胡言的当。

事实材料包括历史上的事实。对中外历史经验和教训的总结,进行中外古今的各种比较研究,都离不开史料。以史料为论据,运用时特别要注意鉴别真伪,这是因为史料是前人在方法、手段的科学性较低的情况下获得、整理、记录的,又经长远流传,难免有误。同时,许多旧史料出自统治阶级御用文人之手,是在错误以至反动的观点指导下收集的,其中少不了伪造的东西，因而更要注意鉴别，去伪存真。

在运用事实论据方面，无产阶级革命导师是我们学习的典范。马克思在《答布伦坦诺的文章》中谈道："我的《资本论》一书引起了特别大的愤恨，因为书中引用了许多官方材料来评述资本主义制度，而迄今为止还没有一个学者能从这些材料中找到一个错误。"

匡亚明所著《学习列宁的风格》一书说："尽管列宁的记忆力很强，但他从来不靠记忆、不靠印象办事。凡是他要引用的材料和数字，都必须根据原件和出处加以仔细的审核和校对，力求准确无误。"

对用作论据的理论材料的逻辑要求，第一是真实，第二是正确。

理论材料大略可分为以下四类：其一为已被实践证明的科学真理，其中包括马列主义、毛泽东思想的基本原理，自然科学和其他社会科学的正确理论或观点，以及为常识所亿万次地证明并被公认的"公理"；其二为国家法律、国际条约、党和国家的政策性文件等；其三为历代思想家的思想材料；其四为中外历史上流传下来的各种典故。

无论引用哪一类理论材料，都必须坚持"第一真实""第二正确"的要求。

张冠李戴地误引理论材料，无正确性可言。

马克思和恩格斯是人类历史上最伟大的同志和朋友，他们曾长期亲密无间地合作撰著指导无产阶级革命运动的光辉文献，但他们还有许多著作是各自执笔而成的。因此，引证时，必须弄清究竟是马克思的，还是恩格斯的，抑或是马、恩二人共同的。同样，引用的法律条文是第几条、第几款、第几项等，都必须弄清，不能搞错。

引用理论材料的最终目的是为了论证论点，因此仍然必须对真实的理论材料加以分析、鉴别，看其是否正确，是否可以用来有力地、无可辩驳地支持论点。这里应当特别提出的是：马克思主义基本原理的"放之四海而皆准"与马克思主义经典作家的言论，不能画等号。我们要坚持马克思主义的基本原理，同时，不能认为马、恩、列、斯的话"句句是真理"。他们的某些言论和观点，有的当时就并不正确，有的则随着时代的发展而变得不适用了。因此，引用时要有所取舍。有的作者为了说明自己观点的正确，任意摘取革命导师的话，这不但不能成为有力的论据，而且从根本上说，也是违背革命导师的原意的。斯大林曾经指出："离开空间和时间，离开当前的历史环境来引证别人的话，因而违反了辩证法最基本的要求，他没有考虑到在某一个历史环境下是正确的东西在另一个历史环境下可能是不正确的。"(《斯大林全集》第7卷)此外还应着重指出，不是每篇文章都必须引用理论材料为论据，更不能以引证代替论证。列宁就曾拒绝别人要他详细地引证《资本论》的建议，宣布"宁肯被人指责叙述枯燥，也不愿使读者认为我的观点是根据对《资本论》的'引证，'而不是根据对俄国资料的研究"(《非批判的批判》，《列宁全集》第3卷)。毛泽东同志和邓小平同志的文章中，引用马克思、恩格斯、列宁著作的地方并不多，但其理论说明力之强，是无可置疑的。这对我们写作与修改议论文，是很好的启示。

修改文章主要是作者的责任，但是书籍报刊的编者也责无旁贷，并起着重要的作用。

我们来看《刘少奇选集》编辑过程中的几件事：刘少奇同志 1962 年 1 月《在扩大的中央工作会议上的报告》原稿中说："1960 年夏季在北戴河召开的中央工作会议上，规定了调整、巩固、充实、提高的八字方针。"在核实这一提法时，发现 1960 年北戴河会议记录中虽然提出了八字方针所包含的主要思想，但"调整、巩固、充实、提高"的提法并没有提出。进一步的查核说明，是在北戴河会议结束不久，国家计委[①]党组在向党中央提出的《关于 1961 年国民经济计划数字的报告》中，提出了对国民经济实行调整、巩固、提高的问题，周恩来同志在审定这一报告时，又加了"充实"二字，这样才有了八字方针的完整提法。9 月 30 日，中央批转了国家计委党组的报告，八字方针的完整提法也作为正式文件下达到了全党。据此，《刘少奇选集》编委会将刘少奇同志的原稿修改为："1960 年夏季在北戴河召开的中央工作会议提出了调整经济的问题，随后规定了调整、巩固、充实、提高的八字方针。"

《刘少奇选集》中的《关于中小学毕业生参加农业生产问题》一文，是根据刘少奇同志在长沙中学生代表座谈会上的讲话整理的，文中举了这样一个例子："高尔基是个大文豪，他连小学都没有进过。"高尔基是靠刻苦的自学和艰苦生活的磨砺而成长起来的一代文豪，这是没有疑问的，但据查苏联比较权威的高尔基传记，有高尔基上过一两年小学的记载。经过多种版本的考证，于是《刘少奇选集》编委会将此句话改为"他只上过一两年小学"。为了核实刘少奇同志在《提倡节育》一文中提到的苏联在十月革命胜利后，实行过节制生育的政策这一情况，编委会的同志曾请教了几位研究苏联问题的专家，他们对此说也表示怀疑。但是，对此说轻率地加以否定是不对的，何况刘少奇同志这段时间正好在苏联留学，对苏联的情况有直接的了解。几经查找，最后在商务印书馆翻译出版的《人口通论》([法]阿尔弗雷·索维著）一书中，找到了此说的印证。此书在《苏联和中国的马克思主义观点》一节中介绍说，苏联在革命成功后，提倡妇女解放、男女平等，对离婚、流产、避孕是采取许可政策的，在 1920 年苏联便颁布了准许堕胎的法律。到 1936 年，这一政策才反过来，流产和避孕遭到禁止。后来，国家计划生育委员会转给编委会一份中国人民大学编写的材料，也证实了上述的说法。这样，才解除了对这一问题的疑问。

这些生动的编辑事例告诉作者、编者，修改文稿时应抱严肃、认真、负责的态度，同时也说明引用事实或理论作为论据的逻辑要求，就应当这样一丝不苟地严格遵守。

三、预期论据

预期论据又称预期理由，指的是使用其真实性尚待证明的东西作为论据。这是论据虚假的特殊表现形式。

---

① 即中华人民共和国国家计划委员会，现国家发展和改革委员会前身。——编者注

预期论据是一种主观意愿，可能预期将来会出现，也可能期望往昔曾有过，但到底是否发生，则不得而知，有待证明。据说，苏东坡应试时，作《刑赏忠厚之至论》，引"当尧之时，皋陶为士，将杀人。皋陶曰杀之三，尧曰宥之三。故天下畏皋陶执法之坚，而乐尧用刑之宽"为论据。中进士后，主考官梅俞圣称赞苏东坡这篇文章写得好，并问他上述论据出典何处。苏东坡答曰："想当然耳。"苏东坡"预期"的是"盘古开天地"以后"三皇五帝"时的事。有人曾预期太阳上的黑子将不断扩大，从而导致地球冷却，人类毁灭。前者（苏东坡）纯属"想当然"，后者虽不无一定的事实材料可资说明，但到底是否会发生那样的悲剧，还没有足够的材料可以推论出无懈可击的结论，总之都是"预期论据"，是主观的假定，是形式特殊的虚假论据。

在马克思主义经典作家的许多著作中，都可以找到对预期论据的批驳。马克思在《政治经济学批判》中批评詹姆斯·穆勒说："穆勒的全部智慧不外是一套强词夺理的假定。他想证明商品价格或货币价值决定于'一国中现存的货币总量'。如果假定流通中商品的数量和交换价值不变，流通速度不变，由生产费用决定的贵金属的价值也不变，同时假定流通中的金属货币量同一国现存货币量成比例增加或减少，那末这事实上'很明显'，是把应当证明的东西已经假定好了。并且穆勒犯了同休谟一样的错误，认为处在流通中的是使用价值，而不是具有一定交换价值的商品，因此，即使我们承认了他的一切'假定'，他的原理还是错误的。"（《马克思恩格斯全集》第13卷）恩格斯在1892年2月4日给康·施米特的信中，也曾经批评了沃尔弗在证明"相等的利润率"时，"把正是应该予以证明的东西当作前提了"（《马克思恩格斯全集》第38卷）。毛泽东同志在《改造我们的学习》中曾批评过主观主义的坏作风，他指出："现在我们队伍中确有许多同志被这种作风带坏了。对于国内外、省内外、县内外、区内外的具体情况，不愿作系统的周密的调查和研究，仅仅根据一知半解，根据'想当然'，就在那里发号施令，这种主观主义的作风，不是还在许多同志中间存在着吗？"以"想当然"的东西为论据，不管以后事实证明它是否虚假，在论证的过程中，它总是以"预期论据"而被作为逻辑错误看待的。

有人在《美在物，还是在人的精神？》一文中写道："承认美在物，就是唯物论；承认美在人的精神，就是唯心论。这似乎已成定论。但实际上，这个结论似是而非。因为它的成立必须有这样的前提：美是物的属性，是不依赖于人的意识的客观存在。"这里就指出了"把正是应该予以证明的东西当作前提"的逻辑错误。"法律科学是属于社会科学范围的。因为一般地说，法学除法医学与自然科学有较多联系应作别论外是社会科学。""经济管理职能难道是国家的本质吗？要知道，国家是阶级压迫的工具，经济管理职能并不是国家的本质。"在这些"推理"中，"前提"和"结论"，除文字上略有参差之外，其实毫无二致。学术讨论中出现"公说公有理，婆说婆有理"的情况，常常与这类"把正是应该予以证明的东西当作前提"有关。

预期论据不但不能合乎逻辑地证明论点，而且往往会把读者引入"迷魂阵"，如堕五里

雾中。鲁迅在《文学和出汗》一文中批判梁实秋的谬论时,就曾指出过这种情况,他写道:

> 上海的教授对人讲文学,以为文学当描写永远不变的人性,否则便不久长。例如英国,莎士比亚和别的一两个人所写的是永久不变的人性,所以至今流传,其余的不这样,就都消灭了云。
>
> 这真是所谓"你不说我倒还明白,你越说我越糊涂"了。英国有许多先前的文章不流传,我想,这是总会有的,但竟没有想到它们的消灭,乃因为不写永久不变的人性。现在既然知道了这一层,却更不解它们既已消灭,现在的教授何从看见,却居然断定它们所写的都不是永久不变的人性了。

"现在的""上海的教授"梁实秋之所以越说使人越糊涂,就是"预期"英国许多文章不能流传至今的原因就在于"不写永久不变的人性",既然没有流传下来,梁实秋又从何知道它"不写永久不变的人性"呢?这不是故意耍弄读者,使其误入歧途吗?所以,目光犀利的鲁迅一语中的地揭破梁实秋预期论据的逻辑错误,使他的诡辩面目暴露无遗。

我们的同志一般不会故意以预期论据来证明或反驳,但是,由于缺乏逻辑训练或粗枝大叶,又疏于修改,在文章中往往也会出现预期论据的逻辑错误。

有不少法学文章在论证"法的本质在于它的阶级性"时,列举的论据之一是:在没有阶级的共产主义社会里法将消亡。这一判断,由于说的是将来的共产主义社会高级阶段的事,无从以实际例子说明。而文章作者又不能以逻辑严密的科学推论去阐述,因此,尽管人们可以认为这一判断本身无可非议,但用作论据,却仍然犯了预期论据的逻辑错误。从这个例子中,可以得到这样一条修改文章的办法:凡有预期论据之嫌的,应当对它做出进一步的论证。也就是说,为论据寻找论据。苏东坡答梅俞圣问曰"想当然耳",说的是老实话。如果苏东坡不是"想当然"而又有"想当然"之嫌,那么他只要进一步举出出典之处,疑问也就冰消雪解了。至于确为无法证实的预期论据者,毫无疑问,修改文章时应当弃如敝屣,痛快地删去。否则,不忍割爱,反受其害,立论无据,不成其文。

四、以人为据

几乎在所有谈到以人为据的逻辑著作里,都把以人为据当作违反论题规则的逻辑错误。对此,笔者不敢苟同。

有的逻辑著作把以人为据解释成:不去证明论点本身是否正确,而转移到议论提出论点的人的优劣。这样,把以人为据说成是转移论点,也就"顺理成章"了。

其实,以人为据并不是以"议论提出论点的人的优劣"为归宿的。之所以要"议论提出论点的人的优劣",还是为了论证此"人"的"论点"正确与否。所以,"议论提出论点的人的优劣",并不是论点,而是论据。由此可见,以人为据不是论点方面的逻辑错误,而是论据方面的逻辑错误。

以人为据的常见表现形式是以权威为据。

《戴东原先生年谱》中有这样一段记载:

> 先生……就傅读书,过目成诵,日数千言不肯休。授《大学章句》,至《右经一章》以下,问塾师:"此何以知为孔子之言而曾子述之?又何以知为曾子之意而门人记之?"师应曰:"此朱文公所说。"

"朱文公"者,宋朝大儒朱熹是也。因为是朱熹所说,也就是"绝对真理",不必怀疑了。这是典型的以人为据。

诸如此类以权威为据的例子,中国文学史上比比皆是。晋武帝时,洛阳青年左思认为班固的《两都赋》和张衡的《两京赋》虽然写得文字典雅、气魄宏大,但有的景物缺乏事实根据,不免给人虚假的感觉,于是决定另辟新途,把三国时的蜀都成都、吴都建业和魏都邺城合写成《三都赋》。消息传到也想写《三都赋》的著名文学家陆机耳朵里,陆机不禁拊掌大笑:"这个村夫,真不知天高地厚,太不自量了!"还写信给他的弟弟陆云说:"京城有个狂妄的家伙想写《三都赋》,等他写完后,我把它拿来作废纸盖酒坛!"但左思不气馁,全神贯注,笔不停挥,反复修改,整整用了十年,在中年时完成了《三都赋》。可是,当时那些峨冠博带的文人们却都说三道四、吹毛求疵。后来文学家张华对他说:"你在洛阳没有名声,所以大家都看不起你的文章。"建议他去找大名鼎鼎的皇甫谧,请他推荐。皇甫谧看了《三都赋》,果然大加赞赏,亲自为之作序,又找人为之作注。一经皇甫谧作序推荐,原先说长道短的那些人立即一百八十度转弯,也交口赞誉起《三都赋》来了。几乎被打入冷宫的《三都赋》,一时间身价百倍,"豪贵之家,竞相传写,洛阳为之纸贵"。(《晋书·左思传》)"洛阳纸贵"这一成语即出典于此。

后来,南朝刘勰写成了中国文学批评史上的精辟巨著《文心雕龙》,开始也受到冷遇。在几乎山穷水尽时,刘勰想起左思的例子,于是手抱著作,恭候在大诗人沈约的府门外,终于等到沈约出来,说明原委,得到沈约的推荐,这才"柳暗花明",使《文心雕龙》得见天日,为时人重视,并广泛流传。

明代冯梦龙的《古今谭概》所写张率假称自己写的诗是沈约写的,被本来极端看不起张率的虞纳吹捧为"字字珠玑,妙语天成",可能就是根据文学史上的许多以权威为据的事例杜撰的笑话。

以权威为据的逻辑错误在于做出了一个不符客观事实的全称判断:凡权威的话句句是真理。这个判断的荒谬,不仅当今的少年大多了然,而且早在古代就被一些不崇拜偶像的少年所认识。《戴东原先生年谱》记载戴东原听了塾师"此朱文公所说"的回答后,还记有一段他与塾师的问答：

>……即问："朱文公何时人？"
>曰："宋朝人。"
>"孔子、曾子何时人？"
>曰："周朝人。"
>"周朝、宋朝相去几何时矣？"
>曰："几二千年矣。"
>"然则，朱文公何以知然？"
>师无以应。曰："此非常儿也。"

当时戴东原不过十岁。十岁小童即以其简单的问题否定了塾师以人为据的议论。

尽管以人为据的荒谬性是这么容易被揭穿，但是它总是被一些政治骗子当作"法宝"使用。第二国际的叛徒考茨基、阿克雪里罗得、马尔托夫等人，就曾一而再，再而三地用以人为据的方法进行诡辩。对此，列宁指出，在考茨基那里，"现在留下的仅仅是奴隶成性的人所永远夸耀的'权威'的大名"，列宁还揭露说，考茨基"唯一关心的，就是蒙蔽群众，用权威人士的鼎鼎大名来震聋群众的耳朵，不让他们明确地提出所争论的问题和全面地研究这个问题"。列宁一针见血地指出："把目标转移到'个人'身上，实际上就是诡辩家的遁词和手腕。"（《列宁选集》第 2 卷）

值得引以为戒的是，有些同志的议论文在不知不觉中也常犯以人为据的逻辑错误。其表现形式主要是：以援引权威人士对某一观点"表示赞赏"或"高度评价""十分重视""深表赞同"，来"加强"对该观点论证的说服力。其实，对观点的论证是否正确有力，丝毫不取决于权威人士是否"赞赏"，而取决于用来论证该观点的论据是否正确、典型、充分。如果确有必要援引权威人士的意见，那么就应该将他"赞赏"的理由、"评价"的根据、"重视"的原因等和盘端出。否则，不过徒然浪费笔墨而已。有一篇文章这样写道：

> 他是深受观众欢迎的著名电影演员，曾担任过三部影片的主角，其中一部得过奖。这一次到我省来访问，使我省影迷们欢欣鼓舞。他在与记者交谈中谈到，我省可以建设一个电影制片厂，自己拍片，以满足广大群众日益提高的文化生活要求。这个建议是非常正确的。

这位记者的推理是："在我省建电影厂的建议是他提出的，所以是非常正确的。"这个推理省略了一个大前提"他的话都是对的。"这个大前提则是由下列推理而来：

> 凡著名演员说的话都是对的,
> 他是著名演员,
> 所以他的话都是对的。

从这个推理中可以发现,据以为"推"的大前提"凡著名演员说的话都是对的",是一个假判断。于是,从这个大前提开始推论的一切,像"多米诺骨牌"一样,由于大前提的"塌倒",随之也全部塌倒了。不能"以人为据"进行推论,由此可见大略。

和以权威为据相反,有时会发现有的文章以论点持有者个人品质不良为论据,来否定论点。这同样是违反逻辑的。鲁迅曾十分生动形象地阐明了这个道理:

> 假如我们设立一个"肚子饿了怎么办"的题目,拖出古人来质问罢,倘说"肚子饿了应该争食吃",则即使这人是秦桧,我赞成他,倘说"应该打嘴巴",那就是岳飞,也必须反对。如果诸葛亮出来说明,道是"吃食不过是要发生温热,现在打起嘴巴来,因为摩擦,也有温热发生,所以等于吃饭",则我们必须撕掉他假科学的面子,先前的品行如何,是不必计算的。(《集外集拾遗·两封通信(复魏猛克)》)

鲁迅一生曾多次身受反动文人用"以人为据"的手法对他施行恶毒的攻击。因此,鲁迅在许多文章中对"以人为据"做过议论或分析。下面是笔者从《鲁迅选集》中辑出的部分文字,录供读者参考:

①《坟·我之节烈观》:此时,我应声明:现在鼓吹节烈派的里面,我颇有知道的人。敢说确有好人在内,居心也好。可是救世的方法是不对,要向西走了北了。但也不能因为他是好人,便竟能从正西直走到北。所以我又愿他回转身来。

②《坟·论"他妈的!"》:要攻去高门大族的坚固的堡垒,却去瞄准他的血统,在战略上,真可谓奇谲的了。最先发明这一句"他妈的"的人物,确要算一个天才,——然而是一个卑劣的天才。

③《二心集·"硬译"与"文学的阶级性"》:从前年以来,对于我个人的攻击是多极了,每一种刊物上,大抵总要看见"鲁迅"的名字,而作者的口吻,则粗粗一看,大抵好象革命文学家。但我看了几篇,竟逐渐觉得废话太多了。解剖刀既不中腠理,子弹所击之处,也不是致命伤。例如我所属的阶级罢,就至今还未判定,忽说小资产阶级,忽说"布尔乔亚",有时还升为"封建余孽",而且又等于猩猩(见《创造月刊》上的"东京通信");有一回则骂到牙齿的颜色。在这样的社会里,有封建余孽出风头,是十分可能的,但封建余孽就是猩猩,却在任何"唯物史观"上都没有说明,也找不出牙齿色黄,即有害于无产阶级革命的论据。

④《南腔北调集·辱骂和恐吓决不是战斗》：开首就是对于姓的开玩笑。一个作者自取的别名，自然可以窥见他的思想，譬如"铁血"，"病鹃"之类，固不妨由此开一点小玩笑。但姓氏籍贯，却不能决定本人的功罪，因为这是从上代传下来的，不能由他自主。我说这话还在四年之前，当时曾有人评我为"封建余孽"，其实是捧住了这样的题材，欣欣然自以为得计者，倒是十分"封建的"的。不过这种风气，近几年颇少见了，不料现在竟又复活起来，这确不能不说是一个退步。

⑤《伪自由书·前记》：这要制死命的方法，是不论文章的是非，而先问作者是那一个；也就是别的不管，只要向作者施行人身攻击了。……总之，这种战术，是陈源教授的"鲁迅即教育部佥事周树人"开其端……

⑥《且介亭杂文末编·答徐懋庸并关于抗日统一战线问题》：问题不在这口号由谁提出，只在它有没有错误。

此外，鲁迅在《三闲集》《花边文学》《准风月谈》等杂文集中还有不少地方抨击过以人为据的逻辑错误，很值得认真一读，细细体会。

以人为据的逻辑实质在于，作为论据，它与它所论证的观点之间无必然性的逻辑联系。论据与论点无必然联系，是论据方面常见的逻辑错误，除以人为据外，还有其他一些表现形式，强加论据即是其一。

五、强加论据

《聊斋志异》通过谈狐说鬼，述异志怪，阐发种种人生哲理，思想深邃，文笔优美，深受中外读者的欢迎，其作者蒲松龄因此被誉为世界文化名人。但蒲松龄究竟是哪个民族的作家？近三百年来众说纷纭，莫衷一是，至今仍无定论。内蒙古大学编写的《蒙古文学史》说他是蒙古族作家。研究蒲松龄和《聊斋志异》的著名学者路大荒也抱此说。有些持蒙古籍说者的主要论据是：蒲松龄故乡山东淄川，有很多族人聚居；蒲松龄先祖蒲鲁辉的名字，完全像蒙古族的汉语译名；蒲鲁辉还当过元朝的总管，而元朝是蒙古族人建立的。

如果根据以上论据得以推出蒲松龄是蒙古族人的话，那么，假定蒲松龄是19世纪的人，简直可以推出他是德国人了。为什么？因为蒲鲁辉也完全像德国人名的汉译，例如，蒲鲁东就是著名的德国机会主义者；又因为山东曾经长期被德国帝国主义侵占，那里居住过不少德国人；如此等等。这岂不荒谬？

由此可见，根据上述论据说蒲松龄是蒙古族人，是十分牵强附会的。从逻辑上看，就在于论据与论点之间无必然的联系，它是强加的论据。

《语文教学与研究》1983年第5期上的一篇文章写道："有个农场使用'乐果'这种农

药，药品介绍说的是按'1000'倍释水。但由于在搬运途中药品介绍单被雨露浸渍而模糊不清，他们误将'1000'看成'100'倍。按后一个数字释水使用，结果发生了药害，几十亩棉苗都枯死了。这说明在带有专业性的应用文中尤其要注意语言的准确无误。"作者想论证的论题是"应用文要注意语言的准确无误"，他可以列举"语言不准确的应用文"造成了恶果为论据加以说明，但是作者将"乐果"的"药品介绍单"和被雨露浸渍而模糊不清的"药品介绍单"以及误将"1000"倍看成"100"倍三者混淆起来，还将"药品介绍单"与"带有专业性的应用文"混淆起来，把根本不属"语言不准确的应用文"的事实材料拿来当作论据。由于用作论据的事实材料与论题并无必然联系，因而也属强加论据。

《百科知识》1982年第7期所载《人类迈向宇宙》一文写道："到宇宙去旅行的想法，早在人类文明开始的时候就已经产生了。夸父追日，嫦娥奔月，孙悟空大闹天宫，法厄同驾驭太阳金车，代达罗斯父子插上双翅飞越大海等神话，都反映了当时的人们对宇宙太空的向往。"作者要论证的是"到宇宙去旅行的想法，早在人类文明开始的时候已经产生了"，论据中，除四个中外神话是恰当的外，见于《西游记》中的"孙悟空大闹天宫"，产生于明代，如果溯其来源口头创作，至早是在元代，与"人类文明开始的时候"仍大相径庭，因而是强加的论据。

强加论据的主要表现形式有以下两种。

其一，以偏概全。

鲁迅曾在《内山完造作〈活中国的姿态〉序》中揭露过以偏概全地强加论据进行荒谬论证的事例：

> 一个旅行者走进了下野的有钱的大官的书斋，看见有许多很贵的砚石，便说中国是"文雅的国度"；一个观察者到上海来一下，买几种猥亵的书和图画，再去寻寻奇怪的观览物事，便说中国是"色情的国度"。连江苏和浙江方面，大吃竹笋的事，也算作色情心理的表现的一个证据。

诚然，"下野的有钱的大官的书斋"里是会有一些贵重砚石的，旧上海的市场上也不难找到几种"猥亵的书和图画"，这些都是事实，作为论据，它并不虚假。但是，即使有贵重的砚石而不必加上其他条件便算"文雅的国度"的话，那也得大多数中国家庭有才成；即使有猥亵的书画而不必考查其他情况便是"色情的国度"的话，那也得猥亵书画到处泛滥才成。把个别的例子衍化为普遍的情况，强加在全中国之上，这是典型的以偏概全。所以鲁迅接着驳斥道：

> 然而广东和北京等处，因为竹少，所以并不怎么吃竹笋。倘到穷文人的家里或者寓里去，不但无所谓书斋，连砚石也不过用着两角钱一块的家伙。一看见这样的事，先前

的结论就通不过去了，所以观察者也就有些窘，不得不另外摘出什么适当的结论来。

列宁批判普列汉诺夫和阿克雪里罗得等人时，也曾揭露过他们以偏概全地强加论据的逻辑错误："在用诡辩术偷换辩证法这一崇高事业中，普列汉诺夫创了新纪录。诡辩家抓住'论据'之中的一个，而黑格尔早就正确地说过，人们完全可以替世上的一切找出'论据'。"（《列宁选集》第2卷）

"抓住'论据'之中的一个"进行推理，逻辑错误不在于"论据"本身有误，而在于这个"论据"与论点并无必然性的逻辑联系，因此，我们称之为"强加论据"。

中国文学史上有一桩著名的公案，可谓以偏概全地强加论据的典型。这桩公案见之宋玉写的《登徒子好色赋》：

> 大夫登徒子侍于楚襄王，短宋玉曰："玉为人体貌闲丽，口多微辞，又性好色。愿王勿与出入后宫。"
>
> 王以登徒子之言问于宋玉。
>
> 玉曰："体貌闲丽，所受于天也；口多微辞，所学于师也；至于好色，臣无有也。"
>
> 王曰："子不好色，亦有说乎？有说则止，无说则退。"
>
> 玉曰："天下之佳人莫若楚国，楚国之丽者莫若臣里，臣里之美者莫若臣东家之子。臣东家之子，增之一分则太长，减之一分则太短；著粉则太白，施朱则太赤；眉如翠羽，肌如白雪，腰如束素，齿如含贝，嫣然一笑，惑阳城，迷下蔡。然此女登墙窥臣三年，至今未许也。登徒子则不然。其妻蓬头挛耳，齞唇历齿，旁行踽偻，又疥且痔。登徒子悦之，使有五子。王孰察之，谁为好色者矣？"

宋玉说登徒子好色的"论据"是登徒子与面貌丑陋的妻子关系很好，而且生了五个子女。这一"论据"也许是确凿无误的吧，但是它同"好色"有什么必然联系呢？显然没有，这是一个强加的论据。

以偏概全地强行推论的情况，在报刊文章中也时有所见。笔者就曾一度发现不少文章列举几户农民成了"万元户"的例子，据以证明农村形势大好，生产责任制大有成效。虽然例子本身是真实的，结论（"农村形势大好"等）也不错，但从逻辑上分析，这样推论仍然犯了以偏概全的错误。这样的推论如果得以成立，那么，从某些地区的农民仍然十分贫困，岂不是也可以推出相反的结论来吗？还有一些文章，或以某个电大学生当了工程师为据，论证职业教育如何成功；或以某些业余学校考试时舞弊情况严重，从而发出长吁短叹；或因某个中学生不知韩愈为何人而痛惜中国教育质量之低，青少年文化水平之差；或据某个青年工人不知柴可夫斯基而推论青年一代"极需进行音乐教育"……这些，在修改文章时，都应认真改正，避免犯以偏概全的逻辑错误。

其二，机械类比。

列宁曾经指出，"引用一些分明与当前实际情况根本不符的例子来作证"，向来是"一切诡辩家的手法"（《列宁选集》第 2 卷）。

这种手法，在逻辑学上称为机械类比。机械类比的逻辑错误在于把只能适用于某类事物的情况推广到另一类事物上去。从论据和论点的关系上说，就是二者之间无必然的逻辑联系。因此，它也是一种强加的论据。

列宁所说"分明与当前实际情况根本不符的例子"主要有两类：一类因"时过境迁"而不符；一类因事物种类根本不同而不符。

前一类例子可见毛泽东同志在《论持久战》中对亡国论者的批驳。亡国论者们把中国与阿比西尼亚进行类比，认为阿比西尼亚抗意而亡国，中国抗日也必亡无疑。对此，毛泽东同志做了深刻的分析，指出阿比西尼亚"是一个古老的奴隶制到农奴制的国家"，"它不能等候国际的援助，它的战争是孤立的"，等等，总之，阿比西尼亚抗意战争所处的时代环境，与中国抗日战争所处的时代环境是大大不同的，因而引用这类"分明与当前实际情况根本不符的例子来作证"，不可能得出正确结论。

有些同志将当前的对外开放与洋务运动类比，将吸引外资举办合资企业与帝国主义在鸦片战争后在中国建立租界相类比。这类例子虽然没有公然出现在报刊的议论文中，但有的议论文显然隐含有这种意思。殊不知今非昔比，时代已经完全不同。现在国家政权掌握在无产阶级和广大人民的手中，人民成了国家的主人，已经建立了社会主义制度，实行生产资料公有制，拿半殖民地半封建时代的中国和社会主义的中国进行类比，是很不恰当的。

后一类例子在政治史、哲学史、文学史上可以举出很多。基督教神学家将世界和钟表进行类比，来"证明"上帝的存在；资产阶级思想家将人体与社会进行类比，来证明剥削合理、剥削有功。这些都是人们熟知的。可是，世界和钟表，人体和社会，是根本不同的两类事物，怎么可以比较呢？

有的议论文为了追求"形象""生动"，有时也插入一些"分明与当前实际情况根本不符的例子"。例如，《文汇报》载一篇提倡"新观念"的文章，把宁可蹲墙根乘风凉而不愿去北戴河避暑的农民与古代传说中不愿以新式汲水机代替以瓮打水的"抱瓮老人"进行类比，批评他们观念陈旧。这样的类比，是很难令人信服的。

以"分明与当前实际情况根本不符的例子来作证"，这些例子与结论之间并无必然的联系，因而也是强加的论据，不可能用它来合乎逻辑地证明论点。中国古代议论文中，以天地万物类比人事的篇幅特别多，其中不乏精彩绝伦的深刻议论，但也有不少属于机械类比，犯有强加论据的逻辑错误。阅读、模仿古代议论文时，要做出清醒的分析。现在，中国古代议论文的这种以物况人的传统手法，遗风犹存，还很为一些同志所珍爱。对这些同志来说，发议论、撰文章时，就更要勤于修改，注意避免机械类比的错误了。

六、循环论证

有这样一个笑话：

　　有人带着哑巴女儿去就医，请教医生："我的女儿为什么会哑巴？"医生说："这是因为缺乏说话能力的缘故。""为什么缺乏说话能力？"医生说："这是因为发音器官有了障碍的缘故。""为什么发音器官有障碍？"医生说："这是因为她是哑巴。"

莫里哀的喜剧《无病呻吟》中有这样一段对白：

　　第一位博士：……你学识渊博的学士，
　　我十分崇敬的名人，
　　请问你，什么原因和道理，
　　鸦片可以引人入睡？
　　医学学士（阿尔冈）：高明的博士，
　　承问什么原因和道理，
　　鸦片可以引人入睡；
　　我的答案是：
　　由于它本身
　　有催眠的力量，
　　自然它会使
　　知觉麻痹。
　　全体：好、好、好，回答得真好。
　　够资格，够资格。
　　踏进我们这医学团体的大门。

上述笑话中的医生和莫里哀喜剧中的医学学士阿尔冈，都犯了循环论证的逻辑错误。

循环论证指的是论据的真实性需由论题来证明。这样，"狼狈为奸"地不可分离的论据与论题成了"一丘之貉"，在一个全封闭的系统中兜来转去，谁也证明不了谁。

马克思曾批评国际工人协会总委员会委员约翰·韦斯顿，"开始时声明说商品的价值由劳动的价值来决定，末尾却又声明说劳动的价值由商品的价值来决定"，马克思指出："这样一来，我们真是在瞎兜圈子，始终得不出任何结论。"马克思因而批评了约翰·韦斯顿"不大关心逻辑"的缺点。（《马克思恩格斯选集》第2卷）约翰·韦斯顿论述的逻辑错误就在于循环论证。

犯循环论证的逻辑错误的议论文，并不罕见。关于法的本质属性的讨论中，认为法的本质属性在于它的阶级性的不少法学文章以原始社会和未来的共产主义社会没有法为论据，而在论述过程中，又以论题（"法的本质属性是它的阶级性"）来说明原始社会和共产主义社会里不会有法。关于经济体制改革的讨论中，有一篇文章认为经济体制改革的障碍在于行政体制的僵化。其论据是，行政体制的僵化可以见诸它阻碍了经济体制的改革。关于道德的继承性的讨论文章中，有人提出了剥削阶级的某些道德可以批判地继承的观点，其论据为剥削阶级的这些道德有其历史的进步性，在论证的过程中，作者又屡屡提到剥削阶级某些道德的历史进步性可从它的可继承性上看出。诸如此类的议论文，行文虽然不像这里概括的那么简单，但芟夷枝叶，视其主干，大略如此，了了分明。显然，不管有关论题、论据是否正确，都犯了循环论证的逻辑错误。

一般来说，一个略有学术水平的理论工作者，不会以循环论证的骨架撰写成逻辑错误贯穿全篇的论文来。但是，在略有规模的议论文中，在一些似乎不太起眼的地方，犯循环论证错误的，却所在多有。这是逻辑不严密的表现，只能以反复修改予以改正。

后 记

在撰写《逻辑与写作》《逻辑漫话》《逻辑与智慧》及《逻辑推理集锦》等书的过程中，接触并积累了不少关于文章修改中的逻辑问题的资料。后来应约将其中的部分资料整理成篇交《光明日报通讯》陆续发表，得到了读者的热情欢迎。承蒙光明日报出版社的美意，嘱将已经发表的几篇辑集一起，并补写了若干文字，成为目前规模的小册子。在拙作即将奉献给更多的读者的此刻，喜忧相兼的心情油然而生。喜的是总算完成了一项工作，撰写过程中的种种困扰将从此消释；忧的是并无给读者以巨大收益的绝对把握，因为将逻辑与文章修改结合起来谈，毕竟是一种探索性的工作。有鉴于此，恳请读者在百忙之中能拨冗赐教。

本书在撰写过程中得到了光明日报社张慕勋同志、张予一同志、余传诗同志、沈琮同志、曹之喜同志、智洁文同志的大力协助和精心指点；责任编辑吴开流同志为本书的出版挥洒了辛勤的汗水，谨此致以衷心的谢意！

上海社会科学院　倪正茂
乙丑岁首于申江之畔